高等学校交通运输与工程类专业规划教材

道路建筑材料

（第二版）

黄维蓉　主　编
罗　晖　张兰芳　副主编
赵　可　主　审

人民交通出版社股份有限公司
China Communications Press Co.,Ltd.

内 容 提 要

本书共分两篇十二章。第一篇为道路建筑材料的基础理论部分,由八章组成,分别介绍了常用道路建筑材料(主要包括石料与集料、水泥和石灰、水泥混凝土和砂浆、沥青、沥青混合料、钢材、无机结合料稳定材料、土工合成材料等)的基本技术性质、测试方法和技术指标、组成设计方法等内容。第二篇为试验方法,由四章组成,叙述了道路建筑材料基本性能的常用测试评价方法,有助于读者理解基础理论知识,还方便试验课程使用。

本书可作为高等学校土木工程、交通运输工程、工程管理和工程造价等专业本科生的教学用书和教学参考书,也可作为从事土木工程专业及相关专业的科研、设计、施工、管理和工程监理等人员的参考书。

图书在版编目(CIP)数据

道路建筑材料/黄维蓉主编. —2 版. —北京:
人民交通出版社股份有限公司,2017.8
ISBN 978-7-114-13961-1

Ⅰ. ①道… Ⅱ. ①黄… Ⅲ. ①道路工程—建筑材料
Ⅳ. ①U414

中国版本图书馆 CIP 数据核字(2017)第 151103 号

高等学校交通运输与工程类专业规划教材

书　名：	**道路建筑材料(第二版)**
著　作　者：	黄维蓉
责任编辑：	卢俊丽
出版发行：	人民交通出版社股份有限公司
地　　址：	(100011)北京市朝阳区安定门外外馆斜街 3 号
网　　址：	http://www.ccpress.com.cn
销售电话：	(010)59757973
总　经　销：	人民交通出版社股份有限公司发行部
经　　销：	各地新华书店
印　　刷：	北京市密东印刷有限公司
开　　本：	787×1092　1/16
印　　张：	24
字　　数：	607 千
版　　次：	2011 年 8 月　第 1 版　2017 年 8 月　第 2 版
印　　次：	2020 年 9 月　第 2 版　第 4 次印刷　总第 9 次印刷
书　　号：	ISBN 978-7-114-13961-1
定　　价：	49.00 元

(有印刷、装订质量问题的图书由本公司负责调换)

高等学校交通运输与工程(道路、桥梁、隧道与交通工程)教材建设委员会

主 任 委 员：沙爱民　（长安大学）

副主任委员：梁乃兴　（重庆交通大学）
　　　　　　　陈艾荣　（同济大学）
　　　　　　　徐　岳　（长安大学）
　　　　　　　黄晓明　（东南大学）
　　　　　　　韩　敏　（人民交通出版社股份有限公司）

委　　　员：（按姓氏笔画排序）

马松林	（哈尔滨工业大学）	王云鹏	（北京航空航天大学）
石　京	（清华大学）	申爱琴	（长安大学）
朱合华	（同济大学）	任伟新	（合肥工业大学）
向中富	（重庆交通大学）	刘　扬	（长沙理工大学）
刘朝晖	（长沙理工大学）	刘寒冰	（吉林大学）
关宏志	（北京工业大学）	李亚东	（西南交通大学）
杨晓光	（同济大学）	吴瑞麟	（华中科技大学）
何　民	（昆明理工大学）	何东坡	（东北林业大学）
张顶立	（北京交通大学）	张金喜	（北京工业大学）
陈　红	（长安大学）	陈　峻	（东南大学）
陈宝春	（福州大学）	陈静云	（大连理工大学）
邵旭东	（湖南大学）	项贻强	（浙江大学）
胡志坚	（武汉理工大学）	郭忠印	（同济大学）
黄　侨	（东南大学）	黄立葵	（湖南大学）
黄亚新	（解放军理工大学）	符锌砂	（华南理工大学）
葛耀君	（同济大学）	裴玉龙	（东北林业大学）
戴公连	（中南大学）		

秘 书 长：孙　玺　（人民交通出版社股份有限公司）

第二版前言

道路建筑材料泛指用于道路和桥梁工程及其附属构造物的各类建筑材料,主要包括砂石、沥青、水泥、石灰、工业废料、钢铁、工程聚合物、土工合成材料等材料及其复合材料。道路建筑材料是道路工程建设与养护的物质基础,其性能直接决定了道路工程质量和使用寿命。系统学习道路建筑材料的基本性质、技术指标、测试技术、组成设计以及应用技术等方面的知识,不仅是道路工程相关专业重要的知识结构组成,而且也是科学合理地选择、设计、评价、应用和研发道路建筑材料的理论基础。

为适应道路建筑材料课程的特点和道路工程科技发展的需要,本教材对常用道路建筑材料的技术性能和质量要求、性能影响因素、测试评价技术和组成设计方法等基础理论知识进行了重点论述,同时编入一批具有代表性的新材料、新技术和新测试方法,以培养和激发学生的科技创新能力。本书共分两篇十二章。第一篇为道路建筑材料的基础理论部分,由八章组成,分别介绍了常用道路建筑材料(主要包括石料与集料、石灰和水泥、水泥混凝土和砂浆、沥青、沥青混合料、钢材、无机结合料稳定材料、土工合成材料等)的基本技术性质、测试方法和技术指标、组成设计方法等内容。第二篇为试验方法,由四章组成,叙述了道路建筑材料基本性能的常用测试评价方法,以方便试验课程教学。

本教材在编写过程中,对庞杂的知识点进行整理凝练,力求重点突出、层次分明。在各章节后对主要知识点进行归纳总结、列出复习思考题,力求形成易教、易学的知识结构体系。本书坚持以道路材料领域的科研及创新性成果为先导、教材内容与时俱进的理念,在修订过程中吸纳了该领域最新研究成果。本书篇幅较大,作为教材使用时,相关专业的任课教师可根据教学计划选择合适的内容。

  本教材在《道路建筑材料》第一版的基础上进行修改和补充。基础理论篇第一章由重庆交通大学朱建勇编写和修订,第二章由重庆交通大学张兰芳编写和修订,第三章由重庆交通大学罗晖、杨德斌编写和修订,第四章由重庆交通大学黄维蓉编写和修订,第五章由重庆交通大学刘燕燕编写和修订,第六章由重庆交通大学王念编写和修订,第七章和第八章由重庆交通大学何丽红编写和修订。试验方法篇由何丽红、王念、刘大超、张祖棠、李德军编写和修订。全书由黄维蓉统稿、定稿,重庆交通大学赵可教授主审。编写和修订工作得到重庆交通大学相关部门的大力支持,在教材的编写和修订过程中,李力、王瑞燕、熊出华、周超、黄德明等老师提出了宝贵意见和建议,在此一并表示衷心感谢!

  限于编者的学识水平和实践经验,书中不足之处,恳请读者批评指正。

主 编

2017 年 1 月

目录

绪论 ⋯⋯⋯ 1

第一篇 基 础 理 论

第一章 石料与集料 ⋯⋯⋯⋯⋯⋯⋯⋯⋯⋯⋯⋯⋯⋯⋯⋯⋯⋯⋯⋯⋯⋯⋯⋯⋯⋯⋯⋯⋯⋯ 7
第一节 石料 ⋯⋯⋯⋯⋯⋯⋯⋯⋯⋯⋯⋯⋯⋯⋯⋯⋯⋯⋯⋯⋯⋯⋯⋯⋯⋯⋯⋯⋯⋯⋯ 7
第二节 集料 ⋯⋯⋯⋯⋯⋯⋯⋯⋯⋯⋯⋯⋯⋯⋯⋯⋯⋯⋯⋯⋯⋯⋯⋯⋯⋯⋯⋯⋯⋯ 16
第三节 矿质混合料的组成设计 ⋯⋯⋯⋯⋯⋯⋯⋯⋯⋯⋯⋯⋯⋯⋯⋯⋯⋯⋯⋯⋯ 24
第四节 集料的工程应用 ⋯⋯⋯⋯⋯⋯⋯⋯⋯⋯⋯⋯⋯⋯⋯⋯⋯⋯⋯⋯⋯⋯⋯⋯ 38
本章小结 ⋯⋯⋯⋯⋯⋯⋯⋯⋯⋯⋯⋯⋯⋯⋯⋯⋯⋯⋯⋯⋯⋯⋯⋯⋯⋯⋯⋯⋯⋯⋯ 39
复习思考题 ⋯⋯⋯⋯⋯⋯⋯⋯⋯⋯⋯⋯⋯⋯⋯⋯⋯⋯⋯⋯⋯⋯⋯⋯⋯⋯⋯⋯⋯⋯ 39

第二章 石灰和水泥 ⋯⋯⋯⋯⋯⋯⋯⋯⋯⋯⋯⋯⋯⋯⋯⋯⋯⋯⋯⋯⋯⋯⋯⋯⋯⋯⋯⋯ 41
第一节 石灰 ⋯⋯⋯⋯⋯⋯⋯⋯⋯⋯⋯⋯⋯⋯⋯⋯⋯⋯⋯⋯⋯⋯⋯⋯⋯⋯⋯⋯⋯ 41
第二节 硅酸盐水泥 ⋯⋯⋯⋯⋯⋯⋯⋯⋯⋯⋯⋯⋯⋯⋯⋯⋯⋯⋯⋯⋯⋯⋯⋯⋯⋯ 45
第三节 掺混合材料的硅酸盐水泥 ⋯⋯⋯⋯⋯⋯⋯⋯⋯⋯⋯⋯⋯⋯⋯⋯⋯⋯⋯ 54
※第四节 其他品种水泥 ⋯⋯⋯⋯⋯⋯⋯⋯⋯⋯⋯⋯⋯⋯⋯⋯⋯⋯⋯⋯⋯⋯⋯⋯ 59
本章小结 ⋯⋯⋯⋯⋯⋯⋯⋯⋯⋯⋯⋯⋯⋯⋯⋯⋯⋯⋯⋯⋯⋯⋯⋯⋯⋯⋯⋯⋯⋯⋯ 64
复习思考题 ⋯⋯⋯⋯⋯⋯⋯⋯⋯⋯⋯⋯⋯⋯⋯⋯⋯⋯⋯⋯⋯⋯⋯⋯⋯⋯⋯⋯⋯⋯ 64

第三章 水泥混凝土和砂浆 ⋯⋯⋯⋯⋯⋯⋯⋯⋯⋯⋯⋯⋯⋯⋯⋯⋯⋯⋯⋯⋯⋯⋯⋯ 66
第一节 概述 ⋯⋯⋯⋯⋯⋯⋯⋯⋯⋯⋯⋯⋯⋯⋯⋯⋯⋯⋯⋯⋯⋯⋯⋯⋯⋯⋯⋯⋯ 66
第二节 普通混凝土的组成材料 ⋯⋯⋯⋯⋯⋯⋯⋯⋯⋯⋯⋯⋯⋯⋯⋯⋯⋯⋯⋯ 68
第三节 普通混凝土的技术性质 ⋯⋯⋯⋯⋯⋯⋯⋯⋯⋯⋯⋯⋯⋯⋯⋯⋯⋯⋯⋯ 78
第四节 普通混凝土配合比设计 ⋯⋯⋯⋯⋯⋯⋯⋯⋯⋯⋯⋯⋯⋯⋯⋯⋯⋯⋯⋯ 98

第五节　路面水泥混凝土的配合比(按抗弯拉强度设计) ……………… 105
※第六节　高强高性能混凝土 ………………………………………………… 107
※第七节　其他品种混凝土简介 ……………………………………………… 113
第八节　建筑砂浆 ……………………………………………………………… 132
本章小结 ………………………………………………………………………… 137
复习思考题 ……………………………………………………………………… 138

第四章　沥青材料 …………………………………………………………… 141
第一节　石油沥青 ……………………………………………………………… 142
第二节　改性沥青 ……………………………………………………………… 168
第三节　乳化沥青 ……………………………………………………………… 175
第四节　其他沥青简介 ………………………………………………………… 181
本章小结 ………………………………………………………………………… 185
复习思考题 ……………………………………………………………………… 185

第五章　沥青混合料 ………………………………………………………… 187
第一节　概述 …………………………………………………………………… 187
第二节　热拌沥青混合料 ……………………………………………………… 189
第三节　新型沥青混合料 ……………………………………………………… 223
第四节　其他沥青混合料简介 ………………………………………………… 233
本章小结 ………………………………………………………………………… 237
复习思考题 ……………………………………………………………………… 238

第六章　建筑钢材 …………………………………………………………… 241
第一节　钢材的分类 …………………………………………………………… 241
第二节　钢材的技术性能 ……………………………………………………… 243
第三节　路桥结构工程常用建筑钢材的技术要求 …………………………… 247
第四节　钢材的腐蚀与防腐 …………………………………………………… 258
本章小结 ………………………………………………………………………… 259
复习思考题 ……………………………………………………………………… 259

第七章　无机结合料稳定材料 ……………………………………………… 260
第一节　无机结合料稳定材料的技术性质 …………………………………… 261
第二节　无机结合料稳定材料的组成设计 …………………………………… 263
第三节　无机结合料稳定材料强度形成机理及影响因素 …………………… 269
本章小结 ………………………………………………………………………… 274
复习思考题 ……………………………………………………………………… 274

第八章　土工合成材料 … 276
第一节　土工合成材料的种类 … 276
第二节　土工合成材料的性质 … 281
第三节　土工合成材料的应用 … 288
本章小结 … 295
复习思考题 … 295

第二篇　试验方法

第九章　砂、石材料试验 … 299
第一节　岩石的密度试验、毛体积密度试验 … 299
第二节　岩石单轴抗压强度试验 … 302
第三节　集料的筛分试验 … 304
第四节　集料的密度和空隙率 … 307
第五节　集料的力学性能试验 … 313

第十章　水泥与水泥混凝土试验 … 323
第一节　水泥细度、标准稠度用水量、凝结时间和安定性试验 … 323
第二节　水泥强度试验 … 327
第三节　新拌混凝土施工和易性试验 … 329
第四节　水泥混凝土力学试验 … 332

第十一章　沥青与沥青混合料试验 … 338
第一节　沥青针入度、延度和软化点试验 … 338
第二节　沥青混合料的拌制与试件制作 … 344
第三节　沥青混合料试件物理力学指标的测定 … 349

第十二章　无机结合料稳定材料试验 … 360
第一节　无机结合料稳定材料的击实试验 … 360
第二节　无机结合料稳定土的无侧限抗压强度试验 … 365

参考文献 … 368

绪论

道路建筑材料是道路、桥梁等交通基础设施建设和养护的物质基础，其品质和类型直接决定了道路工程的使用性能、服务寿命和结构形式。纵览我国公路路面发展历程，从低等级的砂石路面、渣油路面到高等级的沥青混凝土路面、水泥混凝土路面，道路建筑材料的进步与发展直接支撑了公路路面性能的提升与路面结构形式的革新。道路交通事业的蓬勃发展，以及交通量和车辆荷载与日俱增，对道路建筑材料的使用性能提出了更高要求。科学合理地选择和应用道路建筑材料成为保障和提高路桥工程使用质量，提高路桥工程建养技术水平的基础和关键。

一、道路建筑材料的主要类型

1. 道路桥梁工程结构对材料的要求

（1）道路工程结构用材料

在道路工程的使用环境中，行车荷载和自然因素对道路路面结构的作用程度随着深度的增加而逐渐减弱，对材料的强度、承载能力和稳定性要求也随着深度的增加而逐渐降低。因此，通常在路基顶面以上分别采用不同质量、不同规格的材料，将路面结构由下而上铺筑成由垫层、基层和面层等结构层次组成的多层体系。

面层结构直接承受行车荷载作用，并受到自然环境中温度和湿度变化的直接影响，因此用于面层结构的材料应有足够的强度、稳定性、耐久性和良好的表面特性。道路面层结构中的常用材料主要是沥青混合料、水泥混凝土、粒料和块料等。

基层位于面层之下,主要承受面层传递下来的车辆荷载的竖向应力,并将这种应力向下扩散到垫层和路基中,为此基层材料应有足够的强度、刚度及扩散应力的能力。环境因素对基层的作用虽然小于面层,但基层材料仍应具有足够的水稳定性和耐冲刷性,以保证面层结构的稳定性。常用的基层材料有结合料稳定类混合料、碎石或砾石混合料、天然砂砾、碾压混凝土和贫混凝土、沥青稳定碎石等。

垫层是介于基层和路基之间的结构层次,主要作用是改善路基的湿度和温度状况,扩散由基层传来的荷载应力,以减小路基变形,通常于季节性冰冻地区或土基水温状况不良的路段中设置,以保证面层和基层的强度、稳定性及抗冻能力。对垫层材料的强度要求虽然不高,但其应具备足够的水稳定性。常用的垫层材料有碎石或砾石混合料、结合料稳定类混合料等。

(2)桥梁工程结构用材料

桥梁的墩、桩结构应具有足够的强度和承载能力,以支撑桥梁上部结构及其传递的荷载,兼具良好的抗渗透性、抗冻性和抗腐蚀能力,以抵抗环境介质的侵蚀作用;桥梁的上部结构将直接承受车辆荷载、自然环境因素的作用,还应具有足够的强度、抗冲击性、耐久性等。用于桥梁结构的主要材料有钢材、水泥混凝土、钢筋混凝土,用于桥面铺装层的材料有沥青混合料及各种防水材料等。

2. 道路建筑材料的主要类型

常用道路建筑材料可以归纳为以下几类:

(1)石料与集料

石料与集料包括人工开采的岩石或轧制的碎石、天然砂砾石及各种性能稳定的工业冶金矿渣(如煤渣、高炉渣和钢渣等),这类材料是道路桥梁工程结构中使用量最大的一宗材料。其中尺寸较大的块状石料经加工后,可以直接用于砌筑道路、桥梁工程结构及附属构造物;性能稳定的岩石集料可制成沥青混合料或水泥混凝土,用于铺筑沥青路面或水泥路面,也可直接用于铺筑道路基层、垫层或低级道路面层;一些具有活性的矿质材料或工业废渣,如粒化高炉矿渣、粉煤灰等经加工后可作为水泥原料,也可作为水泥混凝土和沥青混合料中的掺和料使用。

(2)结合料和聚合物类

沥青、水泥和石灰等是道路工程中常用的结合料,其作用是将松散的集料颗粒胶结成具有一定强度和稳定性的整体材料。塑料(合成树脂)、橡胶和纤维等聚合物材料也可以作为结合料,除了可用作混凝土路面的填缝料外,还可用于改善道路建筑材料的技术性能,如配制改性沥青、制作聚合物水泥混凝土等。

(3)水泥混凝土与砂浆

水泥混凝土是由水泥与矿质集料组成的复合材料,它具有较高的强度和刚度,能承受较大的车辆荷载作用,主要用于桥梁结构和高等级道路面层结构。水泥砂浆主要由水泥和细集料组成,用于砌筑和抹面结构物中。

(4)沥青混合料

沥青混合料是由矿质集料和沥青材料组成的复合材料,具有较高的强度、柔韧性和耐久性。用其所铺筑的沥青路面连续、平整,具有弹性和柔韧性,适合于车辆高速行驶,是高等级道路,特别是高速公路、城市快速路面层结构及桥梁桥面铺装层的重要材料。

(5) 无机结合料稳定类混合料

无机结合料稳定类混合料是以石灰(粉煤灰)、少量水泥(石灰)或土固化剂作为稳定材料,将松散的土、碎砾石集料稳定、固化形成的复合材料,具有一定的强度、板体性和扩散应力的能力,但耐磨性和耐久性略差,通常用于高等级道路路面基层结构或低级道路面层结构。

(6) 其他道路建筑材料

在道路或桥梁工程结构中,其他常用材料包括钢材、填缝料等。钢材主要应用于桥梁结构及钢筋混凝土结构中,填缝料则主要应用于水泥混凝土路面接缝构造中。

二、道路建筑材料的研究内容

1. 道路建筑材料的基本组成与结构

材料的矿物组成或化学成分及其组成结构决定了材料的基本特性,如石料的矿物组成、水泥的矿物组成、沥青的化学组分等,对这些材料的技术性能有着显著的影响。在各类混合料中,其组成材料的质量与相对比例确定了材料的组成结构状态。这种组成结构状态直接影响着混合料的物理力学性能,如沥青混合料的组成结构对其强度、稳定性和耐久性有着显著影响。

充分了解和认识材料的基本组成结构及其与材料技术性能的关系,是合理选择材料、正确使用材料、改善材料性能、研发新材料的基础。

2. 道路建筑材料的基本技术性能

材料的基本技术性能包括物理性能、力学性能、耐久性和工艺性等。只有全面掌握这些性能的主要影响因素、变化规律,正确评价材料性能,才能合理地选择和使用材料,这也是保证工程中所用材料的综合力学强度和稳定性,满足设计、施工和使用要求的关键所在。

(1) 基本物理性能

道路建筑材料常用的物理性能指标有物理常数(密度、孔隙率、空隙率)及吸水率等。材料的物理常数可用于混合料配合比设计、材料体积与质量之间的换算等。材料的物理常数取决于材料的基本组成及其构造,既与材料的吸水性、抗冻性及抗渗性有关,又与材料的力学性质及耐久性有显著关系。

(2) 基本力学性能

在行车荷载作用下,材料将承受较大的竖向力、水平力、冲击力以及车轮的磨损作用,道路建筑材料应具备足够的强度、刚度、变形特征、抗冲击能力和柔韧性等力学性能。材料的各项力学性能指标也是选择材料、进行组成设计和结构分析的重要参数。

(3) 耐久性

裸露于自然环境中的路桥工程结构物,会受到各种自然因素的侵蚀作用,如温度变化、冻融循环、氧化作用、酸碱腐蚀等。为此应根据材料所处的结构部位及环境条件,综合考虑引起材料性质衰变的外界条件和材料自身的内在原因,从而全面了解材料抵抗破坏的能力,保证材料的使用性能。

(4) 工艺性

工艺性是指材料适合于按一定工艺要求加工的性能。能否在现行的施工条件下,通过必要操作工序,使所选择材料或混合料的技术性能达到预期的目标,并满足使用要求,也是选择材料和确定设计参数时必须考虑的重要因素。

3. 混合料的组成设计方法

混合料的组成设计包括选择原材料并确定原材料用量比例。首先应根据工程要求、使用条件、当地材料供应情况、材料的质量规格和技术要求，选择并确定混合料中各种组成材料品种；然后根据工程的结构特征与技术要求，确定各种材料在混合料中的比例。通过组成设计，从质量与数量两个方面保证混合料具备所要求的体积特征、力学性质和稳定性，从而满足结构的使用要求。

三、道路建筑材料的性能检验与技术标准

1. 材料的性能检测

道路建筑材料的基本技术性质需要通过适当的检测手段来确定。材料性能的检测方法应能够反映实际结构中材料的受力状态，所得到的试验数据和技术参数应能够表达材料的技术特性，并具有重复性与可比性。为此，材料性能检测应按照当前技术标准中规定的标准程序进行，以保证试验结果的科学性、公正性和权威性。

根据工程重要性与材料试验规模，材料的检测层次分为：

（1）试验室原材料与混合料的性能测定；

（2）试验室模拟结构物的性能测定；

（3）现场足尺寸结构物的性能测定。

2. 技术标准

材料的技术标准是有关部门根据材料自身固有特性，结合研究条件和工程特点，对材料的规格、质量标准、技术指标及相关的试验方法所做出的详尽而明确的规定。科研、生产、设计与施工单位，应以这些标准为依据进行道路材料的性能评价、生产、设计和施工。

目前，我国的建筑材料标准分为国家标准、行业标准、地方标准和企业标准四类。国家标准是由国家标准化主管机构批准颁布的全国性指导技术文件，简称"国标"，代号"GB"。行业标准由国务院有关行政主管部门制订和颁布，也为全国性指导技术文件，在国家标准颁布之后，相关的行业标准即行作废。企业标准适用于本企业，凡没有制订国家标准或行业标准的材料或制品，均应制订企业标准。

国际上较有影响的技术标准有国际标准（ISO）、美国材料试验学会标准（ASTM）、日本工业标准（JIS）和英国标准（BS）等。

随着材料测试手段和测试设备功能的提高，基础理论研究与试验工作的不断深入，工程实践与应用技术的成熟，对各种道路建筑材料的认识将不断完善，有关技术标准中的具体条款和技术参数将会被不断地修订和补充。

PART 1 | 第一篇
基础理论

第一章
外篇出冠

第一章

石料与集料

【本章提要】

本章阐述石料与集料的岩石学特性、物理力学性能、耐久性的评价方法和评价指标；介绍集料的级配原理及表示方法、矿质混合料组成设计方法和集料的工程应用。

通常将石料和集料统称为砂石材料，是道路与桥梁工程及其他建筑工程中使用量最大的一宗材料。正确认识、合理选择和科学使用石料和集料，对于保证土木建筑工程质量、降低生产成本、促进可持续发展具有重要的意义。

第一节 石　　料

在土木建筑工程中，所使用的石料通常指由天然岩石经机械加工制成的，或者由直接开采得到的具有一定形状和尺寸的石料制品。

一、石料的岩石学特性

岩石是由各种不同的地质作用所形成的天然矿物的集合体。组成岩石的矿物称为造岩矿物。不同造岩矿物和成岩条件使得各类天然岩石具有不同的结构和构造特征。石料的物理力学性质在很大程度上取决于天然岩石的矿物成分,以及这些矿物在岩石中的结构与构造。在工程实践中,为了更好地选用天然石料,需要了解和掌握一些石料岩石学特性的基本知识。

1. 造岩矿物

造岩矿物有石英、长石、云母、角闪石、方解石、白云石、黄铁矿、石膏、菱镁矿、磁铁矿和赤铁矿等。各种造岩矿物由于化学成分和结构特征不同,具有不同的颜色和特性,工程中常用岩石的主要造岩矿物及特性见表 1-1。

常用岩石的主要造岩矿物及其特性　　　　表 1-1

矿物名称	化学成分	性　质
石英	SiO_2	无色透明至乳白色;硬度、强度及耐腐蚀性高,但受热(573℃以上)时,因晶型转变会产生裂缝,甚至崩裂;相对密度2.65,熔点1 600℃,硬度7
长石类 正长石 斜长石	$K_2O \cdot Al_2O_3 \cdot 6SiO_2$ $m(Na_2O \cdot Al_2O_3 \cdot 6SiO_2) +$ $n(CaO \cdot Al_2O_3 \cdot 6SiO_2)$	白色,因含微量铁,也有灰、红、青等多种颜色;其硬度、强度、耐久性也较高,但低于石英,是岩浆岩中最多的矿物,约占总量的 2/3;相对密度 2.6~2.7,硬度6
云母类 白云母 黑云母	$(Na,K)_2O \cdot Al_2O_3 \cdot 2SiO_2$ $m[(Na,K)_2O \cdot Al_2O_3 \cdot 2SiO_2] +$ $n[2(Fe,Mg)O \cdot 2SiO_2]$	片状,有黑、白两种;硬度低,解理完全,易裂成薄片,呈玻璃光泽;白云母稳定性好,黑云母稳定性差;相对密度:白云母2.8、黑云母2.9;硬度2.5
角闪石和辉石类	Fe、Mg、Al、Ca 等的硅酸盐化合物	在化学成分上两者有同种情况,结晶类型相同;有多种颜色,但均为深色,有暗色矿物之称;耐久性好,相对密度为:角闪石 2.9~3.6,辉石 3~3.6;硬度 5~6
橄榄石	$2(Mg,Fe)O \cdot SiO_2$	暗绿色,硬度和强度较高,韧性和耐久性好。相对密度 3.2~3.5,硬度7
方解石	$CaCO_3$	白色,但多数颜色淡。硬度、强度、耐久性次于上述矿物。易溶于酸,相对密度2.7,硬度3
白云石	$CaCO_3 \cdot MgCO_3$	白色,其硬度、强度、耐久性略高于方解石,遇酸后分解
黄铁矿	FeS_2	耐久性差,遇水和氧生成游离硫酸,且体积膨胀,并产生锈迹;是岩石中的有害矿物

注:矿物在外力等作用下沿一定的结晶方向易裂成光滑平面的性质称为解理,裂成的平面称为解理面。

岩石可以由单种矿物组成,如纯质的大理石由方解石组成,而大多数岩石则由两种或者两种以上的矿物组成,如花岗岩的主要矿物为石英、长石和云母等。

2. 岩石的分类

岩石的性能除取决于岩石所含矿物成分外,还取决于成岩条件。按岩石的形成条件可将岩石分为岩浆岩、沉积岩、变质岩三大类,它们具有明显不同的矿物结构与构造。

(1)岩浆岩

岩浆岩是岩浆冷凝而形成的岩石。根据冷却条件不同又分为深成岩、喷出岩及火山岩三类。

①深成岩是岩浆在地表深处,受上部覆盖层的压力作用,缓慢冷却而成的岩石。深成岩大多形成粗颗粒的结晶和块状构造,构造致密,在近地表处,由于冷却较快,晶粒较细。深成岩的共同特性是:密度大,抗压强度高,吸水性小,抗冻性好。工程上常用的深成岩有花岗岩、正长岩、辉长岩等。

②喷出岩是岩浆喷出地表时,在压力急剧降低和迅速冷却的条件下形成的岩石,多呈隐晶

质或玻璃质结构。当喷出岩形成较厚的岩层时，其矿物结构与构造接近深成岩。当形成较薄的岩层时，常呈多孔构造，接近火山岩。工程上常用的喷出岩有玄武岩、安山岩、辉绿岩等。

③火山岩是火山爆发时，岩浆被喷到空中急速冷却后形成的岩石，如火山灰、火山砂、浮石等，为玻璃体结构且呈多孔构造。火山灰、火山砂可作为混合材料，浮石可作轻混凝土骨料。火山灰、火山砂经覆盖层压力作用胶结而成的岩石，称为火山凝灰岩。火山凝灰岩多孔、质轻、易于加工，可作保温建筑材料，磨细后可作为水泥的混合材料。

（2）沉积岩

沉积岩是由母岩（岩浆岩、变质岩和已形成的沉积岩）在地表经风化剥蚀而产生的物质，经过搬运、沉积和硬结成岩作用而形成的岩石，又称水成岩。沉积岩由颗粒物质和胶结物质组成。颗粒物质是指不同形状及大小的岩屑及某些矿物，胶结物质的主要成分为碳酸钙、氧化硅、氧化铁及黏土质等。沉积岩的物理力学性质不仅与矿物和岩屑的成分有关，而且与胶结物质的性能有很大的关系，以碳酸钙、氧化硅质胶结的沉积岩强度较大，而以黏土质胶结的沉积岩强度较小。

与岩浆岩相比，沉积岩的成岩过程压力不大，温度不高，大都呈层理构造；而且各层的成分、结构、颜色、厚度都有差异，使沉积岩沿不同方向表现出不同的力学性能。与深成岩相比，沉积岩的密度小，孔隙率和吸水率大，强度较低，耐久性略差。常见沉积岩有石灰岩、页岩、砂岩、砾岩、石膏、白垩、硅藻土等，散粒状的有黏土、砂、卵石等。

（3）变质岩

变质岩是原生的岩浆岩或沉积岩经过地质上的变质作用而形成的岩石。变质作用是指在地壳内部高温、高压、赤热气体和渗入岩石中水溶液的综合作用下，岩石矿物重新再结晶，有时还可能生成新矿物，使原生岩石的矿物成分和构造发生显著变化而成为一种新的岩石。变质岩在矿物成分与结构构造上既有变质过程中所产生的特征，也会残留部分原岩的某些特点。因此，变质岩的物理力学性能不仅与原岩的性质有关，而且与变质作用条件及变质程度有关。

在变质过程中受到高压和重结晶的作用，由沉积岩转化的变质岩更为紧密。如由石灰岩或白云岩变质而成的大理石岩，由砂岩变质而成的石英岩，它们均较原来的岩石坚固耐久。而原为深成岩的岩石，经过变质作用后，常因产生了片状构造，使岩石的性能变差，如由花岗岩变质而成的片麻岩，较原花岗岩易于分层剥落，耐久性降低。

3. 常用岩石类型

（1）花岗岩

花岗岩是岩浆岩中分布最广的一种岩石，其主要矿物成分为石英、长石及少量暗色矿物和云母。花岗岩的颜色由造岩矿物决定，通常有深青、浅灰、黄、紫红等。优质花岗岩晶粒细，构造密实，没有风化迹象。花岗岩的技术特性是：表现密度大（$2.6 \sim 2.8 g/cm^3$），抗压强度高（$120 \sim 250 MPa$），孔隙率小，吸水率低，耐磨性强，耐久性好。

（2）玄武岩

玄武岩属于喷出岩，主要造岩矿物是暗色矿物，属玻璃质或隐晶质斑状结构，气孔状或杏仁状构造。玄武岩的抗压强度随其结构和构造的不同而变化较大（$100 \sim 500 MPa$），表观密度为$2.8 \sim 3.5 g/cm^3$，硬度高，脆性大，耐久性好。

（3）辉长岩

辉长岩的主要矿物为斜长石、辉石及少量橄榄石，为等粒结晶质结构和块状构造，常呈黑绿色。辉长岩表观密度大($2.9 \sim 3.3 g/cm^3$),抗压强度高($200 \sim 350 MPa$),韧性及抗风化性好,易于琢磨抛光,既可用作承重材料,也可用作饰面材料。

(4) 石灰岩

石灰岩的主要矿物组成为方解石,常含有少量黏土、白云石、氧化铁、氧化硅和碳酸盐及有机物质等。石灰岩的颜色随所含杂质而不同,含黏土或氧化铁等杂质的石灰岩呈灰色、浅黄或浅红色,当有机质含量多时呈深灰或黑色。

石灰岩的构造有散粒、多孔和致密等类型。松散土状的称作白垩,其组成几乎完全是碳酸钙,是制造玻璃、石灰、水泥的原料。多孔构造的如贝壳石灰岩可作保温建筑的墙体。致密构造的为普通石灰岩,各种致密石灰岩表观密度为 $2.5 \sim 2.8 g/cm^3$,抗压强度为 $60 \sim 120 MPa$,质地细密、坚硬、抗风化能力较强。硅质石灰岩强度高、硬度大、耐久性好。当石灰岩中黏土等杂质的含量为 $3\% \sim 4\%$ 时,石灰岩的抗冻性和耐水性显著降低。当杂质含量高时,则成为其他岩石,如黏土含量为 $25\% \sim 60\%$ 的称为泥灰岩,碳酸镁含量为 $40\% \sim 60\%$ 时称为白云岩。

石灰岩分布极广,开采加工容易,常作为地方材料,广泛用于基础、墙体、桥墩、台阶及一般砌石工程。石灰岩加工成碎石,可用作水泥混凝土、沥青混合料集料或道路基层用集料。由于方解石易被溶解侵蚀,石灰岩不能用于酸性或含游离二氧化碳较多的水中。

(5) 砂岩

砂岩属于沉积岩,为碎屑结构、层状构造,主要矿物为石英,少量长石、方解石、白云石及云母等。根据胶结物的不同,砂岩可分为由氧化硅胶结而成的硅质砂岩,常呈淡灰色;由碳酸钙胶结而成的钙质砂岩,呈白色或灰色;由氧化铁胶结而成的铁质砂岩,常呈红色;由黏土胶结而成的黏土质砂岩,呈灰黄色。

砂岩的性能与其中的胶结物种类及胶结的密实程度有关。硅质砂岩密实,坚硬耐久,耐酸,性能接近于花岗岩;钙质砂岩有一定的强度,容易加工,是砂岩中最常用的一种,但质地较软,不耐酸;铁质砂岩的性能稍差,其中密实铁质砂岩仍可用于一般土木建筑工程;黏土质砂岩的性能较差,易风化,长期受水作用会软化,甚至松散,在土木建筑工程中一般不用。

由于砂岩的胶结物和构造的不同,其性能波动很大,即使是同一产地的砂岩,性能也有很大差异。砂岩的抗压强度范围 $5 \sim 200 MPa$,表观密度范围 $2.1 \sim 2.7 g/cm^3$。

(6) 石英岩

石英岩由硅质砂岩变质而成,结构均匀致密,矿物成分主要是结晶氧化硅。在几种主要岩石中,石英岩的强度较高($150 \sim 300 MPa$),十分耐久,但由于硬度较大,加工困难。

(7) 片麻岩

片麻岩是由花岗岩变质而成的,其矿物成分与花岗岩类似。片麻岩结晶大多是等粒或斑状的,外表美观,因呈片状构造,各向性质不同。垂直于片理方向的抗压强度大($50 \sim 200 MPa$),沿片麻岩的片理易于开采加工,但在冻融循环作用下,易成层剥落。通常制成碎石、片石及料石等,用于一般建筑工程。

4. 石料的主要化学组成

石料的化学组成通常以氧化物含量表示,见表1-2,主要化学成分为氧化硅、氧化钙、氧化铁、氧化铝、氧化镁,以及少量的氧化锰、三氧化硫等。

三种岩石的化学成分含量(%) 表1-2

岩石名称	SiO₂	CaO	Fe₂O₃	Al₂O₃	MgO	MnO	SO₃	P₂O₅
石灰石	1.01	56.27	0.27	0.27	0.057	0.0065	0.009	痕量
花岗石	69.62	1.81	2.60	15.69	0.022	0.022	0.14	0.02
石英石	98.43	0.21	1.23	0.09	痕量	0.006	0.21	0

注:以上数据仅供参考。

在大多数情况下,这些氧化物的化学稳定性较好,石料本身是一种惰性材料,与水接触时,石料的化学成分比例将直接影响集料的亲水性以及集料与沥青的黏附性。在道路工程中,通常按照氧化硅(SiO_2)含量(<52%、52%~65%和>65%),将石料分为碱性集料(钙质石料)、中性集料和酸性集料(硅质石料)。大部分硅质石料,如花岗岩、石英岩等在水中带有负电荷,亲水性较大,而石灰岩等钙质石料在水中带正电荷,亲水性较弱,见表1-3。

不同岩石的化学组成比例与亲水系数 表1-3

岩石名称	SiO₂ 含量范围(%)	亲水系数
石英岩	80~100	1.06
花岗岩	64~80	0.98
石灰岩	0~50	0.79

在沥青路面工程中,岩石以集料形式应用于沥青混合料中,由于集料对水的亲和力大于对沥青结合料的亲和力,水可能将集料上的沥青膜剥落,导致沥青混合料强度的降低。集料的亲水系数越大,水对沥青混合料水稳定性的不利影响就越大。

在水泥混凝土时,某些含有活性二氧化硅或活性碳酸盐成分的集料会与水泥中的碱性氧化物发生化学反应,称"碱-集料反应"。这类反应会对混凝土结构强度和稳定性产生非常不利的影响。

二、石料的物理性质

石料最常用的物理常数是密度和孔隙率。这些物理常数与石料的物理、力学性质有密切关系,在选用石料、进行混凝土配合比计算时,这些物理常数是重要的设计参数。石料的物理常数是反映材料矿物组成、结构状态和特征的参数。虽然石料中不同的矿物以不同的排列方式形成各种结构,但是从质量和体积的物理观点出发,其组成结构主要是矿物质实体和孔隙(包括与外界连通的开口孔隙和内部的闭口孔隙),如图1-1所示。

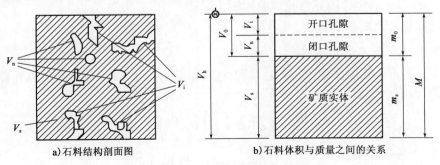

图1-1 石料组成部分质量与体积关系示意图

1. 密度

密度是指在规定条件下,石料矿质实体单位体积的质量。根据体积的定义不同,石料的密度包括真实密度、表观密度和毛体积密度等。

(1) 真实密度

真实密度是指在规定条件下,烘干石料矿质实体单位体积的质量,按式(1-1)计算。

$$\rho_t = \frac{m_s}{V_s} \tag{1-1}$$

式中:ρ_t——石料的真实密度,g/cm^3;

m_s——石料矿物质实体的质量,g;

V_s——石料矿物质实体的体积,cm^3。

(2) 表观密度

表观密度是指在规定条件下,烘干石料矿质实体包括闭口孔隙在内的单位表观体积的质量,由式(1-2)计算。测定石料表观体积时,需将已知质量的干燥石料浸水,使其开口孔隙吸水饱和,然后称出饱水后石料在水中的质量,两者之差即为石料包括闭口孔隙在内的石料表观体积($V_s + V_n$)。

$$\rho_a = \frac{m_s}{V_s + V_n} \tag{1-2}$$

式中:ρ_a——石料的表观密度,g/cm^3;

V_s——石料矿物质实体的体积,cm^3;

V_n——石料矿质实体中闭口孔隙的体积,cm^3。

(3) 毛体积密度

毛体积密度是指在规定条件下,烘干石料矿质实体包括孔隙(闭口、开口孔隙)体积在内的单位体积的质量,由式(1-3)计算。石料毛体积密度的测定方法可分为体积法、水中称量法和蜡封法。体积法适用于能制备成规则试件的各类岩石;水中称量法适用于除遇水崩解、溶解和干缩湿胀外的其他各类岩石;蜡封法适用于不能用体积法或直接在水中称量进行试验的岩石。

$$\rho_h = \frac{m_s}{V_s + V_n + V_i} \tag{1-3}$$

式中:ρ_h——石料的毛体积密度,g/cm^3;

V_i——石料矿质实体中开口孔隙的体积,cm^3;

其他符号含义同式(1-2)。

2. 孔隙率

孔隙率是指石料孔隙体积占石料总体积(包括孔隙体积在内)的百分率,总孔隙率和开口孔隙率由式(1-4)、式(1-5)计算。

$$n = \frac{V_n + V_i}{V_h} \times 100\% = \left(1 - \frac{\rho_h}{\rho_t}\right) \times 100\% \tag{1-4}$$

$$n_i = \frac{V_i}{V_h} \times 100\% = \left(1 - \frac{\rho_h}{\rho_a}\right) \times 100\% \tag{1-5}$$

式中：n——石料的总孔隙率，%；
　　　n_i——石料的开口孔隙率，%。

石料的物理常数不仅反映岩石的内部组成结构状态，也间接反映岩石的力学性能，相同矿物组成的岩石，孔隙率越低，其强度越大。石料技术性能不仅受孔隙率的影响，还取决于孔结构。石料孔结构按形态可分为与外界连通的开口孔和与外界不连通的闭口孔两种；按孔径大小又分为极细微孔隙、细小孔隙和较粗大孔隙。在孔隙率相同的条件下，连通且粗大孔隙对石料性能的影响显著。

3. 吸水性

吸水性是指石料在规定条件下吸入水分的能力。吸水性常用吸水率和饱水率来表征。该指标可有效地反映岩石微裂隙的发育程度，判断岩石的抗冻和抗风化等性能。

吸水率是石料试样在常温、常压条件下最大的吸水质量占干燥试样质量的百分率。饱水率是石料在常温及真空抽气条件下，最大吸水质量占干燥试样质量的百分率。石料的吸水率和饱水率可用式(1-6)计算。

$$w_x = \frac{m_2 - m_1}{m_1} \times 100\% \tag{1-6}$$

式中：w_x——石料试样的吸水率或饱水率，%；
　　　m_1——烘干至恒重时的试样质量，g；
　　　m_2——吸水（或饱水）至恒重时的试样质量，g。

吸水率低于1.5%的岩石称为低吸水性岩石；吸水率介于1.5%~3.0%的称为中吸水性岩石；吸水率高于3.0%的称为高吸水性岩石。

石料吸水性的大小与其孔隙率的大小及孔隙构造特征有关。石料内部独立且封闭的孔隙实际上是不吸水的，只有那些开口且以毛细管连通的孔隙才吸水。孔隙构造相同的石料，孔隙越大，吸水率越大。表观密度大的石料，孔隙率小，吸水率也小，如花岗岩石料的吸水率通常小于0.5%，而多孔贝类石灰岩石料的吸水率可高达15%。表1-4为几种岩石的密度和吸水率的测试值。吸水性影响石料的强度、耐久性、导热性与抗冻性等。石材吸水后会降低颗粒之间的黏结力，使结构减弱，从而使强度降低。吸水性强且易溶蚀的岩石，其耐水性较差。吸水率与饱水率的比称为饱水系数，饱水系数越高，说明常温常压下石料开口孔隙被水充填的程度越高。

常用岩石密度和吸水率　　　　　　表1-4

岩石名称		密度(g/cm³)	吸水率(%)	岩石名称		密度(g/cm³)	吸水率(%)
岩浆岩	花岗岩	2.30~2.80	0.10~0.92	沉积岩	砂岩	2.20~2.71	0.20~12.19
	辉长岩	2.55~2.98	—		石灰岩	2.30~2.77	0.10~4.55
	安山岩	2.30~2.70	0.02~0.29	变质岩	片麻岩	2.30~3.05	0.10~3.15
	玄武岩	2.50~3.10	0.30~2.69		石英岩	2.40~2.80	0.10~1.45

4. 耐热性

石材的耐热性取决于其化学成分及矿物组成。含有石膏的石料，在100℃以上时开始破坏；含有碳酸镁的石料，当温度高于725℃时会发生破坏；含有碳酸钙的石料，温度达827℃时开始破坏。由石英和其他矿物所组成的结晶石料，如花岗岩等，当温度达到700℃以上时，由于石英受热发生膨胀,强度会迅速下降。

5. 导热性

石料的导热性主要与其表观密度和结构状态有关。重质石料导热系数可达 2.91～3.49 W/(m·K);轻质石料的导热系数则为 0.23～0.70W/(m·K)。相同成分的石料,玻璃态比结晶态的导热系数小,封闭孔隙的导热性差。

6. 膨胀性

对具有黏土矿物的岩层,需了解岩石膨胀特性,以便控制开挖过程中地下水对岩层、岩体的影响。岩石膨胀性试验包括岩石自由膨胀率试验、岩石侧向约束膨胀率试验和岩石膨胀压力试验。岩石的自由膨胀率是岩石试件在浸水后产生的径向和轴向变形分别与试件直径和高度百分比;岩石侧向约束膨胀率是岩石试件在有侧限条件下,轴向受有限荷载时,浸水后产生的轴向变形与试件原高度百分比;岩石膨胀压力是岩石试件浸水后保持原形或体积不变所需的压力。

7. 耐崩解性

耐崩解性反映了岩石试样在一定条件下抵抗遇水软化和崩解剥落的能力,包括崩解量、崩解指数、崩解时间和崩解状况,主要用于岩石的分类,通常适用于质地疏松、风化或含有亲水性黏土矿物的石料。耐崩解性常用崩解指数表征,崩解指数是指岩石试件干湿循环后残留质量与原质量百分比。

三、石料的力学性质

在结构工程中,石料应具备一定的抗压、抗剪、抗弯拉强度,以及抵抗荷载冲击、剪切和摩擦作用的能力。石料的力学性能常用抗压强度和磨耗率来表示。

1. 石料的抗压强度

我国现行《公路工程岩石试验规程》(JTG E41—2005)中规定采用单轴加荷的方法对规则形状的石料试样进行抗压强度试验。路面工程用石料试件尺寸为边长(50±2)mm 的正立方体或直径与高均为(50±2)mm 的圆柱体。桥梁工程用石料试件尺寸为边长(70±2)mm 的立方体。按标准方法对试件进行饱水处理后施加荷载,直至破坏,石料的抗压强度按式(1-7)计算。

$$R = \frac{P}{A} \tag{1-7}$$

式中:R——石料的抗压强度,MPa;

P——试验时石料试件破坏时的极限荷载,N;

A——石料试件的受力截面积,mm^2。

石料的抗压强度主要影响因素有岩石自身的矿物组成、结构构造、孔隙构造、含水状态和试验条件(试件形状、大小、加工精度、加荷速率等)。结构疏松及孔隙率较大的石料,其质点间的联系较弱,有效面积较小,故强度值较低。石料试件的尺寸和形状对抗压强度试验结果有显著影响。当试件尺寸较小时,由于高度小,承压板与试件端面之间的摩擦力较大,使得试件内应力分布极不均匀,试验结果的真实性受到影响。为了取得真实稳定的抗压强度测试值,应避免承压板邻近局部应力集中的影响,且试件的尺寸直径应不小于 10 倍的岩石矿物及岩屑颗粒直径,并认为应不小于 50mm。为了减少试件端面的摩擦造成的影响,试件上下端面应平整光滑,并与承压板严格平行,以保证受力均匀。当岩石的孔隙裂隙较大、含较多亲水矿物或较多可溶矿物时,吸水率对其强度的影响更为明显。表 1-5 中为几种岩石石料在饱水状态强度 R_W 与干燥状态强度 R_D 的比值 K_p,此比值称为软化系数。

常用岩石的吸水前后强度比值　　　　　表 1-5

岩石名称		$K_p = R_W/R_D$	岩石名称		$K_p = R_W/R_D$
岩浆岩	花岗岩	0.72 ~ 0.97	沉积岩	砂岩	0.65 ~ 0.97
	辉绿岩	0.33 ~ 0.90		石灰岩	0.70 ~ 0.94
	安山岩	0.81 ~ 0.91	变质岩	片麻岩	0.75 ~ 0.97
	玄武岩	0.30 ~ 0.95		石英岩	0.94 ~ 0.96

根据软化系数的大小,石料可分为高、中和低耐水性 3 个等级:$K_p > 0.90$ 的石料为高耐水性石料,$K_p = 0.70 \sim 0.90$ 为中耐水性石料,$K_p = 0.60 \sim 0.70$ 为低耐水性石料。一般 $K_p < 0.80$ 的石料,不允许用于重要建筑。

2. 磨耗率

磨耗率是指粗集料抵抗撞击、边缘剪切、摩擦等联合作用的能力。磨耗率采用洛杉矶磨耗试验测定。

洛杉矶磨耗试验又称搁板式试验法。将一定质量且有一定级配的石料试样和钢球置于搁板式试验机中,以 30 ~ 33r/min 的转速转动至要求次数后停止,取出试样过筛并称量,石料的磨耗率 $Q_磨$ 采用式(1-8)计算。在磨耗试验中用于水泥混凝土和沥青混合料的石料对试样的级配和质量要求有所不同。

$$Q_磨 = \frac{m_1 - m_2}{m_1} \times 100\% \qquad (1-8)$$

式中:$Q_磨$——洛杉矶磨耗损失,%;

　　m_1——装入圆筒中试样质量,g;

　　m_2——试验后在 1.7mm 筛上洗净烘干的试样质量,g。

四、石料的耐久性

石料在长期使用过程中,抵抗各种自然因素及有害介质的作用,保持其原有性能而不变质和不被破坏的能力称为石料的耐久性,其主要表现为抗冻性。抗冻性是指石料在饱水状态下能够经受反复冻结和融化而不破坏,并不严重降低强度的能力。当水在石料孔隙内结冰时,体积膨胀约 9%,如果孔隙处于吸水饱和状态下,水的结冰就会有很大的内压力,严重时导致石料的边角崩裂。石料抗冻性的室内测定方法有直接冻融法和硫酸钠坚固性法。两种方法均需要将石料制成直径和高均为 50mm 的圆柱体试件,或边长为 50mm 的正立方体试件,在(105 ± 5)℃的烘箱中烘至恒重,并称重。

1. 直接冻融法

直接冻融法是测定石料在饱水状态下,抵抗反复冻融性能的直接方法。试验时首先使试件吸水达到饱和状态,然后置于 - 15℃ 冰箱中。冻结 4h 后取出试件,放入(20 ± 5)℃的水中融解 4h,如此为一个冻融循环过程。经历规定的冻融循环次数(如 10 次、15 次、25 次及 50

次)后,详细检查石料试件有无剥落、裂缝、分层及掉角现象,并记录检查情况。将冻融试验后的试件再烘至恒重,称其质量,然后测定石料的抗压强度,按式(1-9)和式(1-10)分别计算石料的冻融质量损失率和耐冻系数。

$$Q_{冻} = \frac{m_1 - m_2}{m_1} \times 100\% \tag{1-9}$$

$$K = \frac{R_2}{R_1} \times 100\% \tag{1-10}$$

式中:$Q_{冻}$、K——经历冻融循环作用后,石料的质量损失率和耐冻系数,%;
m_1——试验前烘干石料试件的质量,g;
m_2——经历若干次冻融循环作用后,烘干石料试件的质量,g;
R_1——试验前石料试件的饱水抗压强度,MPa;
R_2——经历若干次冻融循环作用后,石料试件的饱水抗压强度,MPa。

2. 坚固性试验法

坚固性试验是评定石料试样经饱和硫酸钠溶液多次浸泡与烘干循环后,不发生显著破坏或强度降低的性能,是测定岩石坚固性的一种简易方法。由于硫酸钠结晶后体积膨胀,使石料孔隙壁受到压力,产生犹如水结冰相似的作用。试验时将烘干石料试件置入饱和硫酸钠溶液中浸泡20h后,将试件取出置于105~110℃的烘箱中烘烤4h,至此完成第1个循环。待试样冷却至室温后,即开始第2个循环。从第2个循环起,浸泡和烘烤时间均为4h。完成5次循环后,仔细观察试件有无破坏现象,将试件洗净烘至恒重,准确称出其质量,按式(1-11)计算坚固性试验质量损失率。

$$Q = \frac{m_1 - m_2}{m_1} \times 100\% \tag{1-11}$$

式中:Q——经历n次硫酸钠溶液浸泡、烘干循环作用后,石料的质量损失率,%;
m_1——试验前烘干石料试件的质量,g;
m_2——经历n次浸泡、烘干循环作用后,烘干石料试件的质量,g。

岩石的抗冻性与其矿物成分、结构特征有关,而与岩石的吸水率指标关系更加密切。岩石的抗冻性主要取决于岩石中大开口孔隙的发育情况、亲水性和可溶性矿物的含量及矿物颗粒间的黏结力。开口孔隙越多,亲水性和可溶性矿物含量越高时,岩石的抗冻性越低;反之,越高。

岩石抗冻性能好坏的判断有三个指标,即冻融后强度变化、质量损失、外形变化。一般认为,冻融系数大于75%,质量损失率小于2%时,为抗冻性好的岩石;吸水率小于0.5%,软化系数大于0.75以及饱水系数小于0.8的岩石,具有足够的抗冻能力。对于一般公路工程,往往根据上述标准来确定是否需要进行岩石的抗冻性试验。

第二节 集 料

集料是由不同粒径矿物颗粒组成的混合料,在沥青混合料或水泥混凝土中起骨架和填充作用。集料包括天然砂、人工砂、卵石、碎石、工业冶金矿渣、再生集料等。

天然砂是指经自然风化、流水搬运和分选、堆积形成的粒径小于4.75mm的岩石颗粒,包括河砂、湖砂、山砂和淡化海砂等,但不包括软质岩石、风化岩石的颗粒。

人工砂是指经人为加工处理得到的符合规格要求的细集料,通常指石料加工过程中采取真空抽吸等方法除去大部分土和细粉,或将石屑水洗得到的洁净的细集料。机制砂是由碎石及砾石经制砂机反复破碎加工至粒径小于2.36mm的人工砂,但不包括软质岩石、风化岩石的颗粒,亦称破碎砂。混合砂是由天然砂、人工砂、机制砂或石屑等按一定比例混合形成的细集料。

卵石是由自然风化、流水搬运和分选、堆积形成的粒径大于4.75mm的岩石颗粒。

碎石是将天然岩石或卵石经机械破碎、筛分制成的粒径大于4.75mm的岩石颗粒。

工业冶金矿渣一般是指金属冶炼过程中排出的非金属熔渣,常指高炉矿渣和钢渣等,是一类具有独特性能的人造石料。

在沥青混合料中,粗集料是指粒径大于2.36mm的碎石、破碎砾石、筛选砾石和矿渣等;在水泥混凝土中,粗集料是指粒径大于4.75mm的碎石、砾石和破碎砾石。

在沥青混合料中,细集料是指粒径小于2.36mm的天然砂、人工砂(包括机制砂)及石屑;在水泥混凝土中,细集料是指粒径小于4.75mm的天然砂、人工砂。

集料最大粒径指集料100%全部通过的最小标准筛筛孔尺寸;集料公称最大粒径指集料可能全部通过或允许少量不通过(筛余不超过10%)的最小标准筛筛孔尺寸。通常集料公称最大粒径比集料最大粒径要小一个粒级。工程中的最大粒径往往指公称最大粒径。

一、集料的物理性质

1. 密度

集料是矿物颗粒的散粒状混合物,其体积组成除包括矿物及矿物间孔隙外,还包括矿物颗粒之间的空间,称为空隙,如图1-2所示。在工程中,常用的集料密度包括:表观密度、毛体积密度、表干密度及堆积密度等。

(1)表观密度、毛体积密度、表干密度

集料颗粒的表观密度、毛体积密度定义与石料相同,此处不再叙述。由于石料与集料在尺寸和形状上的差异,测试方法有所不同。集料的表干密度又称作饱和面干毛体积密度,它的计算体积与计算毛体积密度时相同,但计算质量为集料颗粒的表干质量(饱和面干状态,包括了吸入开口孔隙中的水),由式(1-12)计算得到。测试集料表干质量时,需要将干燥集料试样饱水后,将试样表面自由水擦干,但保留吸入开口孔隙中的水,称取饱和面干试样在空气中的质量,即为集料的表干质量。

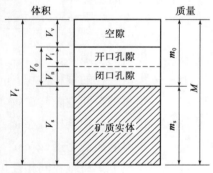

图1-2 集料质量组成与体积的关系

$$\rho_s = \frac{m_a}{V_s + V_n + V_i} \tag{1-12}$$

式中:ρ_s——集料的表干密度,g/cm³;

m_a——集料颗粒的表干质量(矿质实体质量与吸入开口孔隙中水的质量之和),g;

V_s——集料颗粒矿质实体的体积,cm^3;

V_n、V_i——集料颗粒矿质实体中闭口孔隙和开口孔隙的体积,cm^3。

(2)堆积密度

集料是没有固定形状的混合物,其体积和形状取决于装填容器。堆积密度是指烘干集料颗粒矿质实体的单位装填体积(包括集料颗粒间空隙体积,集料矿质实体及其闭口、开口孔隙体积)的质量,按式(1-13)计算。

$$\rho = \frac{m_s}{V_s + V_n + V_i + V_v} \tag{1-13}$$

式中:ρ——集料的堆积密度,g/cm^3;

m_s——集料颗粒的烘干质量,g;

V_s——集料颗粒矿质实体的体积,cm^3;

V_n、V_i——集料颗粒矿质实体中闭口孔隙和开口孔隙的体积,cm^3;

V_v——集料颗粒间的空隙体积,cm^3。

堆积密度取决于颗粒排列的松紧程度。根据装样方法的不同,集料的堆积密度分为自然堆积密度、振实密度和捣实密度。自然堆积密度是指以自由落入方式装填集料,所测的密度又称松装密度;振实密度是将集料分三层(细集料分两层)装入容器筒中,在容器筒底部放置一根 ϕ25mm 的圆钢筋(细集料钢筋 ϕ10mm),每装一层集料后,将容器筒左右交替颠击地面 25 次;捣实密度是将集料分三层装入容器中,每层用捣棒捣实 25 次。振实密度和捣实密度又称作紧装密度。

2. 空隙率

集料颗粒与颗粒之间没有被集料占据的自由空间,称为集料的空隙,空隙率是指集料在一定的堆积状态下的空隙体积(含开口孔隙)占堆积体积的百分率,按式(1-14)计算。

$$n = \frac{V_v + V_i}{V_f} \times 100\% = \left(1 - \frac{\rho}{\rho_a}\right) \times 100\% \tag{1-14}$$

式中:n——集料的空隙率,%;

V_f——集料颗粒的堆积体积,cm^3,其值为:$V_f = V_s + V_n + V_i + V_v$;

V_v、V_i——集料颗粒间空隙与矿物实体开口孔隙的体积,cm^3;

ρ——集料的堆积密度,g/cm^3;

ρ_a——集料的表观密度,g/cm^3。

空隙率反映了集料颗粒间相互填充的致密程度。在配制水泥混凝土、砂浆等材料时,集料的空隙率是作为控制混凝土中集料级配与计算混凝土砂率的重要依据。试验结果表明,在松装和紧装状态下,粗集料的空隙率范围分别为 43%~48% 和 37%~42%;细集料空隙率范围分别为 35%~50% 和 30%~40%。

3. 粗集料骨架间隙率

粗集料骨架间隙率通常指 4.75mm 以上粗集料在捣实状态下颗粒间的空隙体积占装填体积的百分含量,按式(1-15)计算。粗集料骨架间隙率的大小用于确定水泥混凝土或沥青混合料中细集料和结合料的数量,并评价集料的骨架结构。

$$VCA = \left(1 - \frac{\rho}{\rho_b}\right) \times 100\% \tag{1-15}$$

式中:VCA——粗集料骨架间隙率,%;

ρ——粗集料的堆积密度,在水泥混凝土中用粗集料的振实密度,在沥青混合料中用粗集料的捣实密度,g/cm^3;

ρ_b——粗集料的表观密度(水泥混凝土)或毛体积密度(沥青混合料),g/cm^3。

4. 细集料的棱角性

细集料的棱角性由在一定条件下测定的空隙率表示,按式(1-16)计算。天然砂、人工砂和石屑等细集料的棱角性,对沥青混合料的内摩擦角和抗变形能力及对水泥混凝土的和易性有显著影响。当空隙率较大时,细集料的内摩阻角较大。

$$U = \left(1 - \frac{\rho}{\rho_h}\right) \tag{1-16}$$

式中:U——细集料的棱角性,即空隙率,%;

ρ——细集料的堆积密度,g/cm^3;

ρ_h——细集料的毛体积密度,g/cm^3。

5. 集料的颗粒形状与表面特征

(1)颗粒形状

集料中颗粒形状可按表1-6分为四种类型,比较理想的形状是接近球体或立方体。当集料中扁平、细长状的颗粒含量较高时,会使集料的空隙率增加,不仅有损于集料的施工和易性,而且不同程度地危害混凝土的强度。《公路工程集料试验规程》(JTG E42—2005)中对水泥混凝土用粗集料采用规准仪法测定当颗粒的最小厚度(或直径)与最大长度(或宽度)方向的尺寸之比小于规定值时,即为针片状颗粒;而用游标卡尺法时测定当颗粒的最大长度(或宽度)方向与最小厚度(或直径)的尺寸之比大于3时,即为针片状颗粒。

集料颗粒形状的基本类型 表1-6

类 型	颗粒形状的特点	集料品种
蛋圆形	具有较光滑的表面,无明显棱角,颗粒浑圆	天然砂及各种砾石、陶粒
棱角形	具有粗糙的表面及明显的棱边	碎石、石屑、破碎矿渣
针状	长度方向尺寸远大于其他方向尺寸而呈细条形	砾石、碎石中均存在
片状	厚度方向尺寸远小于其他方向而呈薄片形	砾石、碎石中均存在

碎石中针片状颗粒含量主要取决于被加工岩石特性、破碎机械设备及碎石的生产工艺。硬而脆的岩石在破碎时易产生针片状;以挤压破碎为主的破碎机(如颚式破碎机)生产的碎石中针片状含量较高,而利用冲击方式破碎所生产的碎石针片状含量较少。

(2)表面特征

集料的表面特征主要指集料表面的粗糙程度及孔隙特征等,它与集料的材质、岩石结构、矿物组成及受冲刷、受腐蚀程度有关。一般来说,集料的表面特征主要影响集料与结合料之间的黏结性能,从而影响到混合料的强度。表面粗糙的集料颗粒间的摩阻力较表面光滑、无棱角颗粒要大;表面粗糙、具有吸收水泥浆或沥青中轻质组分的孔隙特征的集料,与结合料间的黏结能力较强,而表面光滑的集料与结合料间的黏结能力一般较差。

6. 含泥量和泥块含量

存在于集料中或包裹在集料颗粒表面的泥土会降低集料与水泥（或沥青）的界面黏结力，显著影响混合料的整体强度与耐久性，对其含量应加以限制。

(1) 含泥量与石粉含量

含泥量是指集料中粒径小于0.075mm的颗粒含量，石粉含量是指人工砂中小于0.075mm的颗粒含量，两者均按照式(1-17)计算。

$$Q_a = \frac{m_0 - m_1}{m_0} \times 100\% \tag{1-17}$$

式中：Q_a——集料的含泥量和石粉含量，%；

m_0——试验前烘干集料试样的质量，g；

m_1——经筛洗后，0.075mm筛上烘干试样的质量，g。

严格地讲，含泥量应是集料中的泥土含量，而采用筛洗法得到的粒径小于0.075mm的颗粒中实际上包含了矿粉、细砂与黏土成分，而筛洗法很难将这些成分加以区别。将通过0.075mm颗粒部分全部都当作"泥土"的做法欠妥，因此，在《公路工程集料试验规程》(JTG E42—2005)中，以"砂当量"代替含泥量指标，将筛洗法测定的结果称为小于0.075mm颗粒含量；在《建设用砂》(GB/T 14684—2011)中，增加了"亚甲蓝MB值"指标。

①砂当量SE

砂当量用于测定细集料中所含黏性土和杂质含量，判定集料的洁净程度，对集料中小于0.075mm的矿粉、细砂与泥土加以区别，砂当量值越大，表明在小于0.075mm部分所含的矿粉和细砂比例越高。在《公路工程集料试验规程》(JTG E42—2005)中规定了砂当量的测试方法。

②亚甲蓝MB值

"亚甲蓝MB值"用于判别人工砂中小于0.075mm颗粒含量主要是泥土还是与被加工母岩化学成分相同的石粉。"亚甲蓝MB值"按式(1-18)计算，精确至0.1。"亚甲蓝MB值"较小时表明粒径小于或等于0.075mm颗粒主要是与母岩化学成分相同的石粉。

$$MB = \frac{V}{G} \times 10 \tag{1-18}$$

式中：MB——亚甲蓝值，g/kg，表示1kg人工砂试样所消耗的亚甲蓝克数；

G——试样质量，g；

V——所加入的亚甲蓝溶液的总量，mL。

(2) 泥块含量

泥块含量是指粗集料中原尺寸大于4.75mm（细集料中大于1.18mm），但经水浸洗、手捏后小于2.36mm（细集料为小于0.6mm）的颗粒含量，按照式(1-19)计算。集料中的泥块主要以3种类型存在：由纯泥土组成的团块，由砂、石屑与泥土组成的团块，包裹在集料颗粒表面的泥。

$$Q_b = \frac{G_1 - G_2}{G_1} \times 100\% \tag{1-19}$$

式中：Q_b——集料中的泥块含量，%；

G_1——4.75mm（粗集料）或1.18mm（细集料）筛上试样的质量，g；

G_2——4.75mm(粗集料)或 1.18mm(细集料)筛上试样经水洗后,2.36mm(粗集料)或 0.6mm(细集料)筛上烘干试样的质量,g。

二、集料的力学性质

在混合料中,粗集料起骨架作用,应具备一定的强度、耐磨、抗磨耗和抗冲击性能等,这些性能分别用压碎值、磨光值、冲击值和磨耗值等指标表示。

1. 压碎值

集料压碎值用于衡量石料在逐渐增加的荷载下抵抗压碎的能力,是衡量石料力学性质的指标,以评定其在公路工程中的适用性。压碎值是对集料的标准试样在标准条件下进行加荷,测试集料被压碎后,标准筛上筛余质量的百分率。该值越大,说明抗压碎能力越差。

(1)粗集料的压碎值

粗集料压碎值按式(1-20)计算:

$$Q_a' = \frac{m_1}{m_0} \times 100\% \tag{1-20}$$

式中:Q_a'——集料的压碎值,%;
$\quad m_0$——试验前试样的质量,g;
$\quad m_1$——试验后通过 2.36mm 筛孔的细料质量,g。

(2)细集料压碎值

细集料压碎值按单粒级进行试验,细集料分为 2.36~4.75mm、1.18~2.36mm、0.6~1.18mm、0.3~0.6mm 四档,分别测试这四档在逐渐增加的荷载下抵抗压碎的能力。按式(1-21)计算,取最大单粒级压碎值为细集料的压碎指标值。

$$Y_i = \frac{m_2}{m_1 + m_2} \times 100\% \tag{1-21}$$

式中:Y_i——第 i 粒级细集料的压碎指标值,%;
$\quad m_1$——试样的筛余量,g;
$\quad m_2$——试样的通过量,g。

2. 磨光值

磨光值是反映石料抵抗轮胎磨光作用能力的指标,采用加速磨光机磨光石料,并用摆式摩擦系数测定仪测得磨光后集料的摩擦系数。用高磨光值的石料来铺筑道路路面表层,可以提高路表的抗滑能力,保障车辆的安全行驶。该值越高,表示其抗滑性越好。石料的磨光值 PSV 按式(1-22)计算。

$$PSV = PSV_{ra} + 49 - PSV_{bra} \tag{1-22}$$

式中:PSV_{bra}——标准试件的摩擦系数;
$\quad PSV_{ra}$——用摆式摩擦系数测定仪测定试件的摩擦系数。

3. 冲击值

冲击值反映石料抵抗冲击荷载的能力。由于道路表层集料直接承受车轮荷载的冲击作用,这一指标对道路表层用集料非常重要。粗集料冲击值试验用击碎后小于 2.36mm 部分的质量百分率表示。该值越大,说明抵抗冲击荷载能力越差。

集料冲击值按式(1-23)计算：

$$AIV = \frac{m_1}{m_0} \times 100\% \quad (1-23)$$

式中：AIV——集料的冲击值，%；
　　　m_0——试样的总质量，g；
　　　m_1——冲击试验后，通过2.36mm筛的石屑质量，g。

4. 磨耗值

磨耗值用于确定石料抵抗表面磨损的能力，适用于对路面抗滑表层所用集料抵抗车轮撞击及磨耗能力的评定。该值越大，说明抗磨损能力越差。

磨耗值的试验方法为道瑞试验法。集料的磨耗值按式(1-24)计算。

$$AAV = \frac{3(m_1 - m_2)}{\rho_s} \quad (1-24)$$

式中：AAV——集料的道瑞磨耗率；
　　　m_1——磨耗前试样的质量，g；
　　　m_2——磨耗后试样的质量，g；
　　　ρ_s——集料的表干密度，g/cm³。

三、集料的技术要求

1. 粗集料的技术要求

根据《建设用卵石、碎石》(GB/T 14685—2011)，将卵石和碎石等粗集料按技术要求分为Ⅰ、Ⅱ和Ⅲ级，见表1-7。

碎石和卵石技术要求　　　　表1-7

技术指标	技术要求		
	Ⅰ级	Ⅱ级	Ⅲ级
碎石压碎指标(%)	≤10	≤20	≤30
卵石压碎指标(%)	≤12	≤14	≤16
针、片状颗粒总含量(按质量计)(%)	≤5	≤10	≤15
含泥量(按质量计)(%)	≤0.5	≤1.0	≤1.5
泥块含量(按质量计)(%)	0	≤0.2	≤0.5
有机物含量	合格	合格	合格
硫化物及硫酸盐含量(按SO_3质量计)(%)	≤0.5	≤1.0	≤1.0
质量损失(%)	≤5	≤8	≤12
岩石抗压强度	在水饱和状态下，其抗压强度火成岩应不小于80MPa；变质岩应不小于60MPa；水成岩应不小于30MPa		
表观密度(kg/m³)	≥2 600		
连续级配松散堆积空隙率(%)	≤43	≤45	≤47
碱集料反应	经碱集料反应试验后，由卵石、碎石、碎卵石制备的试件无裂缝、酥裂、胶体外溢等现象，在规定试验龄期的膨胀率应小于0.10%		

2. 细集料的技术要求

根据《建设用砂》(GB/T 14684—2011)，按照表1-8的技术要求，将砂分为Ⅰ、Ⅱ和Ⅲ级。

细集料的技术要求   表1-8

项 目			技 术 要 求		
			Ⅰ级	Ⅱ级	Ⅲ级
机制砂	单级最大压碎指标(%)		≤20	≤25	≤30
机制砂	亚甲蓝试验	MB值	≤0.5	≤1.0	≤1.4或合格
	MB值≤1.4或快速法试验合格	石粉含量(%)	≤10.0		
		泥块含量(%)	0	≤1.0	≤2.0
	MB值>1.4或快速法试验不合格	石粉含量(%)	≤1.0	≤3.0	≤5.0
		泥块含量(%)	0	≤1.0	≤2.0
天然砂	含泥量(按质量计)(%)		≤1.0	≤3.0	≤5.0
	泥块含量(按质量计)(%)		0	≤1.0	≤2.0
有害杂质限量	氯化物含量(以氯离子质量计)(%)		≤0.01	≤0.02	≤0.06
	云母含量(按质量计)(%)		≤1.0	≤2.0	
	有机物含量		合格		
	硫化物及硫酸盐(按SO_3质量计)(%)		≤0.5		
	轻物质含量(按质量计)(%)		≤1.0		
	质量损失(%)		≤8	≤10	
	密度与空隙率		砂表观密度≥2 500kg/m³；砂松散堆积密度≥1 400kg/m³；空隙率≤44%		

四、冶金矿渣集料

工业冶金矿渣一般是指炼铁或炼钢过程中得到的高炉矿渣或钢渣。高炉渣及钢渣经自然冷却或经一定工艺处理，可用于修筑道路基层，也可作为水泥混凝土或沥青混凝土路面用的集料，其中粒化高炉矿渣还可以用作水泥混合材料。与天然岩石集料的主要不同之处，在于这类材料含有较多的活性矿物，且质量不够稳定。为了保证结构物的质量和耐久性，在使用这类集料时，必须充分了解它们的技术特性。

1. 矿渣的主要化学成分及活性

高炉矿渣中的主要化学成分有：酸性氧化物 SiO_2、Fe_2O_3、P_2O_5、TiO_2 等，碱性氧化物 CaO、MgO、MnO、BaO 等，中性氧化物 Al_2O_3，硫化物 CaS、MnS、FeS 等。酸、碱氧化物含量比例对矿渣的性能影响较大。

矿渣的活性是指其与水或与某些碱性溶液或与硫酸盐溶液发生化学反应的性质。通常采用式(1-25)及式(1-26)计算的碱性系数 M_0 及质量系数 K 反映高炉渣的活性。碱性系数 M_0 或质量系数 K 的数值越大，矿渣的活性越高。

$$M_o = \frac{CaO + MgO}{SiO_2 + Al_2O_3} \tag{1-25}$$

$$K = \frac{CaO + MgO + Al_2O_3}{SiO_2 + MnO} \tag{1-26}$$

矿渣的活性取决于其化学成分和处理工艺。一般来说,当矿渣中的 CaO、Al_2O_3 含量高而 SiO_2 含量低时,矿渣活性较高。采用自然冷却得到的高炉矿渣稳定性较好,而采用水淬处理的粒化高炉矿渣的活性较高。通常活性高的矿渣适宜于作为水泥混合材料,而在混凝土结构或道路结构中应使用低活性的矿渣。

钢渣与高炉渣的化学成分及矿物组成不同,采用不同的方式判断其活性。钢渣的活性可用式(1-27)计算的碱度 M 反映。碱度大的钢渣活性大,宜作为水泥原料。

$$M = \frac{CaO}{SiO_2 + P_2O_5} \tag{1-27}$$

2. 矿渣集料的技术特性

(1) 物理力学特性

由于热熔矿渣的冷却加工方式不同,矿渣集料的矿物成分和组织的致密程度有着很大的差别,其物理力学性能变化范围和分散性较大。如高炉矿渣集料中密实体的抗压强度可达 120~250MPa,孔隙率为 7%~16%;而多孔体的抗压强度仅为 10~20MPa,孔隙率高达 50%以上。由于矿渣集料含铁量较高,其密度一般高于石料。

(2) 化学稳定性

在自然条件下,工业冶金矿渣中的某些成分会与水产生化学反应,发生体积变化。

游离氧化钙(f-CaO):消解矿渣中的 f-CaO 遇水后发生化学反应,生成氢氧化钙 $Ca(OH)_2$,体积将增大 1~2 倍,在矿渣颗粒中产生内应力,导致矿渣的崩裂破坏。这种破坏现象在道路结构中较为多见。

铁和锰分解:矿渣中硫化物,如硫化亚铁 FeS 和硫化亚锰 MnS 可以与水生成氢氧化亚铁 $Fe(OH)_2$ 及氢氧化锰 $Mn(OH)_2$,体积分别增加 38% 和 24%,引起矿渣体积安定性不良,这种现象称为铁或锰分解。

矿渣集料用于制作混凝土或路面基层材料时,必须具备良好的化学稳定性,否则就会由于某些化合物的分解、膨胀而破坏混凝土结构或路面结构。要使这类集料稳定的关键是降低活性成分含量,一般 f-CaO 含量小于 3% 的矿渣集料方可用于路面结构中。对于 f-CaO 含量较高的矿渣,应该通过水解消化处理,如堆存渣场使其自然消化,有条件时可采用浇水消化、利用余热分解等方法使 f-CaO 分解。

第三节 矿质混合料的组成设计

在水泥混凝土或沥青混合料中,所用集料颗粒的粒径尺寸范围较大,而天然砂或人工轧制的一档集料往往仅有几种粒径尺寸的颗粒组成,难以满足工程对某一混合料的目标设计级配范围的要求,因此需要将两种或两种以上的集料配合使用,构成所谓的矿质混合料,简称矿料。矿质混合料组成设计的目的就是根据目标级配范围要求,确定各档集料在矿质混合料中的合理比例。进行矿质混合料组成设计,必备的已知条件是各档集料的级配组成和矿质混合料的设计级配范围。

一、矿质混合料的级配

级配是指集料中大小粒径颗粒的搭配比例或分布情况。集料的级配对集料的堆积密度、空隙率、粗集料骨架间隙率、细集料棱角性产生影响,进而对水泥混凝土及沥青混合料的施工和易性、强度、耐久性有显著影响。级配设计也是水泥混凝土和沥青混合料配合比设计的重要组成部分。

1. 级配的表示方法

(1)标准筛

矿质集料的级配通常采用筛分试验确定。标准筛是指形状和尺寸规格符合要求的系列样品筛,以方孔筛为准,标准筛尺寸依次为 75mm、63mm、53mm、37.5mm、31.5mm、26.5mm、19mm、16mm、13.2mm、9.5mm、4.75mm、2.36mm、1.18mm、0.6mm、0.3mm、0.15mm 和 0.075mm。

(2)级配参数

在筛分试验中,分别称量集料试样存留在各筛上的筛余质量,然后计算出反映该集料试样级配的有关参数:分计筛余百分率 a_i、累计筛余百分率 A_i 和通过百分率 p_i。

分计筛余百分率 a_i 是指某号筛上的筛余质量占试样总质量的百分率,按式(1-28)计算。

$$a_i = \frac{m_i}{M} \times 100\% \tag{1-28}$$

式中:m_i——存留在某筛孔上的试样质量(又被称为筛上质量或者筛余质量),g;

M——集料风干试样的总质量,g。

累计筛余百分率 A_i 是指某筛孔的分计筛余百分率和大于该筛孔尺寸筛的各筛分计筛余百分率之总和,可按式(1-29)计算。

$$A_i = a_1 + a_2 + \cdots + a_i \tag{1-29}$$

式中:a_1、a_2、$\cdots$、a_i——各筛的分计筛余百分率,%。

通过百分率 p_i 是指通过某号筛的试样质量占试样总质量的百分率,即 100 与某号筛累计筛余百分率之差,按式(1-30)计算。

$$p_i = 100 - A_i \tag{1-30}$$

式中:A_i——某号筛累计筛余百分率,%。

2. 细集料的细度模数

细度模数是用于评价细集料粗细程度的指标,为细集料筛分试验中各号筛上的累计筛余百分率之和,按式(1-31)计算。

$$M_f = \frac{(A_{0.15} + A_{0.3} + A_{0.6} + A_{1.18} + A_{2.36}) - 5A_{4.75}}{100 - A_{4.75}} \tag{1-31}$$

式中: M_f——砂的细度模数;

$A_{0.15}$、$\cdots$、$A_{4.75}$—— 0.15mm、$\cdots$、4.75mm 各筛上的累计筛余百分率,%。

细度模数越大,表示细集料越粗。砂按细度模数分为粗、中、细和特细砂四种规格,相应的细度模数分别为:粗砂 $M_f = 3.7 \sim 3.1$;中砂 $M_f = 3.0 \sim 2.3$;细砂 $M_f = 2.2 \sim 1.6$;特细砂 $M_f = 1.6 \sim 0.7$。

细度模数的数值主要取决于 0.15mm 筛到 2.36mm 筛 5 个粒径的累积筛余量,与小于 0.15mm 的颗粒含量无关,细度模数在一定程度上能反映砂的粗细概念,但未能全面反映砂的粒径分布情况,不同级配的砂可以具有相同的细度模数。

【例题 1-1】 分析某细集料的级配组成并计算其细度模数。

解：取集料试样 500g，进行筛分试验，各号筛上的筛余质量见表 1-9。

某细集料筛分试验的计算示例　　　　　　表 1-9

筛孔尺寸(mm)	9.5	4.75	2.36	1.18	0.6	0.3	0.15	0.075	筛底	总计
筛余质量 m_i(g)	0	15	63	99	105	115	75	22	6	500
a_i(%)	0	3	12.6	19.8	21	23	15	4.4	1.2	100
A_i(%)	0	3	15.6	35.4	56.4	79.4	94.4	98.8	100	—
p_i(%)	100	97	84.4	64.6	43.6	20.6	5.6	1.2	0	—

按照式(1-28)~式(1-30)分别计算该集料的分计筛余百分率、累计筛余百分率和通过百分率，将结果列于表 1-9。

将 0.15~4.75mm 筛的累计筛余百分率代入式(1-31)得该集料的细度模数为：

$$M_f = \frac{(15.6 + 35.4 + 56.4 + 79.4 + 94.4) - 5 \times 3}{100 - 3} = 2.74$$

因此，集料属于中砂。

3. 集料的级配曲线

(1) 级配曲线的绘制

集料的筛分试验结果不仅可以用表 1-10 的形式表示，还可以用级配曲线反映。在级配曲线图中，通常用纵坐标表示通过百分率(或累计筛余百分率)，横坐标表示某号筛的筛孔尺寸，如图 1-3 所示。在标准套筛中，筛孔尺寸大致是以 1/2 递减的，如果级配曲线的纵、横坐标均以常数坐标表示，横坐标上的筛孔尺寸位置将前疏后密[图 1-3a)]。

细集料的颗粒级配　　　　　　表 1-10

筛孔尺寸(mm)	级配区		
	1 区	2 区	3 区
	累计筛余百分率(%)		
9.5	0	0	0
4.75	10~0	10~0	10~0
2.36	35~5	25~0	15~0
1.18	65~35	50~10	25~0
0.60	85~71	70~41	40~16
0.30	95~80	92~70	85~55
0.15	100~90	100~90	100~90

注：1. 砂的实际级配与表中所列数字相比，除 4.75mm 和 0.6mm 筛号外，可以略有超出，但超出总量不应大于 5%。
　　2. 1 区人工砂中 0.15mm 筛孔累计筛余可以放宽到 100%~85%，2 区人工砂中 0.15mm 累计筛余可以放宽到 100%~80%，3 区人工砂中 0.15mm 累计筛余可以放宽到 100%~75%。

为了便于绘制和查阅，横坐标通常采用对数坐标，这样可使大部分筛孔尺寸在横坐标上以等距排列[图 1-3b)]。绘制级配曲线时，首先在横坐标上标明筛孔尺寸的对数坐标位置，在纵坐标上标出通过百分率(或累计筛余百分率)的常数坐标位置,然后将筛分试验计算结果点绘于坐标图上,最后将各点连成级配曲线。在同一张图中可以同时绘制2条以上级配曲线,但需注明每条曲线所代表的集料品种。

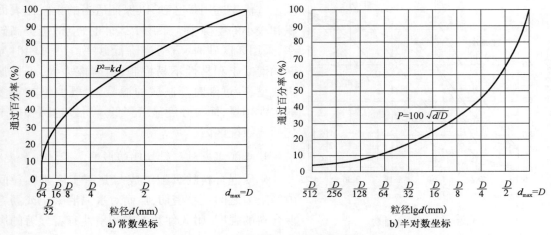

图 1-3　集料级配曲线示意图

（2）级配曲线类型

根据矿质集料级配曲线的形状,将其划分为连续级配和间断级配。连续级配是某一种矿质混合料在标准筛孔配成的套筛中进行时,所得的级配曲线平顺圆滑,具有连续的(不间断的)性质,相邻粒径的粒料之间,有一定的比例关系(图1-4中曲线 a)。这种有大有小、逐级粒径均有,并按比例互相搭配组成的矿质混合料,称为连续级配混合料。在间断级配集料中,缺少一级或几个粒级的颗粒,大颗粒与小颗粒之间有较大的"空档",所做出的级配曲线是非连续的、中间间断的曲线(图1-4中曲线 b)。通常,连续级配集料的空隙率随着粗集料的增加而显著增加;间断级配集料能较好地发挥粗集料的骨架作用,但在施工过程中易于离析。

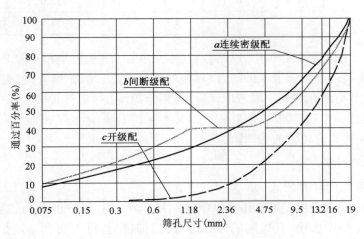

图 1-4　三种类型集料级配曲线

（3）细集料的级配

根据0.60mm筛上的累计筛余百分率,将细集料分成三个级配区(表1-10),使用时以级配区或级配范围曲线图判定细集料级配的合格性。细集料级配只要处于表中的任何一个级配区的级配范围中均为级配合格。

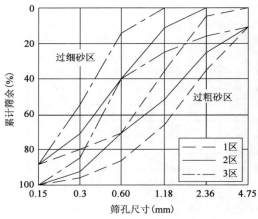

图 1-5　细集料级配曲线

细集料级配曲线如图 1-5 所示。配制水泥混凝土宜优先选用 2 区砂,以保证适当的集料比表面积和较小的空隙率。采用 1 区砂时,应适当提高砂率;采用 3 区砂时,宜适当降低砂率。砂过粗时配制的混凝土和易性不易控制,内摩擦力大,不易振捣成型,砂过细时配制成的混凝土,既要增加较多的水泥用量,而且强度显著降低。所以这两种砂未包括在级配区内。

4. 级配组成对矿料性能的影响

矿质混合料的级配组成与其密实度及颗粒间内摩阻力之间关系密切,从而对水泥混凝土或沥青混合料的强度、耐久性及施工和易性有着显著的影响。表 1-11 为某种细集料的级配组成与空隙率的关系。由表 1-11 可见,当级配组成变化时,在松装状态下空隙率的变化范围是 37.4% ~ 42.0%。

不同级配细集料的空隙率(%) 　　　　　　表 1-11

级配编号	筛孔尺寸(mm) <0.075	0.075~0.15	0.15~0.3	0.3~0.6	0.6~1.18	1.18~2.36	空隙率(%)
1	6.7	14.7	12.0	15.6	20	31.1	38.7
2	7.9	10.5	13.2	15.8	23.7	28.9	39.4
3	3.1	6.5	9.7	25.8	22.6	32.3	42.0
4	9.8	17.1	22	19.5	17.1	14.6	37.4
5	7.3	16.1	13.2	17.1	22.0	24.4	39.0
6	4.9	7.3	9.8	14.6	24.4	39.0	41.5

在水泥混凝土或沥青混合料中,以结合料(水泥或沥青)填充集料空隙并包裹集料。集料空隙越大,填充集料颗粒空隙所需的结合料越多;集料的总表面积越大,包裹集料颗粒所需的结合料越多。从节约结合料的角度考虑,最好采用空隙率小、总表面积也较小的集料。此外,若各粒级集料颗粒在相互排列时,能互相嵌锁又不互相干涉,形成紧密多级嵌挤的空间骨架结构,则集料颗粒间将具有较大的内摩阻力。

5. 连续级配的计算

(1) 最大密度级配计算公式

最大密度曲线是通过试验提出一种理想曲线。W·B·富勒(Fuller)和他的同事研究认为:固体颗粒按粒度大小,有规则的排列组合,粗细搭配,可以得到密度最大、空隙最小的混合料。经过多次研究改进,提出简化的"抛物线最大密度理想曲线"。这种理论认为:"矿质混合料的颗粒级配曲线越接近抛物线,则其密度越大,空隙率越小",这个结果可以用式(1-32)表示。

$$P^2 = kd \tag{1-32}$$

式中：P——集料颗粒在筛孔尺寸 d 上的通过百分率，%；
　　　d——集料中颗粒的筛孔尺寸，mm；
　　　k——统计参数。

当筛孔尺寸 d 等于集料最大粒径 D 时，其通过百分率为100%，将此关系代入式(1-32)，得到式(1-33)。可以按照式(1-33)，计算连续密级配集料的颗粒在任何一级筛孔上的通过百分率。

$$P = 100\sqrt{\frac{d}{D}} \tag{1-33}$$

式中：D——集料的最大粒径，mm；
　　　d、P——意义同式(1-32)。

(2) 级配曲线范围公式

式(1-33)所给出的是一种理想、密实度最大的级配曲线，而在工程实践中所使用的集料级配通常是在一定范围中波动的，为此，A·N·泰波在式(1-33)的基础上进行了修正，给出了级配曲线范围的计算式(1-34)。当级配指数为0.5时，式(1-34)就是式(1-33)。

$$P = \left(\frac{d}{D}\right)^n \times 100 \tag{1-34}$$

式中：n——级配指数；
　　　d、D、P——意义同式(1-33)。

在工程实践中，集料的最大理论密度曲线为级配指数 $n = 0.45$ 的级配曲线，见图1-6中曲线 A。常用矿质混合料的级配指数一般在 $0.3 \sim 0.7$ 之间，将级配指数 0.3 和 0.7 分别代入式(1-34)进行计算，并可绘制相应的级配曲线，如图1-6中曲线范围 B。

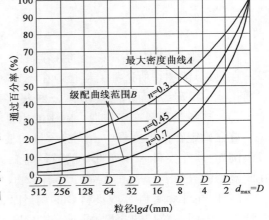

图1-6　级配指数与级配曲线的关系图

二、矿质混合料的配合比设计方法

矿质混合料的配合比设计方法有数解法和图解法两大类，两类设计方法均需要在两个已知条件的基础上进行：第一个条件是各种集料的级配参数；第二个条件是根据设计要求、技术规范或理论计算，确定矿质混合料目标级配范围。本节介绍数解法中的试算法、规划求解法以及图解法中的修正平衡面积法。

1. 数解法

数解法的基本原理是将几种已知级配的集料 j 配制成满足目标级配要求的矿质混合料 M，混合料 M 在某一筛孔 i 上的颗粒是由这几种集料提供的。混合料的级配参数由式(1-35)或式(1-36)确定。

$$a_{M(i)} = \sum a_{j(i)} \cdot X_{j(i)} \tag{1-35}$$

$$P_{M(i)} = \sum P_{j(i)} \cdot X_{j(i)} \tag{1-36}$$

式中：$a_{M(i)}$——矿质混合料在筛孔 i 上的分计筛余百分率，%；

$a_{j(i)}$——某一集料 j 在筛孔 i 上的分计筛余百分率,%;
$P_{M(i)}$——矿质混合料在筛孔 i 上的通过百分率,%;
$P_{j(i)}$——某一集料 j 在筛孔 i 上的通过百分率,%;
$X_{j(i)}$——某一集料 j 在矿质混合料中的质量百分率,%。

将已知集料的级配参数和矿质混合料的目标级配参数代入式(1-35)或式(1-36),可以建立数个方程,方程的个数等于标准筛的个数,然后可以用正则方程法求解,也可以用试算法或规划求解法确定各个集料的用量。

(1)试算法

采用试算法求解,需要已知各个集料和矿质混合料的分计筛余百分率。以三种集料为例,介绍试算法的求解步骤。

①基本计算方程的建立

设有 A、B、C 的三种集料在某一筛孔 i 上的分计筛余百分率分别为 $a_{A(i)}$、$a_{B(i)}$、$a_{C(i)}$,欲配制成矿质混合料 M,混合料 M 中在相应筛孔 i 上的分计筛余百分率设计值为 $a_{M(i)}$。假设 A、B、C 三种集料在混合料中的比例分别为 X、Y、Z,由此得式(1-37)和式(1-38),可得:

$$X + Y + Z = 100\% \tag{1-37}$$

$$X \cdot a_{A(i)} + Y \cdot a_{B(i)} + Z \cdot a_{C(i)} = a_{M(i)} \tag{1-38}$$

②基本假定

在矿质混合料中,某一粒径的颗粒是由一种集料提供的,在其他集料中不含这一粒径的颗粒。在具体计算时,所选择的粒径应在该集料中占有较大优势。将这一假定作为补充条件,可以简化式(1-37),从而求出 A、B、C 三种集料在矿质混合料中的用量。

③计算各个集料在矿质混合料中的用量

首先确定在某种集料中占优势含量的某一粒径,忽略其他集料在此粒径的含量。

例如,若在集料 A 中所选择的粒径为 i,该粒径的分计筛余为 $a_{A(i)}$,并令:集料 B 和集料 C 在此粒径的含量 $a_{B(i)}$、$a_{C(i)}$ 均等于零,代入式(1-37)计算出集料 A 在混合料中用量 X。

同理,在计算集料 C 或集料 B 的用量时,先确定这种集料中占优势的某一粒径,而忽略另两种集料中同一粒径的含量,根据上述相同方法,计算集料 C 或集料 B 的用量。可以根据集料的级配情况,选择先求解集料 B 的用量,还是先求解集料 C 的用量。

当集料超过三种时,式(1-37)的未知数将增加,可按照上述原理重复进行计算。

④合成级配的计算、校核和调整

由于试算法中各种集料用量比例是根据几个筛孔确定的,不能控制所有筛孔,所以应对合成级配进行校核。先按式(1-35)和式(1-36)计算矿质混合料的合成级配 $a_{M(i)}$ 或 $P_{M(i)}$。矿质混合料的合成级配应在设计要求级配范围内,并尽可能接近设计级配范围的中值。当合成级配不满足要求时,应调整各集料的比例。调整配合比后还应重新进行校核,直至符合要求为止。如经计算后确不能满足级配要求时,可掺加单粒级集料或调换其他集料。

试算法的具体计算步骤见例题 1-2。

(2)规划求解法

规划求解法采用 Microsoft Office 软件 Excel 电子表格中的规划求解分析工具进行,通过设置规划求解中的约束条件,较为准确地计算出各种集料的用量。采用规划求解法确定矿质混合料配合比的具体步骤见例题 1-3。

2.图解法

通常采用"修正平衡面积法"确定矿质混合料的合成级配。在"修正平衡面积法"中,将设计要求的级配中值曲线绘制成一条直线,纵坐标和横坐标分别代表通过百分率和筛孔尺寸,这样,当纵坐标仍为算术坐标时,横坐标的位置将由设计级配中值所确定。

(1)绘制级配曲线坐标图

按照一定的尺寸绘制矩形图框[通常纵坐标通过量取10cm,横坐标筛孔尺寸(或粒径)取15cm],连接对角线作为设计级配中值曲线,如图1-7所示。按常数标尺在纵坐标上标出通过量百分率位置,然后将设计级配中值(见表1-12中数据)要求的各筛孔通过百分率,标于纵坐标上,并从纵坐标引水平线与对角线相交,再从交点作垂线与横坐标相交,该交点即为个相应筛孔尺寸的位置。

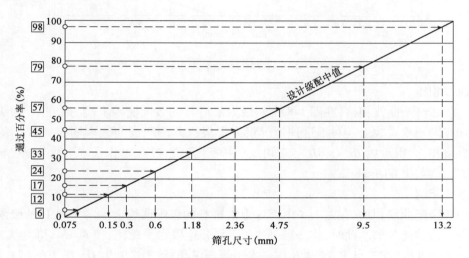

图1-7 设计级配范围中值曲线

某沥青混合料用矿料级配范围　　表1-12

级配范围 (mm)	筛孔尺寸(mm)	16.0	13.2	9.5	4.75	2.36	1.18	0.6	0.3	0.15	0.075
	上限	100	100	88	67	53	41	30	22	16	8
	下限	100	95	70	47	36	24	18	12	8	4
	中值	100	98	79	57	45	33	24	17	12	6

(2)确定各种集料用量

以图1-7为基础,将各种集料的级配曲线绘制于图上,结果如图1-8所示,然后根据两条级配曲线之间的关系确定各种集料的用量。

由图1-8可见,任意两条相邻集料级配曲线之间的关系只可能是下列三种情况之一。

①曲线重叠

两条相邻级配曲线相互重叠,在图1-8中表现为集料A的级配曲线下部与集料B的级配曲线上部搭接。此时,在两级配曲线之间引一根垂线AA',使其与集料A、B的级配曲线截距相等,即$a=a'$。垂线AA'与对角线OO交于点M,通过M作一水平线与纵坐标交于P点,OP即为集料A的用量。

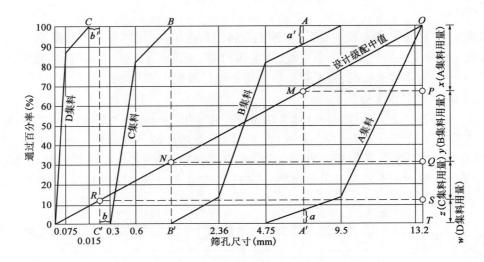

图 1-8 组成集料级配曲线与要求合成级配曲线图

② 曲线相接

两条相邻级配曲线相接,在图 1-8 中表现为集料 B 的级配曲线末端与集料 C 的级配曲线首端正好在同一垂直线上。对于这种情况仅需将集料 B 的级配曲线末端与集料 C 的级配曲线首端直接相连,得垂线 BB'。BB' 与对角线 OO 交于点 N,过点 N 作一水平线与纵坐标交于 Q 点,PQ 即为集料 B 的用量。

③ 曲线相离

两相邻级配曲线相离,在图 1-8 中表现为集料 C 的级配曲线末端与集料 D 的级配曲线首端在水平方向彼此分离。此时,作一条垂线 CC' 平分这段水平距离,使 $b = b'$,得垂线 CC'。垂线 CC' 与对角线 OO 交于点 R,通过 R 作一水平线与纵坐标交于 S 点,QS 即为集料 C 的用量。剩余 ST 即为集料 D 的用量。

(3) 合成级配的计算与校核

与试算法相同,在图解法求解过程中,各种集料用量比例也是根据部分筛孔确定的,所以需要对矿料的合成级配进行校核,当超出级配范围时,应调整各集料的用量。合成级配的计算与校核方法与试算法相同。

三、矿质混合料配合比设计例题

【例题 1-2】 采用试算法计算矿质混合料的配合比

(1) 已知条件

碎石、石屑和矿粉的筛分试验结果列于表 1-13 中第 2~4 列;设计级配范围列于表 1-13 中第 5 列。

(2) 计算要求

按试算法确定碎石、石屑和矿粉在矿质混合料中所占的比例;校核矿质混合料合成级配计算结果是否符合规范要求的级配范围。

解:准备工作。

将矿质混合料设计通过百分率中值转换为分计筛余百分率中值。首先计算出表1-13中矿质混合料设计级配范围通过百分率中值,然后转换为累计筛余百分率,再计算为各筛孔的分计筛余百分率,计算结果列于表1-13第6~8列。

集料的分计筛余和矿质混合料规定的级配范围　　　　　　　　　　表1-13

筛孔尺寸 d_i(mm)	原材料筛分析试验结果			设计级配范围及中值			
	碎石 $a_{A(i)}$ (%)	石屑 $a_{B(i)}$ (%)	矿粉 $a_{C(i)}$ (%)	范围 $P_{(i)}$ (%)	中值 $P_{M(i)}$ (%)	中值 $A_{M(i)}$ (%)	中值 $a_{M(i)}$ (%)
(1)	(2)	(3)	(4)	(5)	(6)	(7)	(8)
13.2	0.8	—	—	95~100	97.5	2.5	2.5
9.5	43.6	—	—	78~88	79	21	18.5
4.75	49.9	—	—	48~68	58	42	21
2.36	4.4	25.0	—	36~53	44.5	55.5	13.5
1.18	1.3	22.6	—	24~41	32.5	67.5	12
0.6	—	15.8	—	18~30	24	76	8.5
0.3	—	16.1	—	17~22	19.5	80.5	4.5
0.15	—	8.9	4	8~16	12	88	7.5
0.075	—	11.1	10.7	4~8	6	94	6
<0.075	—	0.5	85.3	—	0	100	6

计算碎石在矿质混合料中用量 X。

由表1-13可知,碎石中占优势含量粒径为4.75mm。计算碎石用量时,假设混合料中4.75mm粒径全部由碎石组成,即 $a_{B(4.75)}$ 和 $a_{C(4.75)}$ 均等于零。故将 $a_{B(4.75)} = 0$、$a_{C(4.75)} = 0$、$a_{M(4.75)} = 21.0\%$、$a_{A(4.75)} = 49.9\%$,代入式(1-38)可得:

$$X = \frac{a_{M(4.75)}}{a_{A(4.75)}} \times 100\% = \frac{21.0}{49.9} \times 100\% = 42.1\%$$

计算矿粉在矿质混合料中的用量 Z。

根据表1-13,矿粉中粒径小于0.075mm的颗粒占优势,此时,假设 $a_{A(<0.075)}$ 和 $a_{B(<0.075)}$ 均等于零,将 $a_{M(<0.075)} = 6.0\%$,$a_{M(<0.075)} = 85.3\%$,代入式(1-38),可得:

$$Z = \frac{a_{M(<0.075)}}{a_{C(<0.075)}} \times 100\% = \frac{6.0}{85.3} \times 100\% = 7.0\%$$

计算石屑在混合料中用量 Y。

将已求得的 $X = 42.1\%$ 和 $Z = 7.0\%$ 代入式(1-37),得:

$$Y = 100\% - (X + Z) = 100\% - (42.1\% + 7.0\%) = 50.9\%$$

合成级配的计算与校核。

根据以上计算,矿质混合料中各种集料的比例为:碎石:石屑:矿粉 = $X:Y:Z$ = 42.1:50.9:7.0。按式(1-38)计算矿质混合料的合成级配,结果列于表1-14的第11列。将矿质混合料的通过百分率(表1-14中第13栏)与表1-13要求级配范围比较可知,该合成级配符合设计级配范围的要求。

矿质混合料组成计算校核表 表1-14

筛孔尺寸 d_i (mm)	碎石级配(%)			石屑级配(%)			矿粉级配(%)			混合料合成级配(%)		
	$a_{A(i)}$	X	$a_{A(i)} \cdot X$	$a_{B(i)}$	Y	$a_{B(i)} \cdot Y$	$a_{C(i)}$	Z	$a_{C(i)} \cdot Z$	$a_{M(i)}$	$A_{M(i)}$	$P_{M(i)}$
(1)	(2)	(3)	(4)	(5)	(6)	(7)	(8)	(9)	(10)	(11)	(12)	(13)
13.2	0.8		0.3						—	0.3	0.3	99.7
9.5	43.6		18.4						—	18.4	18.7	81.3
4.75	49.9	×42.1	21.0						—	21.0	39.7	60.3
2.36	4.4		1.9	25.0		12.7				14.6	54.3	45.7
1.18	1.3		0.5	22.6		11.5				12.1	66.3	33.7
0.6	—			15.8		8.0				8.0	74.4	25.6
0.3	—			16.1	×50.9	8.2				8.2	82.6	17.4
0.15	—			8.9		4.5	4.0		0.3	4.8	87.4	12.6
0.075	—			11.1		5.6	10.7	×7.0	0.7	6.4	93.8	6.2
<0.075	—			0.5		0.3	85.3		6.0	6.2	100.0	0.0
合计	100		42.1	100		50.9	100		7.0	100		

【例题1-3】 采用规划求解方法设计某矿质混合料中各种集料的用量比例。

(1)已知条件

矿质混合料的设计级配范围见表1-15,可供选择的集料分为五档,各自的筛分结果分别列于表1-15 第5~9列。

级配范围和集料筛分的通过率(%) 表1-15

筛孔尺寸(mm)	设计级配			原 材 料				
	上限	下限	中值	15~25	5~15	3~6	0~3	矿粉
26.5	100	100	100	100.0	100.0	100.0	100.0	100
19	100	90	95	91.9	100.0	100.0	100.0	100
16	90.0	80.0	85	40.1	100.0	100.0	100.0	100
13.2	81.0	68.0	74.5	9.6	97.3	100.0	100.0	100
9.5	70.0	57.0	63.5	0.0	55.1	100.0	100.0	100
4.75	49.0	36.0	42.5	0.0	6.2	98.2	100.0	100
2.36	35.0	23.0	29	0.0	0.0	12.3	82.1	100
1.18	22.0	14.0	18	0.0	0.0	0.0	43.1	100
0.6	17.0	7.0	12	0.0	0.0	0.0	18.8	100
0.3	14.0	5.0	9.5	0.0	0.0	0.0	10.3	100
0.15	10.0	3.0	6.5	0.0	0.0	0.0	5.5	100
0.075	5.0	2.0	3.5	0.0	0.0	0.0	3.7	85.9

(2) 设计要求

根据原材料的筛分级配,确定符合设计级配范围要求的各档原材料用量。

解:输入已知数据并输入合计级配计算式。

打开 Microsoft Office 软件 Excel 软件,按照图 1-9 的形式建立数据工作表。

图 1-9 规划求解数据输入后的 Excel 工作表

在 Excel 工作表中的 B 和 C 列中输入表 1-15 中设计级配的上限和下限值,级配中值在 D 列生成。在工作表的第 E～I 列中输入表 1-15 中 5 档集料的级配。

在单元格 E15、F15、G15、H15 和 I15 中存储各档集料用量。

在第 J 列中输入矿料的合成级配,在单元 J3～J14 分别输入矿料在 26.5～0.075mm 筛孔尺寸上的通过百分率,合成级配按照式(1-38)计算。在 Excel 工作表中输入方式为:

在 J3 单元格中输入" = E15 * E3 + F15 * F3 + G15 * G3 + H15 * H3 + I15 * I3";

在 J4 单元格中输入" = E15 * E4 + F15 * F4 + G15 * G4 + H15 * H4 + I15 * I4";

……

在 J14 单元格中输入计算公式" = E15 * E14 + F15 * F14 + G15 * G14 + H15 * H14 + I15 * I14"。

建立目标控制条件。

为了获得合理的级配,要求矿质混合料的合成级配落在设计级配范围之内,并且尽量地接近中值。因此,可以要求以合成级配中值与设计级配中值之差的平方和最小作为目标控制条件,即式(1-39)计算值 Q 最小。

$$Q = \sum (P_{M(i)} - P_{设计(i)})^2 \qquad (1-39)$$

式中:$P_{M(i)}$——矿质混合料合成级配通过百分率,%;

$P_{设计(i)}$——设计级配范围中值,%。

式(1-39)在表格中的输入方式为:在单元格 K3 中输入" = (D3-J3)^2",K4 中输入" = (D4-J4)^2",…,K14 中输入" = (D14-J14)^2"。最后在单元格输公式" = sum(K3:K14)"表示对 K3 到 K14 单元格求和。

设置规划求解参数值。

上述步骤完成规划求解前的准备，根据设计目标，集料用量比例应在保证矿料合成级配不超出设计级配范围的前提下，使式（1-39）最小。所以问题的求解可以描述为，寻求合适的 E15、F15、G15、H15 和 I15 的值（可变值），使得 K15 的值最小（差的平方和最小，控制值）。

在 Excel 工具栏中点击"规划求解"，出现如图 1-10 所示"规划求解参数"的对话框。

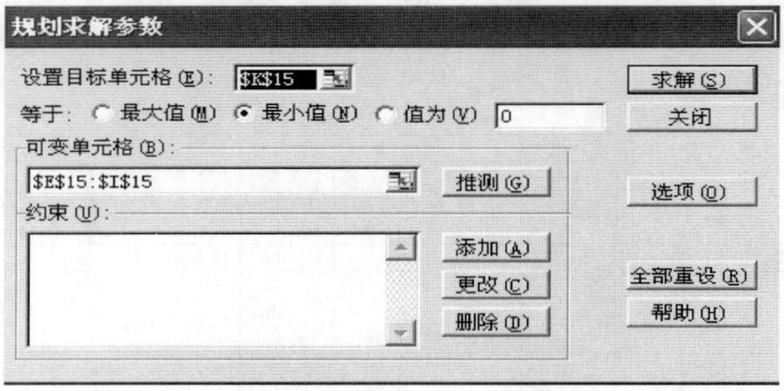

图 1-10　规划求解对话框

①设置目标单元格

在规划求解对话框中，把目标单元格中设置为 K15（自动显示为 $K$15），选中最小值选项。其意思为以控制目标单元格的最小值为规划求解的目的，即要求式（1-39）计算值最小。

②设置可变单元格

选中各档集料用量单元格 E15、F15、G15、H15 和 I15 作为可变单元格（显示为 $E$15:$I$15）。

单击图 1-10 所示的规划求解对话框中的"添加"按钮来增加约束条件，当单击"添加"后，弹出"添加约束"对话框如图 1-11 所示，在该对话框中依次输入各约束条件。所输入的约束条件应满足式（1-40）的要求，即合成级配不得超出设计级配的控制范围。

$$P_{设计下限(i)} < P_{M(i)} < P_{设计上限(i)} \tag{1-40}$$

式中：　$P_{M(i)}$——矿质混合料合成级配通过百分率，%；

　　　　$P_{设计上(下)限(i)}$——设计级配范围，%。

例如：要增加 J3≤B3 这样的约束条件，则可在"添加约束"对话框中的左侧输入或选取单元格 J3 作为引用单元格（显示 $J$3），在中间的组合框中选择"＜＝"，在对话框的右侧输入或选取单元格 B3 作为约束值单元格，如图 1-11 所示，单击添加按钮后就完成一个约束条件的设置。继续在对话框中左侧输入 J3，右侧输入 C3，中间选择"＞＝"，单击添加，则完成约束条件 J3≥C3 的添加。这样就完成约束条件 C3≤J3≤B3 的设置。依照相同的方法完成所有约束条件的输入。

图 1-11　"添加约束"对话框

除了对级配范围的约束之外,还可以设置任何其他的约束条件。比如在本例中事先确定矿粉的用量为4%,则可以增加约束条件"I15 = 0.04"。

在添加完所有的约束条件后,单击中"添加约束"对话框中的"取消"键后,将重新弹出"规划求解参数"对话框,图1-12 为完成所有约束条件设置后的规划求解对话框。

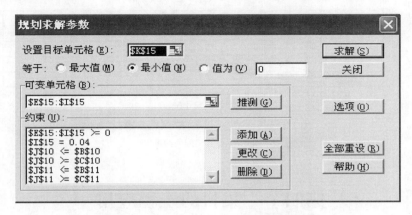

图1-12　添加了各组约束条件后的对话框

③规划求解计算各种集料用量

单击"规划求解参数"对话框的"求解"键,规划求解过程开始,求解运算后将跳出如图1-13所示的对话框。

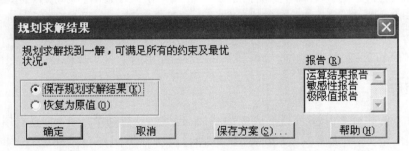

图1-13　求解结果对话框

如果有解(如本例中有一个解),选中"保存规划求解结果",单击"确定"按钮保存结果,结束求解。在可变单元格中保存所求得的各档集料的用量,如果提示没有找到解,则意味着用这种原材料配不出符合要求的级配,应改变原材料重新计算。本例题求解结果如图1-14所示。

3.5	0.00	0.00	0.00	3.70	85.9	4.58	1.17
集料用量	25%	33%	7%	31%	4%	1.00	39.81

图1-14　可变单元格中显示的结果

④绘制合成级配曲线

利用 Excel 中图表导向,可以绘制合成级配曲线如图1-15 所示。

37

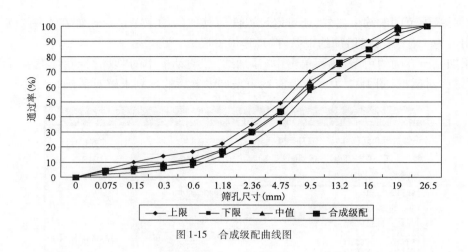

图 1-15 合成级配曲线图

第四节 集料的工程应用

碎(砾)石集料主要用于道路结构的基层或垫层,其作用是承受面层传递的荷载,并将荷载分布于路基或垫层。碎(砾)石集料应具备的性能为:较大的刚度,以提供良好的荷载分布性质;较高的抗剪强度,以减轻车辆(包括施工车辆)作用下的辙槽;较高的透水性,以及使进入的自由水能快速排出。砂(砾)石集料中的细土应没有塑性,以及保证良好的水稳性和冰冻稳定性。

根据碎(砾)石集料材料的组成特点和施工方式,常用的形式为填隙碎石和级配型集料。

一、填隙碎石

用单一尺寸的粗碎石作主骨料形成嵌锁结构,起承受及传递荷载作用,以石屑作为填隙料填满粗碎石间的空隙,增加密实度和稳定性,这种材料称作填隙碎石。缺乏石屑时,也可以添加细砾砂或粗砂等细集料,但其技术性能不如石屑。填隙碎石可适用于各等级公路的底基层和二级以下公路的基层,压实厚度为粗碎石最大粒径的 1.5~2.0 倍。

压实良好的填隙碎石的固体体积率通常为 85%~90%。填隙碎石的密实度和强度与良好的级配碎石相同。作为中等交通道路,甚至重交通道路沥青面层的基层,它与级配碎石一样可具有良好的效果。

二、级配型集料

由各种大小不同粒级集料组成的混合料,当其级配符合技术规范的规定时,称其为级配型集料。级配型集料包括级配碎石、级配碎砾石(碎石和砂砾的混合料,也常将砾石中的超尺寸颗粒轧碎后与砂砾一起组成碎砾石)和级配砾石(或称级配砂砾)。

级配型集料可以用作沥青路面和水泥混凝土路面的基层和底基层,也可用作路基改善层。在排水良好的前提下,级配型集料可在不同气候区用于不同交通等级的道路上。在潮湿多雨地区使用级配型集料特别有利。

就力学性质和稳定性而言,级配碎石是级配型集料中最好的材料,也是无结合料材料中最好的材料;级配砾石则是级配集料中最差的集料;级配碎砾石则处于前两者之间。级配碎石可用做高速公路和一级公路路面的基层,级配碎砾石可用做一般道路路面的基层,级配砾石可用做轻交通道路路面的基层。

级配碎石宜用几种不同粒级的碎石组配而成。用做中间层的级配碎石更应用几种不同粒级的碎石组配而成。它能更好地保证碎石的颗粒组成符合规定的要求,并达到高的强度和稳定性。

【本章小结】

石料与集料是土木工程类用量最大的一类材料。石料可以直接用于结构砌筑或者道路铺面,而集料可以直接用于道路路面基层或者垫层,还可以用于配制水泥混凝土和沥青混合料。

天然岩石石料的性质取决于造岩矿物和成岩条件,道路工程中常用的石料种类有:石灰岩、砂岩、花岗岩、玄武岩、辉绿岩等。石料的物理性质主要是密度和吸水率,力学性质主要是抗压强度和磨耗率。

集料是不同粒径矿物颗粒的混合物,集料的物理性质主要包括密度、空隙率等,对其力学性能和结构设计有着重要作用;为了满足在工程中的应用,粗集料应具备足够的抗压碎性、抗磨光性、抗冲击性等各项指标。

矿质混合料的级配是由不同粒径的粒径按照一定的比例组成。矿质集料的配合比设计方法有数解法和图解法,设计过程中需要对合成级配进行校核,使其满足设计级配范围的要求。

石料与集料在道路工程和桥梁工程中,主要应用于工程砌体和路面基层或者垫层结构,使用时必须满足强度、耐久性和级配组成要求。

【复习思考题】

1-1 石料的主要物理常数和集料的主要物理常数有哪些?它们之间有哪些异同?

1-2 石料应具备哪些力学性质?采用什么指标来表示?

1-3 简述集料的表观密度、表干密度、毛体积密度、堆积密度的异同。

1-4 一块石灰岩石料的外形尺寸为 200mm×120mm×70mm,烘干至恒重为 4 270g,吸水饱和后的质量为 4 400g,现将其磨细成矿粉烘干后,取出 50g 装入密度瓶中,体积增大了 18.4cm^3。同种石料破碎后,用标准方法装入一容积为 5L、质量 1.40kg 的金属筒中,称得质量为 9.85kg。计算该石料的真实密度、毛体积密度、堆积密度、孔隙率、质量吸水率。

1-5 压碎值、磨光值、冲击值各表征粗集料的什么性质?对路面工程有什么实际意义?

1-6 什么是级配?连续型级配和间断级配有什么差别?

1-7 简述最大密度级配范围计算公式的意义。

1-8 矿质集料的配合比设计有哪些方法？简述其步骤。

1-9 现有某砂样经筛分试验结果见表1-16，计算该砂样各个筛孔的分计筛余百分率、累计筛余百分率、通过百分率、细度模数，并判断该砂的粗细程度，绘制级配曲线图，评价其级配是否满足规范要求。

某细集料的筛分试验结果　　　　　　　　　　　　　表1-16

筛孔尺寸(mm)	9.5	4.75	2.36	1.18	0.60	0.30	0.15	0.075
筛上质量(g)	0	25	35	90	125	125	75	25
规范要求级配范围(%)	100	90~100	75~100	50~80	30~55	8~30	0~10	—

1-10 某工程用石灰岩石料制成50mm×50mm圆柱体试件，经饱水后测试其抗压强度，单个试件的极限抗压破坏荷载分别为179kN、182kN、174kN、178kN、189kN、185kN，试计算该石料的抗压强度。

1-11 已知几种集料的筛分试验结果见表1-17，请用试算法和图解法两种方法确定各集料在矿质混合料的比例，计算出混合料的合成级配，并校核该合成级配是否满足级配范围的要求，若有超出应进行调整。

各种集料的筛分试验结果　　　　　　　　　　　　　表1-17

筛孔尺寸(mm)	材料筛分结果,通过百分率(%)			设计级配范围通过百分率(%)
	碎石	石屑	矿粉	
26.5	100			100
19.0	97	100		90~100
16.0	61.5			78~92
13.2	34.5		100	62~80
9.5	19.8	93.8		50~72
4.75	4.5	77.9		26~56
2.36	0	58.7		16~44
1.18		36.0		12~33
0.60		23.0	97	8~24
0.30		11.0	94	5~17
0.15		0	92	4~13
0.075			70.5	3~7

第二章
石灰和水泥

【本章提要】

本章介绍石灰的化学组成、消化和硬化机理以及技术性质和质量标准;阐述硅酸盐水泥熟料矿物组成、水化特性、水泥混合材料及其特性、技术性能及相关技术标准和工程应用,并对其他品种水泥做了简单介绍。

石灰和水泥是道路工程建设中应用广泛的无机胶凝材料,经物理化学作用,能产生胶结力和强度,将砂石等散状材料胶结成一个整体,或将构件结合成整体。

第一节 石 灰

石灰属气硬性胶凝材料。气硬性胶凝材料是指只能在空气中硬化,且只能在空气中保持和连续增长其强度。气硬性胶凝材料一般只适用于干燥环境中,而不宜用于潮湿环境,更不可用于水中。

一、石灰的原料及生产

1. 石灰的原料

生产石灰的主要原料是以碳酸钙为主要成分的矿物、天然岩石,常用的有石灰石、白云石、白垩或贝壳等;除了天然原料外,另一个原料来源是工业副产品,如用碳化钙(电石)制取乙炔时的电石渣,其主要成分是$Ca(OH)_2$,即熟石灰。

2. 石灰的生产

石灰石原料经过适当温度煅烧,得到以CaO为主要成分的块状生石灰,其化学反应式如下:

$$CaCO_3 \xrightarrow{900 \sim 1000℃} CaO + CO_2$$

在实际生产中,为了加快石灰石的分解过程,使原料充分煅烧,并考虑到热损失,通常将煅烧温度提高至1 000~1 200℃。若煅烧温度过低,煅烧时间不充分,则$CaCO_3$不能完全分解,将生成欠火石灰。欠火石灰在使用时,产浆量较低,质量较差,降低石灰的利用率;若煅烧温度过高,将生成颜色较深、密度较大的过火石灰,它的表面常被黏土、杂质融化形成的玻璃釉状物包覆,消化很慢,使得石灰硬化后仍继续消化进而产生体积膨胀,引起局部隆起和开裂而影响工程质量。所以,在生产过程中,应根据原材料的性质,严格控制煅烧温度。

二、石灰的消化和硬化

1. 消化

生石灰(CaO)加水反应生成氢氧化钙的过程,称为石灰的消化或熟化。反应生成的产物氢氧化钙称为熟石灰或消石灰。其反应式如下:

$$CaO + H_2O \longrightarrow Ca(OH)_2 + 64.88 kJ/mol$$

石灰消化时放出大量的热量,体积增大1~2.5倍。煅烧良好、氧化钙含量高的石灰消化较快,放热量和体积增大也较多。

工地上消化石灰常用两种方法:消石灰浆法和消石灰粉法。

(1)消石灰浆法

将生石灰在化灰池中消化成石灰浆,通过筛网流入储灰坑,由于有过火石灰和欠火石灰的存在,为了防止过火石灰体积膨胀引起的隆起和开裂,石灰浆应在储灰坑中存放两周以上,此为"陈伏"。"陈伏"期间,石灰浆表面应保持一层水分,与空气隔绝,以免碳化。

(2)消石灰粉法

加适量的水,将生石灰消化成石灰粉。工地上可采用分层浇水法,每层生石灰块厚约50cm,或者在生石灰块堆中插入有孔的水管,缓慢地向内灌水。

2. 硬化

石灰浆在空气中逐渐硬化包括两个同时进行的过程。

(1)结晶作用。石灰浆在使用过程中,因游离水分逐渐蒸发和被砌体吸收,使$Ca(OH)_2$溶液过饱和而逐渐结晶析出,促进石灰浆体的硬化,同时干燥使浆体紧缩而产生强度,其反应为:

$$Ca(OH)_2 + nH_2O \xrightarrow{晶化} Ca(OH)_2 \cdot nH_2O$$

(2)碳化作用。$Ca(OH)_2$与空气中的CO_2作用,生成不溶于水的碳酸钙晶体,析出的水分逐渐被蒸发,这个过程称为熟石灰的碳化,反应中形成的$CaCO_3$晶体,使硬化石灰浆体结构致密,强度提高。其反应式如下:

$$Ca(OH)_2 + CO_2 + nH_2O \longrightarrow CaCO_3 + (n+1)H_2O$$

由于空气中 CO_2 的含量少,碳化作用主要发生在与空气接触的表层上,而且表层生成致密的 $CaCO_3$ 膜层,阻碍了空气中 CO_2 进一步渗入,同时内部水分不易向外蒸发,使 $Ca(OH)_2$ 结晶作用也进行得较慢,随着时间的增长,表层 $CaCO_3$ 厚度增加,阻碍作用更大,在很长的时间内,表层仍然是 $CaCO_3$,内部为 $Ca(OH)_2$。因此,石灰硬化是一个相当缓慢的过程。

三、石灰的分类和技术要求

1. 石灰的分类

(1)按照成品加工方法,石灰分为建筑生石灰、建筑生石灰粉、建筑消石灰粉及石灰浆。

建筑生石灰:由石灰石原料煅烧得到的块状石灰,也是生产其他石灰的原料。

建筑生石灰粉:以建筑生石灰为原料,研磨制得的生石灰粉。

建筑消石灰粉:以建筑生石灰为原料,用适量的水经消化加工所制得的消石灰粉。

石灰浆:将生石灰加多量水(一般为石灰体积的3~4倍)消化得到的可塑性浆体。

(2)按其化学成分,石灰可分为钙质石灰和镁质石灰。

根据《建筑生石灰》(JC/T 479—2013)和《建筑消石灰》(JC/T 481—2013)的规定,建筑生石灰和建筑消石灰分类方式及对应代号见表2-1。

建筑生石灰和建筑消石灰的分类　　　　表2-1

品种名称	类　别	名　称	代　号
建筑生石灰	钙质石灰	钙质石灰90	CL 90
		钙质石灰85	CL 85
		钙质石灰75	CL 75
	镁质石灰	镁质石灰85	ML 85
		镁质石灰80	ML 80
建筑消石灰	钙质消石灰	钙质消石灰90	HCL 90
		钙质消石灰85	HCL 85
		钙质消石灰75	HCL 75
	镁质消石灰	镁质消石灰85	HML 85
		镁质消石灰80	HML 80

注:表中90、85、75代表石灰中(CaO+MgO)的百分含量。

2. 石灰的技术要求

建筑生石灰的化学成分、物理性质应分别满足表2-2、表2-3的要求;建筑消石灰的化学成分和物理性质应符合表2-4的规定。

建筑生石灰的化学成分(%)　　　　表2-2

名　称	氧化钙+氧化镁 ($CaO+MgO$)	氧化镁 (MgO)	二氧化碳 (CO_2)	三氧化硫 (SO_3)
CL 90-Q CL 90-QP	≥90	≤5	≤4	≤2

续上表

名　称	氧化钙+氧化镁 （CaO + MgO）	氧化镁 （MgO）	二氧化碳 （CO_2）	三氧化硫 （SO_3）
CL 85-Q CL 85-QP	≥85	≤5	≤7	≤2
CL 75-Q CL 75-QP	≥75	≤5	≤12	≤2
ML 85-Q ML 85-QP	≥85	>5	≤7	≤2
ML 80-Q ML 80-QP	≥80	>5	≤7	≤2

注：生石灰块在代号后面加 Q，生石灰粉在代号后面加 QP。

建筑生石灰的物理性质　　　　表2-3

名　称	产浆量 （dm^3/10kg）	细　度	
		0.2mm 筛余量（%）	90μm 筛余量（%）
CL 90-Q CL 90-QP	≥26 —	— ≤2	— ≤7
CL 85-Q CL 85-QP	≥26 —	— ≤2	— ≤7
CL 75-Q CL 75-QP	≥26 —	— ≤2	— ≤7
ML 85-Q ML 85-QP	— —	— ≤2	— ≤7
ML 80-Q ML 80-QP	— —	— ≤7	— ≤2

建筑消石灰的化学成分和物理性质（%）　　　　表2-4

名称	氧化钙+氧化镁 （CaO + MgO）	氧化镁 （MgO）	三氧化硫 （SO_3）	游离水	细　度		安定性
					0.2mm 筛余量	90μm 筛余量	
HCL 90	≥90	≤5	≤2	≤2	≤2	≤7	合格
HCL 85	≥85	≤5	≤2	≤2	≤2	≤7	合格
HCL 75	≥75	≤5	≤2	≤2	≤2	≤7	合格
HML 85	≥85	>5	≤2	≤2	≤2	≤7	合格
HML 80	≥80	>5	≤2	≤2	≤2	≤7	合格

四、石灰的应用和储存

1. 应用

石灰在土木工程中应用范围很广，主要用途如下：

（1）石灰乳和砂浆。用石灰膏或消石灰粉可配制石灰砂浆或水泥石灰混合砂浆，用于砌筑或抹灰工程。

(2)石灰稳定土。将消石灰粉或生石灰粉掺入各种粉碎或原来松散的土中,经拌和、压实及养护后得到的混合料,称为石灰稳定土。它包括石灰土、石灰稳定砂砾土、石灰碎石土等。黏土颗粒表面的少量活性氧化硅和氧化铝与氢氧化钙发生反应,生成水硬性的水化硅酸钙和水化铝酸钙,使混合料的抗渗能力、抗压强度、水稳定性得到改善。石灰稳定土广泛用作建筑物的基础、地面的垫层及道路的路面基层。

(3)硅酸盐制品。以石灰(消石灰粉或生石灰粉)与硅质材料(砂、粉煤灰、火山灰、矿渣等)为主要原料,经过配料、拌和、成型和养护后可制得砖、砌块等各种制品。因内部的胶凝物质主要是水化硅酸钙,所以称为硅酸盐制品,常用的有灰砂砖、粉煤灰砖等。

2. 石灰的储存

生石灰会吸收空气中的水分和二氧化碳,生成无胶结力的碳酸钙粉末,因此储存时应防潮、防水,以免吸水自然消化后硬化。另外,石灰消化时要放出大量的热,并产生体积膨胀,因此,石灰存放时应注意周围不要堆放易燃物,防止消化时放热酿成火灾。

生石灰不宜长期储存,如要存放,可消化成石灰膏,上覆砂土或水与空气隔绝,以免硬化。

第二节 硅酸盐水泥

水泥属于水硬性胶凝材料。水硬性胶凝材料是指既能在空气中硬化,又能更好地在水中硬化,并保持和继续发展其强度的材料。常用的水硬性胶凝材料包括各种水泥。水硬性胶凝材料既适用于干燥环境,又适用于潮湿环境或水下工程。

水泥是制造各种形式的混凝土、钢筋混凝土和预应力混凝土建筑物或构筑物的基本组成材料之一,它广泛应用于建筑、道路、水利和国防等工程中。水泥的品种很多,但最常用于土木工程的是通用水泥,即硅酸盐水泥、普通硅酸盐水泥、矿渣硅酸盐水泥、火山灰硅酸盐水泥和粉煤灰硅酸盐水泥。本节以硅酸盐水泥为主要内容,并在此基础上介绍其他品种水泥的特点。

一、概述

由硅酸盐水泥熟料、0~5%石灰石或粒化高炉矿渣、适量石膏磨细制成的水硬性胶凝材料,称为硅酸盐水泥。硅酸盐水泥分为两种类型,不掺加混合材料的称为Ⅰ型硅酸盐水泥,其代号为P·Ⅰ;在硅酸盐水泥熟料粉磨时掺加不超过水泥质量5%的石灰石或粒化高炉矿渣混合材料的称为Ⅱ型硅酸盐水泥,其代号为P·Ⅱ。

生产硅酸盐水泥的原料主要是石灰质原料和黏土质原料。常用的石灰质原料有石灰石、白垩等,它们主要提供氧化钙成分;黏土质原料主要有黏土、黏土质页岩、黄土等,主要提供氧化硅、氧化铝及少量氧化铁。另外,还要加入适量的铁矿粉,如黄铁矿渣等;为改善水泥的煅烧条件,还常加入少量的矿化剂,如萤石等。

各种原料按一定的比例配制,并经磨细到一定的细度,均匀混合,制备成"生料"。生料的制备方法有干法和湿法两种。干法是将原料烘干,再在磨机中磨成生料粉;湿法是在原料中加水后再在磨机中磨成生料浆。

为调节水泥的凝结速度,在烧成的熟料中加入水泥质量3%左右的石膏($CaSO_4 \cdot 2H_2O$),并共同磨细至适宜的细度,由此得到的粉末状产品即为硅酸盐水泥。

硅酸盐水泥的生产工艺流程如图 2-1 所示。

图 2-1　硅酸盐水泥生产工艺流程

二、硅酸盐水泥熟料矿物组成及特性

按国家标准《通用硅酸盐水泥》(GB 175—2007)规定:硅酸盐水泥熟料是由主要含 CaO、SiO_2、Al_2O_3、Fe_2O_3 的原料,按适当比例磨成细粉烧至部分熔融所得,以硅酸钙为主要矿物成分的水硬性胶凝物质。其中硅酸钙矿物不小于 66%,氧化钙和氧化硅质量比不小于 2.0。构成熟料的主要矿物有四种,其名称及含量范围见表 2-5。

硅酸盐水泥熟料的矿物成分　　　　　　　　　　　　　表 2-5

名　称	化　学　式	简　写　式	在熟料中的含量(%)
硅酸三钙	$3CaO·SiO_2$	C_3S	37~60
硅酸二钙	$2CaO·SiO_2$	C_2S	15~37
铝酸三钙	$3CaO·Al_2O_3$	C_3A	7~15
铁铝酸四钙	$4CaO·Al_2O_3·Fe_2O_3$	C_4AF	10~18

四种矿物的主要特性(表 2-6)如下:

水泥熟料矿物的技术特性　　　　　　　　　　　　　表 2-6

名　称	硅酸三钙(C_3S)	硅酸二钙(C_2S)	铝酸三钙(C_3A)	铁铝酸四钙(C_4AF)
水化速率	快	慢	最快	快
28d 水化放热量	多	少	最多	中
早期强度	高	低	低	低
后期强度	高	高	低	低

(1)C_3S:水化速率较快,水化热较大,且主要在早期放出;强度最高,且能不断得到增长,是决定水泥强度的最主要矿物。

(2)C_2S:水化速率最慢,水化热最小,且主要在后期放出,早期强度低,但后期强度增长率较高,是保证水泥后期强度的主要矿物。

(3)C_3A:水化速率最快,水化热最大,且主要在早期放出,硬化时体积收缩也大;早期强度增长率很快,但强度不高,且后期几乎不再增长,甚至降低。

(4)C_4AF:水化速率较快,仅次于 C_3A;水化热中等,强度较低;脆性较其他矿物小,当含量增多时,有助于水泥抗拉强度的提高。

由上可知,几种矿物成分的性质不同,改变水泥的矿物组成范围,则水泥的性质将有相应的变化,如提高硅酸三钙、铝酸三钙含量,可使硅酸盐水泥凝结、硬化快、早期强度高。

水泥熟料中除了以上四种主要的矿物成分外,还有少量游离氧化钙(f-CaO)、游离氧化镁

(f-MgO)、三氧化硫(SO_3)及碱性氧化物等次要成分。

三、硅酸盐水泥的水化、凝结和硬化

1. 硅酸盐水泥水化

水泥加水后，水泥颗粒与水接触，在其表面的熟料矿物立即与水发生水解或水化作用，形成水化产物并放出一定热量。

(1) 硅酸三钙(C_3S)

C_3S 与水发生反应的生成物是水化硅酸钙($xCaO \cdot SiO_2 \cdot yH_2O$)和氢氧化钙[$Ca(OH)_2$]。水化硅酸钙几乎不溶于水，生成后立即以胶体颗粒析出并凝聚成凝胶(C-S-H)，附着于水泥颗粒的表面。其化学反应见式(2-1)：

$$3CaO \cdot SiO_2 + nH_2O \longrightarrow xCaO \cdot SiO_2 \cdot yH_2O + (3-x)Ca(OH)_2 \qquad (2-1)$$

(2) 硅酸二钙(C_2S)

C_2S 水化反应速度比 C_3S 慢很多，但水化的生成物与 C_3S 相似，见式(2-2)：

$$2CaO \cdot SiO_2 + mH_2O \longrightarrow xCaO \cdot SiO_2 \cdot yH_2O + (2-x)Ca(OH)_2 \qquad (2-2)$$

(3) 铝酸三钙(C_3A)

在纯水中，C_3A 与水反应生成含有不同结晶水的水化铝酸钙(C_4AH_{13}、C_4AH_{19}、C_3AH_6)，而 C_4AH_{13}、C_4AH_{19} 极不稳定，当温度升高时，转化为 C_3AH_6。

在有石膏存在的溶液中，C_3A 的水化物为三硫型水化硫铝酸钙($3CaO \cdot Al_2O_3 \cdot 3CaSO_4 \cdot 32H_2O$，称为钙矾石，以 AFt 表示)。当石膏耗尽后，$C_4AH_{13}$ 将与钙矾石反应生成单硫型水化硫铝酸钙($3CaO \cdot Al_2O_3 \cdot CaSO_4 \cdot 12H_2O$，以 AFm 表示)，这两种水化物均为难溶于水的针状晶体。其反应式见式(2-3)～式(2-6)。

在纯水中：

$$3CaO \cdot Al_2O_3 + 6H_2O \longrightarrow 3CaO \cdot Al_2O_3 \cdot 6H_2O \qquad (2-3)$$

在有石膏的溶液中：

$$3CaO \cdot Al_2O_3 + Ca(OH)_2 + 12H_2O \longrightarrow 4CaO \cdot Al_2O_3 \cdot 13H_2O \qquad (2-4)$$

$$4CaO \cdot Al_2O_3 \cdot 13H_2O + CaSO_4 \cdot 2H_2O + H_2O \longrightarrow 3CaO \cdot Al_2O_3 \cdot 3CaSO_4 \cdot 32H_2O \qquad (2-5)$$

当石膏耗尽时后：

$$4CaO \cdot Al_2O_3 \cdot 13H_2O + 3CaO \cdot Al_2O_3 \cdot 3CaSO_4 \cdot 32H_2O \longrightarrow 3CaO \cdot Al_2O_3 \cdot CaSO_4 \cdot 12H_2O \qquad (2-6)$$

(4) 铁铝酸四钙(C_4AF)

C_4AF 水化过程及水化生成物与铝酸三钙非常相似，主要产物有水化铁酸一钙、三硫型水化硫铁铝酸钙和单硫型水化硫铁铝酸钙等。主要反应式见式(2-7)：

$$4CaO \cdot Al_2O_3 \cdot Fe_2O_3 + 7H_2O \longrightarrow 3CaO \cdot Al_2O_3 \cdot 6H_2O + CaO \cdot Fe_2O_3 \cdot H_2O \qquad (2-7)$$

为了调节水泥的凝结时间，水泥中掺有适量的石膏，因此石膏也成为水泥的缓凝剂。水泥中石膏的缓凝作用主要是控制 C_3A 的水化反应速度。在没有石膏或石膏数量不足的情况下，在水泥水化早期，铝酸钙与水反应的速度很快，在很短的时间内即生成大量薄片状水化铝酸钙晶体，这些晶体分散在水泥浆体中，使众多的水泥颗粒彼此之间迅速接触与搭接，造成水泥浆整体的过早凝结，导致来不及进行正常的混凝土或砂浆施工，这种过快的凝结称为急凝或闪

凝。加入石膏后，石膏可与 C_3A 反应生成难溶于水的钙矾石，其溶解度很小，沉积在水泥颗粒表面，形成覆盖水泥的保护膜，封闭了水泥的表面，阻止水泥的过快反应，从而延缓了水泥颗粒，特别是 C_3A 的水化速度。以后随着水泥水化的进行，水泥浆仍会发生正常的凝结，从而实现石膏的缓凝。但应注意的是：石膏的掺量必须适量，因为过量的石膏不仅缓凝作用不大，同时由于在硬化后期还会继续生成钙矾石，体积膨胀，引起水泥的体积安定性不良。

2. 硅酸盐水泥的凝结、硬化

水泥加水拌和形成具有一定流动性和可塑性的浆体，经过自身的物理化学变化逐渐变稠、失去可塑性的过程称为水泥的凝结。失去可塑性的浆体随着时间的增长产生明显的强度，并逐渐发展成为坚硬的水泥石的过程，称为水泥的硬化。

水泥的凝结硬化是一个连续复杂的物理化学过程。一般按水化反应速率和水泥浆体结构特征分为初始反应期、潜伏期、凝结期和硬化期四个阶段，具体见表2-7。

水泥凝结硬化时的几个划分阶段　　　　　　表2-7

凝结硬化阶段	一般的放热反应速度	一般的持续时间	主要的物理化学变化
初始反应期	$168J/(g \cdot h)$	5~10min	初始溶解和水化
潜伏期	$4.2J/(g \cdot h)$	1h	凝胶体膜层围绕水泥颗粒成长
凝结期	在6h内逐渐增加到 $21J/(g \cdot h)$	6h	膜层破裂，水泥颗粒进一步水化
硬化期	在24h内逐渐降低到 $4.2J/(g \cdot h)$	6h至若干年	凝胶体填充毛细孔

（1）初始反应期。水泥与水接触后立即发生水化反应，在初始的5~10min内，放热速率剧增，可达此阶段的最大值，然后又降至很低，这个阶段称为初始反应期。在此阶段硅酸三钙水化生成水化硅酸钙凝胶和氢氧化钙，氢氧化钙立即溶于水中，使溶液中钙离子浓度急剧增大，pH值迅速增大至13，当溶液达到过饱和时，氢氧化钙呈结晶析出。同时，暴露于水泥熟料颗粒表面的铝酸三钙也溶于水，并与已溶解的石膏反应，生成钙矾石结晶析出，附着在颗粒表面。在这个阶段中，约有1%的水泥发生水化。

（2）潜伏期。在初始反应期后，有相当长一段时间（1~2h），水泥浆的放热速率很低，这说明水泥水化十分缓慢。此时水泥颗粒表面覆盖水化硅酸钙凝胶和钙矾石晶体形成的膜层，阻碍了水泥颗粒与水的接触。在此期间，由于水泥水化产物数量不多，水泥颗粒仍呈分散状态，所以水泥浆基本保持塑性。

（3）凝结期。在潜伏期后由于渗透压的作用，水泥颗粒表面的膜层破裂，水泥继续水化，从而结束了潜伏期。在此阶段，水化产物不断增加并填充水泥颗粒之间的空间，随着接触点的增多，形成由分子力结合的凝聚结构，使水泥浆体逐渐失去塑性而凝结。此阶段结束约有15%的水泥水化。

（4）硬化期。在凝结期后，进入硬化期，水泥水化反应继续进行使结构更加密实，但放热速率逐渐下降，水泥水化反应越来越困难。硬化期是一个相当长的时间过程，在适当的养护条件下，水泥硬化可以持续若干年。水泥浆体硬化后形成坚硬的水泥石，水泥石是由凝胶体、晶体、未水化完的水泥颗粒及固体颗粒之间的毛细孔所组成的非匀质的结构体。

需要注意的是：水泥凝结硬化过程的各个阶段不是彼此截然分开，而是交错进行的，水泥的凝结硬化过程如图2-2所示。

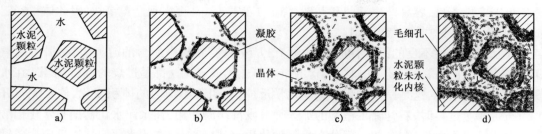

图 2-2 水泥凝结硬化过程示意图

影响水泥凝结硬化的主要因素有：熟料矿物成分、水泥的种类和细度、石膏掺和料、龄期、温度和湿度等。

四、硅酸盐水泥的技术性质、要求

国家标准《通用硅酸盐水泥》(GB 175—2007)对硅酸盐水泥的要求有不溶物、氧化镁、三氧化硫、烧失量、细度、凝结时间、安定性、强度等。实际工程中还对水化热等有所要求，其主要技术性质、要求如下所述。

1. 密度

硅酸盐水泥的密度主要与其熟料矿物组成有关，一般为 $3.05 \sim 3.20 g/cm^3$；堆积密度除与矿物组成和细度有关外，主要取决于水泥的堆积紧密程度：松散状态下的堆积密度一般为 $900 \sim 1300 kg/m^3$，紧密状态时可达 $1400 \sim 1600 kg/m^3$。

2. 细度

细度是指水泥颗粒的粗细程度。水泥颗粒越细，比表面积越大，水化反应越快越充分，早期和后期强度都较高，但在空气中的硬化收缩也较大，成本也高。若水泥颗粒过粗，不利于水泥活性的发挥。国家标准《通用硅酸盐水泥》(GB 175—2007)规定：硅酸盐水泥的细度用比表面积表示，不小于 $300 m^2/kg$。

3. 凝结时间

水泥的凝结时间分为初凝时间和终凝时间。初凝时间是指从加水起至水泥浆开始失去塑性所需的时间；终凝时间是指从加水起至水泥净浆完全失去塑性，并开始具有一定结构强度的时间。

水泥的凝结时间用凝结时间测定仪测定，试样用标准稠度水泥净浆。所谓标准稠度水泥净浆是指在标准稠度测定仪上，试锥下沉深度为 $(30±1)mm$ 范围内的净浆。要配制标准稠度的水泥净浆，需要测定达到标准稠度时的所需拌和水量，以占水泥质量的百分比表示标准稠度用水量。硅酸盐水泥的标准稠度用水量一般在 $24\% \sim 30\%$ 之间。

国家标准《通用硅酸盐水泥》(GB 175—2007)规定，硅酸盐水泥初凝不小于 45min，终凝不大于 390min。

水泥的凝结时间对工程施工中具有重要意义。为保证在施工时有充足的时间完成搅拌、运输、成型等各种工艺，水泥的初凝时间不宜太短；施工完毕后，希望水泥能尽快硬化、产生强度，所以终凝时间不宜太长，以利于下一道工序及早进行。

4. 体积安定性

水泥浆体在凝结硬化过程中体积变化的均匀性称为水泥的体积安定性。如体积变化不均匀即体积安定性不良,容易产生翘曲和开裂,降低工程质量,甚至出现严重事故,因此体积安定性不良的水泥在实际中应严禁使用。

引起水泥安定性不良的因素有很多,主要有以下三种:熟料中所含的游离氧化钙、游离氧化镁过多或掺入的石膏过多。熟料中所含的游离氧化钙或氧化镁都是过烧的,消化很慢,在水泥硬化后才进行消化,这是一个体积膨胀的化学反应,会引起不均匀的体积变化,使水泥石开裂。当石膏掺量过多时,石膏除了适量的那一部分发挥缓凝作用,在水泥水化初期与水化铝酸钙反应形成钙矾石以外,剩余的一部分在水泥硬化后,会继续与固态的水化铝酸钙反应生成钙矾石,体积比反应物膨胀2.5倍,从而引起水泥石局部膨胀乃至开裂。

根据国家标准《通用硅酸盐水泥》(GB 175—2007)规定,由熟料中游离氧化钙引起的安定性不良可用沸煮法检验。沸煮法分为雷氏夹法及试饼法。雷氏夹法是测定标准稠度的水泥净浆在雷氏夹中沸煮后的膨胀值;试饼法是观察标准稠度的水泥净浆试饼沸煮后的外形变化。水泥安定性经沸煮法检验氧化钙(CaO)必须合格;由于游离氧化镁在压蒸下才加速消化,而石膏的危害则需长期在常温水中才能发现。因此,为避免因过量游离氧化镁或石膏引起的体积安定性不良,国家标准《通用硅酸盐水泥》(GB 175—2007)对氧化镁、三氧化硫含量均有规定,即硅酸盐水泥中氧化镁(MgO)含量不得超过5.0%,如果水泥经压蒸安定性试验合格,则氧化镁的含量允许放宽到6.0%;三氧化硫(SO_3)的含量不得超过3.5%。

5. 强度

水泥强度是表征水泥质量的重要指标,也是划分水泥强度等级的依据。国家标准《通用硅酸盐水泥》(GB 175—2007)规定,采用水泥胶砂法测定水泥强度,即采用水泥、标准砂和水以1:3:0.5的比例拌和,并按规定方法制成40mm×40mm×160mm的胶砂试件,试件连试模一起在潮湿空气中养护24h后,再脱模放在标准温度(20±2)℃的水中养护,分别测定3d和28d抗压强度和抗折强度。硅酸盐水泥强度等级分为42.5、42.5R、52.5、52.5R、62.5、62.5R,共六个等级,其中R代表早强型水泥。各强度等级硅酸盐水泥不同龄期的强度不得低于表2-8中的数值。

硅酸盐水泥的强度等级要求(GB 175—2007)　　　　表2-8

品　种	强度等级	抗压强度(MPa)		抗折强度(MPa)	
		3d	28d	3d	28d
硅酸盐水泥	42.5	≥17.0	≥42.5	≥3.5	≥6.5
	42.5R	≥22.0		≥4.0	
	52.5	≥23.0	≥52.5	≥4.0	≥7.0
	52.5R	≥27.0		≥5.0	
	62.5	≥28.0	≥62.5	≥5.0	≥8.0
	62.5R	≥32.0		≥5.5	

6. 水化热

水泥水化是放热反应,所释放的热量称为水化热。水化热大小和放热速率取决于水泥熟料的矿物组成、水泥的细度、水泥中混合材料的品种和数量、外加剂的品种、数量以及养护条件等。大部分的水化热是在早期,特别是3d龄期内放出的。

硅酸盐水泥是通用水泥中水化热最大、放热速率最快的一种。水泥的水化热大，对冬季施工的混凝土工程较为有利，可以在一定程度上防止冻害，并提高其早期强度；但混凝土是传热的不良导体，在大体积混凝土中，释放的水化热会导致混凝土内部温度升高，内外温差可达几十摄氏度，内部受热膨胀，表面冷却收缩，而早期水泥石或混凝土的强度还很低，因此，内外温差引起的温度应力极易使混凝土表面产生裂缝，严重影响混凝土的强度及其他性能。

7. 不溶物和碱含量

水泥中不溶物含量是用盐酸溶解滤掉不溶残渣，经碳酸钠处理再用盐酸中和，高温下灼烧至恒量后称质量，灼烧后不溶物质量占试样总质量比例为不溶物含量。国家标准《通用硅酸盐水泥》(GB 175—2007)规定，Ⅰ型硅酸盐水泥中的不溶物含量不得超过0.75%；Ⅱ型水泥中不得超过1.5%。

水泥中的碱含量按 $Na_2O + 0.658K_2O$ 计算值来表示。碱含量主要从水泥生产原材料带入，尤其是黏土中带入。

水泥中碱含量过高，则在混凝土中遇到活性集料（能与水泥或混凝土中的碱发生化学反应的集料）时，易产生碱-集料反应形成碱的硅酸盐凝胶体，致使混凝土发生体积膨胀呈蛛网状龟裂，导致工程结构破坏。因此，在实际工程中若使用活性集料，用户要求提供低碱水泥时，水泥中碱含量不得大于0.6%或由买卖双方商定。

五、硅酸盐水泥石的腐蚀与防止

1. 水泥石的腐蚀

在一般使用条件下，水泥石具有较好的耐久性，但在外界侵蚀性介质的作用下，会逐渐受到侵蚀，引起强度降低，甚至结构受到破坏，这种现象称为水泥石的腐蚀。

水泥石受腐蚀的基本原因是：水泥石中含有易受腐蚀的成分，即氢氧化钙和水化铝酸钙等；水泥石不密实，内部含有大量的毛细孔隙。

常见的腐蚀类型如下。

(1) 软水侵蚀（溶出性侵蚀）

不含或仅含少量重碳酸盐（含 HCO_3^- 的盐）的水称为软水。雨水、冰川水、雪水、工厂冷凝水、蒸馏水及含重碳酸盐很少的河水、江水、湖泊水等都属于软水。

水泥石中的水化产物，均必须在一定的碱性条件下才能稳定存在。当水泥石长期接触软水时，会使水泥石中的氢氧化钙不断被溶出，当水泥石中游离的氢氧化钙减少到一定程度时，水泥石中的其他含钙矿物也可能分解和溶出，从而导致水泥石结构的强度降低，甚至破坏。当水泥石处于软水环境时，特别是处于流动的软水环境中时，水泥被软水侵蚀的速度更快。

硅酸盐水泥水化形成的水泥石中 $Ca(OH)_2$ 含量高达20%，所以溶出性侵蚀尤为严重。而掺混合材料的水泥，由于硬化后水泥石中 $Ca(OH)_2$ 含量较少，耐软水侵蚀有一定的改善。

在硬水中，水泥石腐蚀较小，是由于 $Ca(OH)_2$ 与 $Ca(HCO_3)_2$ 反应生成 $CaCO_3$ 填实在孔隙内，阻止外界水分的侵入和氢氧化钙的溶出。具体反应式为

$$Ca(OH)_2 + Ca(HCO_3)_2 = 2CaCO_3 + 2H_2O$$

(2) 酸类腐蚀（溶解性腐蚀）

① 碳酸腐蚀

雨水及地下水中常溶有较多游离的 CO_2，形成了碳酸。碳酸、水先与水泥石中的氢氧化钙反应，中和后使水泥石碳化，形成了碳酸钙：

$$Ca(OH)_2 + CO_2 + H_2O = CaCO_3 + 2H_2O$$

形成的碳酸钙再与含碳酸的水反应生成可溶性的碳酸氢钙：

$$CaCO_3 + CO_2 + H_2O \rightleftharpoons Ca(HCO_3)_2$$

上述反应为可逆反应，当水中溶有较多的 CO_2 时，则反应向右进行。因此，水泥石中的 $Ca(OH)_2$ 通过转变为易溶的 $Ca(HCO_3)_2$ 而流失，破坏了水泥石的结构。而 $Ca(OH)_2$ 浓度的降低又会导致其他水化产物的分解，使腐蚀作用进一步加剧。

环境水中含游离 CO_2 越多，其腐蚀性越大；水温越高，腐蚀速度也加快。

②一般酸腐蚀

工程结构处于各种酸性介质中时，酸性介质易与水泥石中的氢氧化钙反应，其反应产物可能溶于水中而流失，或发生体积膨胀造成结构物局部胀裂，破坏水泥石的结构。

例如，盐酸与水泥石中氢氧化钙的反应：

$$Ca(OH)_2 + 2HCl = CaCl_2 + 2H_2O$$

反应生成的氯化钙（$CaCl_2$）易溶于水。

硫酸与水泥石中氢氧化钙的反应：

$$Ca(OH)_2 + H_2SO_4 = CaSO_4 \cdot 2H_2O$$

石膏（$CaSO_4 \cdot 2H_2O$）在水泥石孔隙中结晶，体积膨胀，使水泥石结构破坏；另外，石膏也能与水泥石中的水化铝酸钙作用，生成高硫型的水化硫铝酸钙晶体，产生膨胀破坏。

（3）盐类腐蚀

①硫酸盐腐蚀

在一些海水、湖水、地下水、沼泽水及一些工业污水中常含有钾、钠、氨等的硫酸盐，它们能与水泥石中的氢氧化钙发生反应，生成硫酸钙，硫酸钙与水泥石中的水化铝酸钙反应，生成高硫型水化硫铝酸钙，反应式如下：

$$3CaO \cdot Al_2O_3 \cdot 13H_2O + 3(CaSO_4 \cdot 2H_2O) + 15H_2O \longrightarrow$$
$$CaO \cdot Al_2O_3 \cdot 3CaSO_4 \cdot 32H_2O + 2Ca(OH)_2$$

生成的高硫型水化硫铝酸钙含有大量的结晶水，比原有体积增加 1.5 倍以上。由于钙矾石呈针状结晶，且是在已硬化的水泥石中产生，具有很大的结晶膨胀作用，这种膨胀必然导致水泥石结构的开裂，甚至崩溃，故常称其为"水泥杆菌"。

当水中硫酸盐浓度较高时，硫酸钙会在水泥石孔隙中直接结晶成二水石膏，产生膨胀压力，使水泥石破坏，反应式为：

$$Ca(OH)_2 + SO_4^{2-} \rightarrow CaSO_4 \cdot 2H_2O$$

②镁盐腐蚀（双重腐蚀）

在海水、地下水及其他矿物水中常含有大量的镁盐，主要是硫酸镁和氯化镁，它们会与水泥石中的氢氧化钙发生反应，反应式如下：

$$MgSO_4 + Ca(OH)_2 + 2H_2O \longrightarrow CaSO_4 \cdot 2H_2O + Mg(OH)_2$$
$$MgCl_2 + Ca(OH)_2 \longrightarrow CaCl_2 + Mg(OH)_2$$

生成的 $CaSO_4 \cdot 2H_2O$ 会进一步引起硫酸盐腐蚀，$CaCl_2$ 极易溶于水，会使 $Ca(OH)_2$ 不断被消耗，而 $Mg(OH)_2$ 松软无胶结能力，因此，镁盐的腐蚀是双重腐蚀。

镁盐侵蚀的强烈程度,除取决于 Mg^{2+} 含量外,还与水中的 SO_4^{2-} 含量有关,当水中同时含有 SO_4^{2-} 时,将产生镁盐与硫酸盐两种侵蚀,破坏特别严重。

(4)强碱的腐蚀

硅酸盐水泥水化产物呈碱性,碱类溶液如果浓度不大,一般是无害的。但铝酸盐含量较高的硅酸盐水泥遇到强碱(如 NaOH)会发生如下反应:

$$3CaO \cdot Al_2O_3 + 6NaOH \longrightarrow 3Na_2O \cdot Al_2O_3 + 3Ca(OH)_2$$

生成的铝酸钠($Na_2O \cdot Al_2O_3$)易溶于水,当水泥石被氢氧化钠浸透后又在空气中干燥,则溶于水的铝酸钠会与空气中的二氧化碳反应生成碳酸钠。由于水分失去,碳酸钠在水泥石毛细管中结晶膨胀,造成水泥石酥松、开裂,发生破坏。

除以上几种腐蚀类型外,还有一些其他物质,如糖类、氨盐、动物脂肪、含环烷酸的石油产品等对水泥石也有腐蚀作用。

从以上腐蚀种类可知,水泥石的腐蚀是一个非常复杂的物理化学作用过程,在其遭受腐蚀环境作用时,往往是几种作用同时存在、互相影响。而水泥石发生腐蚀的根本原因是水泥石中有易被腐蚀的成分及能与某些酸类和盐类起化学反应的组分,如氢氧化钙和水化铝酸钙;水泥石本身不密实,存在很多毛细孔通道,使腐蚀性介质易于进入内部,加速腐蚀的进程。另外,促使腐蚀发展的因素还有较高的温度、压力,较快的流速,适宜的湿度及干湿交替等,它们均可加速腐蚀过程。

2. 防止水泥石腐蚀的措施

通常,为防止水泥石受腐蚀可以采取以下措施:

(1)根据工程的环境特点,合理选择水泥品种,或适当掺加混合材料,减少可腐蚀物质的浓度,防止或延缓水泥的腐蚀。

例如,处于软水环境的工程,常选用掺混合材料的矿渣水泥、火山灰水泥或粉煤灰水泥,因为这些水泥的水泥石中氢氧化钙含量低,对软水侵蚀的抵抗能力强;为抵抗硫酸盐的腐蚀,可采用铝酸三钙含量小于5%的水泥。

(2)提高水泥石的密实度,降低孔隙率。

通过合理设计混凝土的配合比、减少拌和用水量、降低水胶比、掺加外加剂、改善施工方式等措施减少水泥石结构的孔隙率,减少侵蚀性介质进入水泥石内部,达到防腐蚀的目的。

(3)在水泥石结构的表面设置保护层,隔绝腐蚀介质与水泥石的联系。

当水泥石处于较强的腐蚀性介质中时,可根据腐蚀性介质的不同,在混凝土材料表面覆盖不透水的保护层,如采用塑料、涂料、沥青、玻璃、陶瓷、贴面等致密的耐腐蚀层覆盖水泥石,能够有效保护水泥石不被腐蚀。

六、硅酸盐水泥的性质、应用及存放

1. 硅酸盐水泥的性质、应用

(1)凝结硬化快,早期强度与后期强度均高。这是因为硅酸盐水泥中硅酸盐水泥熟料多,即水泥中 C_3S 多。因此适用于现浇混凝土工程、预制混凝土工程、冬季施工混凝土工程、预应力混凝土工程、高强混凝土工程等。

(2)抗冻性好。硅酸盐水泥采用合理的配比和充分养护后,可得到密实度较高、具有足够强度的水泥石,因此抗冻性好,适用于冬季及严寒地区受到反复冻融循环的混凝土工程。

(3)水化热高。硅酸盐水泥中含有大量的 C_3S 和 C_3A,在水泥水化时,水化放热速度快、放热量大,所以适用于冬季施工,不适用于大体积混凝土工程。

(4)耐腐蚀性差。硅酸盐水泥石中的氢氧化钙与水化铝酸钙较多,耐软水及化学腐蚀性差,不宜用于受流动软水和压力水作用的工程,也不宜用于受海水及其他侵蚀性介质接触的工程。

(5)耐热性差。水泥石中的一些水化产物在高温下会脱水或分解,使水泥石的强度下降以致破坏。当温度为 100~250℃时,由于额外的水化作用及脱水后凝胶与部分氢氧化钙的结晶对水泥石的密实作用,水泥石的强度并不降低。但当温度在 250~300℃时会产生脱水,强度开始降低,当温度达到 700~1 000℃时,水化产物分解,水泥石的结构几乎完全破坏。因此,硅酸盐水泥不适用于耐热、高温要求的混凝土工程。

(6)抗碳化性好。水泥石中 $Ca(OH)_2$ 与空气中的 CO_2 反应生成 $CaCO_3$ 的过程称为碳化。碳化会使水泥石内部碱度降低,产生微裂纹,对钢筋混凝土还会导致钢筋锈蚀。

由于硅酸盐水泥水化后,水泥石中含有较多的氢氧化钙,因此抗碳化性好。

(7)干缩小。硅酸盐水泥硬化过程中形成大量的水化硅酸钙凝胶体,使水泥石密实,游离水分少,不易产生干缩裂纹,故适用于干燥环境的混凝土工程。

(8)耐磨性好。硅酸盐水泥强度高,耐磨性好,且干缩小,可用于路面与机场跑道等混凝土工程。

2.硅酸盐水泥的存放

水泥在运输过程中,须防潮与防水。散装水泥须分库储存,袋装水泥的堆放高度不得超过 10 袋;水泥不宜久存,超过 3 个月的水泥须重新试验,确定其等级。

第三节　掺混合材料的硅酸盐水泥

掺混合材料的硅酸盐水泥包括普通硅酸盐水泥、矿渣硅酸盐水泥、火山灰质硅酸盐水泥、粉煤灰硅酸盐水泥、复合硅酸盐水泥等。

一、混合材料的品种及性质

在生产水泥时,为了改善水泥的性能、调节水泥的强度、增加水泥品种、提高产量、节约水泥熟料、降低成本而掺入一定量的混合材料。混合材料分为活性混合材料和非活性混合材料两大类。

1.活性混合材料

常温下能与氢氧化钙和水发生反应的混合材料称为活性混合材料,主要有粒化高炉矿渣、粉煤灰和火山灰质混合材料。其主要作用是改善水泥的某种性能、调节水泥强度等级、降低水化热和成本、增加水泥产量。

(1)粒化高炉矿渣

在高炉冶炼生铁时,所得以硅铝酸盐为主要成分的熔融物,经淬冷成粒后,具有潜在胶凝性能的材料称为粒化高炉矿渣。在急冷过程中,高炉矿渣的大部分化合物都来不及形成稳定化合物,以玻璃态存在下来,只有少数化合物形成稳定的晶体,这些不稳定的玻璃体储有较高的化学能,从而有较高的潜在活性。粒化高炉矿渣的活性成分一般是活性氧化铝和活性氧化硅,即使在常温下也能与氢氧化钙起作用而产生强度。

各钢铁企业的高炉矿渣,其化学成分虽大致相同,但各氧化物所占的质量比并不一致,因此,矿渣以碱性氧化物之和与酸性氧化物之和的质量分数比值 M_o 的不同,分为碱性、中性和酸性,即

$$M_o = (CaO + MgO)/(SiO_2 + Al_2O_3)$$

其中,$M_o > 1$ 为碱性矿渣;$M_o = 1$ 为中性矿渣;$M_o < 1$ 为酸性矿渣。酸性矿渣的胶凝性差,而碱性矿渣的胶凝性好,M 越大,其活性越好。

另外,矿渣的质量受化学成分、细度等的影响,其质量直接影响到矿渣在工程中的使用效果。质量系数也可以反映矿渣的性能,质量系数计算公式如下:

$$K = \frac{w_{CaO} + w_{MgO} + w_{Al_2O_3}}{w_{SiO_2} + w_{MnO} + w_{TiO_2}}$$

式中,各氧化物表示其质量百分数含量。

质量系数 K 反映了矿渣中活性组分与低活性、非活性组分之间的比例关系,质量系数 K 值越大,矿渣活性越高。

根据国家标准《用于水泥和混凝土中的粒化高炉矿渣粉》(GB/T 18046—2008)规定,用于水泥和混凝土中的粒化高炉矿渣粉应符合表2-9 的规定。

用于水泥和混凝土中的粒化高炉矿渣粉(GB/T 18046—2008)　　　　表2-9

项目			级别		
			S105	S95	S75
密度(g/cm^3)		≥	2.8		
比表面积(m^2/kg)		≥	500	400	300
活性指数(%)	7d	≥	95	75	55
	28d		105	95	75
流动度比(%)		≥	95		
含水率(质量分数)(%)		≤	1.0		
三氧化硫(质量分数)(%)		≤	4.0		
氯离子(质量分数)(%)		≤	0.06		
烧失量(质量分数)(%)		≤	3.0		
玻璃体含量(质量分数)(%)		≥	85		
放射性			合格		

(2)粉煤灰

粉煤灰又称飞灰,是一种颗粒非常细以致能在空气中流动,并能被特殊设备收集的粉状物质。通常所指的粉煤灰是指燃煤电厂中磨细煤粉在锅炉中燃烧后从烟道排出、被收尘器收集的物质。

粉煤灰又分高钙粉煤灰(C类)和低钙粉煤灰(F类)。由褐煤或次烟煤燃烧收集的粉煤

灰,其氧化钙含量较高(一般 CaO 大于 10%),呈褐黄色,称为高钙粉煤灰,它具有一定的水硬性;由烟煤和无烟煤燃烧收集的粉煤灰,其 CaO 含量很低(一般 CaO 小于 10%),呈灰色或深灰色,称为低钙粉煤灰,一般具有火山灰活性。

粉煤灰的化学成分是评价粉煤灰质量优劣的重要技术基础。粉煤灰的主要化学成分为 SiO_2、Al_2O_3、Fe_2O_3、CaO 和未燃炭,其余还有少量钙、镁、钛、硫、钾、钠和磷的氧化物和微量 As、Cu、Zn 等的化合物。

掺加到水泥中的粉煤灰,其质量应符合国家标准《用于水泥和混凝土中的粉煤灰》(GB/T 1596—2005)规定,见表 2-10。

水泥活性混合材料用粉煤灰技术要求 表 2-10

项 目			技术要求
烧失量(%)	≤	F 类粉煤灰	8.0
		C 类粉煤灰	
含水率(%)	≤	F 类粉煤灰	1.0
		C 类粉煤灰	
三氧化硫(%)	≤	F 类粉煤灰	3.5
		C 类粉煤灰	
游离氧化钙(%)	≤	F 类粉煤灰	1.0
		C 类粉煤灰	4.0
安定性 雷氏夹沸煮后增加距离(mm)	≤	C 类粉煤灰	5.0
强度活性指数(%)	≥	F 类粉煤灰	70.0
		C 类粉煤灰	

(3)火山灰质混合材料

凡是天然的或是人工的以氧化硅、氧化铝为主要成分的矿物质材料,本身磨细加水拌和并不硬化,但与石灰及水拌和后,既能在空气中硬化,又能在水中继续硬化的材料,称为火山灰质混合材料。

火山灰质混合材料分天然的和人工的两大类,天然的主要有火山灰、沸石岩、凝灰岩、硅藻土、浮石等;人工的主要有硅粉、硅质渣、煤矸石、烧质土、烧页岩等。

2. 非活性混合材料

常温下不与氢氧化钙和水反应的混合材料称为非活性混合材料,主要有石灰石、石英砂及矿渣等。非活性混合材料作用是调节水泥强度等级,降低水化热,增加水泥的产量,降低水泥成本等。

二、普通硅酸盐水泥

由硅酸盐水泥熟料一定数量的混合材料及适量石膏磨细制成的水硬性胶凝材料,称为普通硅酸盐水泥,简称普通水泥,其代号为 P·O。根据国家标准《通用硅酸盐水泥》(GB 175—2007)规定,普通硅酸盐水泥中熟料与石膏的总质量在 80%~95% 之间,活性混合材掺量为 >5%且≤20%,其中允许用不超过水泥质量 8% 且符合标准的非活性混合材料或不超过水泥质量5%且符合标准的窑灰来代替。

《通用硅酸盐水泥》(GB 175—2007)规定,普通硅酸盐水泥采用水泥胶砂法测定水泥强度,其3d、28d抗折强度和抗压强度划分为42.5、42.5R、52.5、52.5R四个强度等级,各强度等级普通硅酸盐水泥的强度指标与硅酸盐水泥一致,见表2-8。

普通硅酸盐水泥的其他技术要求见表2-11。

普通硅酸盐水泥的技术要求　　　　　　　表2-11

技术性质	比表面积 (m^2/kg)	凝结时间(min)		安定性	三氧化硫 (%)	氧化镁 (%)	氯离子 (%)
		初凝	终凝				
指标	≥300	≥45	≤600	沸煮法合格	≤3.5	≤5.0[①]	≤0.06[②]

注:①如果水泥压蒸试验合格,则水泥中氧化镁的含量(质量分数)允许放宽至6.0%。
　　②当有更低要求时,该指标由买卖双方协商确定。

普通硅酸盐水泥由于混合材料掺量较少,其性质与硅酸盐水泥基本相同,略有差异,主要表现为:硬化稍慢,早期强度略低;耐腐蚀性稍好;耐热性稍好;水化热略低;抗冻性、抗碳化性、耐磨性略差。

三、掺混合材料的水泥

1. 矿渣硅酸盐水泥(简称矿渣水泥)

以硅酸盐水泥熟料、适量的石膏及粒化高炉矿渣制成的水硬性胶凝材料称为矿渣硅酸盐水泥。根据《通用硅酸盐水泥》(GB 175—2007)规定,矿渣水泥分为A型和B型两种:A型的矿渣掺量为>20%且≤50%,代号P·S·A;B型的矿渣掺量为>50%且≤70%,代号为P·S·B。其中,允许用符合标准规定的不超过水泥质量8%的活性混合材料或非活性混合材料或窑灰中的任一种材料代替。

2. 火山灰质硅酸盐水泥(简称火山灰水泥)

由硅酸盐水泥熟料、适量的石膏及火山质混合材料制成的水硬性胶凝材料称为火山灰硅酸盐水泥,代号为P·P。其中,火山灰质混合材料掺量>20%且≤40%。

3. 粉煤灰硅酸盐水泥(简称粉煤灰水泥)

由硅酸盐水泥熟料、适量的石膏及粉煤灰制成的水硬性胶凝材料称为粉煤灰硅酸盐水泥,代号为P·F。其中,粉煤灰掺量>20%且≤40%。

4. 复合硅酸盐水泥(简称复合水泥)

复合硅酸盐水泥由硅酸盐水泥熟料、两种或两种以上符合标准的混合材料、适量的石膏磨细制成,代号为P·C。水泥中混合材料总掺量按质量百分比计应>20%且≤50%。其中,允许用不超过水泥质量8%且符合《通用硅酸盐水泥》(GB 175—2007)的窑灰代替。掺矿渣时混合材料掺量不得与矿渣硅酸盐水泥重复。

根据我国国家标准《通用硅酸盐水泥》(GB 175—2007)规定,矿渣硅酸盐水泥、火山灰质硅酸盐水泥、粉煤灰硅酸盐水泥、复合硅酸盐水泥的技术要求见表2-12,矿渣硅酸盐水泥、火山灰质硅酸盐水泥、粉煤灰硅酸盐水泥的强度等级分为32.5、32.5R、42.5、42.5R、52.5、52.5R六个等级,复合硅酸盐水泥的强度等级分为32.5R、42.5、42.5R、52.5、52.5R五个等级,各龄期的强度应符合表 2-13 的规定。

矿渣水泥、火山灰水泥、粉煤灰水泥、复合水泥的技术要求　　　表 2-12

品种	代号	细度	凝结时间（min）		安定性	三氧化硫（%）	氧化镁（%）	氯离子（%）
			初凝	终凝				
矿渣水泥	P·S·A	80μm 方孔筛筛余不大于 10% 或 45μm 方孔筛筛余不大于 30%	≥45	≤600	沸煮法合格	≤4.0	≤6.0①	≤0.06②
	P·S·B						—	
火山灰水泥	P·P					≤3.5	≤6.0①	
粉煤灰水泥	P·F							
复合水泥	P·C							

注：① 如果水泥中的氧化镁的含量（质量分数）大于 5.0% 时，需进行水泥压蒸安定性试验并合格。
② 当有更低要求时，该指标由买卖双方确定。

矿渣水泥、火山灰水泥、粉煤灰水泥、复合水泥的强度等级要求　　　表 2-13

品　　种	强度等级	抗压强度（MPa）		抗折强度（MPa）	
		3d	28d	3d	28d
矿渣硅酸盐水泥 火山灰硅酸盐水泥 粉煤灰硅酸盐水泥 复合硅酸盐水泥	32.5	≥10.0	≥32.5	≥2.5	≥5.5
	32.5R	≥15.0		≥3.5	
	42.5	≥15.0	≥42.5	≥3.5	≥6.5
	42.5R	≥19.0		≥4.0	
	52.5	≥21.0	≥52.5	≥4.0	≥7.0
	52.5R	≥23.0		≥4.5	

注：复合硅酸盐水泥无 32.5 级。

四、通用水泥的组成、性质和适用范围

目前，硅酸盐水泥、普通硅酸盐水泥、矿渣硅酸盐水泥、火山灰质硅酸盐水泥、粉煤灰硅酸盐水泥、复合硅酸盐水泥是土木工程中的应用最广、用量最大的六种水泥（通用水泥），其主要特性及适用范围见表 2-14、表 2-15。

六种常用水泥的组成、性质与适用范围　　　表 2-14

项目	硅酸盐水泥（P·Ⅰ，P·Ⅱ）	普通水泥（P·O）	矿渣水泥（P·S·A，P·S·B）	火山灰水泥（P·P）	粉煤灰水泥（P·F）	复合水泥（P·C）
组分	硅酸盐水泥熟料、0~5% 混合材料、适量石膏	硅酸盐水泥熟料、>5% 且 ≤20% 混合材料、适量石膏	硅酸盐水泥熟料、>20% 且 ≤50% 的粒化高炉矿渣、适量石膏	硅酸盐水泥熟料、>20% 且 ≤40% 的火山灰质混合材料、适量石膏	硅酸盐水泥熟料、>20% 且 ≤40% 的粉煤灰、适量石膏	硅酸盐水泥熟料、大量（>20% 且 ≤50%）的两种或两种以上规定的混合材料、适量石膏
特性	1. 快凝、早强、高强； 2. 抗冻性好； 3. 水化热高； 4. 耐腐蚀性差； 5. 耐热性差； 6. 抗碳化性好； 7. 干缩小； 8. 耐磨性好	1. 早期强度较高； 2. 抗冻性较好； 3. 水化热较大； 4. 耐腐蚀性差； 5. 耐热性差	1. 早期强度低，后期强度增长快； 2. 强度发展对养护温湿度敏感； 3. 水化热较低； 4. 耐腐蚀性较好； 5. 耐热性差	1. 抗渗性较好，但干缩大； 2. 耐磨性差； 3. 耐热性不及矿渣水泥； 4. 其他同矿渣水泥	1. 流动性较好； 2. 干缩较小，抗裂性较好； 3. 其他同矿渣水泥	1. 耐腐蚀性差； 2. 水化热小； 3. 抗冻性较差； 4. 干缩较大； 5. 抗碳化性较差

通用水泥的选用　　　　　　　　　　　表 2-15

混凝土工程特点及所处环境特点		优先选用	可以选用	不宜选用
普通混凝土	在一般气候环境中的混凝土	普通水泥	矿渣水泥、火山灰水泥、粉煤灰水泥、复合水泥	
	在干燥环境中的混凝土	普通水泥	矿渣水泥	火山灰水泥、粉煤灰水泥
	在高温、湿度环境中或长时间处于水中的混凝土	矿渣水泥	普通水泥、火山灰水泥、粉煤灰水泥、复合水泥	
	大体积混凝土	矿渣水泥、火山灰水泥、粉煤灰水泥、复合水泥		硅酸盐水泥
有特殊要求的混凝土	要求快硬的混凝土	快硬硅酸盐水泥、硅酸盐水泥	普通水泥	矿渣水泥、火山灰水泥、粉煤灰水泥、复合水泥
	高强(大于 C40 级)的混凝土	硅酸盐水泥	普通水泥、矿渣水泥	火山灰水泥、粉煤灰水泥
	严寒地区的露天混凝土,寒冷地区的处在水位升降范围内的混凝土	普通水泥	矿渣水泥	火山灰水泥、粉煤灰水泥
	严寒地区处于水位升降范围内的混凝土			火山灰水泥、矿渣水泥、粉煤灰水泥、复合水泥
	有抗渗要求的混凝土	普通水泥、火山灰水泥		矿渣水泥
	有耐磨要求的混凝土		矿渣水泥	火山灰水泥、粉煤灰水泥

※第四节　其他品种水泥

一、道路硅酸盐水泥

以适当成分的生料烧至部分熔融,所得以硅酸钙为主要成分和较多量的铁铝酸钙的硅酸盐水泥熟料称为道路硅酸盐水泥熟料。由道路硅酸盐水泥熟料、0~10% 活性混合材料和适量石膏磨细制成的水硬性胶凝材料,称为道路硅酸盐水泥(简称道路水泥)。

道路水泥的性能要求是:耐磨性好、收缩小、抗冻性好、抗冲击性好,有高的抗折强度和良好的耐久性。道路水泥的上述特性,主要依靠改变水泥熟料的矿物组成、粉磨细度、石膏加入量及外加剂来达到。道路水泥熟料的矿物组成,与普通水泥熟料相比,一般适当提高 C_3S 和 C_4AF 含量。C_4AF 的脆性小,体积收缩最小,提高 C_4AF 的含量,对提高水泥的抗折强度及耐磨性有利。因此,国家标准《道路硅酸盐水泥》(GB 13693—2005)规定,道路硅酸盐水泥熟料中铝酸三钙的含量不得大于5.0%,铁铝酸四钙的含量不得小于16.0%。

根据国家标准《道路硅酸盐水泥》(GB 13693—2005),其技术性质有如下要求:

(1)氧化镁含量:不得超过5.0%;
(2)SO_3含量:不得超过3.5%;
(3)烧失量:不得大于3.0%;
(4)细度:比表面积为300~450m^2/kg;
(5)凝结时间:初凝时间不得早于90min,终凝时间不得迟于600min;
(6)安定性:沸煮法检验必须合格;
(7)干缩性:28d干缩率不得大于0.10%;
(8)耐磨性:28d磨损量不得大于3.00kg/m^2;
(9)强度:道路水泥分为32.5、42.5和52.5三个强度等级,各强度等级的3d、28d强度不得低于表2-16的规定。

道路硅酸盐水泥各龄期的强度　　　　表2-16

强 度 等 级	抗压强度(MPa)		抗折强度(MPa)	
	3d	28d	3d	28d
32.5	16.0	32.5	3.5	6.5
42.5	21.0	42.5	4.0	7.0
52.5	26.0	52.5	5.0	7.5

道路硅酸盐水泥适用于公路路面、城市及工矿企业道路路面、机场路面及码头、货场、广场等水泥混凝土面板工程,也可用于地面砖等面板制品的生产及对耐磨性、抗干缩性要求较高的工程。

二、快硬水泥

1. 快硬硅酸盐水泥

快硬硅酸盐水泥是以适当组分的硅酸盐水泥熟料为基础,加入适量石膏,磨细制成的具有早期强度增长率较高的水硬性胶凝材料。

快硬硅酸盐水泥主要用来配制早强混凝土,适用于紧急抢修工程、低温施工工程、高强度等级混凝土预制件以及制作蒸养条件下的混凝土制品等。

快硬硅酸盐水泥的干缩、与钢筋黏结等与硅酸盐水泥相似。与使用普通水泥相比,可加快施工进度,加快模板周转,提高工程和制品质量,具有较好的技术经济效益和社会效益。但因其水化热释放比较集中,不宜用于大体积混凝土工程。

2. 快硬硫铝酸盐水泥

快硬硫铝酸盐水泥是由适当硫铝酸盐水泥熟料加入少量石膏磨细制成的、早期强度较高的水硬性胶凝材料,亦称早强水泥。铝酸盐水泥熟料是以适当成分的生料,经煅烧得到的以无水硫铝酸钙和硅酸二钙为主要矿物成分的水泥熟料。

《硫铝酸盐水泥》(GB 20472—2006)规定,快硬水泥的初凝时间不早于25min,终凝时间不迟于180min,比表面积应大于350m^2/kg。1d抗压强度达28d抗压强度的65%以上,3d抗压强度达28d抗压强度的95%以上。

快硬硫铝酸盐水泥主要用来配制早强、抗冻、抗渗和抗硫酸盐侵蚀等用途的混凝土,可用于紧急抢修、堵漏、低温施工及一般工程。

三、膨胀水泥及自应力水泥

在水化和硬化过程中产生体积膨胀的水泥属膨胀类水泥。一般硅酸盐水泥在空气中硬化时,体积会发生收缩。收缩会使水泥石结构产生微裂缝,降低水泥石结构的密实性,影响结构的抗渗、抗冻、抗腐蚀等。膨胀水泥在硬化过程中体积不会发生收缩,还略有膨胀,可以解决由于收缩带来的不利后果。

根据膨胀值和用途的不同,膨胀性水泥可分为膨胀水泥和自应力水泥两大类。膨胀水泥的膨胀率较低,限制膨胀时所产生的压应力能大致抵消干缩所产生的拉应力,因此又称为无收缩水泥或收缩补偿水泥;而自应力水泥具有较高的膨胀率,除抵消干缩值外,还有一定的剩余膨胀值,能抵消因外界因素引发的拉应力(如配制钢筋混凝土),从而能有效改善混凝土抗拉强度低的缺陷。由于这种压应力是依靠水泥自身的水化而产生,所以称之为"自应力"。

按水泥的主要成分,我国的常用膨胀水泥分为硅酸盐膨胀水泥、铝酸盐膨胀水泥和硫铝酸盐膨胀水泥。

硅酸盐膨胀水泥是以适当比例的硅酸盐水泥或普通硅酸盐水泥、高铝水泥和天然二水石膏磨制而成的膨胀性的水硬性胶凝材料。

铝酸盐膨胀水泥是以一定量的铝酸盐水泥熟料和二水石膏粉磨制成的高膨胀性的胶凝材料;

硫铝酸盐膨胀水泥是以无水硫铝酸钙和硅酸二钙为主要矿物成分的熟料,加适量石膏磨细制成的强膨胀性的水硬性胶凝材料。

三种水泥的膨胀均是由于水泥硬化初期,生成高硫型水化硫铝酸钙,导致体积膨胀。

膨胀水泥主要是用于制造防水砂浆和防水混凝土、加固结构、浇筑机器底座或固结地脚螺栓,并可用于接缝及修补工程;自应力水泥主要用于浇筑构件节点、抗渗和补偿收缩的混凝土工程、制造自应力钢筋(或钢丝网)混凝土压力管等。

四、白色与彩色硅酸盐水泥

1. 白色硅酸盐水泥(白水泥)

由白色硅酸盐水泥熟料、适量混合材料(石灰石或窑灰)及适量石膏磨细制成的水硬性胶凝材料称为白色硅酸盐水泥(简称白水泥),代号为 P·W。其中白色硅酸盐水泥熟料是指以适当成分的生料烧至部分熔融,所得以硅酸钙为主要成分,氧化铁含量少的熟料。

根据国家标准《白色硅酸盐水泥》(GB/T 2015—2005)规定,白色硅酸盐水泥熟料中氧化镁的含量不得超过5.0%,如果水泥经压蒸安定性试验合格,则熟料中氧化镁的含量允许放宽到6.0%;水泥中三氧化硫的含量不得超过3.5%;细度为0.080mm方孔筛筛余不得超过10%;水泥初凝时间不得早于45min,终凝不得迟于10h;体积安定性用沸煮法检验必须合格,水泥白度值应不低于87;按3d、28d的抗折强度、抗压强度分为32.5、42.5、52.5三个强度等级。

2. 彩色硅酸盐水泥(彩色水泥)

凡由硅酸盐水泥熟料及适量石膏(或白色硅酸盐水泥)、混合材及着色剂磨细或混合制成的、带有色彩的水硬性胶凝材料称为彩色硅酸盐水泥,又称为彩色水泥。

彩色水泥的生产方法有直接法和间接法。直接法是在白水泥生料中加入少量金属氧化物,直接烧成彩色熟料后,再加适量石膏磨细而成。间接法是用白色硅酸盐水泥熟料、适量石膏和颜料共同磨细而成。颜料分为有机和无机两类:有机颜料如孔雀蓝、天津绿等,这类颜料着色性强、色彩鲜艳;无机颜料有氧化铁、二氧化锰、氧化铬、钴蓝、群青蓝、炭黑等,无机颜料耐久性好。对颜料的性能要求为着色性强,不溶于水,耐碱和抗大气稳定性好,不破坏水泥的组成和性能。

彩色硅酸盐水泥的技术要求:三氧化硫的含量不得超过4.0%;细度为80μm方孔筛筛余不得超过6.0%;初凝时间不得早于60min,终凝不得迟于600min;体积安定性用沸煮法检验必须合格;分为27.5、32.5和42.5三个强度等级。

彩色水泥主要用于建筑物内外表面的装饰,如地面、墙、台阶、天棚、柱子等,也可制作各种色彩的水泥石、人造大理石及水磨石等制品。

五、低热硅酸盐水泥、中热硅酸盐水泥、低热矿渣硅酸盐水泥

低热硅酸盐水泥:以适当成分的硅酸盐水泥熟料,加入适量石膏,磨细制成的具有低水化热的水硬性胶凝材料,代号为P·LH。熟料中硅酸二钙(C_2S)的含量应不小于40%,铝酸三钙(C_3A)的含量应不超过6%,游离氧化钙的含量应不超过1.0%。

中热硅酸盐水泥:以适当成分的硅酸盐水泥熟料,加入适量石膏,磨细制成的具有中等水化热的水硬性胶凝材料,代号为P·MH。熟料中硅酸三钙(C_3S)的含量应不超过55%,铝酸三钙(C_3A)的含量应不超过6%,游离氧化钙的含量应不超过1.0%。

低热矿渣硅酸盐水泥:以适当成分的硅酸盐水泥熟料,加入粒化高炉矿渣、适量石膏,磨细制成的具有低水化热的水硬性胶凝材料,称为低热矿渣硅酸盐水泥,代号为P·SLH。水泥中矿渣掺加量按重量百分比计为20%~60%,允许用不超过混合材总量50%的符合规定的磷渣或粉煤灰代替部分矿渣。熟料中铝酸三钙(C_3A)的含量应不超过8%,游离氧化钙的含量应不超过1.2%,氧化镁的含量不宜超过5.0%;如果水泥经压蒸安定性试验合格,则熟料中氧化镁的含量允许放宽到6.0%。

技术要求:中热水泥和低热水泥中氧化镁的含量不宜大于5.0%,如果水泥经压蒸安定性试验合格,则中热水泥和低热水泥中氧化镁的含量允许放宽到6.0%;水泥中三氧化硫的含量应不大于3.5%;中热水泥和低热水泥的烧失量应不大于3.0%;水泥的比表面积应不低于250m²/kg;初凝时间不早于60min,终凝应不迟于12h;体积安定性用沸煮法检验应合格;中热水泥的强度等级为42.5、低热水泥的强度等级为42.5、低热矿渣水泥的强度等级为32.5,各龄期的抗压强度和抗折强度应不低于表2-17数值。

低热硅酸盐水泥、中热硅酸盐水泥、低热矿渣硅酸盐水泥的技术要求(GB 200—2003) 表2-17

水泥品种	强度等级	抗压强度(MPa)			抗折强度(MPa)			水化热(kJ/kg)	
		3d	7d	28d	3d	7d	28d	3d	7d
中热硅酸盐水泥	42.5	12.0	22.0	42.5	3.0	4.5	6.5	251	293
低热硅酸盐水泥	42.5	—	13.0	42.5	—	3.5	6.5	230	260
低热矿渣硅酸盐水泥	32.5	—	12.0	32.5	—	3.0	5.5	197	230

六、铝酸盐水泥

铝酸盐水泥是以铝矾土和石灰石为原料,经煅烧制得的以铝酸钙为主要成分、氧化铝含量约50%的熟料,再磨制成的水硬性胶凝材料。铝酸盐水泥常为黄色或褐色,也有呈灰色,其主要矿物组成为铝酸一钙($CaO \cdot Al_2O_3$,简写 CA,约占70%)、二铝酸一钙($CaO \cdot 2Al_2O_3$,简写 CA_2)、其他的铝酸盐,以及少量的硅酸二钙($2CaO \cdot SiO_2$)等。

1. 铝酸盐水泥的技术性质

根据国家标准《铝酸盐水泥》(GB/T 201—2015)的规定:铝酸盐水泥的密度和堆积密度与普通硅酸盐水泥相近。其细度为比表面积≥$300m^2/kg$ 或 $45\mu m$ 筛筛余≤20%。铝酸盐水泥按 Al_2O_3 含量分为 CA-50(50%≤Al_2O_3<60%)、CA-60(60%≤Al_2O_3<68%)、CA-70(68%≤Al_2O_3<77%)、CA-80(77%≤Al_2O_3)四个类型,各类型水泥各龄期强度不得低于标准的规定,见表2-18。

铝酸盐水泥的技术要求 表2-18

水泥类型		抗压强度(MPa)				抗折强度(MPa)			
		6h	1d	3d	28d	6h	1d	3d	28d
CA50	CA50-Ⅰ	20	40	50	—	3.0	5.5	6.5	—
	CA50-Ⅱ		50	60			6.5	7.5	
	CA50-Ⅲ		60	70			7.5	8.5	
	CA50-Ⅳ		70	80			8.5	9.5	
CA60	CA60-Ⅰ	—	65	85	—		7.0	10.0	—
	CA60-Ⅱ	—	20	45	85		2.5	5.0	10.0
CA70		—	30	40	—		5.0	6.0	—
CA80		—	25	30	—		4.0	5.0	—

2. 铝酸盐水泥的特性及应用

(1)凝结硬化速度快。1d 强度可达最高强度的80%以上,主要用于工期紧急的工程,如国防、道路和特殊抢修工程等。

(2)水化热大,且放热量集中。1d 内放出的水化热为总量的70%~80%,使混凝土内部温度上升较高,即使在-10℃下施工,铝酸盐水泥也能很快凝结硬化,可用于冬季施工的工程。

(3)耐腐蚀性好,密实不透水。铝酸盐水泥在普通硬化条件下,由于水泥石中不含铝酸三钙和氢氧化钙,且密实度较大,因此具有很强的抗硫酸盐腐蚀作用,但其耐碱性极差,不得用于接触碱性溶液的工程。

(4)铝酸盐水泥具有较高的耐热性。如采用耐火粗细集料(如铬铁矿等)可制成使用温度达1300~1400℃的耐热混凝土。

在使用时应注意,铝酸盐水泥的长期强度及其他性能有降低的趋势,长期强度约降低40%~50%,因此铝酸盐水泥不宜用于长期承重的结构及处在高温高湿环境的工程中,它只适用于紧急军事工程(筑路、桥)、抢修工程(堵漏等)、临时性工程,以及配制耐热混凝土等。

另外,铝酸盐水泥与硅酸盐水泥或石灰相混不但产生闪凝,而且由于生成高碱性的水化铝酸钙,使混凝土开裂,甚至破坏。因此施工时除不得与石灰或硅酸盐水泥混合外,也不得与未硬化的硅酸盐水泥接触使用。

【本章小结】

(1) 石灰是一种气硬性的胶凝材料,其基本成分为活性氧化钙。石灰硬化后的强度主要依靠氢氧化钙的结晶及碳化作用,而氢氧化钙的溶解度较高,在潮湿环境中,石灰遇水会溶解溃散,强度降低。因此,石灰不宜在长期潮湿的环境中或有水的环境中使用。

(2) 硅酸盐水泥一种水硬性胶凝材料,其基本成分为硅酸盐水泥熟料。熟料的主要矿物组成是:硅酸三钙(C_3S)、硅酸二钙(C_2S)、铝酸三钙(C_3A)、铁铝酸四钙(C_4AF)。其中,硅酸三钙和硅酸二钙对水泥的强度起主要作用;硅酸三钙和铝酸三钙水化时的水化热较大;铁铝酸钙有助于提高水泥的抗折强度。改变矿物组分比例将会显著影响水泥的技术性质;水泥的技术指标主要有细度、凝结时间、安定性和强度等。

(3) 掺混合材料的水泥包括普通硅酸盐水泥、矿渣硅酸盐水泥、火山灰质硅酸盐水泥、粉煤灰硅酸盐水泥、复合硅酸盐水泥等,与硅酸盐水泥一起统称为通用水泥。通用水泥是工程中的应用最广、用量最大的水泥。掺和料能改善水泥的性能、调节水泥的强度、增加水泥品种、提高产量、节约水泥熟料、降低成本。

(4) 道路硅酸盐水泥的性能要求是:耐磨性好、收缩小、抗冻性好、抗冲击性好,有高的抗折强度和良好的耐久性。道路硅酸盐水泥熟料的矿物组成特点是较高的硅酸三钙和铁铝酸四钙含量,较低的铝酸三钙含量。

(5) 在道路和桥梁工程中使用的其他水泥有:快硬水泥、膨胀水泥及自应力水泥、白色与彩色硅酸盐水泥、低热硅酸盐水泥、中热硅酸盐水泥、低热矿渣硅酸盐水泥、铝酸盐水泥等。

【复习思考题】

2-1 硅酸盐水泥熟料的主要矿物组成是什么?它们单独与水作用时的特性如何?

2-2 硅酸盐水泥的主要水化产物是什么?硬化水泥石的结构是?

2-3 制造硅酸盐水泥时为什么必须掺入适量的石膏?石膏掺得太少或过多时,将出现什么情况?

2-4 什么是水泥的凝结时间?为什么要规定水泥的凝结时间?

2-5 硅酸盐水泥产生体积安定性不良的原因是什么?如何检验水泥的安定性?

2-6 试述水泥细度对水泥性质的影响。怎样检验水泥的细度?

2-7 硅酸盐水泥强度发展的规律?影响其凝结硬化的主要因素有哪些?如何影响?

2-8 某工程用一批硅酸盐水泥,强度检验结果如表 2-19 所示,试评定该批水泥的强度等级。

硅酸盐水泥强度检验结果 表2-19

抗折破坏荷载(kN)		抗压破坏荷载(kN)	
3d	28d	3d	28d
2.41	3.62	56.5	102.5
		57.0	99.6
2.32	3.70	58.7	103.0
		60.3	95.8
2.16	4.48	58.8	98.9
		50.1	103.1

2-9 水泥石的腐蚀有哪些类型?产生腐蚀的主要原因是什么?如何防止水泥石的腐蚀?

2-10 什么是水泥的活性混合材料和非活性混合材料?它们加入硅酸盐水泥中各起什么作用?硅酸盐水泥常掺入哪几种活性混合材料?

2-11 与硅酸盐水泥相比,矿渣水泥、火山灰水泥、粉煤灰水泥在性能上有何不同?试分析讨论这四种水泥的适用和禁用范围。

2-12 下列混凝土工程中,适宜选择哪些水泥品种?

(1)干燥混凝土工程;

(2)高层建筑基础底板(具有大体积混凝土特点和抗渗要求);

(3)热工窑炉的基础;

(4)紧急抢修工程;

(5)高强度预应力混凝土梁;

(6)经常受硫酸盐侵蚀的工程;

(7)修补建筑物裂缝。

2-13 道路硅酸盐水泥的主要性能与硅酸盐水泥有何不同?

2-14 快硬硅酸盐水泥的特点及适用范围有哪些?

2-15 膨胀水泥的膨胀过程与水泥体积安定性不良所形成的体积膨胀有何不同?

2-16 白色硅酸盐水泥对原料和工艺有哪些要求?

2-17 低热硅酸盐水泥、中热硅酸盐水泥、低热矿渣硅酸盐水泥有哪些特点?

2-18 铝酸盐水泥的特性有哪些?在使用中应注意哪些问题?

第三章
水泥混凝土和砂浆

【本章提要】
本章主要内容为普通混凝土的技术性能,包括混凝土拌和物的施工和易性、硬化混凝土的强度、变形特性和耐久性,技术性能影响因素、评价方法与评价指标;重点介绍了普通混凝土组成材料的技术要求、混凝土的配合比设计方法、混凝土质量检验与评价方法;并在此基础上介绍了普通路面混凝土、高强高性能混凝土、钢纤维混凝土、碾压混凝土等的技术性质、设计指标和组成设计方法;以及建筑砂浆的材料组成、技术性质与配合比设计方法等。

第一节 概 述

混凝土是指用胶凝材料将粗细集料(或填料)胶结为整体的复合固体材料的总称。根据所使用的主要胶凝材料品种的不同,可分为水泥混凝土、沥青混凝土、聚合物混凝土、石膏混凝土、水玻璃混凝土等;有时也以所加入的特殊改性材料命名,如钢纤维混凝土、粉煤灰混凝土等。

一、水泥混凝土的分类

水泥混凝土的种类很多,可按不同方法进行分类:

1. 按表观密度分类

(1)重混凝土,即干表观密度大于 2 800kg/m³ 的混凝土,常指以重晶石或铁矿石为集料配制而成的水泥混凝土。

(2)普通混凝土,即干表观密度为 2 000～2 800kg/m³ 的混凝土,常指以砂、石为集料配制而成的水泥混凝土。

(3)轻混凝土,即干表观密度不大于 1 950kg/m³ 的混凝土,包括轻集料混凝土、多孔混凝土、大孔混凝土等。

2. 按特性分类

按特性的不同,可分为普通混凝土、高强混凝土、高性能混凝土、流动性混凝土、膨胀混凝土、水下不分散混凝土、智能混凝土等。

3. 按使用功能分类

按使用部位、功能的不同,可分为结构混凝土、填充混凝土、道路混凝土、水工混凝土、耐热混凝土、耐酸混凝土、耐碱混凝土、耐油混凝土、防水混凝土、防火混凝土、防腐混凝土、防辐射混凝土等。

4. 按施工工艺分类

按施工工艺的不同,可分为泵送混凝土、自密实混凝土、碾压混凝土、预拌混凝土、离心混凝土、压力灌浆混凝土、喷射混凝土、真空吸水混凝土、再生混凝土等。

二、普通混凝土

1. 普通混凝土的组成与结构

普通混凝土是指以水泥为胶凝材料,石子为粗集料,砂为细集料,经加水搅拌、浇筑成形、凝结硬化而成的"人工石材",即通称的水泥混凝土。

在水泥混凝土中,砂石集料起到骨架、填充和体积稳定作用;水泥浆在混凝土凝结硬化前起填充、包裹、润滑作用,混凝土凝结硬化后起胶结作用。

凝结硬化后的混凝土由固、液、气三相组成(图 3-1)。固相主要包括砂石集料、水泥水化产物、未水化的水泥及掺和料等;液相主要包括孔隙中的水、溶解有多种离子的孔液及存在于水化产物中的游离水等;气相主要指存在于孔隙中的空气及特殊环境中可能渗入的其他气体等。

2. 普通混凝土的优缺点

水泥混凝土因其原材料来源丰富、施工方便、性能可根据需要设计调整、抗压强度高、耐久性好、与钢筋等材料的协调性好等优点,是土木建筑工程中应用最广泛的结构工程材料之一。普通混凝土铺筑的路面结构具有强度高、刚度大、能够承受重型车辆、使用寿命较长等特点。普通混凝土的主要缺点是自重大、抗拉强度低、韧性低、收缩变形较大、抗裂性及抗冲击能力差。

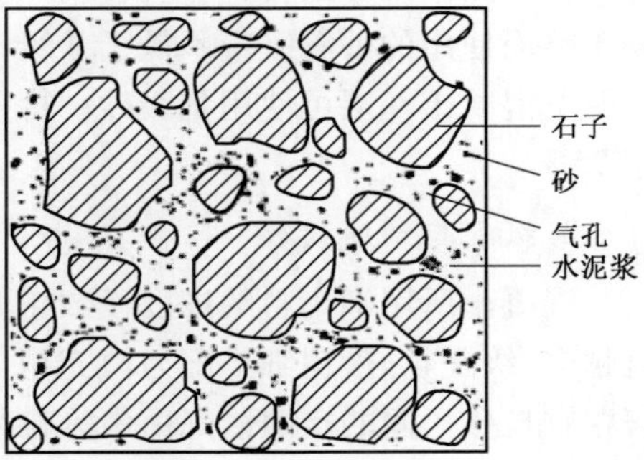

图 3-1 混凝土宏观结构示意图

第二节　普通混凝土的组成材料

一、水泥

混凝土用水泥的选择主要包括水泥品种及水泥强度等级两方面。原则上，所有水泥均可用于配制混凝土。具体而言，某种混凝土使用何种水泥，应根据该混凝土的用途、使用环境、施工条件等因素确定。实际工程中普遍应用的是硅酸盐水泥、普通硅酸盐水泥等六大品种通用硅酸盐水泥，其选用应根据各通用水泥的性能特点，参照第二章表 2-12、表 2-13 进行。

水泥强度等级的确定应与混凝土的设计强度等级相匹配。一般情况下，混凝土的强度与水泥的强度成正比关系；混凝土的设计强度等级越高，则所选用水泥的强度等级也越高。如果采用低强度等级水泥配制高强度等级混凝土，会使水泥用量过高，造成水化热增大、收缩增大等不利影响，且不经济；反之，如果采用高强度等级水泥配制低强度等级混凝土，会使水泥用量偏少，影响混凝土的和易性与密实度等性质，此时可考虑掺入一定量的掺和料。

二、细集料

根据集料在工程混合料中的作用不同，可以按粒径范围划分为细集料和粗集料。在水泥混凝土中粗细集料的分界尺寸是 4.75mm。

混凝土用细集料应采用级配良好、质地坚硬、颗粒洁净的河砂、机制砂、山砂或海砂。无论使用何种砂，其技术指标必须符合相关规定。

1. 压碎值和坚固性

混凝土用细集料应具备一定的强度和坚固性。混凝土强度等级与细集料技术等级的关系见表 3-1；细集料技术等级的划分与相应要求见第一章表 1-8。

混凝土强度等级与细集料技术等级的关系（JTG/T F50—2011）　　表 3-1

混凝土的强度等级	≥C60	C30～C60	≤C30
细集料的技术等级	Ⅰ级	Ⅱ级	Ⅲ级

对于路面工程而言，高速公路、一级公路、二级公路及有抗（盐）冻要求的三、四级公路混凝土路面使用的砂等级应不低于Ⅱ级，无抗（盐）冻要求的三、四级公路混凝土路面、碾压混凝土及贫混凝土基层可使用Ⅲ级砂。特重、重交通混凝土路面宜使用河砂，砂的硅质含量不应低于 25%。

2. 级配与细度模数

混凝土所用细集料的细度模数越低，则其比表面积越大，内摩擦力越大，包裹所需水泥浆就越多；级配越好，粗细搭配与填充越合理，则空隙率越低，填充所需水泥浆就越少；反之亦然。若粗颗粒砂子间的空隙恰好由中等粒径的颗粒填充，中等颗粒间的空隙恰好由细颗粒填充，如此逐级填充（图 3-2），使砂子形成最紧密堆积状态，空隙率达到最小值，堆积密度达到最大值，这样，不仅节约水泥，而且有利于改善混凝土拌和物的工作性能，得到均匀致密的混凝土，对强度、耐久性、体积稳定性等混凝土综合性能均有改善，具有显著的技术经济效益。

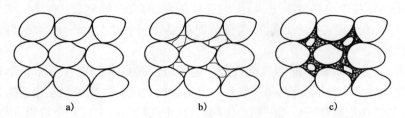

图3-2 砂子颗粒级配示意图

混凝土用细集料的级配应符合第一章表1-10的规定。

3. 颗粒形状与表面特征

河砂与海砂颗粒近似球形，表面较光滑，所配制的混凝土拌和物流动性较好，但与水泥浆体的黏结性较差；山砂和机制砂表面较粗糙、多棱角，所配制的混凝土拌和物的流动性相对较差，但与水泥浆体的黏结性能较好。水胶比相同时，山砂或机制砂配制的混凝土强度略高于河砂或海砂；而要求流动性相同时，因山砂或机制砂配制混凝土的用水量略大，故与河砂或海砂配制的混凝土强度相近。

4. 有害杂质

集料中的有害杂质主要有黏土、云母、淤泥、硫化物及硫酸盐、有机质等。黏土、云母、淤泥等杂质常黏附于集料表面，严重降低水泥浆体与集料间的黏结强度，并因此而降低混凝土的强度、耐久性，增大混凝土的收缩。有机质、硫化物及硫酸盐等杂质对水泥有腐蚀作用，影响混凝土的耐久性。因此，对细集料中的有害杂质必须加以限制，其规定详见第一章表1-8。

三、粗集料

混凝土工程常用的粗集料包括碎石与卵石两大类。粗集料是混凝土的主要组成材料，也是影响混凝土强度的重要因素之一。对粗集料技术性能的基本要求是：具有与所配制混凝土相匹配的强度与坚固性；具有稳定的物理与化学性能，不与混凝土中的水泥及其他物质发生有害反应。

1. 强度与坚固性

粗集料在混凝土中起骨架作用，必须具有足够的强度与坚固性。混凝土的强度等级与粗集料的技术等级之间的关系见表3-2；粗集料技术等级的划分与相应要求见第一章表1-7。

混凝土强度等级与粗集料技术等级的关系（JTG/T F50—2011） 表3-2

混凝土的强度等级	≥C60	C30～C60	≤C30
粗集料的技术等级	Ⅰ级	Ⅱ级	Ⅲ级

2. 最大粒径与颗粒级配

（1）最大粒径

粗集料公称粒径的上限称为最大粒径。粗集料粒径越大，其表面积就越小，所需水泥浆或砂浆数量相应较少。在条件许可的情况下，尽量选用粒径较大的集料。但在实际工程应用中，集料最大粒径受到多种条件制约，通常应符合以下要求：最大粒径不得大于构件最小截面尺寸的1/4,同时不得大于钢筋净间距的3/4;对于混凝土实心板体,最大粒径不宜超过板厚的1/3,且不得大于40mm;对于泵送混凝土,最大粒径应与泵送高度、输送管内径相适应;对于大体积混凝土,有时为节约水泥、减少收缩,可根据情况在混凝土中抛入大石块,常称为抛石混凝土。

(2)颗粒级配

粗集料级配有连续级配与间断级配之分。连续级配是指某一集料在标准套筛中进行筛分后,集料的颗粒由大到小连续分布,每一级都占有适当的比例。连续级配互相搭配组成集料混合料。间断级配是指在集料颗粒分布的整个区间内,从中间缺失一个或几个粒级,形成一种不连续的级配。粗集料的级配组成直接影响集料的空隙率及颗粒间的内摩擦阻力,进而影响水泥混凝土或沥青混合料的施工和易性、强度、耐久性。粗集料的颗粒级配应符合表3-3的要求。

碎石或卵石的颗粒级配范围　　　表3-3

级配情况	公称粒级(mm)	累计筛余,按质量计(%) 方孔筛筛孔边长尺寸(mm)										
		2.36	4.75	9.50	16.0	19.0	26.50	31.5	37.5	53.0	63.0	75.0	90
连续粒级	5~10	95~100	80~100	0~15	0	—	—	—	—	—	—	—	—
	5~16	95~100	85~100	30~60	0~10	0	—	—	—	—	—	—	—
	5~20	95~100	90~100	40~80	—	0~10	0	—	—	—	—	—	—
	5~25	95~100	90~100	—	30~70	—	0~5	0	—	—	—	—	—
	5~31.5	95~100	90~100	70~90	—	15~45	—	0~5	0	—	—	—	—
	5~40	—	95~100	70~90	—	30~65	—	—	0~5	0	—	—	—
单粒级	10~20	—	95~100	85~100	—	0~15	0	—	—	—	—	—	—
	16~31.5	—	95~100	—	85~100	—	—	0~10	0	—	—	—	—
	20~40	—	—	95~100	—	80~100	—	—	0~10	0	—	—	—
	31.5~63	—	—	—	95~100	—	—	75~100	45~75	—	0~10	0	—
	40~80	—	—	—	—	95~100	—	—	70~100	—	30~60	0~10	0

3.集料的颗粒形状与表面特征

粗集料的颗粒形状和表面特征对集料颗粒间的内摩擦阻力、集料颗粒与结合料间的黏结性及吸附性等有显著影响。集料颗粒形状的基本类型见第一章表1-6。粗集料的颗粒形状以近似立方体或球状体为佳,应尽量减少针、片状颗粒含量。

集料的表面特征主要指集料表面的粗糙程度及孔隙特征等。碎石表面比卵石粗糙,且多棱角,拌制的混凝土拌和物流动性相对较差;但与水泥黏结强度较高,所配制的混凝土强度相对较高。若保持流动性相同时,使用卵石比使用碎石可适量减少用水量,因而混凝土强度也不一定低。

4.有害杂质

粗集料中有害杂质及其对混凝土的危害与细集料类同,应符合第一章表1-7的规定。

四、拌和用水

根据《混凝土用水标准》(JGJ 63—2006)的规定,凡符合国家标准的生活饮用水、清洁天然水等均可用于拌制混凝土。海水、地下水、经适当处理的工业废水也可用于拌制混凝土,但应按规定对有机质、Cl^-、SO_4^{2-}等进行相关检验,合格后方可使用。

五、混凝土外加剂

混凝土外加剂是指能有效改善混凝土某项或多项性能的一类材料。其掺量一般只占水泥量的5%以下,却能显著改善混凝土的和易性、强度、耐久性,调节凝结时间或节约水泥。外加剂的应用促进了混凝土技术的飞速进步,使得高强高性能混凝土的生产和应用成为现实,并解决了许多工程技术难题,技术经济效益十分显著。如远距离运输和高耸建筑物的泵送问题;紧急抢修工程的早强速凝问题;大体积混凝土工程的水化热问题;纵长结构的收缩补偿问题;地下建筑物的防渗漏问题等。目前,混凝土外加剂已成为除水泥、水、砂子、石子以外的第五组成材料,应用越来越广泛。

1. 混凝土外加剂的分类

混凝土外加剂一般根据其主要功能,进行如下分类:
(1)改善混凝土拌和物流变性能的外加剂,主要有各种减水剂和泵送剂等。
(2)调节混凝土凝结时间、硬化性能的外加剂,主要有缓凝剂、促凝剂和速凝剂等。
(3)改善混凝土耐久性的外加剂,主要有引气剂、防水剂、阻锈剂等。
(4)提供混凝土特殊性能的外加剂,主要有防冻剂、膨胀剂、着色剂等。

2. 建筑工程中常用的混凝土外加剂品种

(1)减水剂

减水剂是指在混凝土坍落度相同的条件下,能减少拌和用水量;或者在混凝土配合比和用水量均不变的情况下,能增加混凝土坍落度的外加剂。根据减水率或坍落度变化幅度的不同,可分为普通减水剂、高效减水剂和高性能减水剂三大类。此外,还有复合型减水剂,如引气减水剂,既具有减水作用,同时具有引气作用;早强减水剂,既具有减水作用,又具有提高早期强度作用;缓凝减水剂,同时具有延缓凝结时间的功能等。减水剂实际上为一种表面活性剂,普通减水剂和高效减水剂是直线结构,长分子链的一端(亲水基)易溶于水,另一端(憎水基)难溶于水。高性能减水剂是近年来开发应用的新型外加剂品种,目前主要为聚羧酸盐类产品。它具有"梳状"的结构特点,由带有游离的羧酸阴离子团的主链和聚氧乙烯基侧链组成,用改变单体的种类、比例和反应条件,可生产具各种不同性能和特性的高性能减水剂。

①减水剂的主要功能
a. 配合比不变时,显著提高流动性。
b. 流动性和水泥用量不变时,减少用水量,降低水胶比,提高强度。
c. 保持流动性和强度不变时,节约水泥用量,降低成本。
d. 配制高强高性能混凝土。

②减水剂的作用机理。

减水剂提高混凝土拌和物流动性的作用机理主要包括分散作用、润滑作用和空间位阻作用。

a. 分散作用:水泥加水拌和后,由于水泥颗粒分子引力的作用,使水泥浆形成絮凝结构,使10%~30%的拌和水被包裹在水泥颗粒之中,不能参与自由流动和润滑作用,从而影响混凝土拌和物的流动性[图3-3a)]。当加入减水剂后,由于减水剂分子能定向吸附于水泥颗粒表面,使水泥颗粒表面带有同一种电荷(通常为负电荷),形成静电排斥作用,促使水泥颗粒相互分散,絮凝结构破坏,释放被包裹部分水,参与流动,从而有效增加混凝土拌和物的流动性[图3-3b)]。

b. 润滑作用:减水剂中的亲水基极性很强,因此水泥颗粒表面的减水剂吸附膜能与水分子形成一层稳定的溶剂化水膜[图3-3c)],这层水膜具有很好的润滑作用,能有效降低水泥颗粒间的滑动阻力,从而使混凝土流动性进一步提高。

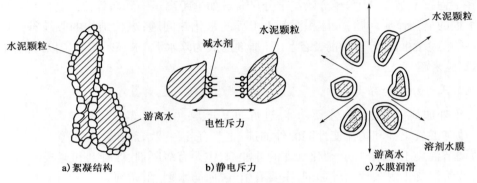

图3-3 减水剂作用机理示意图1

c. 空间位阻作用:聚羧酸减水剂分子骨架由主链和较多的支链组成,主链上含有较多的活性基团,依靠这些活性基团,主链可以"锚固"在水泥颗粒上,侧链具有亲水性,可以伸展在液相中,从而在颗粒表面形成庞大的立体吸附结构,产生空间位阻效应(图3-4)。

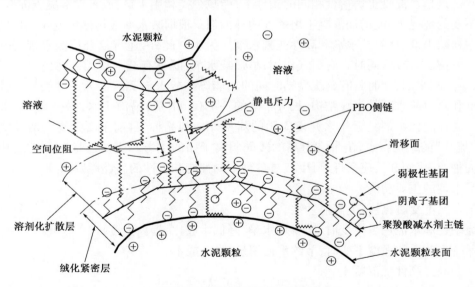

图3-4 减水剂作用机理示意图2

③常用减水剂品种

a. 木质素系减水剂:木质素系减水剂主要有木质素磺酸钙(简称木钙,代号MG)、木质素磺酸钠(木钠)和木质素磺酸镁(木镁)三大类。工程上最常使用的为木钙(MG)。

MG是由生产纸浆的木质废液,经中和发酵、脱糖、浓缩、喷雾干燥而制成的棕黄色粉末。

MG属缓凝引气型减水剂,适宜掺量控制在0.2%~0.3%之间,超掺有可能影响强度和施工进度,严重时导致工程质量事故。MG主要适用于夏季混凝土施工、滑模施工、大体积混凝土和泵送混凝土施工,也可用于一般混凝土工程。MG不宜用于蒸汽养护混凝土制品。

b. 萘磺酸盐系减水剂:萘磺酸盐系减水剂简称萘系减水剂,它是以工业萘或由煤焦油中分馏出含萘的同系物经分馏为原料,经磺化、缩合等一系列复杂的工艺而制成的棕黄色粉末或液体。其主要成分为β萘磺酸盐甲醛缩合物。品种很多,如FDN、NNO、NF、MF、UNF、XP、SN-Ⅱ、建1、NHJ等。萘系减水剂多数为非引气型高效减水剂,适宜掺量为0.5%~1.2%,减水率可达15%~30%。

萘系减水剂对钢筋无锈蚀作用,具有早强功能。但混凝土的坍落度损失较大,故实际生产的萘系减水剂绝大多数为复合型,通常与缓凝剂或引气剂复合。萘系减水剂主要适用于配制高强、早强、流态和蒸汽养护混凝土制品和工程,也可用于一般工程。

c. 树脂系减水剂:树脂系减水剂为磺化三聚氰胺甲醛树脂减水剂,通常称为密胺树脂系减水剂。其主要以三聚氰胺、甲醛和亚硫酸钠为原料,经磺化、缩聚等工艺生产而成的棕色液体。最常用的有SM树脂减水剂。

SM为非引气型早强高效减水剂,性能优于萘系减水剂,减水率可达20%以上,1d强度提高一倍以上,7d强度可达基准28d强度,长期强度也能提高,且可显著提高混凝土的抗渗、抗冻性和弹性模量。

掺SM减水剂的混凝土黏聚性较大,可泵性较差,且坍落度经时损失也较大。目前主要用于配制高强混凝土、早强混凝土、流态混凝土、蒸气养护混凝土和铝酸盐水泥耐火混凝土等。

d. 糖蜜类减水剂:糖蜜类减水剂是以制糖业的糖渣和废蜜为原料,经石灰中和处理而成的棕色粉末或液体。国产品种主要有3FG、TF、ST等。

糖蜜类减水剂与MG减水剂性能基本相同,但缓凝作用比MG强,故通常作为缓凝剂使用。糖蜜类减水剂适宜掺量0.2%~0.3%,减水率10%左右,主要用于大体积混凝土、大坝混凝土和有缓凝要求的混凝土工程。

e. 聚羧酸系高性能减水剂:聚羧酸系高性能减水剂是指由含有羧基的不饱和单体与其他单体共聚而成,使混凝土在减水、保坍、增强、收缩及环保等方面具有优良性能的系列减水剂。减水率可达25%以上,坍落度损失小,1d强度增加50%以上,收缩率比可小于100%,甲醛含量小于0.05%,氯离子含量小于0.6%。

掺聚羧酸系减水剂的混凝土具有相对较高的含气量,可泵性好,特别适用于配制高强泵送混凝土、具有早强要求的混凝土和流态混凝土。

还有以甲基萘为原料的聚次甲基甲基萘磺酸钠减水剂;以古马隆为原料的氧茚树脂磺酸钠减水剂;氨基磺酸盐系高效减水剂;丙烯酸酯醋酸乙烯的接枝共聚物系高效减水剂;聚羧酸醚系与交联聚合物的复合物系高效减水剂;顺丁烯二酸衍生共聚物系高效减水剂等。

(2) 早强剂

早强剂是指能加速混凝土早期强度发展的外加剂。其主要作用机理是加快水泥水化速度,加速水化产物的早期结晶和沉淀;主要功能是缩短混凝土施工养护期,加快施工进度,提高模板的周转率;主要适用于有早强要求的混凝土工程及低温、负温施工混凝土、有防冻要求的混凝土、预制构件、蒸汽养护等。早强剂主要品种有氯盐、硫酸盐和有机胺三大类,但更多使用的是它们的复合早强剂。

①氯盐类早强剂。氯盐类早强剂主要有 $CaCl_2$、$NaCl$、KCl、$AlCl_3$ 和 $FeCl_3$ 等。工程上最常用的 $CaCl_2$,其为白色粉末,适宜掺量 0.5% ~ 3%。由于 Cl^- 对钢筋有腐蚀作用,故钢筋混凝土中掺量应控制在 1% 以内。$CaCl_2$ 早强剂能使混凝土 3d 强度提高 50% ~ 100%,7d 强度提高 20% ~ 40%,但后期强度不一定提高,甚至可能低于基准混凝土。此外,氯盐类早强剂对混凝土耐久性有一定影响。为消除 $CaCl_2$ 对钢筋的锈蚀作用,通常要求与阻锈剂亚硝酸钠复合使用。

②硫酸盐类早强剂。硫酸盐类早强剂主要有硫酸钠(即元明粉,俗称芒硝)、硫代硫酸钠、硫酸钙、硫酸铝及硫酸铝钾(即明矾)等。建筑工程中最常用的为硫酸钠早强剂。

③有机胺类早强剂。有机胺类早强剂主要有三乙醇胺、三异醇胺等。工程上最常用的为三乙醇胺。三乙醇胺为无色或淡黄色油状液体,呈碱性,易溶于水。三乙醇胺的掺量极微,一般为水泥质量的 0.02% ~ 0.05%,虽然早强效果不及 $CaCl_2$,但后期强度不下降并略有提高,且无其他影响混凝土耐久性的不利作用。但掺量不宜超过 0.1%,否则可能导致混凝土后期强度下降。掺用时可将三乙醇胺先用水按一定比例稀释,以便于准确计量。此外,为改善三乙醇胺的早强效果,通常与其他早强剂复合使用。

④复合早强剂。三乙醇胺、硫酸钠、氯化钙、氯化钠、石膏及其他外加剂复配组成复合早强剂效果大大改善,有时可产生超叠加作用。

(3)引气剂

引气剂是指掺入混凝土拌和物后,经搅拌能在混凝土拌和物中引入大量分布均匀的微小气泡,以改善其工作性,并在混凝土硬化后能保留微小气泡,以改善其抗冻融耐久性的物质。其产生的小气泡不同于混凝土中夹裹的空气,空气产生的孔隙较大,呈不规则形状,并且多是由于不密实或采用扁平集料产生的。

引气剂时一种表面活性剂化学物。其作用机理为引气剂作用于气—液界面,使表面张力下降,从而形成稳定的微细封闭气孔。气泡直径一般为 0.02 ~ 1.0mm,绝大部分小于 0.2mm,这些微小独立的气泡在混凝土拌和过程中起到滚动轴承的作用,使混凝土拌和物流动性大大提高。常用引气剂有松香树脂类、烷基和烷基芳香烃磺酸类、脂肪醇磺酸盐类等。最常用的为松香热聚树脂和松香皂两种。引气剂掺量一般为 0.005% ~ 0.01%,严防超量掺用,否则将严重降低混凝土强度。当采用高频振捣时,引气剂掺量可适当提高。

(4)缓凝剂

缓凝剂是指能延长混凝土的初凝和终凝时间的外加剂。最常用的缓凝剂为木钙和糖蜜。糖蜜的缓凝效果优于木钙,一般能缓凝 3h 以上。

缓凝剂的主要功能有:

①降低大体积混凝土的水化热和推迟温峰出现时间,有利于减小混凝土内外温差引起的应力开裂。

②便于夏季施工和连续浇捣的混凝土,防止出现混凝土施工缝。

③便于泵送施工、滑模施工和远距离运输。

④通常具有减水作用,故亦能提高混凝土后期强度或增加流动性或节约水泥用量。

(5)速凝剂

速凝剂是指能使混凝土迅速硬化的外加剂。一般初凝时间小于 5min,终凝时间小于 10min,1h 内即产生强度,3d 强度可达基准混凝土 3 倍以上,但后期强度一般低于基准混凝土。

速凝剂主要用于喷射混凝土和紧急抢修工程、军事工程、防洪堵水工程等,如矿井、隧道、引水涵洞、地下工程岩壁衬砌、边坡和基坑支护等。

(6)防冻剂

防冻剂指能使混凝土中水的冰点下降,保证混凝土在负温下凝结硬化并产生足够强度的外加剂。绝大部分防冻剂由防冻组分、早强组分、减水组分或引气剂复合而成,主要适用于冬季负温条件下施工的混凝土工程。防冻组分本身并不一定能提高硬化混凝土抗冻性。常用防冻剂种类如下:

①氯盐类防冻剂:以氯化钙、氯化钠为主,与其他低温早强剂、减水剂、引气剂等复合而成。

②氯盐类阻锈防冻剂:以氯盐和阻锈剂(亚硝酸钠、亚硝酸钙)为主,与其他低温早强剂、减水剂、引气剂等复合而成。

③氯盐类防冻剂:以亚硝酸盐、硝酸盐、硫酸盐、碳酸盐为主要组分。

④无氯低碱/无碱类防冻剂:以亚硝酸钙、$CO(NH_2)_2$等为主要早强防冻组分。

(7)膨胀剂

膨胀剂是指能使混凝土产生一定体积膨胀的外加剂。掺入膨胀剂的目的是补偿混凝土自身收缩、干缩和温度变形,防止混凝土开裂,并提高混凝土的密实性和防水性能。常用膨胀剂品种有硫铝酸钙、氧化钙、氧化镁、铁屑膨胀剂和复合膨胀剂。也有采用加气类膨胀剂,如铝粉膨胀剂。

目前建筑工程中膨胀剂的应用越来越多,如应用在地下室底板和侧墙混凝土、钢管混凝土、超长结构混凝土、有防水要求的混凝土工程等。膨胀剂应用过程中应注意的问题:

①严格按照规定掺量掺加。掺量过低,膨胀率小,起不到补偿收缩作用;掺量过高,则会破坏混凝土结构。

②掺膨胀剂混凝土应加强养护。尤其是早期养护,以保证充分发挥膨胀剂的补偿收缩作用,浇水养护时间不得少于14d。如果不能保证充分潮湿养护,有可能产生比不掺膨胀剂更大的收缩,导致混凝土开裂。

(8)加气剂

以化学反应的方法引入大量封闭气泡,用以调节混凝土的含气量和表观密度,也可以用来生产轻混凝土。常用的加气剂有:

①H_2释放型加气剂:主要是较活泼的金属Al、Mg、Zn等在碱性条件下与水反应放出H_2。

②O_2释放型加气剂:H_2O_2在氧化剂$Ca(ClO)_2$、$KMnO_4$等作用下放出O_2。

③N_2释放型加气剂:主要是分子中含有N—N键的化合物,如偶氮类或肼类化合物在活化剂,如铝酸盐、铜盐的作用下释放出N_2。

④C_2H_2释放型加气剂:碳化钙与水反应生成乙炔气体。

⑤空气释放型加气剂:通过30目筛的流化焦或活性炭在混凝土拌制过程中逐渐释放吸附的空气。

⑥高聚物型加气剂:异丁烯-马来酸酐共聚物的Mg盐、天然高分子物质(如水解蛋白和适量增稠剂),配成水溶液,用发泡机制得密度为0.1~0.2kg/L的泡沫,引入水泥砂浆或混凝土中,硬化后即得轻质砂浆或混凝土。

综合考虑引气质量、可控制性和经济因素,实际工程中以Al粉较为常用。

(9) 絮凝剂

絮凝剂主要用以提高混凝土的黏聚性和保水性,使混凝土即使受到水的冲刷,水泥和集料也不离析分散。因此,这种混凝土又称为抗冲刷混凝土或水下不分散混凝土,适用于水下施工。絮凝剂常用的品种有:

①纤维素系:主要是非离子型水溶性纤维素醚,如亲水性强的羟基纤维素(HEC)、羟乙基甲基纤维素(HEMC)和羟丙基甲基纤维素(PHMC)等。它们的料度随分子量及取代基团的不同而不同。

②丙烯基系:以聚丙烯酰胺为主要成分。

絮凝剂常与其他外加剂复合使用,如与减水剂复合、与引气剂复合、与调凝剂复合等。

(10) 减缩剂

减小混凝土自收缩的一种外掺物质。减缩剂的主要作用机理是降低混凝土孔隙水的表面张力,从而减小毛细孔失水时产生的收缩应力。另一方面,减缩剂增强水分子在凝胶体中的吸附作用,进一步减小混凝土的最终收缩值。在一定的毛细孔半径时,水的表面张力下降,将直接降低由毛细孔失水时产生的收缩应力。再者,由水和减缩剂组成的溶液黏度增加,使得接触角 θ 增大,即 $\cos\theta$ 减小,从而进一步降低混凝土的收缩应力。

(11) 养护剂

养护剂又称混凝土养生液,其主要作用是涂敷于混凝土表面,形成一层致密的薄膜,使混凝土表面与空气隔绝,防止水分蒸发,使混凝土利用自身水分最大限度地完成水化的外加剂。养护剂按主要成膜物质的不同,可分为三大类:

①无机物类:主要成分为水玻璃及硅溶胶。此类养护剂深敷于混凝土表面,能与水泥的水化产物氢氧化钙反应生成致密的硅酸钙,堵塞混凝土表面水分的蒸发孔道而达到加强养护的作用。

②有机物类:主要乳化石蜡类和氯乙烯-偏氯乙烯共聚乳液类等。此类养护剂敷于混凝土表面,基本上不与混凝土组分发生反应,而是在混凝土表面形成连续的不透水薄膜,起到保水和养护的作用。

③有机、无机复合类:主要由有机高分子材料(如氯乙烯-偏氯乙烯共聚乳液、乙烯-醋酸乙烯共聚乳液、聚醋酸乙烯乳液、聚乙烯醇树脂等)与无机材料(如水玻璃、硅溶胶等)及其他表面活性剂复合而成。

(12) 阻锈剂

阻锈剂是指能抑制或减轻混凝土中钢筋或其他预埋金属锈蚀的外加剂。钢筋或金属预埋件的锈蚀与其表面保护膜的情况有关。混凝土碱度高,埋入的金属表面形成钝化膜,可有效抑制钢筋锈蚀。若混凝土中存在氯化物,会破坏钝化膜,加速钢筋锈蚀。加入适宜的阻锈剂可以有效防止锈蚀的发生或减缓锈蚀的速度。阻锈剂常用的种类有:

①阳离子型阻锈剂:以亚硝酸盐、铬酸盐、苯甲酸盐为主要成分。其特点是具有接受电子的能力,能抑制阳极反应。

②离子型阻锈剂:以碳酸钠和氢氧化钠等碱性物质为主要成分。其特点是阴离子为强的质子受体,它们通过提高溶液 pH 值,降低铁离子的溶解度而减缓阳极反应,或在阴极区形成难溶性覆膜而抑制反应。

③复合型阻锈剂:如硫代羟基苯胺。其特点是分子结构中具有两个或更多的定位基团,既可作为电子授体,又可作为电子受体,兼具以上两种锈剂的性质,能够同时影响阴阳极反应。它能抑制氯化物侵蚀,还能抑制金属表面微电池反应引起的锈蚀。

(13) 泵送剂

能赋予混凝土拌和物泵送性能的外加剂称为泵送剂。泵送性是指混凝土拌和物具有能顺利通过输送管道、不阻塞、不离析、塑性良好的性能。泵送剂是流化剂中的一种,不仅大大提高拌和物流动性,而且能在 60~180min 时间内保持其流动性,剩余坍落度应不小于原始的55%。它不是缓凝剂,缓凝时间不宜超过120min(特殊情况除外)。

(14) 脱模剂

用于减小混凝土与模板黏着力,易于使二者脱离而不损坏混凝土或渗入混凝土内的外加剂。

六、矿物掺和料

矿物掺和料是指掺入混凝土中能改善混凝土性能的粉体材料,以硅、铝、钙等的一种或多种氧化物为主要成分。矿物掺和料包括粉煤灰、粒化高炉矿渣粉、硅灰、钢渣粉、磷渣粉、复合矿物掺和料等。

虽然大部分矿物掺和料与水泥混合材是相同的材料,但它们分别是在混凝土生产阶段、水泥生产阶段加入的,加入阶段不同对其技术指标的要求有时也不同,如粉煤灰,相关标准对其作为混凝土掺和料和水泥混合材时的技术要求是不同的。

拌制混凝土用粉煤灰技术要求见表3-4。

拌制混凝土用粉煤灰技术要求(GB/T 1596—2005) 表3-4

项 目		技 术 要 求		
		Ⅰ级	Ⅱ级	Ⅲ级
细度(45μm 方孔筛筛余),不大于(%)	F类粉煤灰	12.0	25.0	45.0
	C类粉煤灰			
需水量比,不大于(%)	F类粉煤灰	95	105	115
	C类粉煤灰			
烧失量,不大于(%)	F类粉煤灰	5.0	8.0	15.0
	C类粉煤灰			
含水率,不大于(%)	F类粉煤灰	1.0		
	C类粉煤灰			
三氧化硫,不大于(%)	F类粉煤灰	3.0		
	C类粉煤灰			
游离氧化钙,不大于(%)	F类粉煤灰	1.0		
	C类粉煤灰	4.0		
安定性 雷氏夹沸煮后增加距离,不大于(mm)	C类粉煤灰	5.0		

第三节　普通混凝土的技术性质

一、混凝土拌和物的技术性质

混凝土拌和物是指将水泥,粗、细集料,必要时还掺加外加剂和(或)掺和料,按确定的比例加水搅拌所得的具有流动性与可塑性的混合物;是处于生产与施工阶段尚未凝结硬化的混凝土,也常称为新拌混凝土。

混凝土拌和物的技术性质主要包括施工和易性、凝结时间、泌水率及压力泌水率、含气量、表观密度等方面。

1. 混凝土拌和物的和易性

混凝土拌和物的和易性又常称为工作性,是指其易于搅拌、运输、浇捣成形,并能获得质量均匀密实的混凝土的一项综合技术性能。

混凝土的和易性通常包括流动性、黏聚性、保水性等三个方面。流动性是拌和物在自重或外力作用下产生流动的难易程度;黏聚性是混凝土拌和物在生产、运输、施工过程中其组成材料之间有一定的黏聚力,不致产生分层和离析的现象;保水性是拌和物不产生严重泌水现象、保持水分的能力。

和易性良好的混凝土既具有能满足施工要求的流动性,又应具有良好的黏聚性和保水性;良好的和易性既是顺利施工的要求,也是获得质量均匀密实混凝土的基本保证。在不采取相应措施的一般情况下,若要求混凝土拌和物的流动性越大,则其黏聚性与保水性越差。因此,要获得良好的和易性,就要搞清其主要影响因素,从原材料选择、配合比设计与调整等各个环节采取相应措施。

(1)和易性的测试与评定

混凝土拌和物的和易性是一项复杂的综合技术指标,目前国际上还没有一种能够全面表征混凝土拌和物和易性的测定方法,通常通过测定拌和物的流动性,再辅以直观观察和经验加以综合评定。根据《普通混凝土拌和物性能试验方法标准》(GB/T 50080—2016)规定,混凝土拌和物和易性采用坍落度、维勃稠度法两种方法测试。根据混凝土拌和物的流动度,普通混凝土分为干硬性混凝土、塑性混凝土、流动性混凝土、大流动性混凝土。混凝土拌和物工作性按表3-5分级。

混凝土拌和物工作性分级　　　　　　　　表3-5

按坍落度分级			按维勃稠度分级		
名　称	坍落度值(mm)	允许偏差(mm)	名　称	维勃稠度值(s)	允许偏差(mm)
低塑性混凝土	10~40	±10	超干硬混凝土	≥31	
塑性混凝土	50~90	±20	特干硬混凝土	30~21	±6
流动性混凝土	100~150	±30	干硬混凝土	20~11	±4
大流动性混凝土	≥160	±30	半干硬混凝土	10~5	±3

①坍落度法与坍落扩展度法

坍落度试验是将搅拌均匀的混凝土拌和物分三层装入一上口内径为100mm、下底内径为200mm、高度为300mm的圆锥形坍落度筒内(图3-5),每层用弹头棒均匀地捣插25次,将上口表面混凝土抹平,然后垂直提起坍落度筒,测试混凝土在自重作用下克服内摩阻力所坍落的高度(以mm为单位)。坍落度越大,则拌和物的流动性越好。

进行坍落度试验的同时,应观察混凝土拌和物的黏聚性、保水性等情况,以全面评价混凝土拌和物的和易性。当坍落度筒提起后,凝土拌和物在自重作用下整体比较均匀地下沉,或用捣棒轻轻敲打侧面时混凝土拌和物渐渐下沉而不是散开,则表示黏聚性好;若当坍落度筒提起后锥形拌和物即崩塌,或在捣棒轻击下散落,石子与浆体明显离析而裸露出来,均表示黏聚性差。保水性通常以水或水泥浆从拌和物中析出的程度来评判,如观察到坍落后的拌和物有明显泌水,或者有较多水泥稀浆从底部析出,甚至引起集料面层外露,则说明保水性差;反之,上述现象越轻微,则说明保水性越好。

坍落度法评定和易性通常适用于坍落度≥10mm和粗集料最大粒径≤40mm的混凝土拌和物。

当混凝土拌和物的坍落度大于220mm时,用钢尺测量混凝土扩展后最终的最大直径和最小直径,在这两个直径之差小于50mm的条件下,用其算术平均值作为坍落扩展度值。如果发现粗集料在中央集堆或边缘有水泥浆析出,表示此混凝土拌和物抗离析性不好。混凝土拌和物坍落度和坍落扩展度值以毫米为单位,测量精确至1mm,结果表达修约至5mm。

②维勃稠度试验

对于坍落度值小于10mm的干硬性混凝土,坍落度法已不能客观、准确地反映其流动性大小,故一般采用维勃稠度法测定其工作性。

我国现行试验法《普通混凝土拌和物性能试验方法标准》(GB/T 50080—2016)和《公路工程水泥及水泥混凝土试验规程》(JTG E30—2005)规定:维勃稠度试验方法是将坍落度筒放在直径为240mm、高度为200mm圆筒中,圆筒安装在专用的振动台上(图3-6)。按坍落度试验的方法将新拌混凝土装入坍落度筒内后再拔去坍落度筒,并在新拌混凝土顶上置一透明圆盘。开动振动台并记录时间,从开始振动至透明圆盘底面被水泥浆布满瞬间止,所经历的时间(以s计,准确至1s),即为新拌混凝土的维勃稠度值。

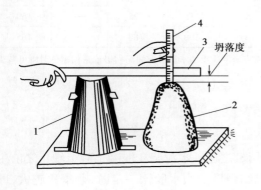

图3-5 坍落度测定
1-坍落度筒;2-拌和物试体;3-木尺;4-钢尺

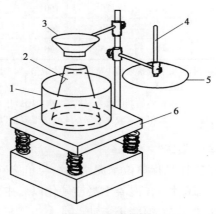

图3-6 维勃稠度仪
1-圆柱形容器;2-坍落度筒;3-漏斗;4-测杆;
5-透明圆盘;6-振动台

此外,国际上测定工作性的试验方法,还有密实因数试验、重塑性试验、球体贯入度试验等。

(2)影响混凝土拌和物和易性的主要因素

①单位用水量

单位用水量实际上决定了混凝土拌和物中水泥浆的数量,因而是混凝土流动性的决定因素之一。组成材料确定的情况下,混凝土拌和物的流动性随单位用水量的增加而增大。当水胶比一定时,若单位用水量过小,则水泥浆数量过少,集料颗粒间缺乏足够的润滑与黏结浆体,拌和物的流动性与黏聚性较差,易发生离析与崩坍,且不易成形密实;若单位用水量过多,虽然混凝土拌和物的流动性会增大,但黏聚性和保水性也会随之变差,易产生泌水、分层、离析,从而严重影响混凝土的匀质性、强度和耐久性。此外,当水胶比一定时,水泥用量也会随着单位用水量而增加,每立方米混凝土成本提高。

大量研究与实践表明,在原材料品质确定的条件下,单位用水量一旦选定,单位水泥用量增减 $50\sim100 kg/m^3$,混凝土拌和物的流动性(坍落度)基本保持不变,这一规律称为"固定用水量定则"。这一定则给普通混凝土的配合比设计带来很大方便,即可通过固定用水量保证混凝土坍落度的同时,在一定范围内调整水泥用量,即调整水胶比,来满足强度和耐久性要求,也就是可以配制出坍落度相近而强度不同的混凝土。在进行混凝土配合比设计时,单位用水量可根据施工要求的坍落度和粗集料的种类、规格,根据《普通混凝土配合比设计规程》(JGJ 55—2011)按表3-6选用,再通过试配调整,最终确定单位用水量。

混凝土单位用水量选定表　　　　表3-6

项目	指标	卵石最大粒径(mm)				碎石最大粒径(mm)			
		10	20	31.5	40	16	20	31.5	40
坍落度 (mm)	10~30	190	170	160	150	200	185	175	165
	35~50	200	180	170	160	210	195	185	175
	55~70	210	190	180	170	220	205	195	185
	75~90	215	195	185	175	230	215	205	195
维勃稠度 (s)	16~20	175	160	—	145	180	170	—	155
	11~15	180	165	—	150	185	175	—	160
	5~10	185	170	—	155	190	180	—	165

注:1. 本表用水量系采用中砂时的平均取值;如采用细砂,每立方米混凝土用水量可增加 5~10 kg;采用粗砂时则可减少 5~10 kg。

2. 掺用各种外加剂或掺和料时,可相应增减用水量。

3. 本表不适用于水胶比小于 0.4 时的混凝土以及采用特殊成形工艺的混凝土。

②浆集比

浆集比是指单位水泥浆用量与单位砂石集料用量之比。水泥浆在混凝土凝结硬化之前主要具有流动性;在混凝土凝结硬化以后主要具有黏结强度。当水胶比一定时,浆集比越大,即水泥浆量越多,混凝土流动性越大。但浆集比不宜太大,否则易发生流浆现象,使黏聚性下降;浆集比也不宜太小,否则因集料间缺少润滑层与黏结体,拌和物易发生崩塌现象。因此,合理的浆集比是混凝土拌和物和易性的良好保证。

③水胶比

水胶比是指混凝土中用水量与胶凝材料用量之比。在胶凝材料用量和集料用量一定时，水胶比的变化即反映水泥浆稠度的变化。水胶比小，则水泥浆稠度大，混凝土拌和物流动性小；水胶比过小时会造成施工困难，不能保证混凝土的密实成形。反之，拌和物的流动性会随水胶比的增加而增大。但水胶比过大会严重影响混凝拌和物的黏聚性和保水性，当水胶比超过某一极限值时，会造成混凝土拌和物严重的离析、泌水，进而导致混凝土强度与耐久性显著降低。因此，水胶比是影响混凝土主要性能的至关重要的参数，应严格按混凝土设计强度和耐久性要求合理选用。

④砂率

砂率是指砂子(细集料)占砂石(全部集料)总质量的百分率，表达式为

$$\beta_s = \frac{S}{S+G} \times 100\% \tag{3-1}$$

式中：β_s——砂率，%；
  S——砂子用量，kg；
  G——石子用量，kg。

砂率对和易性的影响非常显著。

a. 对流动性的影响。当水泥用量和水胶比一定时，由于砂子与水泥浆组成的砂浆在粗集料间起到润滑和辊珠作用，可以减小粗集料间的摩擦力，所以在一定范围内，随砂率增大，混凝土流动性增大。另一方面，由于砂子的比表面积比粗集料大，随着砂率增加，粗细集料的总比表面积增大，当水泥浆数量一定时，集料表面包裹的水泥浆量会随之减小，因而润滑作用下降，混凝土流动性降低。所以，砂率超过一定值时，流动性随砂率增加而下降，如图 3-7a)所示。

b. 对黏聚性和保水性的影响。砂率减小，混凝土的黏聚性和保水性均下降，易产生泌水、离析和流浆现象。砂率增大，黏聚性和保水性增加；但砂率过大，当水泥浆不足以包裹集料表面时，则黏聚性反而下降。

c. 合理砂率的确定。合理砂率是指砂子在填满石子间的空隙后有一定的富余量，能在石子间形成一定厚度的砂浆层，以减少粗集料间的摩擦阻力，使混凝土流动性达最大值；或者在保持流动性不变的情况下，使水泥用量为最小值，如图 3-7b)所示。合理砂率是混凝土的技术性与经济性的最优平衡。

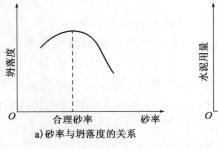 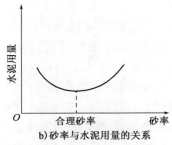

a) 砂率与坍落度的关系　　　b) 砂率与水泥用量的关系

图 3-7　砂率与流动性和水泥用量的关系

对重要的大型混凝土工程,合理砂率通常根据上述原则通过试验确定;对普通混凝土工程,可根据经验或根据《普通混凝土配合比设计规程》(JGJ 55—2011)参照表3-7选用。

混凝土砂率选用表　　　　　　　　　　表3-7

水胶比(W/C)	卵石最大粒径(mm)			碎石最大粒径(mm)		
	10	20	40	16	20	40
0.40	26～32	25～31	24～30	30～35	29～34	27～32
0.50	30～35	29～34	28～33	33～38	32～37	30～35
0.60	33～38	32～37	31～36	36～41	35～40	33～38
0.70	36～41	35～40	34～39	39～44	38～43	36～41

注:1. 表中数值系中砂的选用砂率,对细砂或粗砂,可相应地减少或增大砂率。
　　2. 本表所列砂率适用于坍落度为10～60mm的混凝土,坍落度如大于60mm或小于10mm时,应相应增大或减小砂率;按每增大20mm,砂率增大1%的幅度予以调整。
　　3. 只用一个单粒级粗集料配制混凝土时,砂率值应适当增大。
　　4. 掺用各种外加剂或掺和料时,其合理砂率值应经试验或参照其他有关规定选用。
　　5. 对薄壁构件砂率取偏大值。

⑤水泥品种及细度

水泥品种不同时,达到相同流动性的需水量往往不同,从而影响混凝土流动性。另一方面,不同水泥品种对水的吸附作用往往也有差别,从而影响混凝土的保水性和黏聚性。如火山灰水泥、矿渣水泥配制的混凝土流动性比普通水泥小。在流动性相同的情况下,矿渣水泥的保水性能较差,黏聚性也较差。同品种水泥越细,比表面积越大,吸附水分越多,流动性越差,但黏聚性和保水性越好。

⑥集料的品种和粗细程度

混凝土拌和物的和易性主要与集料最大粒径、级配、颗粒形状、表面粗糙程度等有关。当水泥用量和用水量一定时,集料中针片状颗粒含量较少、圆形颗粒较多,级配较好时,混凝土拌和物可获得较大的流动性,黏聚性和保水性也比较好。卵石表面光滑,碎石粗糙且多棱角,因而卵石配制的混凝土流动性较好,但黏聚性和保水性则相对较差。河砂与山砂的差异与上述相似。对级配符合要求的砂石料来说,粗集料粒径越大,砂子的细度模数越大,则流动性越大,但黏聚性和保水性有所下降;特别是砂的粗细,在砂率一定的情况下,影响更加显著。

⑦外加剂

改善混凝土和易性的外加剂主要有减水剂和引气剂,它们能使混凝土在不增加用水量的条件下增加流动性,并具有良好的黏聚性和保水性。

⑧时间、气候条件

随着混凝土拌和物搅拌后时间的增长,一部分水分逐渐被集料吸收、一部分水分蒸发,还有一部分水分参与水化反应而被消耗,因而混凝土拌和物的流动性随着时间的延长而逐渐减低。

环境气温越高、湿度越小、风速越大,水分蒸发越快;温度高还将加速水泥的水化反应,因而将加速拌和物的流动性损失。在现场试验与施工过程中都应考虑上述因素的影响。

(3)混凝土和易性的调整和改善措施

①当混凝土流动性小于设计要求时,为了保证混凝土的强度和耐久性,不能单独加水,必须保持水胶比不变,增加水泥浆用量。

②当坍落度大于设计要求时,可在保持砂率不变的前提下,增加砂石用量,实际上相当于减少水泥浆数量。

③改善集料级配,既可增加混凝土流动性,也能改善黏聚性和保水性。但集料占混凝土用量的75%左右,实际操作难度往往较大。

④掺减水剂或引气剂,是改善混凝土和易性的最有效措施。

⑤尽可能选用最优砂率,当黏聚性不足时可适当增大砂率。

2. 混凝土拌和物的凝结时间

混凝土拌和物的凝结时间与水泥的凝结时间相似,但由于集料的掺入、水胶比的不同及外加剂的应用,又存在一定的差异。水胶比增大,凝结时间延长;早强剂、速凝剂使凝结时间缩短;缓凝剂则使凝结时间延长。

混凝土拌和物的凝结时间分初凝和终凝。初凝指混凝土拌和物加水至失去可塑性所经历的时间,即表示施工操作所需的时间极限;终凝指混凝土拌和物加水到产生强度所经历时间。初凝时间希望适当长,以便于施工操作;终凝与初凝的时间差则越短越好。

混凝土拌和物凝结时间的测定通常采用贯入阻力法。当贯入阻力为3.5MPa时称为混凝土拌和物初凝,这时混凝土拌和物在振动作用下不再呈现塑性;当贯入阻力为28MPa时称为混凝土拌和物终凝,这时混凝土立方体抗压强度约为0.7MPa。影响混凝土拌和物实际凝结时间的因素主要有水胶比、水泥品种、水泥细度、外加剂、掺和料和气候条件等。

二、硬化混凝土的技术性质

1. 混凝土的强度

强度是硬化混凝土最重要的性质,足够的强度是混凝土结构能承受各种荷载作用的前提。同时,混凝土的耐久性等其他性能也与强度密切相关;混凝土的强度也是配合比设计、施工控制和质量检验评定的主要技术指标。混凝土的强度主要有抗压强度、抗折强度、抗拉强度和抗剪强度等;其中抗压强度值最大,也是最主要的强度指标。

(1) 混凝土的立方体抗压强度 f_{cu} 和强度等级

根据我国《普通混凝土力学性能试验方法标准》(GB/T 50081—2002)规定,将混凝土拌和物按标准方法制作成标准尺寸为150mm×150mm×150mm的立方体试件,在温度为(20±2)℃、相对湿度大于95%的空气[或不流动的$Ca(OH)_2$饱和溶液中]的标准养护条件下养护至龄期为28d时,测得的单位面积上所能承受的抗压极限荷载,称为混凝土立方体抗压强度,以f_{cu}表示。其测试和计算方法详见试验部分。

$$f_{cu} = \frac{F}{A} \tag{3-2}$$

式中:f_{cu}——混凝土试件抗压强度,MPa;
　　　F——试件破坏荷载,N;
　　　A——试件承压面积,mm^2。

混凝土抗压强度计算精确至0.1MPa。

根据粗集料最大粒径和实际试验条件,可采用尺寸为100mm×100mm×100mm或200mm×200mm×200mm的立方体试件,但应分别乘以0.95和1.05的相应换算系数。

在混凝土中将具有 95% 强度保证率的立方体抗压强度值称为立方体抗压强度标准值（$f_{cu,k}$），即在混凝土强度总体分布中强度值低于 $f_{cu,k}$ 的百分率不超过 5%。立方体抗压强度标准值是划分混凝土强度等级的依据。强度等级采用符号 C 和相应的标准值表示，混凝土划分为 C10、C15、C20、C25、C30、C35、C40、C45、C50、C55、C60、C65、C70、C75、C80、C85、C90、C95 和 C100 共 19 个强度等级。混凝土强度等级的划分主要是为了方便设计、施工验收等，所采用的强度等级主要根据建筑物的重要性、结构部位与荷载等情况确定。

（2）轴心抗压强度 f_{cp}

轴心抗压强度也称棱柱体抗压强度。由于实际结构物（如梁、柱）多为棱柱体或圆柱体，因而采用棱柱体试件强度更能反映客观实际。它是采用 150mm × 150mm ×（300～450）mm 的棱柱体试件，经标准养护到 28d，经测试而得的单位面积所能承受的极限抗压荷载。其测试和计算方法与立方体抗压强度类似。同一材料的轴心抗压强度 f_{cp} 小于立方体强度 f_{cu}，两者之间的关系为 $f_{cp}=(0.7～0.8)f_{cu}$。具有 95% 强度保证率的轴心抗压强度称为轴心抗压强度标准值，该值是混凝土结构计算强度的取值依据。

（3）抗弯拉强度（抗折强度）f_f

抗弯拉强度也称抗折强度。在路面和机场道面混凝土结构中，混凝土主要承受弯拉荷载作用，因此以弯拉强度作为结构设计和质量控制的强度指标。混凝土抗弯拉强度是按标准方法制作标准尺寸为 150mm × 150mm × 550mm 的直角棱柱体小梁试件，在标准养护条件下养护 28d 后，采用三点加载方式进行试验（图 3-8），所测得的单位面积所能承受的极限荷载。弯拉强度按式（3-3）计算：

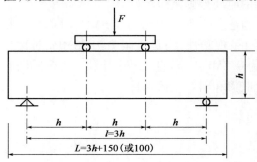

图 3-8　混凝土抗折强度试验示意图

$$f_f = \frac{Fl}{bh^2} \tag{3-3}$$

式中：f_f——混凝土抗弯拉强度，MPa，精确至 0.1MPa；

　　　F——试件破坏荷载，N；

　　　l——支座间跨度，mm；

　　　h——试件截面高度，mm；

　　　b——试件截面宽度，mm。

（4）（劈裂）抗拉强度 f_{ts}

混凝土的抗拉强度很低，只有抗压强度的 1/20～1/10；混凝土强度等级越高，其比值越小。因此，在钢筋混凝土结构设计中，一般不考虑混凝土承受拉应力，而是通过配置钢筋，由钢筋来承担结构的拉应力。但抗拉强度对混凝土的抗裂性具有重要意义，它是结构设计中裂缝宽度和裂缝间距计算控制的主要指标，也是抵抗由于收缩和温度变形而导致开裂的主要指标。

试验研究表明，用轴向拉伸试验测定混凝土的抗拉强度，由于荷载不易对准试件轴线而产生偏拉与弯折，且夹具附近由于应力集中常发生局部破坏，因此试验测试非常困难，测试结果的波动性大，准确度较低，故国内外普遍采用劈裂法间接测定混凝土的抗拉强度，即劈裂抗拉强度。

劈拉试验标准试件尺寸为边长 150mm 的立方体试件，在上下两相对面的中心线上施加均布线荷载，使试件内竖向平面上产生均布拉应力。

此拉应力可通过弹性理论计算得出,计算式如下:

$$f_{ts}\frac{2F}{\pi A} = 0.637\frac{F}{A} \tag{3-4}$$

式中:f_{ts}——混凝土劈裂抗拉强度,MPa;
F——破坏荷载,N;
A——试件劈裂面面积,mm^2。

劈拉法不但大大简化了试验过程,而且能较准确地反映混凝土的抗拉强度。试验研究表明,轴拉强度低于劈拉强度,两者的比值为 0.8~0.9。在无试验资料时,劈拉强度也可通过立方体抗压强度由下式估算:

$$f_{ts} = 0.35 f_{cu}^{3/4} \tag{3-5}$$

(5)影响混凝土强度的主要因素

影响混凝土强度的因素很多,从内因来说,主要有胶凝材料强度、水胶比和集料质量;从外因来说,则主要有施工条件、养护温度、湿度、龄期、试验条件和外加剂等。

①水泥强度和水胶比:混凝土的强度主要来自胶凝材料强度以及集料之间的黏结强度。胶凝材料强度越高,则胶凝材料自身强度及与集料的黏结强度就越高,混凝土强度也越高,试验证明,混凝土与胶凝材料强度成正比关系。

水泥完全水化的理论需水量约为水泥质量的 23%,但实际拌制混凝土时,为获得良好的和易性,水胶比多取 0.38~0.65,多余水分蒸发后,在混凝土内部留下孔隙,且水胶比越大,留下的孔隙越大,使有效承压面积减少,混凝土强度也就越小。另一方面,多余水分在混凝土内的迁移过程中遇到粗集料时,由于受到粗集料的阻碍,水分往往在其底部积聚,形成水泡,极大地削弱胶凝材料浆体与集料的黏结强度,使混凝土强度下降。因此,在胶凝材料强度和其他条件相同的情况下,水胶比越小,混凝土强度越高,水胶比越大,混凝土强度越低。但水胶比太小,混凝土过于干稠,使得不能保证振捣均匀密实,强度反而降低。试验证明,在相同的情况下,混凝土的强度(f_{cu})与水胶比呈有规律的曲线关系,而与胶水比则呈线性关系,如图 3-9 所示。

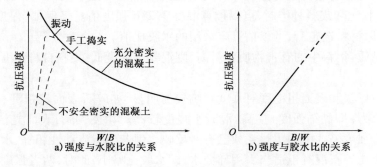

图 3-9 混凝土强度与水胶比及胶水比的关系

通过大量试验资料的数理统计分析,建立混凝土强度经验公式(又称鲍罗米公式):

$$f_{cu} = \alpha_a f_b \left(\frac{B}{W} - \alpha_b\right) \tag{3-6}$$

式中:f_{cu}——混凝土立方体抗压强度,MPa;
B/W——混凝土的胶水比,即单位混凝土中胶凝材料与水用量之比,其倒数是水胶比;

f_b——胶凝材料 28d 胶砂抗压强度,MPa;

α_a、α_b——与集料种类有关的经验系数。

胶凝材料 28d 胶砂抗压强度值(f_b)根据水泥胶砂强度试验方法测定。在进行混凝土配合比设计和实际施工中,需要事先确定胶凝材料强度。当无条件实测时,可按下式计算:

$$f_b = \gamma_f \gamma_s f_{ce} \tag{3-7}$$

式中:γ_f、γ_s——粉煤灰影响系数和粒化高炉矿渣粉影响系数,可按表 3-8 选取。

粉煤灰影响系数(γ_f)和粒化高炉矿渣粉影响系数(γ_s) 表 3-8

掺量(%) 种类	粉煤灰影响系数 γ_f	粒化高炉矿渣粉影响系数 γ_s
0	1.00	1.00
10	0.85~0.95	1.00
20	0.75~0.85	0.95~1.00
30	0.65~0.75	0.90~1.00
40	0.55~0.65	0.80~0.90
50	—	0.70~0.85

水泥 28d 胶砂抗压强度(f_{ce})无实测值时,可按经验公式 $f_{ce} = \gamma_c f_{ce,g}$ 计算,水泥强度等级值富余系数 γ_c 取值为:32.5 级水泥取 1.12,42.5 级水泥取 1.16,52.5 级水泥取 1.10;如水泥已存放一定时间,则取 1.0;如存放时间超过 3 个月,或水泥已有结块现象,可能小于 1.0,必须通过试验实测。

经验系数 α_a、α_b 可通过试验或本地区经验确定。根据所用集料品种,《普通混凝土配合比设计规程》(JGJ 55—2011)提供的参数为:

碎石:$\alpha_a = 0.53$,$\alpha_b = 0.20$;

卵石:$\alpha_a = 0.49$,$\alpha_b = 0.13$。

混凝土强度经验公式为配合比设计和质量控制带来极大便利。例如,当选定水泥强度等级(或强度)、水胶比和集料种类时,可以推算混凝土 28d 强度值。又例如,根据设计要求的混凝土强度值,在原材料选定后,可以估算应采用的水胶比值。

②集料的品质:集料中的有害物质含量高,则混凝土强度低;集料自身强度不足,也可能降低混凝土强度。

集料的颗粒形状和表面粗糙度对强度影响较为明显,如碎石表面较粗糙、多棱角,与水泥砂浆的机械啮合力(即黏结强度)提高,混凝土强度较高。相反,卵石表面光洁,强度也较低,这一点在混凝土强度公式中的集料系数已有所反映。但若保持流动性相等、水泥用量相等时,由于卵石混凝土比碎石混凝土适当少用部分水,即水胶比略小,此时,两者强度相关性不大,砂的作用效果与粗集料类似。

粗集料中针片状含量较高时,将降低混凝土强度,对抗折强度的影响更显著,所以在集料选择时要尽量选用接近球状体的颗粒。

③施工条件:施工条件主要指搅拌和振捣成型。一般来说机械搅拌比人工搅拌均匀,因此强度也相对较高;搅拌时间越长,混凝土强度越高。但考虑到能耗、施工进度等,一般要求控制在 2~3min 之间;投料方式对强度也有一定影响,如先投入粗集料、水泥和适量水搅拌一定时

间,再加入砂和其余水,能比一次全部投料搅拌提高强度10%左右。

④养护条件:混凝土浇筑成型后的养护温度、湿度是决定强度发展的主要外部因素。

养护环境温度高,水泥水化速度加快,混凝土强度发展也快,早期强度高;反之亦然。但是,当养护温度超过40℃时,虽然能提高混凝土的早期强度,但28d以后的强度通常比20℃标准养护的低。若温度在冰点以下,不但水泥水化停止,而且有可能因冰冻导致混凝土结构疏松,强度严重降低,尤其是早期混凝土应特别加强防冻措施。

湿度通常指的是空气相对湿度。相对湿度低,空气干燥,混凝土中的水分挥发加快,致使混凝土缺水而停止水化,混凝土强度发展受阻。另一方面,混凝土在强度较低时失水过快,极易引起干缩,影响混凝土耐久性。因此,应特别加强混凝土早期的浇水养护,确保混凝土内部有足够的水分,使水泥充分水化。根据有关规定和经验,在混凝土浇筑完毕后12h内应开始对混凝土加以覆盖或浇水,对硅酸盐水泥、普通水泥和矿渣水泥配制的混凝土浇水养护不得少于7d;对掺有缓凝剂、膨胀剂、大量掺和料或有防水抗渗要求的混凝土浇水养护不得少于14d。

⑤龄期:龄期是指混凝土在正常养护下所经历的时间。随养护龄期增长,水泥水化程度提高,凝胶体增多,自由水和孔隙率减少,密实度提高,混凝土强度也随之提高。最初的7d内强度增长较快,而后增幅减少,28d以后,强度增长更趋缓慢;但如果养护条件得当,则在数十年内仍将有所增长。

普通硅酸盐水泥配制的混凝土,在标准养护条件下,混凝土强度的发展大致与龄期(d)的对数成正比关系,因此可根据某一龄期的强度推定另一龄期的强度。特别是以早期强度推算28d龄期强度,具体如下式:

$$f_{cu,28} = \frac{\lg 28}{\lg n} \cdot f_{cu,n} \tag{3-8}$$

式中,$f_{cu,28}$、$f_{cu,n}$分别为28d和第n天时的混凝土抗压强度,n必须≥3d;当采用早强型普通硅酸盐水泥时,由3~7d强度推算28d强度会偏大。

在实际工程中,可根据温度、龄期对混凝土强度的影响曲线,从已知龄期的强度估计另一龄期的强度,如图3-10所示。

⑥外加剂:在混凝土中掺入减水剂,可在保证相同流动性前提下,减少用水量,降低水胶比,从而提高混凝土的强度;掺入早强剂,则可有效加速水泥水化速度,提高混凝土早期强度,但对28d强度不一定有利,后期强度还有可能下降。

⑦试验条件对测试结果的影响:试验条件是指试件的尺寸、形状、表面状态和加载速度等。

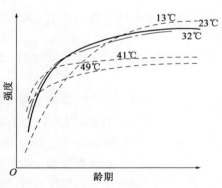

图3-10 温度、龄期对混凝土强度的影响曲线

a. 试件尺寸:大量的试验研究证明,试件的尺寸越小,测得的强度相对越高,这是由于大试件内存在孔隙、裂缝或局部缺陷的概率增大,使强度降低。因此,当采用非标准尺寸试件时,要乘以尺寸换算系数:根据《普通混凝土配合比设计规程》(JGJ 55—2011)规定,100mm×100mm×100mm立方体试件换算成150mm立方体标准试件时,应乘以系数0.95;200mm×200mm×200mm的立方体试件的尺寸换算系数为1.05。

b. 试件形状:主要指棱柱体和立方体试件之间的强度差异。由于"环箍效应"的影响,所测的棱柱体强度较低。

c. 表面状态：表面平整，则受力均匀，所测强度较高；而表面粗糙或凹凸不平，则受力不均匀，所测强度偏低。若试件表面涂润滑剂及其他油脂物质时，"环箍效应"减弱，所测强度较低。

d. 含水状态：混凝土含水率较高时，由于软化作用，强度较低；而混凝土干燥时，则强度较高。且混凝土强度等级越低，含水状态对其强度影响越大。

e. 加载速度：根据混凝土受压破坏理论，混凝土破坏是在变形达到极限值时发生。当加载速度较快时，材料变形的增长落后于荷载的增加速度，故破坏时的强度值偏高；相反，当加载速度很慢时，混凝土将产生徐变，使强度偏低。

（6）提高混凝土强度的措施

①采用高强度等级水泥。

②尽可能降低水灰化，或采用干硬性混凝土。

③采用优质砂石集料，选择合理砂率。

④采用机械搅拌和机械振捣，确保搅拌均匀性和振捣密实性，加强施工管理。

⑤改善养护条件，保证一定的温度和湿度条件，必要时可采用湿热处理，提高早期强度。

⑥掺入减水剂或早强剂，提高混凝土的强度或早期强度。

⑦掺硅灰或超细矿渣粉等矿物外掺剂也是提高混凝土强度和耐久性的有效措施。

（7）混凝土强度的质量评定

①评定方法

a. 当混凝土的生产条件在较长时间内能保持一致，且同一品种混凝土的强度变异性能保持稳定时，应由连续的三组试件代表一个验收批，计算强度平均值和最小值等特征值。其强度应同时符合下列要求：

$$m_{f_{cu}} \geq f_{cu,k} + 0.7\sigma_o \tag{3-9}$$

$$f_{cu,min} \geq f_{cu,k} - 0.7\sigma_o \tag{3-10}$$

当混凝土强度等级不高于 C20 时，尚应符合下式要求：

$$f_{cu,min} \geq 0.85 f_{cu,k} \tag{3-11}$$

当混凝土强度等级高于 C20 时，尚应符合下式要求：

$$f_{cu,min} \geq 0.90 f_{cu,k} \tag{3-12}$$

式中：$m_{f_{cu}}$——同一验收批混凝土强度的平均值，MPa；

$f_{cu,k}$——设计的混凝土强度的标准值，MPa；

σ_o——验收批混凝土强度的标准差，MPa；

$f_{cu,min}$——同一验收批混凝土强度的最小值，MPa。

检验批混凝土立方体抗压强度的标准差，精确到 0.01MPa。当检验批混凝土强度标准差计算值小于 2.5MPa 时，应取 2.5MPa。检验批混凝土立方体抗压强度的标准差按下式确定：

$$\sigma_o = \sqrt{\frac{\sum_{i=1}^{n} f_{cu,i}^2 - n m_{f_{cu}}^2}{n-1}} \tag{3-13}$$

式中：$f_{cu,i}$——前一检验期内同一品种、同一强度等级的第 i 组混凝土试件的立方体抗压强度代表值，检验期不应少于 60d，也不得大于 90d；

n——前一检验期内的样本热量，在该期间内样本容量不应少于 45；

$m_{f_{cu}}$——n 组试件的强度平均值，MPa。

b. 当混凝土的生产条件不能满足上述条件的规定时，或在前一检验期内的同一品种混凝土没有足够的强度数据用以确定验收批混凝土强度标准差时，应由不少于 10 组的试件代表一个验收批，其强度应同时符合下列要求：

$$m_{f_{cu}} \geq f_{cu,k} + \lambda_1 \cdot S_{f_{cu}} \tag{3-14}$$

$$f_{cu,min} \geq \lambda_2 f_{cu,k} \tag{3-15}$$

式中：$S_{f_{cu}}$——同一检验批混凝土立方体抗压强度的标准差，精确到 0.01MPa，当检验批混凝土强度标准差 $S_{f_{cu}}$ 计算值小于 2.5MPa 时，应取 2.5MPa；

λ_1、λ_2——合格判定系数，按表 3-9 取值。

合格判定系数　　　　表 3-9

试 件 组 数	10～14	15～19	≥20
λ_1	1.15	1.05	0.95
λ_2	0.90	0.85	

c. 当用于评定的样本容量小于 10 组时，应采用非统计方法评定混凝土强度，验收批强度必须同时符合下列规定：

$$m_{f_{cu}} \geq \lambda_3 \cdot f_{cu,k} \tag{3-16}$$

$$f_{cu,min} \geq 0.95 f_{cu,k} \tag{3-17}$$

式中，混凝土强度等级小于 C60 时，λ_3 取 1.15，混凝土强度等级大于 C60 时，λ_3 取 1.10。

d. 当对混凝土的试件强度代表性有怀疑时，可采用从结构、构件中钻取芯样或其他非破损检验方法，对结构、构件中的混凝土强度进行推定，作为是否应进行处理的依据。

② 混凝土质量水平的评定

混凝土的生产质量水平，可根据统计周期内混凝土强度标准差（σ 或 $S_{f_{cu}}$）和试件强度不低于要求强度等级的百分率 P（P = 统计周期内试件强度不低于要求强度等级的组数/统计周期内相同强度等级的混凝土试件组数），按表 3-10 中的规定进行评定。

混凝土生产质量水平　　　　表 3-10

生产质量水平		优良		一般		差	
评定指标	强度等级生产单位	<C20	≥C20	<C20	≥C20	<C20	≥C20
混凝土强度标准差 σ(MPa)	预拌混凝土和预制混凝土构件厂	≤3.0	≤3.5	≤4.0	≤5.0	>4.0	>5.0
	集中搅拌混凝土的施工现场	≤3.5	≤4.0	≤4.5	≤5.5	>4.5	>5.5
强度大于或等于要求强度等级的百分率 P(%)	预拌混凝土厂、预制构件厂及集中搅拌的施工现场	≥95		<85		≤85	

2. 混凝土的变形性能

混凝土在凝结硬化过程和凝结硬化后，均将产生一定量的体积变形。混凝土的变形主要包括化学收缩、自收缩、干湿变形、温度变形及荷载作用下的变形。

(1) 化学收缩

由于水泥水化产物的体积小于反应前水泥和水的总体积，从而使混凝土出现体积收缩。这种由水泥水化和凝结硬化而产生的自身体积减缩，称为化学收缩。其收缩值随混凝土龄期的增加而增大,大致与时间的对数成正比,即早期收缩大,后期收缩小。收缩量与水泥用量、水泥品种有关。水泥用量越大,化学收缩值越大。这一点在富水泥浆混凝土和高强混凝土中尤应引起重视。化学收缩是不可逆变形。

(2)干湿变形

因混凝土内部水分蒸发引起的体积变形,称为干燥收缩。混凝土吸湿或吸水引起的膨胀,称为湿胀。在混凝土凝结硬化初期,如空气过于干燥或风速大、蒸发快,可导致混凝土塑性收缩裂缝。在混凝土凝结硬化以后,当收缩值过大,收缩应力超过混凝土极限抗拉强度时,可导致混凝土干缩裂缝。因此,混凝土的干燥收缩在实际工程中必须十分重视。

(3)自收缩

随着低水胶比高强高性能混凝土的应用,混凝土的自收缩问题越来越被关注。自收缩和干缩产生的机理在实质上可以认为是一致的,常温条件下主要由毛细孔失水,形成水凹液而产生收缩应力;所不同的只是自收缩是因水泥水化导致混凝土内部缺水,外部水分未能及时补充而产生,这在低水胶比高强高性能混凝土中是极其普遍的。干缩则是混凝土内部水分向外部挥发而产生。研究结果表明,当混凝土的水胶比低于 0.3 时,自收缩率高达 $200 \times 10^{-6} \sim 400 \times 10^{-6}$。此外,胶凝材料的用量增加及硅灰、磨细矿粉的使用,均将增加混凝土的自收缩值。

影响混凝土收缩值的因素主要有:

①水泥用量。砂石集料的收缩值很小,故混凝土的干缩主要来自水泥浆的收缩,水泥浆的收缩值可达 $2\,000 \times 10^{-6} \mathrm{m/m}$ 以上。在水胶比一定时,水泥用量越大,混凝土干缩值也越大。故在配制高强混凝土时,尤其要控制水泥用量。相反,若集料含量越高,水泥用量越少,则混凝土干缩越小。对普通混凝土而言,相应的干缩比约为混凝土:砂浆:水泥浆 = 1:2:4。混凝土的极限收缩值为 $(500 \sim 900) \times 10^{-6} \mathrm{m/m}$。

②水胶比。在水泥用量一定时,水胶比越大,意味着多余水分越多,蒸发收缩值也越大。因此要严格控制水胶比,尽量降低水胶比。

③水泥品种和强度。一般情况下,矿渣水泥比普通水泥收缩大;高强度水泥比低强度水泥收缩大。故对干燥环境施工和使用的混凝土结构,要尽量避免使用矿渣水泥。

④环境条件。气温越高、环境湿度越小或风速越大,混凝土的干燥速度越快,在混凝土凝结硬化初期特别容易引起干缩开裂,故必须加强早期浇水养护。空气相对湿度越低,最终的极限收缩也越大。

干燥混凝土吸湿或吸水后,其干缩变形可得到部分恢复,这种变形称为混凝土的湿胀。对于已干燥的混凝土,即使长期泡在水中,仍有部分干缩变形不能完全恢复,残余收缩为总收缩的 30% ~50%。这是因为干燥过程中混凝土的结构和强度均发生变化。但若混凝土一直在水中硬化时,体积不变,甚至略有膨胀,这是由于凝胶体吸水产生的溶胀作用,与化学收缩并不矛盾。

(4)温度变形

混凝土的温度膨胀系数大约为 $10 \times 10^{-6} \mathrm{m/(m \cdot ℃)}$,即温度每升高或降低 1℃,长 1m 的混凝土将产生 0.01mm 的膨胀或收缩变形。混凝土的温度变形对大体积混凝土、纵长结构混凝土及大面积混凝土工程等极为不利,极易产生温度裂缝。如纵长 100m 的混凝土,温度升高或降低 30℃(冬夏季温差),则将产生 30mm 的膨胀或收缩,在完全约束条件下,混凝土内部将产生 7.5MPa 左右拉应力,足以导致混凝土开裂。故纵长结构或大面积混凝土均要设置伸缩缝、配制温度钢筋或掺入膨胀剂,防止混凝土开裂。

（5）荷载作用下的变形

①短期荷载作用下的变形：混凝土在外力作下的变形包括弹性变形和塑性变形两部分。塑性变形主要由水泥凝胶体的塑性流动和各组成间的滑移产生，所以混凝土是一种弹塑性材料，在短期荷载作用下，其应力-应变关系为一条曲线，如图3-11所示。

②混凝土的静力弹性模量：弹性模量为应力与应变之比值。对纯弹性材料来说，弹性模量是一个定值，而对混凝土这一弹塑性材料来说，不同应力水平的应力与应变之比为变数。应力水平越高，塑性变形比例越大，故测得的比值越小。因此，我国《普通混凝土力学性能试验方法标准》（GB/T 50081—2002）规定，混凝土的弹性模量是以棱柱体（150mm × 150mm × 300mm）试件抗压强度的1/3作为控制值，在此应力水平下重复加荷—卸荷至少2次以上，以基本消除塑性变形后测得的应力-应变之比，是一个条件弹性模量，在数值上近似等于初始切线的斜率，具体表达式为

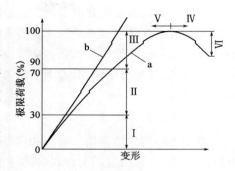

图3-11 混凝土在荷载作用下的应力-应变关系
Ⅰ-界面裂缝无明显变化；Ⅱ-界面裂缝增长；Ⅲ-出现砂浆裂缝和连续裂缝；Ⅳ-连续裂缝迅速发展；Ⅴ-裂缝缓慢发展；Ⅵ-裂缝迅速发展；a-混凝土在压应力作用下的应力-应变关系；b-混凝土在低应力重复荷载下的应力-应变关系

$$E_s = \frac{\sigma}{\varepsilon} \tag{3-18}$$

式中：E_s——混凝土静力抗压弹性模量，MPa；

σ——混凝土的应力取1/3的棱柱轴心抗压强度，MPa；

ε——混凝土应力为σ时的弹性应变，m/m，无量纲。

影响弹性模量的因素主要有：a.混凝土强度越高，弹性模量越大；C10～C60混凝土的弹性模量为$1.75～3.60 \times 10^4$MPa；b.集料含量越高，集料自身的弹性模量越大，则混凝土弹性模量越大；c.混凝土水胶比越小，混凝土越密实，弹性模量越大；d.混凝土养护龄期越长，弹性模量也越大；e.早期养护温度较低时，弹性模量较大，即蒸汽养护混凝土的弹性模量较小；f.掺入引气剂将使混凝土弹性模量下降。

③长期荷载作用下的变形——徐变。混凝土在一定的应力水平（如50%～70%的极限强度）下，保持荷载不变，随着时间的延续而增加的变形称为徐变。徐变产生的原因主要是凝胶体的黏性流动和滑移。加荷早期的徐变增加较快，后期减缓，如图3-12所示。混凝土在卸荷后，一部分变形瞬间恢复，这一变形小于最初加荷时产生的弹塑性变形。在卸荷后一定时间内，变形还会缓慢恢复一部分，称为徐变恢复。最后残留部分的变形称为残余变形。混凝土的徐变一般可达$300 \times 10^{-6}～1\,500 \times 10^{-6}$m/m。

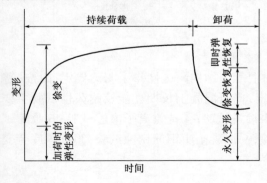

图3-12 混凝土的应变与荷载作用的时间关系

混凝土的徐变在不同结构物中有不同的作用。对普通钢筋混凝土构件，能消除混凝土内部温度应力和收缩应力，减弱混凝土的开裂现象。对预应力混凝土结构，混凝土的徐变使预应力损失大大增加，这是极其不利的。因此预应力结构

一般要求较高的混凝土强度等级,以减小徐变及预应力损失。

影响混凝土徐变变形的因素主要有:a.水泥用量越大(水胶比一定时),徐变越大;b.W/C越小,徐变越小;c.龄期长、结构致密、强度高,则徐变小;d.集料用量多,弹性模量高,级配好,最大粒径大,则徐变小;e.应力水平越高,徐变越大。此外还与试验时的应力种类、试件尺寸、温度等有关。

3. 混凝土的耐久性

混凝土的耐久性是指在外部和内部不利因素的长期作用下,保持其原有设计性能和使用功能的性质;也是指混凝土在规定使用年限内,在环境及荷载综合作用下,不需要额外的费用加固处理而保持其安全性、正常使用性和可接受外观的能力;是混凝土结构经久耐用的重要指标。外部因素指的是酸、碱、盐的腐蚀作用,冰冻破坏作用,水压渗透作用,碳化作用,干湿循环引起的风化作用,荷载应力作用和振动冲击作用等。内部因素主要是指碱集料反应和自身体积变化。通常用混凝土的抗渗性、抗冻性、抗碳化性能、抗腐蚀性能和碱集料反应综合评价混凝土的耐久性。混凝土性能劣化类型可按图3-13划分。

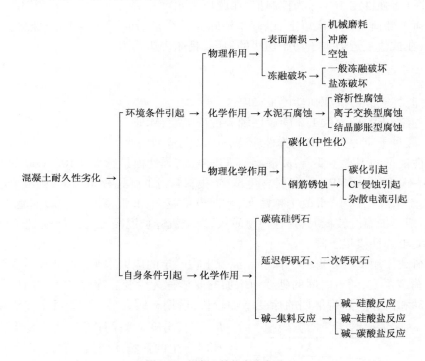

图3-13 混凝土性能劣化类型

《混凝土结构设计规范》(GB 50010—2002)对混凝土结构耐久性作了明确界定;而按《普通混凝土长期性能和耐久性能试验方法标准》规定,普通混凝土长期性能及耐久性试验主要内容包括:①抗冻试验;②动弹性模量试验;③抗水渗透试验;④抗氯离子渗透试验;⑤收缩试验;⑥早期抗裂试验;⑦受压徐变试验;⑧碳化试验;⑨混凝土中钢筋锈蚀试验;⑩抗压疲劳变形试验;⑪抗硫酸盐侵蚀试验;⑫碱-集料反应试验。

(1)混凝土的抗渗性

混凝土的抗渗性是指抵抗压力液体(水、油、溶液等)渗透作用的能力。抗渗性是决定混凝土耐久性最主要的技术指标。因为混凝土抗渗性好,即混凝土密实性高,外界腐蚀介质不易侵入混凝土内部,从而抗腐蚀性能就好。同样,水不易进入混凝土内部,冰冻破坏作用和风化作用就小。因此混凝土的抗渗性可以认为是混凝土耐久性指标的综合体现。对于一般混凝土结构,特别是地下建筑、水池、水塔、水管、水坝、排污管渠、油罐以及港工、海工混凝土结构,更应保证混凝土具有足够的抗渗性能。

混凝土的抗渗性能用抗渗等级表示。抗渗等级是根据《普通混凝土长期性能和耐久性能试验方法》(GB 50082—2009)的规定,通过试验确定。根据《混凝土质量控制标准》(GB 50164—2011)的规定,混凝土抗渗性能分为 P4、P6、P8、P10、P12 和大于 P12 共 6 个等级,分别表示混凝土能抵抗 0.4MPa、0.6MPa、0.8MPa、1.0MPa、1.2MPa 和大于 1.2MPa 的水压力而不渗漏。

除水泥品种、掺和料种类等原材料因素外,影响混凝土抗渗性的主要因素还有:

①水胶比和水泥用量:水胶比和水泥用量是影响混凝土抗渗透性能的最主要指标。水胶比越大,多余水分蒸发后留下毛细孔道就多,即孔隙率大,又多为连通孔隙,故混凝土抗渗性能越差。特别是当水胶比大于 0.6 时,抗渗性能急剧下降。因此,为了保证混凝土的耐久性,必须对水胶比加以限制。如对某些工程可从强度计算角度出发,选用较大水胶比,但为了保证耐久性又必须选用较小水胶比,此时只能提高强度,以服从耐久性要求。为保证混凝土耐久性,水泥用量,在某种程度上可由水胶比表示。因为混凝土达到一定流动性的用水量基本一定,水泥用量少,即水胶比大。我国《普通混凝土配合比设计规程》(JGJ 55—2011)、《公路水泥混凝土路面施工技术细则》(JTG/T F30—2014)对混凝土工程最大水胶比和最小胶凝材料用量的限制条件见表 3-11 及表 3-12。

混凝土最大水胶比和最小水泥用量(JGJ 55—2011)　　　　表 3-11

环境条件		结构物类别	最大水胶比	最低强度等级	最大氯离子含量(%)	最小胶凝材料用量(kg/m³)		
						素混凝土	钢筋混凝土	预应力钢筋混凝土
1. 干燥环境		正常居住或办公用房屋内部件	0.60	C20	0.30	250	280	300
2. 潮湿环境	无冻害	高湿度的室内部件;室外部件;在非侵蚀性土和(或)水中的部件	0.55	C25	0.20	280	300	300
	有冻害	水位频繁变动区的部件;受冻害的室外构件;在非侵蚀性土和(或)水中且经受冻害的部件;高湿度且受冻的室内部件	0.50 (0.55)	C30 (C25)	0.15	320		
3. 有冻害和除冰剂的潮湿环境		冬季水位变动区构件;受冻害和除冰剂作用的室内和室外部件	0.45 (0.50)	C35 (C30)	0.15	330		
4. 盐渍土环境;受除冰盐作用环境;海岸环境			0.40	C40	0.10	350		

注:1. 氯离子含量是指其占胶凝材料总量的百分比。
　　2. 预应力构件混凝土中的最大氯离子含量为 0.05%;最低混凝土强度等级按表中的规定提高两个等级。
　　3. 有可靠工程经验或用引气剂时,可采用括号内的有关参数。

混凝土最大水灰(胶)比和最小水泥用量(JTG/T F30—2014)　　表 3-12

公路技术等级		高速公路、一级公路	二级公路	三、四级公路
最大水灰(胶)比		0.44	0.46	0.48
有抗冰冻要求时最大水(胶)比		0.42	0.44	0.46
有抗盐冻要求时最大水(胶)比		0.40	0.42	0.44
最小单位水泥用量(kg/m³)	52.5	300	300	290
	42.5	310	310	300
	32.5	—	—	315
有抗冰(盐)冻时最小单位水泥用量(kg/m³)	52.5	310	310	300
	42.5	320	320	315
	32.5	—	—	325
掺粉煤灰时最小单位水泥用量(kg/m³)	52.5	250	250	245
	42.5	260	260	255
	32.5	—	—	265
有抗冰(盐)冻要求时掺粉煤灰最小单位水泥用量(kg/m³)	52.5	265	260	255
	42.5	280	270	265

注:1. 掺粉煤灰并有抗冰(盐)冻要求时,面层不得使用 32.5 级水泥。
　　2. 处在除冰盐、海风、酸雨或硫酸盐等腐蚀性环境中,或在大纵坡等加减速车道上,最大水灰(胶)比宜比表中数值降低 0.01~0.02。

②集料含泥量和级配。集料含泥量高,则总表面积增大,混凝土达到同样流动性所需用水量增加,毛细孔道增多;另一方面,含泥量大的集料界面黏结强度低,也将降低混凝土的抗渗性能。若集料级配差,则集料空隙率大,填满空隙所需求泥浆增大,同样导致毛细孔增加,影响抗渗性能。如水泥浆不能完全填满集料空隙,则抗渗性能更差。

③施工质量和养护条件。搅拌均匀、振捣密实是混凝土抗渗性能的重要保证。适当的养护温度和浇水养护是保证混凝土抗渗性能的基本措施。如果振捣不密实,留下蜂窝、空洞,抗渗性就严重下降;如果温度过低产生冻害,或温度过高产生温度裂缝,抗渗性能严重降低;如果浇水养护不足,混凝土产生干缩裂缝,也严重降低混凝土抗渗性能。因此,要保证混凝土良好的抗渗性能,施工养护是一个极其重要的环节。

提高混凝土抗渗性的措施,除了对上述相关因素加以严格控制和合理选择外,还可通过掺入引气剂或引气减水剂来提高抗渗性。其主要作用机理是引入微细闭气孔、阻断连通的毛细孔道,同时降低用水量或水胶比。对长期处于潮湿和严寒环境中的混凝土含气量应分别不小于 4.5%($D_{max}=40mm$)、5.5%($D_{max}=25mm$)、5.0%($D_{max}=20mm$)。

(2)混凝土的抗冻性

混凝土的抗冻性是指混凝土在吸水饱和状态下,能够经受多次冻融循环而不破坏,同时也不严重降低强度的性能。

混凝土冻融破坏的机理,主要是内部毛细孔中的水结冰时产生 9% 左右的体积膨胀,在混凝土内部产生膨胀应力,当这种膨胀应力超过混凝土局部的抗拉强度时,就可能产生微细裂缝,在反复冻融作用下,混凝土内部的微细裂缝逐渐增多和扩大,最终导致混凝土强度下降,或混凝土表面(特别是棱角处)产生酥松剥落,直到完全破坏。

混凝土抗冻性用抗冻等级表示。抗冻等级的测定根据《普通混凝土长期性能和耐久性能试验方法》(GB/T 50082—2009)的规定进行。根据《混凝土质量控制标准》(GB 50164—2011)的规定,混凝土的抗冻等级(快冻法)分为F50、F100、F150、F200、F250、F300、F350、F400和大于F400共9个等级;混凝土的抗冻等级(慢冻法)分为D50、D100、D150、D200和大于D200共5个等级。其中的数字表示混凝土能经受的最大冻融循环次数。如F200,即表示该混凝土能承受200次冻融循环,且强度损失小于25%,质量损失小于5%。

除原材料因素外,影响混凝土抗冻性的主要因素还有:①水胶比或孔隙率。水胶比大,则孔隙率大,导致吸水率增大,冰冻破坏严重,抗冻性差。②孔隙特征。连通毛细孔易吸水饱和,冻害严重;若为封闭孔,则不易吸水,冻害就小。故加入引气剂能提高抗冻性。若为粗大孔洞,则混凝土一离开水面水就流失,冻害就小。故无砂大孔混凝土的抗冻性较好。③吸水饱和程度。若混凝土的孔隙非完全吸水饱和,冰冻过程产生的压力促使水分向孔隙处迁移,从而降低冰冻膨胀应力,对混凝土破坏作用就小。④混凝土的自身强度。在相同的冰冻破坏应力作用下,混凝土强度越高,冻害程度也就越低。此外还与降温速度和冰冻温度有关。

提高混凝土抗冻性的关键是提高混凝土的密实性,即降低水胶比;加强施工养护,提高混凝土的强度和密实性;同时,也可掺入引气剂等改善孔结构。

(3)混凝土的抗碳化性能

①混凝土碳化机理。混凝土碳化是指混凝土内水化产物$Ca(OH)_2$与空气中的CO_2在一定湿度条件下发生化学反应,产生$CaCO_3$和水的过程。具体反应式如下:

$$Ca(OH)_2 + CO_2 + H_2O = CaCO_3 + 2H_2O \tag{3-19}$$

碳化使混凝土的碱度下降,故也称混凝土中性化。碳化过程是由表及里逐步向混凝土内部发展的,碳化深度大致与碳化时间的平方根成正比,可用下式表示:

$$L = K\sqrt{t} \tag{3-20}$$

式中:L——碳化深度,mm;

t——碳化时间,d;

K——碳化速度系数。

碳化速度系数与混凝土的原材料、孔隙率和孔隙构造、CO_2浓度、温度、湿度等条件有关。在外部条件(CO_2浓度、温度、湿度)一定的情况下,它反映混凝土抗碳化能力强弱。K值越大,混凝土碳化速度越快,抗碳化能力越差。

②碳化对混凝土性能的影响。碳化作用对混凝土的负面影响主要有两方面,一是碳化作用使混凝土的收缩增大,导致混凝土表面产生拉应力,从而降低混凝土的抗拉强度和抗折强度,严重时直接导致混凝土开裂。由于开裂降低了混凝土的抗渗性能,使得CO_2和其他腐蚀介更易进入混凝土内部,加速碳化作用,降低耐久性。二是碳化作用使混凝土的碱度降低,推动混凝土强碱环境对钢筋的保护作用,导致钢筋锈蚀膨胀,严重时,使混凝土保护层沿钢筋纵向开裂,直到剥落,进一步加速成碳化和腐蚀,严重影响钢筋混凝土结构的力学性能和耐久性能。

碳化作用生成的$CaCO_3$能填充混凝土中的孔隙,使密实度提高;另一方面,碳化作用释放的水分有利于促进未水化水泥颗粒的进一步水化。因此,碳化作用能适当提高混凝土的抗压强度,但对混凝土结构工程而言,碳化作用造成的危害远远大于抗压强度的提高。

③影响混凝土碳化速度的主要因素

a. 混凝土的水胶比:水胶比主要影响混凝土孔隙率和密实度,因此水胶比大,混凝土的碳化速度就快。水胶比是影响混凝土碳化速度的最主要因素。

b. 水泥品种和用量:普通水泥水化产物中 $Ca(OH)_2$ 含量高,碳化同样深度所消耗的 CO_2 量多,相当于碳化速度减慢。而矿渣水泥、火山灰水泥、粉煤灰水泥、复合水泥以及高掺量掺和料配制的混凝土,$Ca(OH)_2$ 含量低,故碳化速度相对较快。水泥用量大,碳化速度慢。

c. 施工养护:搅拌均匀、振捣成型密实、养护良好的混凝土碳化速度较慢。蒸汽养护的混凝土碳化速度相对较快。

d. 环境条件:空气中 CO_2 的浓度大,碳化速度加快。当空气相对湿度为50%～75%时,碳化速度最快;当相对湿度小于20%时,由于缺少水环境,碳化终止;当相对湿度达100%,或水中混凝土由于 CO_2 不易进入混凝土孔隙内,碳化也将停止。

④提高混凝土抗碳化性能的措施。从上述影响混凝土碳化速度的因素分析可知,提高混凝土抗碳化性能的关键是提高混凝土的密实性,降低孔隙率,阻止 CO_2 向混凝土内部渗透。绝对密实的混凝土碳化作用也就自然停止。因此提高混凝土碳化性能的主要措施为:尽可能降低混凝土的水胶比,提高密实度;加强施工养护,保证混凝土均匀密实,水泥水化充分;根据环境条件合理选择水泥品种;用减水剂、引气剂等外加剂降低水胶比或引入封密气孔改善孔结构;必要时,还可以采用表面涂刷石灰水等加以保护。

(4)混凝土的碱-集料反应

碱-集料反应是指混凝土中的碱与具有碱活性的集料发生膨胀性反应。根据集料中活性成分的不同,碱-集料反应可分为3类:碱-硅酸盐反应(Alkali-Silicate Reaction)、碱-碳酸盐反应(Alkali-Carbonate Reaction)、碱-硅酸盐反应(Alkali-Silica Reaction)。碱-硅酸盐反应是指碱与某些层状硅酸盐集料反应,使层状硅酸盐层间距离增大,集料发生膨胀,造成混凝土膨胀、开裂;碱-碳酸盐反应是指黏土质或白云石质石灰石与碱发生的反应;碱-硅酸反应是指集料中的活性二氧化硅与碱发生的膨胀反应。

碱-集料反应必须具备3个条件:混凝土中有一定数量的碱,集料具有碱活性,有一定的湿度。3个条件同时存在即可产生破坏性膨胀。碱集料反应引起的破坏,一般要经过若干年后才会发现,而一旦发生则很难阻止、补救和修复,因此也称为"碱癌"。对水泥中碱含量大于0.6%、集料中含活性 SiO_2 且在潮湿环境或水中使用的混凝土工程,必须加以重视。大型水工结构、桥梁结构、高等级公路、飞机场跑道一般均要求对集料进行碱活性试验或对水泥的碱含量加以限制。

影响碱-集料反应的因素主要有混凝土中的碱含量、集料的碱活性成分含量、集料颗粒大小、温度、湿度、受限力等。集料碱活性的检测可采用岩相法、化学法、砂浆长度法、混凝土棱柱体法、压蒸法等。

(5)硫酸盐及碳硫硅钙石侵蚀

硫酸盐侵蚀主要是环境水中的硫酸根离子与水泥水化产物间发生的破坏性反应,其机理与预防详见本书第二章第二节。

碳硫硅钙石(Thaumasite form of Sulfate Attack)侵蚀。碳硫硅钙石是除钙矾石、石膏等侵蚀外的又一种硫酸盐侵蚀性物质。近十几年来各国相继报道了混凝土碳硫硅钙石破坏的工程实例。该类型硫酸盐能直接将混凝土材料中水化硅酸钙(C-S-H)凝胶体分解,使水泥石完全变成一种没有强度的烂泥,因而对混凝土材料产生很强的侵蚀破坏。根据目前的研究成果,产生碳硫硅钙石侵蚀的条件主要有:存在硫酸根离子、碳酸根离子、Si^{4+}、水和较低的温度。

(6) 钢筋锈蚀及氯离子渗透

①钢筋锈蚀。钢筋锈蚀是一个电化学过程。混凝土中的钢筋表面存在一层致密的钝化膜,因此,在正常情况下钢筋不会锈蚀;但钝化膜一旦遭到破坏,在有足够的水和氧的条件下就会产生电化学腐蚀。由于钢筋的锈蚀,一方面使钢筋有效截面积减小;另一方面,锈蚀产物体积膨胀使混凝土保护层胀裂甚至脱落,钢筋与混凝土黏结作用下降,破坏它们共同工作的基础,从而严重影响混凝土结构物的安全和正常使用性能。钢筋锈蚀在路、桥、房、港、水利工程等混凝土结构中大量存在,是混凝土结构耐久性破坏的主要原因之一。

钢筋锈蚀速度可用阳极电流密度、失重速度或截面损失来表示。钢筋锈蚀程度一般以反映整体锈蚀状态的钢筋失重率,或反映局部锈蚀状态的截面损失率表示。混凝土中钢筋锈蚀的非破损检测方法包括物理法和电化学法两大类:物理法主要是通过测定钢筋锈蚀引起的电阻、电磁、热传导、声波传播等物理特性的变化来反映钢筋的锈蚀情况;电化学法是通过测定钢筋混凝土腐蚀体系的电化学特征,来确定混凝土中钢筋锈蚀程度和速度。

通常采用的钢筋锈蚀试验主要用于测定在给定条件下混凝土中钢筋的锈蚀程度,以对比不同混凝土对钢筋的保护作用,但不适用于在侵蚀性介质中使用的混凝土内钢筋锈蚀试验。试验采用 100mm × 100mm × 300mm 的棱柱体试件,试件中定位埋置直径为 6mm、普通低碳钢热扎盘条调直制成的钢筋。试件成型后标准养护 28d,再在二氧化碳浓度 20% ±3%、温度 (20 ±5)℃、相对湿度 70% ±5% 条件下碳化 28d,碳化处理后再在标准养护室潮湿养护 56d。破型,测混凝土碳化深度及钢筋锈蚀失重率,以此评价钢筋锈蚀程度及混凝土的护筋作用。

影响钢筋锈蚀的主要因素包括 pH 值、温度、Cl^- 浓度、水胶比、养护龄期、保护层厚度、水泥品种与掺和料等。

②氯离子渗透。混凝土中的氯离子来源于混凝土的内、外部。内部是拌制混凝土时随原材料而加入的;外部是环境中的氯离子通过混凝土孔溶液逐步向内渗透的。氯离子对混凝土耐久性的影响表现在两方面:一方面是氯离子侵蚀导致混凝土破坏;另一方面是氯离子渗入导致钢筋锈蚀。

氯离子对混凝土的破坏作用主要表现在 3 个方面:盐酸侵蚀导致氢氧化钙溶解,并使钙离子从水泥浆体中析出;形成膨胀化合物;渗透压作用。氯盐的侵蚀作用强度取决于氯盐溶液浓度以及与氯离子结合的阳离子种类。氯盐的侵蚀过程需要氯离子侵入到混凝土结构中,并需要从析出的水泥水化相中有反向离子的移动。氯离子对钢筋锈蚀的影响表现在钢筋周围的游离氯离子,其浓度越大,对钝化膜的破坏作用越大,钢筋锈蚀速度越快。

氯盐对混凝土的侵蚀作用可用氯离子扩散速率表示,用稳定态扩散和非稳定态扩散测定。混凝土的孔结构和渗透性是影响扩散的重要因素,混凝土抗氯离子侵蚀能力与水胶比、胶凝材料组成等有关。

(7) 耐磨性

混凝土的耐磨性是指其抵抗表面磨损的能力。混凝土的表面磨损表现在 3 个方面:一是机械磨耗,如路面、机场跑道、厂房地坪等受到的反复摩擦和冲击等;二是冲磨,如水工泄水结构物、桥墩等受水流及其夹带的泥砂与杂物的磨蚀作用;三是空蚀,水工结构物、桥墩等受水流速度和方向改变形成的空穴冲击作用造成的磨蚀。

美国标准 ASTM C779 推荐用 3 种试验方法评价混凝土耐磨性,即钢球法、转盘法和摩轮法。我国国家标准《混凝土及其制品耐磨性试验方法》(GB/T 16925—1997)规定采用滚珠轴承法,以滚珠轴承为磨头,在额定负荷下滚动时摩擦湿试件表面,在受磨面上形成球形磨槽,通过测量磨槽深度和磨头转数计算耐磨度,即耐磨度 = $\sqrt{磨头转数/磨槽深度}$。

《公路工程水泥及水泥混凝土试验规程》(JTG E30—2005)规定路面混凝土耐磨性可用在规定试验条件下单位面积的磨耗量表示。以 150mm×150mm×150mm 立方体试件经标准养护至 27d 龄期,在 60℃温度下烘干至恒重,在带花轮磨头的混凝土磨耗试验机上,在 200N 负荷下磨削 50 转,测试试件单位面积的磨耗量。

国内用于评价混凝土抗冲磨性的试验方法还有喷砂枪冲磨试验法、气流喷砂法等。

影响混凝土耐磨性的因素主要有混凝土强度、粗集料品种和性能、细集料品种与砂率、水泥与掺和料、养护方法与质量等。

(8)提高混凝土耐久性的措施

虽然混凝土工程因所处环境和使用条件不同,要求有不同的耐久性,但就影响混凝土耐久性的因素而言,混凝土密实度是最关键的因素,因此,提高混凝土的耐久性可以从以下几方面着手:

①控制混凝土最大水胶比和最小水泥用量;
②合理选择水泥品种;
③选用良好的集料质量和级配;
④加强施工质量控制;
⑤采用适宜的外加剂;
⑥掺入粉煤灰、矿粉、硅灰或沸石粉等活性掺和料。

第四节 普通混凝土配合比设计

一、混凝土配合比设计基本要求

混凝土配合比是指每立方米混凝土中各组成材料的用量,或各组成材料的质量比。配合比设计的目的是为满足以下四项基本要求:

(1)满足施工要求的和易性。
(2)满足设计的强度等级,并具有 95% 的保证率。
(3)满足工程所处环境对混凝土的耐久性要求。
(4)经济合理,最大限度节约水泥,降低混凝土成本。

二、混凝土配合比设计中的三个基本参数

为了达到混凝土配合设计的四项基本要求,关键是要控制好水胶比(W/B)、单位用水量(m_{w0})和砂率(β_s)三个基本参数,这三个基本参数的确定原则如下:

(1)水胶比

水胶比根据设计要求的混凝土强度和耐久性确定。确定原则为:在满足混凝土设计强度

和耐久性的前提下,选用较大水胶比,以节约水泥,降低混凝土成本。

(2)单位用水量

单位用水量主要根据坍落度要求和粗集料品种、最大粒径确定。确定原则为:在满足施工和易性的基础上,尽量选用较小的单位用水量,以节约水泥。因为当水胶比一定时,用水量越大,所需水泥用量也越大。

(3)砂率

合理砂率的确定原则为:砂子的用量应以填满石子的空隙略有富余为准。砂率对混凝土和易性、强度和耐久性影响很大,也直接影响水泥用量,故应尽可能选用最优砂率,并根据砂子细度模数、坍落度要求等加以调整,有条件时宜通过试验确定。

三、混凝土配合比设计方法和原理

混凝土配合比设计的基本方法有两种:一是体积法(又称绝对体积法);二是质量法(又称假定表观密度法)。设计方法的基本原理如下:

(1)体积法基本原理

体积法的基本原理为混凝土的总体积等于砂子、石子、水、水泥、矿物掺和料体积及混凝土中所含的少量空气体积的总和。若以 V_h、V_c、V_f、V_w、V_s、V_g、V_k 分别表示混凝土、水泥、矿物掺和料、水、砂、石子、空气的体积,则有:

$$V_h = V_w + V_c + V_f + V_s + V_g + V_k \tag{3-21}$$

若以 m_{c0}、m_{f0}、m_{w0}、m_{s0}、m_{g0} 分别表示每立方米混凝土中水泥、矿物掺和料、水、砂、石子的用量(kg),以 ρ_w、ρ_c、ρ_f、ρ_s、ρ_g 分别表示水、水泥、矿物掺和料的密度和砂、石子的表观密度(g/cm³),10α 表示混凝土中空气体积,则上式可改为:

$$\frac{m_{c0}}{\rho_c} + \frac{m_{f0}}{\rho_f} + \frac{m_{g0}}{\rho_g} + \frac{m_{s0}}{\rho_s} + \frac{m_{w0}}{\rho_w} + 0.01\alpha = 1 \tag{3-22}$$

式中:α——混凝土含气量百分率,%,在不使用引气型外加剂时,可取 $\alpha = 1$。

(2)质量法基本原理

质量法基本原理为混凝土的总质量等于各组成材料质量之和。当混凝土所用原材料和三项基本参数确定后,混凝土的表观密度(即每立方米混凝土的质量)接近某一定值。若能预先假定混凝土表观密度,则有:

$$m_{c0} + m_{f0} + m_{g0} + m_{s0} + m_{w0} = m_{cp} \tag{3-23}$$

式中:m_{cp}——每立方米混凝土拌和物的假定质量,kg,即混凝土的表观密度,可取 2 350 ~ 2 450kg/m³。

混凝土配合比设计中砂、石料用量指的是干燥状态下的质量。

四、混凝土配合比设计步骤

混凝土配合比设计步骤为:首先根据原始技术资料计算"初步计算配合比";然后经试配调整获得满足和易性要求的"基准配合比";再经强度和耐久性检验确定出满足设计要求、施工要求和经济合理的"试验室配合比";最后根据施工现场砂、石料的含水率换算成"施工配合比"。

1.初步计算配合比计算步骤

(1)计算混凝土配制强度($f_{cu,0}$)。

①当混凝土的设计强度等级小于 C60 时,配制强度按下式计算。

$$f_{cu,0} = f_{cu,k} + 1.645\sigma \tag{3-24}$$

式中:$f_{cu,0}$——混凝土配制强度,MPa;
$\quad f_{cu,k}$——混凝土立方体抗压强度标准值,MPa;
$\quad \sigma$——混凝土强度标准差,MPa。

②当设计强度等级不小于 C60 时,配制强度不小于 $1.15f_{cu,k}$。

当具有近 1~3 个月的同一品种、同一强度等级混凝土的强度资料,且试件不少于 30 组时,混凝土标准差 σ 按下式计算。

$$\sigma = \sqrt{\frac{\sum_{i=1}^{n} f_{cu,i}^2 - n m_{f_{cu}}^2}{n-1}}$$

式中:$f_{cu,i}$——前一检验期内同一品种、同一强度等级的第 i 组混凝土试件的立方体抗压强度代表值,检验期不应少于 60d,也不得大于 90d;
$\quad n$——前一检验期内的样本容量,在该期间内样本容量不应少于 45;
$\quad m_{f_{cu}}$——n 组试件的强度平均值,MPa。

对于强度等级不大于 C30 的混凝土,当标准差计算值不小于 3.0MPa 时,按计算结果取值;当计算值小于 3.0MPa 时,应取 3.0MPa。对于强度等级大于 C30 且小于 C60 的混凝土,当标准差计算值不小于 4.0MPa 时,按计算结果取值;当计算值小于 4.0MPa 时,应取 4.0MPa。当无统计资料和经验时,可参考表 3-13 取值。

标准差的取值 表 3-13

混凝土设计强度等级	≤C20	C25~C45	C50~C55
σ(MPa)	4.0	5.0	6.0

(2)根据配制强度和耐久性要求计算水胶比(W/B)。

①根据强度要求计算水胶比。

由式:

$$f_{cu,0} = \alpha_a f_b \left(\frac{B}{W} - \alpha_b \right)$$

则有:

$$\frac{W}{B} = \frac{\alpha_a f_b}{f_{cu,0} + \alpha_a \alpha_b f_b}$$

式中:W/B——混凝土水胶比;
$\quad \alpha_a \ \alpha_b$——回归系数;
$\quad f_b$——胶凝材料 28d 胶砂抗压强度,MPa。

②根据耐久性要求查表 3-11 或表 3-12,得最大水胶比限值。

③比较强度要求的水胶比和耐久性要求的水胶比,取两者中最小值。

(3)根据施工要求的坍落度和集料品种、粒径,由表 3-6 选取混凝土单位用水量(m_{w0})。

掺外加剂时,流动性或大流动性混凝土单位用水量按下式计算。

$$m_{w0} = m'_{w0}(1-\beta) \tag{3-25}$$

式中:m_{w0}——计算配合比下混凝土单位用水量,kg/m³;

m'_{w0}——未掺外加剂时推定的满足实际坍落度要求的混凝土单位用水量,kg/m³;

β——外加剂的减水率,%。

(4)计算每立方米混凝土的各胶凝材料用量。

①计算胶凝材料用量(m_{b0})

$$m_{b0} = m_{w0} \times \frac{B}{W} \tag{3-26}$$

②查表3-11或表3-12,复核是否满足耐久性要求的最小胶凝材料用量,取两者中的较大值。

③每立方米混凝土的矿物掺和料用量 $m_{f0} = m_{b0}\beta_f$,β_f 为矿物掺和料掺量,参照相关规定确定。

④每立方米混凝土的水泥用量 $m_{c0} = m_{b0} - m_{f0}$。

(5)确定合理砂率(β_s)。

①可根据集料品种、粒径及 W/B 查表3-7选取。实际选用时可采用内插法,并根据附加说明进行修正。

②有条件时,可通过试验确定最优砂率。

(6)计算砂、石用量(m_{s0}、m_{g0}),并确定初步计算配合比。

①质量法:

$$\begin{cases} m_{c0} + m_{f0} + m_{g0} + m_{s0} + m_{w0} = m_{cp} \\ \beta_s = \dfrac{m_{s0}}{m_{s0} + m_{g0}} \end{cases} \tag{3-27}$$

②体积法:

$$\begin{cases} \dfrac{m_{c0}}{\rho_c} + \dfrac{m_{f0}}{\rho_f} + \dfrac{m_{g0}}{\rho_g} + \dfrac{m_{s0}}{\rho_s} + \dfrac{m_{w0}}{\rho_w} + 0.01\alpha = 1 \\ \beta_s = \dfrac{m_{s0}}{m_{s0} + m_{g0}} \end{cases} \tag{3-28}$$

③配合比的表达方式:

a. 根据上述方法求得的 m_{c0}、m_{f0}、m_{w0}、m_{s0}、m_{g0},直接以每立方米混凝土材料的用量(kg)表示。

b. 根据各材料用量间的比例关系表示,即:$m_{c0} : m_{s0} : m_{g0} : m_{f0} = 1 : X : Y : Z$,再加上 W/B 值。

2. 基准配合比和试验室配合比的确定

初步计算配合比是根据经验公式和经验图表估算而得,因此,不一定符合实际情况,必经过试拌验证。当不符合设计要求时,需通过调整,使和易性满足施工要求,使 W/B 满足强度和耐久性要求。

(1)和易性调整——确定基准配合比。根据初步计算配合比配成混凝土拌和物,先测定混凝土坍落度,同时观察黏聚性和保水性。如不符合要求,按下列原则进行调整:

①当坍落度小于设计要求时,可在保持水胶比不变的情况下,增加用水量和相应的水泥用量(水泥浆)。

②当坍落度大于设计要求时,可在保持砂率不变的情况下,增加砂、石用量(相当于减少水泥浆用量)。

③当黏聚性和保水性不良时(通常是砂率不足),可适当增加砂量,即增大砂率。
④当拌和物显得砂浆量过多时,可单独加入适量石子,即降低砂率。

在混凝土和易性满足要求后,测定拌和物的实际表观密度(m_{cp}),并按下式计算每立方米混凝土的各材料用量,即基准配合比:

令:
$$A = C_{拌} + F_{拌} + W_{拌} + S_{拌} + G_{拌}$$

则有:
$$\begin{cases} C_j = \dfrac{C_{拌}}{A} \times m_{cp} \\ F_j = \dfrac{F_{拌}}{A} \times m_{cp} \\ W_j = \dfrac{W_{拌}}{A} \times m_{cp} \\ S_j = \dfrac{S_{拌}}{A} \times m_{cp} \\ G_j = \dfrac{G_{拌}}{A} \times m_{cp} \end{cases} \quad (3\text{-}29)$$

式中: A——试拌调整后,各材料的实际总用量,kg;
m_{cp}——混凝土的实测表观密度,kg/m³;
$C_{拌}$、$F_{拌}$、$W_{拌}$、$S_{拌}$、$G_{拌}$——试拌调整后,水泥、矿物掺和料、水、砂子、石子实际拌和用量,kg;
C_j、F_j、W_j、S_j、G_j——基准配合比中每立方米混凝土的各材料用量,kg。

如果按初步计算配合比拌制的混凝土和易性完全满足要求而无须调整,也必须测定实际混凝土拌和物的表观密度,并利用上式计算 C_j、F_j、W_j、S_j、G_j,否则可能出现"负方"或"超方"现象,即初步计算 1 m³ 混凝土,在实际拌制时,少于或多于 1 m³。当混凝土表观密度实测值与计算值之差的绝对值不超过计算值的 2% 时,则初步计算配合比即为基准配合比,无须调整。

(2)强度和耐久性复核——确定试验室配合比。根据满足和易性要求的基准配合比和水胶比,配制一组混凝土试件;并保持用水量不变,水胶比分别增加、减少 0.05,再配制 2 组混凝土试件,用水量应与基准配合比相同,砂率可分别增加、减少 1%。制作混凝土强度试件时,应同时检验混凝土拌和物的流动性、黏聚性、保水性和表观密度,并以此结果代表相应配合比的混凝土拌和物的性能。

3 组试件经标准养护 28d,测定抗压强度,以三组试件的强度和相应灰水比作图,确定与配制强度相对应的胶水比,并重新计算水泥和砂石等用量。当对混凝土的抗渗、抗冻等耐久性指标有要求时,则制作相应试件进行检验。强度和耐久性均合格的水灰比对应的配合比,称为混凝土试验室配合比,记作 C、F、W、S、G。

3. 施工配合比

试验室配合比是以干燥(或饱和面干)材料为基准计算而得,但现场施工所用的砂、石料常含有一定水分,因此,在现场配料时,必须先测定砂石料的实际含水率,在用水量中将砂石带入的水扣除,并相应增加砂石料的称量值。设砂的含水率为 $a\%$、石子的含水率为 $b\%$,则施工配合比按下列各式计算:

水泥: $\qquad C' = C$

矿物掺和料: $\qquad F' = F$

砂子: $\qquad S' = S(1 + a\%)$

石子: $\qquad G' = G(1 + b\%)$

水: $\qquad W' = W - S \cdot a\% - G \cdot b\%$

【例题 3-1】 某桥梁工程上部结构预制预应力 T 梁用 C40 混凝土,坍落度 30～50mm,混凝土标准差 5.0MPa,结构物无冻害影响。原材料选用如下:

(1)水泥:P·O 42.5,密度 3 050kg/m³,28d 实测抗压强度 49.5MPa;

(2)碎石:5～25mm 连续级配石灰岩碎石,堆积密度 1 460kg/m³,表观密度 2 700kg/m³,其他性能满足规范要求;

(3)砂:天然中砂,细度模数 2.6,堆积密度 1 440kg/m³,表观密度 2 680kg/m³,其他性能满足规范要求;

(4)水:自来水,满足混凝土拌和用水要求。

【设计要求】

(1)计算并确定初步配合比;

(2)试拌,混凝土坍落度偏小,加入 5% 水泥浆后工作性满足要求,确定基准配合比 W/B;

(3)采用三个不同水胶比(W/B、$W/B \pm 0.5$)的配合比,成型混凝土立方体试件并测试三组混凝土 28d 抗压强度,回归 f_{cu}-W/B 关系式(或作 f_{cu}-B/W 关系曲线),得到与配制强度对应的 B/W 为 0.48,确定试验室配合比;

(4)混凝土实测湿密度为 2 450kg/m³,请确定单位混凝土材料用量;

(5)现场实测砂、石含水率分别为 4.0%、1.0%,确定施工配合比。

【设计步骤】

1)初步配合比计算

(1)确定配制强度 $f_{cu,0}$

$$f_{cu,0} = f_{cu,k} + 1.645\sigma = 40\text{MPa} + 1.645 \times 5.0\text{MPa} = 48.2\text{MPa}$$

(2)确定单位混凝土用水量(W)

按表 3-6,单位混凝土用水量取 190kg/m³。

(3)计算水胶比 $\left(\dfrac{W}{B}\right)$

由 $f_{cu,0} = \alpha_a f_b \left(\dfrac{B}{W} - \alpha_b\right)$,得:

$$\frac{B}{W} = \frac{f_{cu,0}}{\alpha_a f_b} + \alpha_b = \frac{48.2}{0.53 \times 49.5} + 0.20 = 2.04 \Rightarrow \frac{W}{B} = 0.49$$

按表 3-11,耐久性要求的最大水胶比为 0.60,所以按强度计算的 W/B 满足耐久性要求,按水胶比 0.49 进行以下计算。

(4)确定单位混凝土水泥用量(C)

$$C = B = W\left(\frac{B}{W}\right) = 190\text{kg/m}^3 \times 2.04 = 388\text{kg/m}^3$$

由表 3-11,耐久性要求的最小水泥用量为 300kg/m^3,按强度要求计算的水泥用量满足耐久性要求,单位混凝土水泥用量按 388kg/m^3 进行以下计算。

(5) 确定砂率(β_s)

由表 3-7,选取砂率为 32%。

(6) 确定砂、石材料用量(S,G)

砂、石材料用量计算可采用质量法或体积法,实际计算时两种方法任选其一。

① 质量法:假设混凝土湿密度 $\rho_s = 2\,400\text{kg/m}^3$,则:

$$\begin{cases} C + W + S + G = \rho_s = 2\,400\text{kg/m}^2 \\ \dfrac{S}{S+G} = \beta_s = 0.32 \end{cases}$$

解得:$S = 583\text{kg/m}^3, G = 1\,239\text{kg/m}^3$

由此,混凝土初步配合比为:

$$C_0 : S_0 : G_0 : W_0 = 388 : 583 : 1\,239 : 190 = 1 : 1.50 : 319 : 0.49$$

② 体积法

$$\begin{cases} \dfrac{C}{\rho_c} + \dfrac{W}{\rho_w} + \dfrac{S}{\rho_s} + \dfrac{G}{\rho_g} + 0.01\alpha = 1 \\ \rho_s = \dfrac{S}{S+G} \end{cases}$$

解得:$S = 580\text{kg/m}^3, G = 1\,232\text{kg/m}^3$

由此,混凝土初步配合比为:

$$C_0 : S_0 : G_0 : W_0 = 388 : 580 : 1\,232 : 190 = 1 : 1.49 : 3.18 : 0.49$$

2) 基准配合比调整

(1) 按计算所得初步配合比,试拌 15L,则拌和材料用量为

水泥:$388\text{kg/m}^3 \times 0.015\text{m}^3 = 5.82\text{kg}$;水:$190\text{kg/m}^3 \times 0.015\text{m}^3 = 2.85\text{kg}$;砂:$580\text{kg/m}^3 \times 0.015\text{m}^3 = 8.70\text{kg}$;碎石:$1\,232\text{kg/m}^3 \times 0.015\text{m}^3 = 18.48\text{kg}$。

(2) 调整混凝土拌和物工作性

按初步配合比试拌,坍落度小于设计要求坍落度,加入 5% 水泥浆后工作性满足要求,则调整后材料用量为:

水泥:$5.82\text{kg} \times (1 + 0.05) = 6.11\text{kg}$;水:$2.85\text{kg} \times (1 + 0.05) = 2.99\text{kg}$;砂:$8.70\text{kg}$;碎石:$18.48\text{kg}$。

(3) 确定基准配合比

混凝土基准配合比为 $C_1 : S_1 : G_1 : W_1 = 407 : 580 : 1\,232 : 200 = 1 : 1.43 : 3.03 : 0.49$。

3) 试验室配合比调整

保持基准配合比用水量不变,$\dfrac{W}{B} \pm 0.05$,即改变水泥用量,相应调整砂、石用量,得到对应于水胶比为 0.44、0.49、0.54 的三组混凝土配合比。分别试拌并制成混凝土立方体试件,测试标准养护 28d 立方体抗压强度。根据水胶比定则,原材料一定时,f_{cu} 与 $\dfrac{B}{W}$ 成线性关系。根据实

测结果,作 $f_{cu} - \frac{B}{W}$ 关系曲线或回归 $f_{cu} - \frac{B}{W}$ 关系式,得到与配制强度对应的 $\frac{W}{B}$ 为 0.48,则满足配制强度要求的材料用量为:

水:200kg/m³;水泥:200/0.48=417kg/m³。

按绝对体积法计算,得:

砂:563kg/m³;石:1 197kg/m³。

混凝土计算湿密度=200kg/m³+417kg/m³+563kg/m³+1 197kg/m³=2 377kg/m³。

则混凝土密度调整系数:

$$K = \frac{混凝土实测湿密度}{混凝土计算湿密度} = \frac{2\ 450}{2\ 377} = 1.03$$

按密度调整单位混凝土材料用量,得:

水泥:417kg/m³×1.03=430kg/m³;水:200kg/m³×1.03=206kg/m³;砂:563kg/m³×1.03=580kg/m³;石:1 197kg/m³×1.03=1 233kg/m³。

由此,混凝土试验室配合比为

$$C_2 : S_2 : G_2 : W_2 = 430 : 580 : 1\ 233 : 206 = 1 : 1.35 : 2.87 : 0.48$$

4)施工配合比调整

根据现场砂、石含水率实测值,调整砂、碎石及水用量,则得到施工配合比:

水泥:430kg/m³;砂:580kg/m³×(1+4%)=603kg/m³;石:1 233kg/m³×(1+1%)=1 245kg/m³;水:206kg/m³-(580kg/m³×4%+1 233kg/m³×1%)=170kg/m³。

第五节　路面水泥混凝土的配合比(按抗弯拉强度设计)

路面、桥面、机场跑道等结构物用混凝土,以混凝土抗弯拉强度作为结构计算强度取值的依据,这类工程用混凝土配合比设计时以抗弯拉强度作为设计目标。根据《公路水泥混凝土路面施工技术规范》(JTG/T F30—2014),路面混凝土配合比设计应满足弯拉强度、工作性、耐久性的要求,并兼顾经济性。

1.初步配合比计算

(1)按式(3-30)确定抗弯拉配制强度 f_c

$$f_c = \frac{f_r}{1 - 1.04C_v} + ts \qquad (3-30)$$

式中:f_c——混凝土配制 28d 抗弯拉强度均值,MPa;

f_r——设计抗弯拉强度标准值,MPa;

t——保证率系数,按表 3-14 确定;

s——抗弯拉强度试验样本的标准差,MPa,无统计数据时参考表 3-15 范围确定;

C_v——抗弯拉强度变异系数,应按统计数据取值,小于 0.05 时取 0.05;无统计数据时在表 3-16 范围内取值。

保证率系数 t（JTG/T F30—2014） 表3-14

公路技术等级	判别概率 P	样本数 n（组）			
		3~8	9~14	15~19	≥20
高速公路	0.05	0.79	0.61	0.45	0.39
一级公路	0.10	0.59	0.46	0.35	0.30
二级公路	0.15	0.46	0.37	0.28	0.24
三、四级公路	0.20	0.37	0.29	0.22	0.19

抗弯拉强度试验样本标准差 s（JTG/T F30—2014） 表3-15

公 路 等 级	高速	一级	二级	三级	四级
目标可靠度（%）	95	90	85	80	70
目标可靠指标	1.64	1.28	1.04	084	052
样本的标准差 s（MPa）	$0.25 \leq s \leq 0.50$		$0.45 \leq s \leq 0.67$		$0.40 \leq s \leq 0.80$

变异系数 C_v 的范围（JTG/T F30—2014） 表3-16

混凝土弯拉强度变异水平等级	低	中	高
弯拉强度变异系数允许变化范围	0.05~0.10	0.10~0.15	0.15~0.20

（2）确定水胶比（W/C）

按式(3-31)、式(3-32)，计算满足强度要求的水胶比。

碎石或碎卵石混凝土：

$$\frac{W}{C} = \frac{1.5684}{f_c + 1.0097 - 0.3595 f_s} \tag{3-31}$$

卵石混凝土：

$$\frac{W}{C} = \frac{1.2618}{f_c + 1.5492 - 0.4709 f_s} \tag{3-32}$$

式中：f_c——混凝土标准养护28d抗弯拉强度均值，MPa；

f_s——水泥实测28d抗折强度，MPa；

W/C——水灰比。

按表3-12校核满足耐久性要求的最大水胶比。若满足强度要求的水胶比大于按耐久性要求的最大水胶比，则以满足耐久性要求的最大水胶比代入下面的公式中进行计算；若条件许可，应选用较低等级的水泥重新计算并确定水胶比。

（3）确定砂率（β_s）

按表3-17选择混凝土砂率。

砂的细度模数与最优砂率（JTG/T F30—2014） 表3-17

砂细度模数		2.2~2.5	2.5~2.8	2.8~3.1	3.1~3.4	3.4~3.7
砂率（%）	碎石	30~34	32~36	34~38	36~40	38~42
	卵石	28~32	30~34	32~36	34~38	36~40

（4）确定用水量（W_0）

根据粗集料种类和坍落度要求，可按式(3-33)、式(3-34)计算单位用水量。

$$W_0 = 104.97 + 0.309 S_L + 11.27 \frac{C}{W} + 0.61 \beta_s \tag{3-33}$$

$$W_0 = 86.89 + 0.370 S_L + 11.27 \frac{C}{W} + 1.00 \beta_s \tag{3-34}$$

掺外加剂的混凝土单位用水量：

$$W_{0w} = W_0 \left(1 - \frac{\beta}{100}\right) \tag{3-35}$$

式中：W_0——不掺外加剂和掺和料混凝土的单位用水量，kg/m^3；

S_L——坍落度，mm；

β_s——砂率，%；

W_{0w}——掺外加剂混凝土的单位用水量，kg/m^3；

β——所用外加剂剂量的实测减水率，%。

（5）确定单位混凝土水泥用量（C_0）

单位混凝土水泥用量按式（3-36）计算，并按表 3-12 校核满足耐久性要求的最小水泥用量，取两者间的较大值为 C_0。

$$C_0 = \left(\frac{C}{W}\right) \times W_0 \tag{3-36}$$

（6）确定砂、石材料用量（S_0、G_0）

砂、石用量可采用密度法或体积法计算，计算方法同"以立方体抗压强度为设计目标的混凝土配合比设计"。

2. 基准配合比调整、设计配合比调整、施工配合比调整

"以弯拉强度为设计目标的混凝土配合比设计"基准配合比调整、设计配合比调整、施工配合比调整同"以立方体抗压强度为设计目标的混凝土配合比设计"。

※第六节 高强高性能混凝土

一、概述

高强混凝土与高性能混凝土概念上相互联系，又有较大区别。高强混凝土强调混凝土的力学性质，以较高的抗压强度为主要特征；高性能混凝土在较高强度的基础上更注重耐久性、体积稳定性与施工性能。由此可见，高强混凝土并非高性能混凝土，而高性能混凝土也并非都高强；二者在配制与生产应用上有许多相似之处，但又有所区别。

1. 高强混凝土

高强混凝土通常指用常规的水泥、砂、石为原材料，使用一般的制作工艺，主要依靠高效减水剂或同时掺入一定数量的矿物材料，使新拌的混凝土具有良好的工作性，在硬化后即有高强性能的水泥混凝土。一般认为强度等级为 60MPa 及其以上（相当于 $\phi150mm \times 300mm$ 试件的 50MPa）的混凝土称为高强混凝土。

高强混凝土根据不同的工作性、水胶比以及成型方式，有正常工作性的高强混凝土、工作

性非常低的高强混凝土、压实高强混凝土以及低水胶比高强混凝土。

高强混凝土对减小结构物的自重和断面尺寸,增加高度和跨径,提高承载能力和经济效益具有重要的现实意义。我国近年来在铁路、公路桥梁建设中,广泛应用高效减水剂制造高强混凝土,港口工程等部门则应用高强混凝土制造管柱、桩和管道等。

2. 高性能混凝土

目前不同国家对高性能混凝土的定义有所不同。法国将具有良好的施工性能、高强度及高早期强度、高经济性及高耐久性,而且 $\phi150mm \times 300mm$ 试件的抗压强度应在 50MPa 以上的混凝土定义为高性能混凝土。其特别适用于海港建筑物、桥梁、高速公路、高层建筑、核反应堆等混凝土结构。日本学者将具有高和易性、高耐久性、低水化热、低干缩和 $\phi100mm \times 200mm$ 试件的 28d 抗压强度 42~45MPa 的混凝土定义为高性能混凝土,强调高性能混凝土的自流密实性。

我国《高性能混凝土应用技术规程》(CECS 207:2006)定义高性能混凝土为"采用常规材料和工艺生产的能保证混凝土结构所要求的各项力学性能,并具有高耐久性、高工作性和高体积稳定性的混凝土"。并对高性能混凝土做了如下基本规定:

(1)高性能混凝土必须保证设计要求的强度等级,并应针对所处环境进行耐久性设计,以保证在设计使用年限内的结构安全性和正常使用功能。

(2)高性能混凝土的耐久性设计,应针对混凝土结构所处环境及预定的功能,选择适当的水泥品种、矿物微细粉以及适当的水胶比,并采用适当的化学外加剂,确保混凝土结构所要求的耐久性。

(3)处于多种劣化因子综合作用下的混凝土结构,宜采用高性能混凝土。根据混凝土结构所处环境条件,高性能混凝土应满足下列的一种或几种技术要求:

①水胶比≤0.38;
②56d 龄期的 6h 总导电量 <1 000 库仑;
③300 次冻融循环后相对动弹性模量 >80%;
④胶凝材料抗硫酸盐腐蚀试验:试件 15 周膨胀率 <0.4%,混凝土最大水胶比≤0.45;
⑤混凝土中可溶性碱的总含量 <3.0kg/m³。

(4)高性能混凝土在施工应用过程中有产生自收缩开裂的风险,脱模后宜以塑料薄膜覆盖混凝土表面,并进行保湿养护,维持混凝土表面的潮湿。

3. 高强高性能混凝土

根据《高强混凝土应用技术规程》(JGJ/T 281—2012),将强度等级大于或等于 C60 的混凝土称为高强混凝土;将具有良好施工和易性、优异耐久性且均匀密实的混凝土称为高性能混凝土。同时,具有高强混凝土与高性能混凝土各性能特点的混凝土称为高强高性能混凝土。

现代混凝土结构中高强高性能混凝土的应用越来越普遍,因此,应掌握其性能特点和配合比设计原理。

二、高强高性能混凝土的原材料

高强高性能混凝土是多组分材料,其原材料除水泥、集料以外,各种外加剂、矿物掺和料也是重要的组成成分。正确选用这些原材料并确定合理的配合比,是获得高强高性能混凝土的关键。

1. 水泥

水泥的品种通常选用硅酸盐水泥和普通硅酸盐水泥。配制C80及以上强度等级的混凝土时,水泥28d胶砂强度不宜低于50MPa。1m³混凝土中的水泥用量要控制在500kg以内,且尽可能降低水泥用量。C60、C65混凝土胶凝材料用量不宜大于560kg/m³,C70~C80的混凝土胶凝材料用量不宜大于580kg/m³。

2. 掺和料

(1)硅粉。它是生产硅铁时产生的烟灰,故也称硅灰,是高强混凝土配制中应用最早、技术最成熟、应用较多的一种掺和料。硅粉中活性SiO_2含量达90%以上,比表面积达15 000m²/kg以上,火山灰活性高,且能填充水泥的空隙,从而极大地提高混凝土密实度和强度。硅灰的适宜掺量为水泥用量的5%~10%。

研究结果表明,硅粉对提高混凝土强度十分显著,当外掺6%~8%的硅灰时,混凝土强度一般可提高20%以上,同时可提高混凝土的抗渗、抗冻、耐磨、耐碱-集料反应等耐久性能。但硅灰对混凝土也带来不利影响,如增大混凝土的收缩值、降低混凝土的抗裂性、减小混凝土流动性、加速混凝土的坍落度损失等。

(2)磨细矿渣。通常将矿渣磨细到比表面积350m²/kg以上,从而使其具有优异的早期强度和耐久性。磨细矿渣掺量一般控制在20%~40%之间。矿粉的细度越大,其活性越高,增强作用越显著,但粉磨成本也大大增加。与硅粉相比,磨细矿渣增强作用略逊,但其他性能优于硅粉。

(3)优质粉煤灰。一般选用Ⅰ级灰,利用其内含的玻璃微珠润滑作用,降低水胶比,以及细粉末填充效应和火山灰活性效应,提高混凝土强度,改善综合性能。优质粉煤灰的掺量一般控制在20%~30%之间。Ⅰ级粉煤灰的作用效果与矿粉相似,且抗裂性优于矿粉。

(4)沸石粉。天然沸石含大量活性SiO_2和微孔,磨细后作为混凝土掺和料,能起到微粉和火山灰活性功能,比表面积500m²/kg以上,能有效改善混凝土黏聚性和保水性,并增强内养护,从而提高混凝土后期强度和耐久性,掺量一般为5%~10%。

(5)偏高岭土。偏高岭土是由高岭土($Al_2O_3 \cdot 2SiO_2 \cdot 2H_2O$)在700~800℃条件下脱水制得的白色粉末,平均粒径1~2μm,SiO_2和Al_2O_3含量90%以上,特别是Al_2O_3较高。在混凝土中的作用机理与硅粉及其他火山灰相似,除了微粉的填充效应和对硅酸盐水泥的加速水化作用外,主要是活性SiO_2、Al_2O_3与$Ca(OH)_2$作用生成CSH凝胶、水化铝酸钙(C_4AH_{13}、C_3AH_6)、水化硫铝酸钙($C_2A\overline{S}H_8$)。由于其极高的火山灰活性,故有超级火山灰(Super-Pozzolan)之称。偏高岭土掺量一般控制在15%之内。

掺入偏高岭土能显著提高混凝土的早期强度和长期抗压强度、抗弯强度及劈裂抗拉强度。由于高活性偏高岭土对钾、钠和氯离子的强吸附作用和对水化产物的改善作用,能有效抑制混凝土的碱-集料反应和提高抗硫酸盐腐蚀能力。

3. 外加剂

高性能减水剂、高效减水剂(或泵送剂)是高强高性能混凝土最常用的外加剂品种,减水率一般要求大于20%,以最大限度降低水胶比,提高强度。为改善混凝土的施工和易性及提供其他特殊性能,也可同时掺入引气剂、缓凝剂、防水剂、膨胀剂、防冻剂等。掺量可根据不同品种和要求根据需要选用。

4. 集料

一般宜选用级配良好的中砂,细度模数宜大于2.6。含泥量不应大于1.5%,当配制C70以上混凝土,含泥量不应大于1.0%。有害杂质控制在国家标准以内。

石子应采用连续级配,最大公称粒径不宜大于25mm,强度宜大于混凝土强度的1.30倍,含泥量不应大于0.5%,针片状含量不宜大于5%。

三、高强高性能混凝土的配合比设计

与普通混凝土相比,高强高性能混凝土在配合比方面的主要区别是低水胶比、多组分。降低水胶比是提高混凝土密实度,达到高强的主要途径。但降低水胶比对和易性有不利影响,而提高和易性的途径是掺用高效减水剂,并通过掺加粉煤灰、硅灰等矿物掺和料,改善拌和物的和易性和混凝土的微观结构。

高强高性能混凝土配合比设计理论尚不完善,一般可遵循下列原则进行。

(1) 水胶比(W/B)

普通混凝土配合比设计中的鲍罗米公式对C60以上的混凝土已不完全适用,但水胶比仍是决定混凝土强度的主要因素,目前尚无完善的公式可供选用,故配合比设计时通常根据设计强度等级、原材料和经验选定水胶比。

(2) 用水量和水泥用量

普通水泥中用水量根据坍落度要求、集料品种、粒径选择。高强度高性能混凝土可参考执行。当由此确定的用水量导致水泥或胶凝材料总用量过大时,可通过调整减水剂品种或掺量,来降低用水量或胶凝材料用量;也可以根据强度和耐久性要求,首先确定水泥或胶凝材料用量,再由水胶比计算用水量,当流动性不能满足设计要求时,再通过调整减水剂品种或掺量加以调整。

(3) 砂率

对泵送高强混凝土,砂率的选用要考虑可泵性要求,一般为34%~44%,在满足施工工艺和施工和易性要求时,砂率宜尽量选小些,以降低水泥用量。从原则上来说,砂率宜通过试验确定最优砂率。

(4) 减水剂

减水剂品种选择原则,除了考虑减水率外,尚要考虑对混凝土坍落度损失、保水性和黏聚性的影响,更要考虑对强度、耐久性和收缩的影响。

减水剂的掺量可根据减水率的要求,在允许掺量范围内,通过试验确定。但一般不宜因减水的需要而超量掺用。

(5) 掺和料

掺和料的掺量通常根据混凝土性能要求和掺和料品种性能,结合原有试验资料和经验选择,并通过试验确定。

其他设计计算步骤与普通混凝土基本相同。

由于高强度混凝土的多组分特点,目前还没有成熟的配合比设计方法,只能参照有关资料或经验,通过比对试验来确定。对重要工程应用正交设计来确定配合比。也有一些研究者对

高强或高性能混凝土指出各自的配合比设计理论和方法。其中的一种方法认为:水泥浆在混凝土中所占的体积以 35% 为最优,过多的浆体对收缩、徐变等体积稳定性不利,过少时则拌和物和易性差。另外,还认为高强混凝土的强度与用水量呈线性关系,对于平均强度为 75MPa、85MPa、100MPa、115MPa 的混凝土用水量依次约为 160kg/m³、150kg/m³、140kg/m³、130kg/m³。在确定了水泥浆的体积比以及用水量后,就可以计算其他材料的用量。

Mehta 和 Aitcin 推荐了高强高性能混凝土配合比的确定方法。该方法是在现有高强高性能混凝土实践经验的基础上,对配合比设计主要参数做出假设,从而得到试拌用第一盘配料的配合比。其步骤如下:

①确定混凝土的配制强度。
②估计拌和水量。
拌和水量由表3-18查出。

不同强度等级的高强混凝土最大用水量　　表3-18

强度等级	平均强度(MPa)	最大用水量(kg/m³)	强度等级	平均强度(MPa)	最大用水量(kg/m³)
A	60	160	D	105	130
B	75	150	E	120	120
C	90	140			

注:未扣除集料和外加剂所含的水。

③计算浆体体积组成。

Mehta 等认为,采用适当集料时,固定浆体与集料的体积比为 35:65,可以很好地解决强度、工作性和体积稳定性之间的矛盾,配制出理想的高性能混凝土。

用浆体 0.35m³,减去上一步估计用水量和 0.02m³ 的含气量,按矿物外加剂的掺量计算浆体中各组分的体积含量,见表3-19,表中矿物外加剂的掺量分为三种情况:

情况1:不掺矿物外加剂,只用水泥;
情况2:用占总胶结料体积约 25% 的优质粉煤灰(或磨细矿渣),等量取代水泥;
情况3:用占总胶结材料体积约 10% 的硅灰和 15% 的优质粉煤灰(或磨细矿渣),混合等量取代水泥。

0.35m³ 浆体中各组分体积含量　　表3-19

强度等级	水	空气	胶凝材料总量	情况1 PC	情况2 PC+FA(或BFS)	情况3 PC+FA(或BFS)+CSF
A	0.16	0.02	0.17	0.17	0.1275+0.0425	0.1275+0.0255+0.0170
B	0.15	0.02	0.18	0.18	0.1350+0.0450	0.1350+0.0270+0.0180
C	0.14	0.02	0.19	0.19	0.1425+0.0475	0.1425+0.0285+0.0190
D	0.13	0.02	0.20	—	0.1500+0.0500	0.1500+0.0300+0.0200
E	0.12	0.02	0.22	—	0.1575+0.0525	0.1575+0.0315+0.0210

注:PC为硅酸盐水泥;FA为粉煤灰;BFS为磨细高炉矿渣;CSF为硅灰。

④估计集料用量。
集料的总体积为 0.65m³,粗细集料的体积比可由表3-20查出。

粗细集料的体积比 表3-20

强度等级	平均强度（MPa）	粗集料体积（%）	细集料体积（%）	强度等级	平均强度（MPa）	粗集料体积（%）	细集料体积（%）
A	60	60	40	D	105	63	37
B	75	61	39	E	120	64	36
C	90	62	38				

⑤估算混凝土中各种材料用量。

常用原材料的密度为：硅酸盐水泥 3.14g/cm³，粉煤灰和磨细矿渣 2.5g/cm³，天然砂 2.65g/cm³，普通砾石或碎石 2.70g/cm³。根据其所占体积，计算各种材料用量，计算结果见表3-21。

第一盘试配料配合比实例 表3-21

强度等级	平均强度（MPa）	矿物外加剂掺加情况	胶凝材料（kg/m³）			总用水量（kg/m³）	粗集料（kg/m³）	细集料（kg/m³）	材料总量（kg/m³）	W/C
			PC	FA(BFS)	CSF					
A	65	1	534	0	—	160	1 050	690	2 434	0.30
		2	400	106	—	160	1 050	690	2 406	0.32
		3	400	64	36	160	1 050	690	2 400	0.32
B	75	1	565	—	—	150	1 070	670	2 455	0.27
		2	423	113	—	150	1 070	670	2 426	0.28
		3	423	68	38	150	1 070	670	2 419	0.28
C	90	1	597	—	—	140	1 090	650	2 477	0.23
		2	477	119	—	140	1 090	650	2 446	0.25
		3	477	71	40	140	1 090	650	2 438	0.25
D	105	2	471	125	—	130	1 110	630	2 466	0.22
		3	471	75	42	130	1 110	630	2 458	0.22
E	120	2	495	131	—	120	1 120	620	2 486	0.19
		3	495	79	44	120	1 120	620	2 478	0.19

注：未扣除高效减水剂中的水。

⑥试配和调整

以上方法中有多种假设，因此必须用现场使用的原材料经多次试配，逐渐调整。试配和调整的主要调整措施有：坍落度主要用高效减水剂掺量来调整；增加高效减水剂掺量可能引起拌和物离析、泌水和缓凝，此时，可增加砂率和减小砂的细度模数来克服离析、泌水现象。过分缓凝时，可改用含促凝早强成分的高效减水剂。当增强高效减水剂不起作用时，可能是水泥中 C_3A 含量过大，应更换水泥。如果混凝土28d强度低于预计的强度，可减少用水量。

以下简要概括一下高强混凝土配合比设计中可供参考的一些数据。

（1）水胶比通常应小于0.35。80MPa 混凝土宜小于0.30，100MPa 混凝土宜小于0.26。

（2）水泥用量一般为 400~500kg/m³。80MPa 混凝土可取 500kg/m³，更高强度时也不宜超过550kg/m³。尽量减少水泥用量是高强混凝土配合比设计的一个原则，应通过外加矿物混合料来控制和降低水泥用量，外加硅粉可以较大幅度地减少水泥用量。同时高强混凝土必须采用优质水泥。

(3)挑选高强、低吸水率的碎石集料,最大粒径不超过 15~20mm;若混凝土强度等级不是很高可以放宽到 25mm。尽量减少针片状颗粒。

(4)砂率可取 0.30,甚至更高。由于过低的砂率影响和易性,所以一般宜取 0.30~0.35,尤其是泵送时不宜用过低的砂率。

(5)当水胶比非常低时,为改善和易性,宜外加矿物混合料并适当增加高效减水剂的用量(1.5% 左右)。

(6)对早期强度有特殊需要,或对抗磨有特殊需要时,应选用快硬水泥或外加硅粉。

(7)限制水化热时,应降低水泥用量并外加硅粉、粉煤灰或矿渣。

四、高强高性能混凝土的主要技术性能特点

高强高性能混凝土是混凝土研究与应用成果的集中体现,具有很多优异性能,其性能特点概括起来主要有以下几个方面:

(1)高强混凝土的早期强度高,但后期强度增长率一般不及普通混凝土,故不能用普通混凝土的龄期-强度关系式(或图表),由早期强度推算后期强度。如 C60~C80 混凝土,3d 强度为 28d 的 60%~70%;7d 强度为 28d 的 80%~90%。

(2)高强高性能混凝土非常致密,故抗渗、抗冻、抗碳化、抗腐蚀等耐久性指标均十分优异,可极大地提高混凝土结构物的使用年限。

(3)由于混凝土强度高,因此构件截面尺寸可大大减小,从而改变"肥梁胖柱"的现状,减轻建筑物自重,简化地基处理,并使高强钢筋得以充分利用。

(4)高强混凝土的弹性模量高,徐变小,可大大提高构筑物的结构刚度。特别是对预应力混凝土结构,可大大减小预应力损失。

(5)高强混凝土的抗拉强度增长幅度往往小于抗压强度,即拉压比相对较低,且随着强度等级提高,脆性增大,韧性下降。

(6)高强混凝土的水泥用量较大,故水化热大,自收缩大,干缩也较大,较易产生裂缝。

五、高强高性能混凝土的应用

高强高性能混凝土是建设工程发展的必然趋势,发达国家早在 20 世纪 50 年代已开始研究应用,我国约在 20 世纪 80 年代初首先在轨枕和预应力桥梁中得到应用。高层建筑中应用则始于 20 世纪 80 年代末,进入 90 年代以来,研究和应用不断增加。

随着国民经济的发展,高强高性能混凝土在建筑、道路、桥梁、港口、海洋、大跨度及预应力结构、高耸建筑物等工程中的应用将越来越广泛,强度等级也将不断提高,C60~C80 的混凝土将普遍得到使用,C80 以上的混凝土将在一定范围内得到应用。

※第七节 其他品种混凝土简介

一、粉煤灰混凝土

粉煤灰混凝土是指以一定量粉煤灰取代部分水泥配制而成的混凝土。

(1)粉煤灰的技术要求

粉煤灰的技术性能和主要功能在第二章中已有阐述，其在混凝土中的主要功能是利用自身火山灰活性、玻璃微珠改善和易性及粉末效应。根据《粉煤灰混凝土应用技术规程》（GB/T 50146—2014），粉煤灰按其质量指标分为三级，见表3-22。

粉煤灰质量指标的分级　　　　　　　　　　　　　　　　　　　　表3-22

粉煤灰等级 \ 质量指标	细度（45m方孔筛筛余,%）	烧失量(%)	需水比(%)	含水率(%)	SO_3含量(%)
Ⅰ级	≤12	≤5	≤95	≤1	≤3
Ⅱ级	≤25	≤8	≤105	≤1	≤3
Ⅲ级	≤45	≤15	≤115	≤1	≤3

Ⅰ级粉煤灰品位较高，具有一定减水作用，强度活性也较高，可用于普通钢筋混凝土、高强混凝土的后张法预应力混凝土。Ⅱ级粉煤灰一般不具有减水作用，主要用于普通钢筋混凝土。Ⅲ级粉煤灰品位较低，也较粗，活性较差，一般只能用于素混凝土和砂浆，若经专门试验，也可用于钢筋混凝土。

（2）粉煤灰取代水泥的最大量

混凝土中掺入粉煤灰后，虽然可以改善混凝土的某些性能（降低水化热、提高抗侵蚀性、提高密实度、改善抗渗性等），但由于粉煤灰的水化消耗了$Ca(OH)_2$，降低混凝土的碱度，因而影响混凝土的抗碳化性能，减弱混凝土对钢筋锈蚀的保护作用。为了保证混凝土结构的耐久性，《粉煤灰混凝土应用技术规程》（GB/T 50146—2014）中规定了粉煤灰的最大掺量见表3-23。

粉煤灰的最大掺量（GB/T 50146—2014）　　　　　　　　　　　表3-23

混凝土种类	硅酸盐水泥		普通硅酸盐水泥	
	水胶比≤0.4	水胶比＞0.4	水胶比≤0.4	水胶比＞0.4
预应力混凝土	30	25	25	15
钢筋混凝土	40	35	35	30
素混凝土	55		45	
碾压混凝土	70		65	

（3）粉煤灰混凝土配合比设计

粉煤灰混凝土配合比设计应根据混凝土的强度等级、强度保证率、耐久性、拌和物的工作性等要求，采用工程实际使用的原材料进行设计。

粉煤灰混凝土的设计龄期应根据建筑物类型和实际承载时间确定，并宜采用较长的设计龄期。地上、地面工程宜为28d或60d，地下工程宜为60d或90d，大坝工程宜为90d或180d。

粉煤灰混凝土配合比设计可按体积法或重量法计算。

（4）混凝土的主要技术性质

①粉煤灰混凝土的施工和易性优于普通混凝土，可泵性明显改善，特别是较易振捣密实，均质性良好，因而抗渗性能较好。

②粉煤灰混凝土的水化热较低，较适合于大体积混凝土工程。

③粉煤灰混凝土的抗侵蚀性能较好。

④粉煤灰混凝土的碱度降低,故抗碳化性能下降,对钢筋的保护作用有所降低。

⑤粉煤灰混凝土的早期强度较低,后期强度增大较大,因此,地下结构和大体积混凝土宜采用56d、60d或90d作为设计强度等级的龄期,地上结构有条件的也可采用56d或60d龄期。对堤坝及某些大型基础混凝土结构甚至可以采用180d龄期。

二、轻混凝土

轻混凝土是指表观密度小于1 950kg/m³的混凝土。其可分为轻集料混凝土、多孔混凝土和无砂大孔混凝土三类。轻混凝土的主要特点为:

①表观密度小。轻混凝土与普通混凝土相比,其表观密度一般可减小1/4~3/4,使上部结构的自重明显减轻,从而显著降低地基处理费用,并且可减小柱子的截面尺寸。又由于构件自重产生的恒载减小,因此可减少梁板的钢筋用量。此外,还可降低材料运输费用,加快施工进度。

②保温性能良好。材料的表观密度是决定其导热系数的最主要因素,因此轻混凝土通常具有良好的保温性能,降低建筑物使用能耗。

③耐火性能良好。轻混凝土具有保湿性能好、热膨胀系数小等特点,遇火强度损失小,故特别适用于耐火等级要求高的高层建筑和工业建筑。

④力学性能良好。轻混凝土的弹性模量较小、受力变形较大、抗裂性较好,能有效吸收地震能,提高建筑物的抗震能力,故适用于有抗震要求的建筑。

⑤易于加工。轻混凝土中,尤其是多孔混凝土,易于打入钉子和进行锯切加工。这对于施工中固定门窗框、安装管道和电线等带来很大方便。

⑥变形较大。轻集料混凝土的变形比普通混凝土大,弹性模量较小,约为同级别普通混凝土的50%~70%,收缩和徐变比普通混凝土相应地大20%~50%和30%~60%,热膨胀系数则比普通混凝土低20%左右。

轻混凝土在主体结构中应用尚不多,主要原因是价格较高。但是,若对建筑物进行综合经济分析,则可收到显著的技术和经济效益,尤其是考虑建筑物使用阶段的节能效益,其技术经济效益更佳。

1. 轻集料混凝土

用轻粗集料、轻细集料(或普通砂)和水泥配制而成的混凝土,其干表观密度不大于1 950kg/m³,称为轻集料混凝土。当粗细集料均为轻集料时,称为全轻混凝土;当细集料为普通砂时,称砂轻混凝土。

(1)轻集料的种类及技术性质

①轻集料的种类。凡是集料粒径为5mm以上、堆积密度小于1 000kg/m³的轻质集料,称为轻粗集料。粒径小于5mm、堆积密度小于1 200kg/m³的轻质集料,称为轻细集料。

轻集料按来源不同,分为三种:①天然轻集料(如浮石、火山渣及轻砂等);②工业废料轻集料(如粉煤灰陶粒、膨胀矿渣、自燃煤矸石等);③人造轻集料(如膨胀珍珠岩、页岩陶粒、黏土陶粒等)。

②轻集料的技术性质。轻集料的技术性质主要有堆积密度、强度、颗粒级配和吸水率等,此外,还有耐久性、体积安定性、有害成分含量等。

堆积密度:轻集料的堆积密度直接影响所配制的轻集料混凝土的表观密度和性能,轻粗集料按堆积密度的不同,划分为 10 个等级:200kg/m³、300kg/m³、400kg/m³、500kg/m³、600kg/m³、700kg/m³、800kg/m³、900kg/m³、1 000kg/m³、1 100kg/m³。轻砂的堆积密度为 410～1 200kg/m³。

强度:轻粗集料的强度,通常采用"筒压法"测定其筒压强度。筒压强度是间接反映轻集料颗粒强度的一项指标,对相同品种的轻集料,筒压强度与堆积密度常呈线性关系。但筒压强度不能反映轻集料在混凝土中的真实强度,因此,技术规程中还规定采用强度等级来评定轻粗集料的强度。"筒压法"和强度等级测试方法可参考有关规范。

吸水率:轻集料的吸水率一般都比普通砂石料大,因此将显著影响混凝土拌和物的和易性、水胶比和强度的发展。轻集料的用水量概念与普通混凝土略有区别,加入拌和物中的水量称为总用水量;可分为两部分,一部分被集料吸收,其数量相当于 1h 的吸水量,这部分水称为附加用水量;其余部分称为净用水量;使拌和物获得要求的流动性和保证水泥水化反应的进行。因此,在设计轻集料混凝土配合比时,必须根据轻集料的 1h 吸水率计算附加用水量。

最大粒径与颗粒级配:保温及结构保温轻集料混凝土用的轻集料,其最大粒径不宜大于 40mm。结构轻集料混凝土的轻集料不宜大于 20mm。

对轻粗集料的级配要求,其自然级配的空隙率不应大于 50%,轻砂的细度模数不宜大于 4.0,大于 5mm 的筛余量不宜大于 10%。

(2)轻集料混凝土的强度等级

轻集料混凝土按干表观密度(一般为 600～1 900kg/m³),共分为 14 个等级。强度等级按立方体抗压强度标准值分为 LC5.0、LC7.5、LC10、LC15、LC20、LC25、LC30、LC35、LC40、LC45、LC50、LC55、LC60 共 13 个等级。

按用途不同,轻集料混凝土分为三类,其相应的强度等级和表观密度要求见表 3-24。

轻集料混凝土按用途分类 表 3-24

类 别 名 称	混凝土强度等级的合理范围	混凝土密度等级的合理范围(kg/m³)	用 途
保温轻集料混凝土	LC5.0	≤800	主要用于保温的护围结构或热工构筑物
结构保温轻集料混凝土	LC5.0、LC7.5、LC10、LC15	800～1 400	主要用于既承重又保温的围护结构
结构轻集料混凝土	LC15、LC20、LC25、LC30、LC35、LC40、LC45、LC50、LC55、LC60	1 400～1 900	主要用于承重构件或构筑物

对于轻集料混凝土,由于轻集料自身强度较低,因此其强度的决定因素除了水泥强度与水胶比(水胶比考虑净用水量)外,还取决于轻集料的强度。与普通混凝土相比,采用轻集料会导致混凝土强度下降,并且集料用量较多,强度降低越大,其表观密度也越小。

轻集料混凝土的另一特点是,由于受到轻集料自身强度的限制,每一品种轻集料只能配制一定强度的混凝土,如要配制高于此强度的混凝土,即使降低水胶比,也不可能使混凝土强度有明显提高,或提高幅度很小。

(3)轻集料混凝土的制作与使用特点

轻集料本身吸水率比天然砂、石大,若不进行预湿,则拌和物在运输或浇筑过程中的坍落度损失较大,在设计混凝土配合比时须考虑轻集料附加用水量。

拌和物中粗集料容易上浮,也不易搅拌均匀,应选用强制式搅拌机作较长时间的搅拌。轻集料混凝土成型时振捣时间不宜过长,以免造成分层,最好采用加压振捣。

轻集料吸水能力较强,要加强浇水养护,防止早期干缩开裂。

(4)轻集料混凝土配合比设计要点

轻集料混凝土配合比设计的基本要求与普通混凝土相同,但应满足对混凝土表观密度的要求。

轻集料混凝土配合比设计方法与普通混凝土基本相似,分为绝对体积法和松散体积法。砂轻混凝土宜采用绝对体积法,松散体积法宜用于全轻混凝土,然后按设计要求的混凝土表观密度为依据进行校核,最后通过试拌调整得出配合比,详见《轻骨料混凝土技术规程》(JGJ 51—2002)。

轻集料混凝土与普通混凝土配合比设计中的不同之处主要有两点:一是用水量为净用水量与附加用水量两者之和;二是砂率为砂的体积占砂石总体积的比值。

2. 多孔混凝土

多孔混凝土中无粗、细集料,内部充满大量细小封闭的孔,孔隙率高达60%以上。多孔混凝土可分为加气混凝土和泡沫混凝土两种。近年来,也有用压缩空气经过充气介质弥散成大量微气泡,均匀地分散在料浆中形成多孔结构,这种多孔混凝土称为充气混凝土。

根据养护方法的不同,多孔混凝土可分为蒸压多孔混凝土和非蒸压(蒸养或自然养护)多孔混凝土两种。由于蒸压多孔混凝土在生产和制品性能上有较多优越性,并且可以大量地利用工业废渣,故近年来发展应用较为迅速。

多孔混凝土质轻,其表观密度不超过 $1\,000kg/m^3$,通常在 $300\sim800kg/m^3$ 之间;保温性能优良,导热系数随其表观密度降低而减小,一般为 $0.09\sim0.17W/(m\cdot K)$;可加工性好,可锯、可刨、可钉、可钻,并可用胶黏剂黏结。

(1)蒸压加气混凝土

蒸压加气混凝土是用钙质材料(水泥、石灰)、硅质材料(石英砂、尾矿粉、粉煤灰、粒状高炉矿渣、页岩等)和适量加气剂为原料,经过磨细、配料、搅拌、浇筑、切割和蒸压养护(在压力为 $0.8\sim1.5MPa$ 下养护 $6\sim8h$)等工序生产而成。加气剂一般采用铝粉膏,也可采用双氧水、碳化钙、漂白粉等。

蒸压加气混凝土通常是在工厂预制成砌块或条板等制品。蒸压加气混凝土砌块按其强度和表观密度划分产品等级,我国《蒸压加气混凝土砌块》(GB 11968—2006)对此有具体规定。

蒸压加气混凝土砌块适用于承重和非承重的内墙和外墙。加气混凝土条板可用于工业和民用建筑中,作承重和保温合一的屋面板和隔墙板。另外,还可用加气混凝土和普通混凝土预制成复合墙板,用作外墙板。蒸压加气混凝土还可做成各种保温制品,如管道保温壳等。

蒸压加气混凝土的吸水率大,且强度较低,其所用砌筑砂浆及抹面砂浆需专门配制。墙体外表面必须作饰面处理,与门窗固定方法也与砖墙不同。

(2)泡沫混凝土

泡沫混凝土是将由水泥等拌制的料浆与由泡沫剂搅拌造成的泡沫混凝土搅拌,再经浇筑、养护硬化而成的多孔混凝土。

配制自然养护的泡沫混凝土时,水泥强度等级不宜低于32.5级,否则强度太低。当生产中采用蒸汽养护或蒸压养护时,不仅可缩短养护时间,而且能提高强度,还能掺用粉煤灰、煤渣或矿渣,以节省水泥,甚至可以全部利用工业废渣代替水泥。如以粉煤灰、石灰、石膏等为胶凝材料,再经蒸压养护,制成蒸压泡沫混凝土。

泡沫混凝土的技术性质和应用,与相同表观密度的加气混凝土大体相同;也可在现场直接浇筑,用作屋面保温层。

3. 大孔混凝土

大孔混凝土指无细集料的混凝土,按其粗集料的种类不同,可分为普通无砂大孔混凝土和轻集料大孔混凝土两种。普通大孔混凝土是用碎石、卵石、重矿渣等配制而成;轻集料大孔混凝土则是用陶粒、浮石、碎砖、煤渣等配制而成。有时为了提高大孔混凝土的强度,也可掺入少量细集料,这种混凝土称为少砂混凝土。

普通大孔混凝土的表面密度在 $1500 \sim 1900 kg/m^3$ 之间,抗压强度为 $3.5 \sim 10MPa$。轻集料大孔混凝土的表观密度在 $500 \sim 1500 kg/m^3$ 之间,抗压强度为 $1.5 \sim 7.5MPa$。

大孔混凝土的导热系数小,保湿性能好,收缩一般较普通混凝土小 $30\% \sim 50\%$,抗冻性优良。

大孔混凝土宜采用单一粒级的粗集料,如粒径为 $10 \sim 20mm$ 或 $10 \sim 30mm$。不允许采用小于 $5mm$ 和大于 $40mm$ 的集料。

大孔混凝土适用于制作墙体小型空心砌块、砖和各种板材,也可用于现浇墙体。普通大孔混凝土还可制成滤水管、滤水板等,广泛应用于市政工程。

三、碾压混凝土

碾压式水泥混凝土是以较低的水泥用量和很小的水胶比配制而成的超干硬性混凝土,经机械振动碾压密实而成,通常简称为碾压混凝土。碾压混凝土的原材料与普通混凝土基本相同,通常掺入大量的粉煤灰。配合比设计主要通过击实试验,以最大表观密度或强度为技术指标,来选择合理的集料级配、砂率、水泥用量和最佳含水率,采用体积法计算砂石用量,并通过试拌调整和强度验证,最终确定配合比。

这种混凝土主要用来铺筑路面和坝体,具有强度高、密实度大、耐久性好和成本低、工效高等优点。当碾压混凝土应用于大体积混凝土工程时,由于水化热水,可以大大简化降温措施,节约降温费用。对混凝土路面工程,其养护费用远低于沥青混凝土路面,而且使用年限较长。

1. 碾压混凝土原材料的技术要求

(1)水泥

碾压混凝土对于水泥没有特别的要求,从原则上来讲,凡是适用于配制水工常态混凝土的水泥均可以用于配制碾压混凝土,可以是硅酸盐混凝土、普通硅酸盐混凝土、矿渣硅酸盐水泥、火山灰质硅酸盐水泥、粉煤灰硅酸盐水泥、复合硅酸盐水泥等品种。

碾压混凝土选取水泥的原则主要依据以下两个方面:一是结构物设计的强度要求和设计龄期;二是碾压混凝土所处工程部位的运行条件(如抗冲磨、抗冻融等),以及抑制某些有害物质反应的特殊要求(如碱-集料反应、水环境中的有害物质侵蚀等)。

根据工程的重要程度和碾压混凝土所处的工程部位,大体积重要建筑物的内部碾压混凝土,宜使用强度等级不低于 32.5 级的中热水泥、低热水泥、硅酸盐水泥及普通硅酸盐水泥,并掺适量的掺和料;用于一般建筑物及临时建筑物内部的设计强度较低的碾压混凝土,可使用掺有混合料的 32.5 级水泥,但在工地掺混合料时,应考虑水泥中已有的混合料的品质和数量。

根据施工现场的实际条件,在有条件现场掺掺和料的情况下,应优先选用硅酸盐水泥或者普通硅酸盐水泥;如果无条件时,可选用中热硅酸盐水泥或者普通硅酸盐水泥、低热硅酸盐水泥以及掺加各种掺和料的硅酸盐水泥。

(2)集料

在碾压混凝土中,集料占碾压混凝土总质量的85%～90%,占总体积的80%～85%。一般为了避免碾压混凝土由于拌和物黏聚性较差,施工中容易发生粗集料分离的现象,限制粗集料最大粒径不得大于80mm,且适当减少最大粒径级在粗集料所占的比例。我国水利水电行业标准中《水工碾压混凝土施工规范》(DL/T 5112—2009)中推荐的碾压混凝土使用的人工砂中,细粉(粒径小于0.16mm颗粒)含量宜控制在10%～22%。

碾压混凝土对集料没有特殊要求,一般满足常态混凝土的集料均可用于碾压混凝土,但是由于集料要碾压,因此集料的质地需比较坚硬,表观密度合格,不要有过多的页岩、黏土质岩、云母、活性氧化硅等有害杂质,级配要求比较良好,使得碾压混凝土有较好的抗分离能力。

(3)粉煤灰

我国现行《水工碾压混凝土施工规范》(DL/T 5112—2009)中提到:碾压混凝土优先使用适量的优质粉煤灰,经过经验论证,也可以使用非活性掺和料。工程实践证明,粉煤灰作为一种良好的活性掺和料,其掺量提高对于碾压混凝土有利,它可以适量减少拌和用水量,增强混凝土拌和物的抗分离性,提高混凝土的抗腐蚀能力和后期强度,而且对于灰浆量较少的碾压混凝土而言,粉煤灰还可以代替部分水泥包裹集料表面及填充集料孔隙,提高密实度和抗渗性。国内一般碾压混凝土筑坝的粉煤灰掺量一般均在50%～70%。

(4)外加剂

根据工程实际需要,各种混凝土外加剂均可用于碾压混凝土,其技术性能指标应符合国家相关标准与规范的要求。

2. 碾压混凝土的配合比设计

(1)设计原则

碾压混凝土配合比设计应考虑碾压混凝土自身的特点,除必须满足强度及耐久性要求外,还要考虑施工时的抗分离性和可碾性。配合比设计稠度应与振动碾的振动特性相适应,要求振动碾振动时不下陷;同时要求碾压密实。对碾压混凝土的主要要求是:

①相对高密度,在满足和易性条件下,尽可能增大集料用量。
②层缝黏结良好,以达到层缝处抗拉强度高、渗透性低。
③具有适合于振动碾压所要求的稠度。
④具有足够的黏聚性,使其在运输、摊铺中不发生分离。
⑤碾压混凝土的性能应具有低发热量、高拉伸应变能力和低渗透性等特点。

(2)设计依据及基本资料

设计对碾压混凝土的要求:设计强度、强度保证率、抗渗等级、抗冻等级和设计密度等。

施工对碾压混凝土要求和施工控制水平:施工部位及容许采用的石子最大粒径、碾压混凝土稠度(VC)、机口碾压混凝土强度的均方差或变异系数。

原材料特性:水泥品种、掺和料和外加剂种类以及砂、石集料选择应进行专门论证;对已选定的原材料,配合比设计时应提供以下原材料的物理性质:水泥密度ρ_c、掺和料密度ρ_f、砂饱

面干密度 ρ_s、石饱和面干密度 ρ_g、砂振实密度 ω_s、石振实密度 ω_g、砂空隙率 V_s 和石空隙率 V_g。

配合比设计参数选定。①掺和料掺量,通过试验确定,如果超过65%,应做专门试验讨论。②水胶比,一般小于0.70。③最佳砂率值,通过试验选取。使用天然砂石材料时候,三级配碾压混凝土的砂率为28%~32%,二级配宜为32%~37%;使用人工砂石料时,砂率应增加3%~6%。④单位用水量:可根据施工要求的工作度(稠度值)、集料的种类及最大粒径、砂率等选定,三级配碾压混凝土单位用水量宜为 $80\sim115 kg/m^3$。

(3)设计方法及步骤

碾压混凝土配合比设计主要有绝对体积法和填充包裹设计法两种方法。

①绝对体积法

用绝对体积法计算碾压混凝土配合比,首先需要确定4个设计参数:

用水量(W):应综合稠度试验、强度试验和密度试验来确定;

水胶比:由设计等级确定;

掺和料掺量:由强度、耐久性和升温来确定;

砂率:由最佳砂率和集料离析确定。

对大、中型工程,这些参数需要经过试验来确定;对小型工程,可参考相关图表选定设计参数。

由以上4个设计参数和单位碾压混凝土绝对体积为 $1m^3$ 这5个条件,可建立5个方程式。求解可得 $1m^3$ 碾压混凝土各组成材料的用量。

②填充包裹设计法

填充包裹设计的基础是假设碾压混凝土由液相变固相,其理想条件是:

a. 砂空隙恰好被水泥灰浆所填裹;

b. 石子空隙又恰好被水泥砂浆所填裹,凝固后形成坚固的密实体。

无论采用哪种方法计算的配合比,因为原材料物理性质测试误差和复核设计参数选择的准确性,均必须经过试拌调整,方可交付工程使用。试拌调整步骤如下:

a. 稠度(VC)复验。

用计算的各材料量拌制碾压混凝土,测试稠度(VC),检查是否满足稠度要求。

b. 校验碾压混凝土密度。

c. 外观评定密实性。

试件脱模后,观察试件表面状况,以评定其密实性,见表3-25。

外观评定密实性分级 表3-25

分级	优	良	劣
表面情况	密实无缺	有少量气泡及麻面	麻面蜂窝

对劣等碾压混凝土,稠度(VC)测试值满足要求,也应调整配合比。

d. 强度检验

试件养护至规定龄期,测定抗压强度,检验是否满足设计要求。

3. 新拌及硬化混凝土的技术性能

(1)和易性

碾压混凝土拌和物是一种超干硬的拌和物,不具有流动性,坍落度为零,用传统的坍落度试验方法测定其工作度是不行的。目前国内外多采用改良的维勃(VB)值和稠度(VC)值,即采用固定振动频率及振幅、固定压强条件下,拌和物从开始振动至表面泛浆所需时间的秒数表示碾压混凝土拌和物的工作性,具体试验方法参见现行规范《水工混凝土试验规程》(SL 352—2006)。

和易性的影响因素如下:

①单位用水量及水胶比:经验表明,当混凝土集料最大粒径和砂率不变时,如果单位用水量不变,水胶比在常用范围内(0.4~0.8)变化对拌和物的流动性影响不大。即在通过调整单位用水量达到要求稠度的前提下,调整胶凝材料用量和水胶比,可配制出各种性能的碾压混凝土,满足不同的工程需要。

②细集料特性及用量:由于碾压混凝土拌和物中单位用浆量较少,因此细集料的加入相当于增加用浆量,在一定范围内随着细集料的增加,拌和物的稠度(VC)值减小,在水胶比和胶凝材料用量不变的条件下增加砂率,会使得拌和物的稠度(VC)值变大。人工砂在相同条件下比天然砂的稠度(VC)值大。

③粗集料的用量与特性:碎石一般比卵石的稠度(VC)值要大,粗集料的最大粒径越大,VC值越大。

④掺和料的特性及用量:若水胶比和胶凝材料用量一定,增加粉煤灰掺量,拌和物的VC值有所增加,而当粉煤灰掺量超过一定值以后,随着粉煤灰掺量的增大,这时拌和物的VC值反而降低。

⑤外加剂品种及掺量:混凝土单位用水量相同,选用不同种类的外加剂,混凝土间的稠度(VC)值相差不大,但掺入外加剂的碾压混凝土拌和物较不掺加的混凝土可较大幅度的降低单位用水量且稠度(VC)值较小。

⑥环境气候和拌和物放置时间:新拌混凝土随着时间的增加而逐渐变稠的现象被称为"坍落度损失"。对于碾压混凝土,表现就是稠度(VC)值变大。一般风速大、温度高、空气干燥的地方或者季节稠度(VC)值随着时间变化增加得快。

(2)强度

碾压混凝土的强度分为抗压强度、抗拉强度和抗剪切强度,且抗压强度>抗剪切强度>抗拉强度。

①抗压强度

我国的碾压混凝土抗压试件是尺寸为150 mm×150 mm×150mm的立方体试件。通常,碾压混凝土的密实度越大,强度越高;水胶比与碾压混凝土的抗压强度成反比;粗集料、砂率和胶凝材料用量以及胶孔比、水泥的品种、强度等级与粉煤灰的品质、掺量也对抗压强度有影响;养护条件和龄期等也对抗压强度有影响。

②抗拉强度

与常态混凝土相同,测定碾压混凝土抗拉强度可采用轴心抗拉法和劈裂法。影响碾压混凝土抗压强度的因素同样是影响抗拉强度的因素,只在影响程度上有差异。

③抗剪切强度

抗剪切强度的试样尺寸为150mm×150mm×150mm,计算法向应力和剪应力。

(3)收缩性

混凝土的干缩湿胀是由于混凝土内水分变化而引起的。影响碾压混凝土干缩的因素和常态混凝土相同,主要有混凝土配合比、水泥品种、掺和料等。由于碾压混凝土用水量少,胶凝材料也一般较少,而且掺有较大比例的粉煤灰,因此干缩率较小。

(4)耐久性

与常态混凝土一样,碾压混凝土的耐久性主要从抗渗性、抗冻性、抗冲击耐磨性、抗碳化能力、抗侵蚀性及抗渗透性、抗溶蚀耐久性等方面来衡量。

①抗渗性

《水工混凝土试验规程》(SL 352—2006)中,抗渗性是用逐级加压法和混凝土相对渗透性试验来检测。

逐级加压法中混凝土的抗渗强度等级以每组6个试件中有2个出现渗水时的最大水压力表示。影响抗渗性能的因素主要有龄期、水胶比、掺和料的种类与掺量、是否掺用外加剂等。

②抗冻性按照现行的规范,以相对动弹性模量和质量损失率来评判。碾压混凝土的龄期、水胶比、粉煤灰的掺量、引气剂及掺量等均会对抗冻性有影响。

③抗冲击耐磨性

混凝土的抗冲磨性与混凝土的强度、组成材料及配合比有关。选用坚硬耐磨的集料、高强度等级的硅酸盐水泥,配制成高强度等级的混凝土,施工密实,并使得表面平整光滑,则抗冲击耐磨性能就高。对常态混凝土抗冲击耐磨性能的要求,同样也适用于碾压混凝土。

④抗碳化性能

碾压混凝土的抗碳化性能,国内学者研究的并不多,但是发现,随着粉煤灰掺量的增加,混凝土的碳化深度增加。

⑤抗溶蚀性

影响混凝土渗透溶蚀的因素有:渗透水中的石灰浓度和其他影响石灰溶解的物质,当渗透水中的石灰含量越大,渗透水对水化产物的溶蚀性就越小;当使用掺和混合材料水泥配置的混凝土时,混凝土的抗渗透溶蚀性能较好;混凝土的密实性和不透水性越好,渗透溶蚀就越差。

⑥工程应用

碾压混凝土与普通水泥混凝土相比,不仅用水量少、无流动性、节省大量水泥,而且施工速度快、养护时间短,主要用于道路路面工程和水工坝体工程等。目前,我国公路上常用下层为碾压混凝土、上层为普通混凝土的复合式路面,或者在碾压混凝土路面上铺筑磨耗层。

四、纤维增强混凝土

1. 概述

纤维混凝土是以水泥净浆、砂浆或混凝土作基材,以非连续的短纤维或连续的长纤维作增强材料所组成的水泥基复合材料的总称。

根据纤维弹性模量的高低,可将纤维混凝土分为低弹模纤维混凝土和高弹模纤维混凝土。低弹模纤维(有机纤维、尼龙、聚丙烯、聚乙烯等)只能提高混凝土韧性、抗冲击性能、抗热爆炸性等与韧性有关的物理性能;而高弹模纤维(钢纤维、玻璃纤维、碳纤维等),则不仅能提高上述性能,还能使混凝土的抗拉强度和刚性有较大提高。这两类纤维混凝土通常被应用于不同场合。

目前,常用的几种纤维混凝土为:钢纤维混凝土(SFRC)、玻璃纤维混凝土(GFRC)、碳纤维混凝土(CFRC)和合成纤维混凝土(SNFRC)。

2. 一般技术规定与要求

目前我国纤维混凝土在交通工程中应用比较普遍、技术比较成熟的多为钢纤维混凝土。近年来,各种聚丙烯纤维以其独到的性能特点在交通土建工程领域的应用越来越广泛。因此,本节在重点介绍钢纤维混凝土的技术性能与配合比设计的基础上,适当介绍聚丙烯纤维及其混凝土的性能与应用。

用于公路混凝土路面与桥面的钢纤维除满足《混凝土用钢纤维》(YB/T 151—1999)的规定外,还应满足下列要求:

(1)单丝钢纤维抗拉强度不宜低于600MPa。

(2)钢纤维长度应与混凝土粗集料最大公称粒径相匹配:最短纤维长度宜不大于粗集料最大公称粒径的1/3,最长纤维长度不宜大于粗集料最大公称粒径的2倍;钢纤维长度与标称值的偏差不应超过±10%。

(3)宜使用经防锈处理的钢纤维;宜使用有锚固端的钢纤维。不得使用表面磨损、前后裸露尖端,不利行车安全的钢纤维;不宜使用搅拌易成团的钢纤维。

3. 钢纤维混凝土配合比设计

钢纤维混凝土配合比设计适用于采用滑模摊铺机、轨道摊铺机、三辊轴机组及小型机具铺筑的钢纤维混凝土路面。

(1)基本要求

钢纤维混凝土的配合比设计在兼顾经济性的同时,应满足下列三项要求:

① 弯拉强度

a. 钢纤维混凝土路面板28d设计弯拉强度标准值f_{rf}应该符合《公路水泥混凝土路面设计规范》(JTG D40—2011)的规定。

b. 钢纤维混凝土配制28d弯拉强度的均值应按式(3-37)计算。

$$f_{cf} = \frac{f_{rf}}{1 - 1.04C_v} + ts \tag{3-37}$$

式中:f_{cf}——配制28d弯拉强度的均值,MPa;

f_{rf}——设计弯拉强度标准值,MPa;

s——弯拉强度试验样本的标准差,MPa;

t——保证率系数,应按表3-14确定。

② 工作性

钢纤维混凝土单位用水量可按表3-26初选,再经试拌坍落度校正后确定。

钢纤维混凝土单位用水量选用表　　表3-26

拌和物条件	粗集料种类	粗集料最大公称粒径D_m(mm)	单位用水量(kg/m³)
长径比$L_f/d_f = 50$; $\rho_f = 0.6\%$; 坍落度20mm; 中砂,细度模数2.5; 水胶比0.42~0.50	碎石	9.5、16.0	215
		19.0、26.5	200
	卵石	9.5、16.0	208
		19.0、26.5	190

注:1. 钢纤维长径比每增加10,单位用水量相应增减10kg/m³。
　　2. 钢纤维体积率每增减0.5%,单位用水量相应增减8kg/m³。
　　3. 坍落度为10~50mm变化范围内,相对于坍落度20mm,每增加10mm,单位用水量相应增减7kg/m³。
　　4. 细度模数2.5~3.5范围内,砂的细度模数每增加0.1,单位用水量相应减增1kg/m³。

③耐久性

钢纤维混凝土的最大水灰(胶)比和最小单位水泥用量应符合表3-27的规定。

钢纤维混凝土满足耐久性要求最大水灰(胶)比和最小单位水泥用量　　表3-27

公 路 等 级		高速、一级公路	二 级 公 路
最大水灰(胶)比		0.47	0.49
抗冻要求最大水灰(胶)比		0.45	0.46
抗盐冻要求最大水灰(胶)比		0.42	0.43
最小单位水泥用量(kg/m³)	52.5级	350	350
	42.5级	360	360
抗冰(盐)冻要求最小单位水泥用量(kg/m³)	52.5级	370	370
	42.5级	380	380
掺粉煤灰时最小单位水泥用量(kg/m³)	52.5级	310	310
	42.5级	320	320
抗冰(盐)冻要求最小单位水泥用量(42.5级)(kg/m³)		340	340

注:处在除冰盐、海风、酸雨、硫酸盐等腐蚀性环境中或在大纵坡等加减速车道时,宜采用较小的水灰(胶)比。

(2)原材料选择

①水泥

目前在钢纤维增强混凝土中常用的水泥是强度等级42.5和52.5的普通硅酸盐水泥。钢纤维混凝土中的水泥用量比一般水泥混凝土的水泥用量要大。

特重、重交通路面宜采用旋窑道路硅酸盐水泥,也可以采用旋窑硅酸盐水泥或普通硅酸盐水泥;中、轻交通的路面可采用矿渣硅酸盐水泥;低温天气施工或有快通要求的路段可采用R型水泥,此外宜采用普通型水泥。

②粗集料

粗集料应使用质地坚硬、耐久、洁净的碎石、卵石和碎卵石。高速公路的粗集料级别不得低于Ⅱ级。

用作路面的混凝土粗集料不得使用不分级的集料,应按最大公称粒径的不同,采用2~4个粒径的集料进行掺料,并符合表3-3的要求。卵石最大公称粒径不宜大于19.0mm;碎卵石最大公称粒径不宜大于26.5mm;碎石最大公称最大粒径不宜大于31.5mm;钢纤维混凝土粗集料最大公称粒径不宜大于19.0mm。

③细集料

细集料(粒径<5mm)应采用质地坚硬、耐久、洁净的天然砂、机制砂或混合砂,要求级配良好,表面粗糙有棱角。高速公路的粗集料级别不得低于Ⅱ级。

细集料的级配要求应符合第一章表1-10的规定,路面和桥面用天然砂宜为中砂,也可以使用细度模数在2.0~3.5之间的砂。同一配合比用砂的细度模数变化不超过0.3,否则,应分别堆放,并调整配合比中的砂率后使用。

④水和外掺剂

饮用水可直接作为混凝土搅拌和养护用水,另外,用水氯盐含量应不超过0.005mg/mm³,

硫酸盐含量(以 SO_4^{2-} 计)不得超过 0.0027mg/mm^3。pH 值不得小于 4。不得含有油污、泥和其他有害杂质。

各交通等级路面、桥面混凝土宜选用减水率大、坍落度损失小、可调控凝结时间的复合型减水剂。高温施工宜选用引气缓凝(保塑)(高效)减水剂;低温施工宜使用引气早强(高效)减水剂。选定减水剂品种前,必须与所用的水泥进行适应性检验。

⑤钢纤维

目前我国生产的钢纤维有剪切钢纤维、熔抽钢纤维、平直圆截面钢纤维等品种。路面用钢纤维宜用熔抽型和剪切型。

(3)配合比设计步骤

①计算和确定水胶比

a. 按前述式(3-37)和式(3-38),计算得出基体混凝土的水胶比。

$$\frac{W}{C} = \frac{0.128}{\frac{f_{cf}}{f_s} - 0.301 - 0.325\lambda} \tag{3-38}$$

式中:f_s——水泥胶砂在标准养护条件下养护 28d 的抗折强度,MPa;

f_{cf}——配制 28d 弯拉强度的均值,MPa;

λ——钢纤维含量特征值,按《水泥混凝土路面施工技术规范》(JTG/T F30—2014)计算。

b. 取钢纤维混凝土基体的水胶比计算值与表 3-27 规定值两者之中的小值。

②钢纤维掺量体积率宜在 0.60%~1.0% 范围内初选:当板厚折减系数小时,体积率宜取上限;当长径比大时,宜取较小值;有锚固端者宜取较小值。

③查表 3-26 初选单位用水量 W_{0f}。

④掺用粉煤灰时,应符合《水泥混凝土路面施工技术规范》(JTG/T F30—2014)中的 4.4.9 条规定。

⑤钢纤维混凝土的单位水泥用量应按式(3-39)计算。

$$C_{0f} = W_{0f} \cdot \frac{C}{W} \tag{3-39}$$

式中:C_{0f}——钢纤维混凝土的单位水泥用量,kg/m^3;

W_{0f}——钢纤维混凝土的单位用水量,kg/m^3。

取计算值与表 3-27 规定值两者中的大值,但不宜大于 $500kg/m^3$。

⑥砂率可按式(3-40)计算。钢纤维混凝土砂率宜控制在 38%~50% 之间。

$$S_{pf} = \beta_s + 10\rho \tag{3-40}$$

式中:S_{pf}——钢纤维混凝土砂率,%;

ρ——钢纤维体积率,%。

⑦砂石材料用量可采用密度法或体积法计算。按密度法计算时,钢纤维混凝土单位质量可取 $2450 \sim 2480\text{kg/m}^3$;按体积法计算时,应计入设计含气量。

五、聚合物改性混凝土

聚合物在混凝土中的应用主要包括三个方面,即聚合物混凝土(PC)、聚合物水泥混凝土

(PMC)和聚合物浸渍混凝土(PIC)。

- 聚合物混凝土
  - 环氧树脂混凝土
  - 甲基丙烯酸酯树脂混凝土
  - 不饱和聚酯树脂混凝土
  - 呋喃树脂混凝土
  - 沥青混凝土
- 聚合物浸渍混凝土
  - 丙烯酸或甲基丙烯酸酯浸渍混凝土
  - 苯乙烯浸渍混凝土
  - 环氧树脂浸渍混凝土
  - 不饱和聚酯树脂浸渍混凝土
  - 丙烯腈浸渍混凝土
- 聚合物水泥混凝土
  - 乳液改性水泥混凝土
  - 可再分散性聚合物改性水泥混凝土
  - 水溶性聚合物改性水泥混凝土
  - 液体聚合物改性水泥混凝土

图 3-14　聚合物改性混凝土的分类

聚合物混凝土(PC)是以聚合物为唯一胶结材料的混凝土。聚合物水泥混凝土(PMC)是指将水泥混凝土原材料在混合时与分散在水中或者可以在水中分散的有机聚合物材料混合,浇筑后经成型、养护和聚合而成的一种混凝土。聚合物浸渍混凝土(PIC)是指将已经水化的水泥混凝土用聚合物单体浸渍,然后单体在混凝土内部进行聚合而生成的复合材料。

聚合物改性混凝土的分类如图 3-14 所示。

1. 聚合物混凝土

(1)组成材料

①聚合物

常用聚合物混凝土胶结材料的具体分类,如图 3-15所示。

②填充材料

填充材料简称填料,一般是指细颗粒粉状材料。其主要作用是增加更多体积树脂黏结集料,产生增量的效果。常用的填料有:碳酸钙,即石灰石粉;二氧化硅类材料,即硅石粉、石英粉、粉煤灰、火山灰等;滑石粉及铸石粉等。

技术要求:基本不含水分;不含对单体的聚合反应或树脂的硬化反应产生有害影响的杂质;对树脂或单体及其他液体组分吸收量要少;对树脂组分的流变性质改善的同时,能够满足强度增长的要求。

③集料

一般用于普通混凝土的集料均能用作聚合物混凝土的集料,如河砂、石英砂、花岗岩、玄武岩等。

技术要求:集料应保持干燥(水分含量 <0.2%),表面洁净,对树脂的硬化无有害影响,集料的强度应高,并且为了减少树脂的用量,应有适当的颗粒级配和形状。

④增强材料

常用的增强材料,如钢纤维、玻璃纤维、碳纤维、聚合物纤维等,能够提高聚合物混凝土的韧性和弯曲强度。玻璃纤维(毡)、玻璃纤维织物因其强度、耐久性及耐化学侵蚀性较好,且价格便宜、施工简便,因此在实际工程中应用较多。

⑤外加剂

为改善聚合物混凝土的性能,还应加入一些与聚合物相适应的外加剂,常用品种如下:

a. 消泡剂、浸润剂:为排除混合时包裹的空气和减少聚合物的含量;

b. 增韧剂:起减小弹性模量和增加韧性的

- 用于改性的聚合物或单体
  - 聚合物胶乳
    - 弹性胶乳
    - 热塑性胶乳
    - 热固性胶乳
    - 沥青胶乳
    - 混合胶乳
  - 粉末乳胶
  - 水溶性聚合物
  - 液体树脂
  - 聚合物单体

图 3-15　用于改性的聚合物的分类

作用;

c. 阻燃剂:降低高树脂含量体系表面的燃烧性;

d. 偶联剂:促进集料和聚合物之间的黏结,提高混凝土的强度,例如硅烷和钛酸酯。

e. 低收缩添加剂:补偿聚合所引起的混凝土收缩。

当使用液态树脂时,为促进液态树脂的固化,改善操作性能剂及硬化混凝土的性能,还需加入其他外加剂,如固化剂和促进剂。但加入时,要分别与树脂混合,不能直接将固化剂和促进剂混在一起,以防引起爆炸。

(2)性能特点

采用普通混凝土的生产工艺、拌和设备和浇筑设备。强度发展快,可以在常温和低温下固化,且强度是普通混凝土强度的几倍,混凝土内部没有连通毛细孔,因此其抗渗性高,耐久性好,特别是其具有优良的电绝缘性能。

(3)树脂混凝土配合比设计

树脂混凝土配合比设计要求为:提高混凝土的耐久性和体积安定性,降低单位体积混凝土的造价。具体的设计步骤如下:

①确定液态树脂与硬化剂的适当比例。

②根据连续级配或间断级配理论,使各种粒径的集料和填料混合,并测定其空隙率,找到最密实填充状态的集料组成。

③以最密实填充状态级配的集料、填料及胶结材(包括聚合物和外加剂)进行搅拌,制得混凝土拌和物。由混凝土的和易性、材料的离析情况、混凝土强度等,确定聚合物的用量,从而获得最佳配合比。

我国常用的树脂混凝土的参考配合比见表3-28。

树脂混凝土的参考配合比(质量比) 表3-28

组成材料		环氧树脂混凝土	聚酯树脂混凝土
胶结材料	环氧树脂	180~220	—
	不饱和聚酯树脂	—	180~220
	填充材料	350~400	350~400
集料	砂子	700~760	700
	石子	1 000~1 100	1 000~1 100
其他材料	溶剂	36~44	—
	乙二胺	8~10	—
	引发剂	—	2.0~4.0
	促进剂	—	0.5~2.0

(4)主要应用

由于聚合物混凝土具有一系列的特点和用途,其应用范围广泛,在建筑工程和公路工程中的主要用途,见表3-29。

聚合物混凝土在建筑和公路工程中的用途　　　　　　　　　　　　　　表3-29

用　途	特　点
薄层罩面材料	耐磨损、耐水、抗氯离子渗透性好、抗冻融性高，可有效防止钢筋锈蚀破坏，是普通混凝土桥面、停车场、高速公路很好的罩面层
胶结材料和修补材料	固化快、黏结强度高，用于黏结瓷砖、预制混凝土板、修补混凝土裂缝、修补混凝土枕木及公路修补材料
人造石材	抗压、抗折强度高，抗冲击和弯曲强度高于天然石材，阻燃耐高温、无毒无味、耐污染性优良，色彩随意，既能做成板材，也能浇筑成复杂形状的制品，可广泛应用于建筑装饰、家具台面、卫生间、厨房的设备或台面等
防水材料	密实度高、无毛细孔，吸水率很低，可作混凝土地下防水层、屋顶防水层等
防腐材料	耐化学腐蚀性能高，用于化工厂、试验室地面、办公室、仓库、工厂地面、通道、站台、机械基础等

2. 聚合物水泥混凝土

聚合物水泥混凝土，是在普通水泥混凝土拌和物中，再加入一种聚合物，以聚合物与水泥共同作胶结料黏结骨料配制而成的混凝土。

聚合物水泥混凝土的配制方法主要有以下三种：

（1）配制工艺与普通水泥混凝土相似，只是在加水搅拌混凝土时，掺入一定量的聚合物分散体及辅助材料。

（2）可采用单体直接加入，然后用聚合的方法制得。

（3）采用聚合物粉末直接掺入水泥的方法来配制聚合物水泥混凝土。在混凝土成型和初始硬化后，加热混凝土，使聚合物溶化，这样，聚合物便浸入混凝土的孔隙中，待冷却和聚合物凝固后即成，这种聚合物水泥混凝土的抗水性能好。

聚合物水泥混凝土的使用范围见表3-30。

聚合物水泥混凝土的使用范围　　　　　　　　　　　　　　表3-30

用　途	使用范围及特点
公路及地面材料	用作地面、路面、桥面的材料；房屋、仓库、办公室、商店、厕所、体育馆、工厂等的地板以及通道、楼梯、站台等
防水材料	混凝土屋面板、砂浆及混凝土块墙、水箱、游泳池、化粪池、水泥库
黏结材料	混凝土面板、墙板、黏结其他面板、墙板及绝缘材料等用的黏结材料，新、旧混凝土或砂浆的胶结、修补裂缝等
防腐材料和内衬材料	废液沟、化工厂地面、耐酸瓷砖的填缝材料、化粪池、机器基础、化学试验室及药品仓库地板以及接触化学物质的槽、罐、池等部位衬里或砌体
罩面材料	船舶的内外窗面、桥面、火车、货车的地板、天桥的桥面等
其他	用于喷射混凝土和新旧混凝土接头

3. 聚合物浸渍混凝土

（1）组成材料及特点

①组成材料

聚合物：一般是指只要能被混凝土基材吸收，并能在其中成为固体的液体原料。聚合物均能用于浸渍混凝土。常用的聚合物单体有甲基丙烯酸、苯乙烯、丙烯酸甲酯，常用的预聚体有不饱和聚酯树脂和环氧树脂。浸渍液可以采用一种单体,也可以采用几种单体或单体与聚合物的混合物。另外,在浸渍液中还应加入一些助剂,如引发剂、促进剂、交联剂、稀释剂等。

引发剂:引发单体聚合,常用的是过氧化物,如过氧化苯甲酰、过氧化环己酮、过氧化甲乙酮等,偶氮化合物,如偶氮二异丁腈,以及过硫酸盐等。引发剂分解温度区别较大,所以可根据聚合反应的条件来选择。

促进剂:促进单体聚合,常用的是还原性化合物。引发剂不同,所使用的还原剂也不同,例如,过氧化环己酮、过氧化甲乙酮,可选用环烷酸钴作促进剂;过氧化苯甲酰可选用 N,N-二甲基苯胺作促进剂。

交联剂:用来使线型结构的聚合物转变为体型结构的聚合物的物质。常用的交联剂有三甲基丙烯酸甘油酯、邻苯二甲酸二烯丙基酯、二乙烯基苯等等。对常用的环氧树脂聚合物体系,常用的交联剂(也称固化剂)有二乙烯三胺、三乙烯四胺和聚酰胺等,交联剂的用量应根据环氧值计算。

稀释剂:为降低聚合物(如聚酯、环氧树脂)的黏度,更好地渗入到混凝土内部孔隙中。

②特点

混凝土经聚合物浸渍后,抗压强度、抗拉强度有大幅度的提高,徐变降低,耐磨性提高,混凝土密实度提高,抗渗性提高,抗冻性、耐介质腐蚀性得到很大的改善,但生产工艺过程较复杂,成本很高。

(2)技术要求

①有较低的黏度,浸渍时容易渗入混凝土基材内部,黏度越低,渗入也越容易,渗入深度也越大;在进行局部浸渍时,可选用黏度较高的聚合物。

②有较高的沸点和较低的蒸汽压力,以减少浸渍后和聚合过程中的损失。

③聚合后与基材的黏结力好,能与基材形成一个整体。

④聚合收缩率小,形成的聚合物应有较高的强度和较好的耐水、耐碱、耐老化等性能。

⑤聚合物的软化温度应超过材料的使用温度。

(3)施工工艺

浸渍混凝土的施工工艺主要分为混凝土基材的制备、浸渍和聚合三部分,具体见表3-31。

浸渍混凝土的施工工艺 表3-31

施工步骤		特点
混凝土基材制备		混凝土基材应具有一定的强度,且不含有阻碍浸渍液聚合的成分;基材应有一定的孔隙,以满足聚合物的浸渍;构件的形状和尺寸要与浸渍、聚合方法、设备相适应,基材厚度一般不超过15cm
浸渍	干燥	通常用热风干燥,干燥的时间与干燥的温度、构件的形状、厚度等有关,一般要求混凝土的含水率不超过0.5%,按此通过试验来确定干燥工艺
	抽真空	目的主要是将阻止单体渗入的空气从混凝土孔隙中排除,以提高浸渍率和加快浸渍速度。通常,真空度越高,对浸渍越有利,但密封要求很高,因此,真空度一般以6.5kPa为宜
	浸渍	根据浸渍混凝土浸渍目的不同,可分为完全浸渍和局部浸渍。完全浸渍是混凝土断面被单体完全浸透,局部浸渍是单体渗入到一定的深度,一般在10mm以下
聚合		聚合是使渗入混凝土中的单体转化为固体聚合物。引发聚合反应的方法有辐射法、加热法及化学法

（4）用途

聚合物浸渍混凝土可用于旧混凝土的维修加固领域。近年来,用于混凝土结构的保护和提高其抗渗性、耐久性。利用有机硅聚合物凝胶浸渍混凝土,渗入深度大,对混凝土的保护效果好,且施工方便。

六、其他功能性混凝土简介

1. 抗渗混凝土

抗渗混凝土是指抗渗等级不低于 P6 级的混凝土,即它能抵抗 0.6MPa 静水压力作用而不发生透水现象。为了提高混凝土的抗渗性,通常采用合理选择原材料、提高混凝土的密实程度以及改善混凝土内部孔隙结构等方法来实现。目前,常用的抗渗混凝土的配制方法有富水泥浆法（依靠采用较小的水胶比、较高的水泥用量和砂率,提高水泥浆的质量和数量,使混凝土更密实）、集料级配法（通过改善集料级配,使集料本身达到最大密实程度的堆积状态）,外加剂法,特种水泥法。

2. 耐热混凝土

耐热混凝土是指能长期在高温(200～900℃)作用下,保持所要求的物理和力学性能的一种特种混凝土。

普通混凝土不耐高温,其原因是:水泥石中的氢氧化钙及石灰岩质的粗集料在高温下均要产生分解,石英砂在高温下要发生晶型转变而体积膨胀,加之水泥石与集料的热膨胀系数不同。所有这些,均将导致普通混凝土在高温下产生裂缝,强度严重下降,甚至破坏。

耐热混凝土是由合适的胶凝材料、耐热粗、细集料及水,按一定比例配制而成。根据所用胶凝材料不同,通常可分为矿渣水泥耐热混凝土、铝酸盐水泥耐热混凝土、水玻璃耐热混凝土、磷酸盐耐热混凝土。这些耐热混凝土的极限使用温度可达 900～1 700℃不等。

耐热混凝土多用于高炉基础、焦炉基础、热工设备基础及围护结构、护衬、烟囱等。

3. 耐酸混凝土

能抵抗多种酸及大部分腐蚀性气体侵蚀作用的混凝土称为耐酸混凝土。

（1）水玻璃耐酸混凝土

水玻璃耐酸混凝土由水玻璃作胶结料,氟硅酸钠作促硬剂,与耐酸粉料及耐酸粗、细集料按一定比例配制而成。其能抵抗除氢氟酸以外的各种酸类的侵蚀,特别是对硫酸、硝酸有良好的抗腐性,且具有较高的强度,28d 强度可达 15MPa,多用于化工车间的地坪、酸洗槽、储酸池等。

（2）硫黄耐酸混凝土

它是以硫黄为胶凝材料,聚硫橡胶为增韧剂,掺入耐酸粉料和细集料,经加热(160～170℃)熬制成硫黄砂浆,灌入耐酸粗集料中冷却后即为硫黄耐酸混凝土。其抗压强度可达 40MPa 以上,常用于地面、设备基础、储酸池槽等。

4. 泵送混凝土

泵送混凝土是指坍落度不小于 100mm,并用泵送施工的混凝土。它能一次连续完成水平运输和垂直运输,效率高、节约劳动力,因此,近年来国内外应用也十分广泛。

泵送混凝土拌和物必须具有较好的可泵性。所谓可泵性,即拌和物具有顺利通过管道、摩擦阻力小、不离析、不阻塞和黏聚性良好的性能。

我国《混凝土泵送施工技术规程》(JGJ/T 10—1995)对泵送混凝土的原材料选用、坍落度控制、配合比设计等均做了具体要求。其中配合比设计时水胶比不宜大于0.60,水泥和矿物掺和料总量不宜小于300kg/m³,且不宜采用火山灰水泥,砂率宜取35%~45%。采用引气剂的泵送混凝土,其含气量不宜超过4%。

实践证明,泵送混凝土掺用优质的磨细粉煤灰和矿粉石,可显著改善和易性及节约水泥,而强度不降低。泵送混凝土的用水量和用灰量较大,使混凝土易产生离析和收缩裂纹等问题。

5. 防辐射混凝土

能遮蔽 X、γ 射线等对人体有危害的混凝土,称为防辐射混凝土。它由水泥、水及重集料配制而成,其表观密度一般在 3 000kg/m³ 以上。混凝土越重,其防护 X、γ 射线的性能越好,且防护结构的厚度可减小。但对中子流的防护,除需要混凝土很重外,还需要含有足够多的最轻元素——氢。

配制防辐射混凝土时,宜采用胶结力强、水化结合水量高的水泥,如硅酸盐水泥,最好使用硅酸锶等重水泥。常用的重集料主要有重晶石($BaSO_4$)、褐铁矿($2Fe_2O_3 \cdot 3H_2O$)、磁铁矿(Fe_2O_4)、赤铁矿(Fe_2O_3)等。另外,掺入硼、硼化物及锂盐等,也能有效改善混凝土的防护性能。

防辐射混凝土主要用于原子能工业以及应用放射性同位素的位置中,如反应堆、加速器、放射化学装置、海关、医院等的防护结构。

6. 彩色混凝土

彩色混凝土,也称面层着色混凝土。通常采用彩色水泥或白水泥加颜料,按一定比例配制成彩色饰面料,先铺于模底,厚度不小于10mm,再在其上浇筑普通混凝土,这称为反打一步成型,也可冲压成型。除此之外,还可采取在新浇混凝土表面上干撒着色硬化剂显色,或者采用化学着色剂渗入已硬化混凝土的毛细孔中,生成难溶且抗磨的有色沉淀物显示色彩。

彩色混凝土目前多用于制作路面砖。路面砖分为人行道砖和车行道砖两类,按其形状又分为普通型砖和异型砖两种。采用彩色路面砖铺路面,可形成多彩美丽的图案和永久性的交通管理标志,具有美化城市的作用。

7. 绿色混凝土

绿色混凝土(Green Concrete)中绿色的含义主要包括以下3个方面:一是,最大限度地减少能耗大、污染严重的熟料水泥的生产与使用,充分利用工业废渣及其他资源;二是,简化加工,尽量降低使用工业废料及其他资源时的清洁能源消耗;三是,提高工业废渣和其他资源的科学水平。

8. 生态混凝土

在绿色混凝土保护自然生态的基础上,生态混凝土更强调混凝土与自然生态环境的和谐性,同时也考虑自然循环、生态保护、景观保护等生态学问题,其目标是不仅仅将混凝土作为结构材料构筑人类的生活空间,而且能够调节生态平衡,美化环境景观,实现人类与自然的融合,保护自然和生态平衡。生态混凝土主要包括透水性混凝土、生物适应型混凝土、绿化景观混凝土三大类。

与普通密实性混凝土相比,透水性混凝土具有较大的连通孔隙率,能使雨水迅速渗入地表还原成地下水,保证水资源的自然循环,保持土壤湿度以利植物生长,同时地表水的快速渗透还可减少地表积水,保证行人和行车安全,减少城市排水及污水处理设施运行费用。与土壤层连通的孔隙能自动调节空气湿度及地表温度,减少城市中心"热岛"现象的发生,混凝土中的连通孔隙对降低城市噪声也具有积极的作用。透水性混凝土可应用于城市中心广场、步行街、公园内道路、轻量级车道、停车场以及体育场地等。

绿化混凝土是指能够适应绿色植物生长、进行绿色植被的混凝土。绿色混凝土包括孔洞型绿化混凝土块体材料、多孔连续型绿化及孔洞型多层结构绿化混凝土块体材料,利用混凝土内部孔洞,填入土壤、肥料及种子,从而保证植物的生长。

9. 智能混凝土

智能混凝土是驱使放进混凝土中的微细材料和装置发挥"传感器功能""处理机功能"和"执行机构功能"的混凝土。智能混凝土具有损伤自诊断功能,应用于大型混凝土结构物的重要部位,可建立结构物自预警系统,可有效避免严重的灾难性事故发生,避免给社会造成难以挽回的经济损失。

第八节 建筑砂浆

建筑砂浆是由胶凝材料、细集料、掺和料和水,按适当比例配合、拌制并经硬化而成的材料,用于砌筑、抹面、修补和装饰等工程。按所用胶凝材料的不同,可分为水泥砂浆、石灰砂浆和混合砂浆等;按用途可分为砌筑砂浆、抹面砂浆、装饰砂浆和特种砂浆等。

一、砌筑砂浆

1. 砌筑砂浆的组成材料

(1)水泥

砂浆中使用的胶凝材料有各种水泥、石灰、石膏和有机胶凝材料等,最常用的是水泥。

砂浆宜采用通用硅酸盐水泥或砌筑水泥。水泥强度等级应根据砂浆品种及强度等级的要求进行选择。M15 及以下强度等级的砂浆宜选用 32.5 级的水泥;M15 以上强度等级的砂浆宜选用 42.5 级的水泥。水泥品种应根据砂浆的使用环境和用途选择,如配制专用砂浆,可采用专用水泥和特种水泥,如用于装饰砂浆的白水泥等。

(2)细集料

砂宜选用中砂,应符合混凝土用砂的技术性能要求。但由于砂浆层较薄,因此,对砂的最大粒径应有所限制。对于毛石砌体的砂浆,砂的最大粒径应小于砂浆层厚度的 1/5~1/4,不大于 4.75mm;用于砖砌体的砂浆,砂的最大粒径应不大于 2.36mm;用于光滑的抹面及勾缝的砂浆,应采用细砂,且最大粒径小于 1.18mm。

可采用人工砂、山砂、特细砂等,但应根据经验并经试验后,确定其技术要求。保温砂浆、吸声砂浆和装饰砂浆还可采用轻砂(如膨胀珍珠岩)、白色砂或彩色砂等。

(3)掺和料和外加剂

为节约水泥,改善砂浆的和易性,砂浆中可掺入粉煤灰、石灰、石膏、沸石粉等,配制水泥混合砂浆。砂浆中所用的掺和料的品质应符合相应技术规范要求。

为改善和易性和其他性能,砂浆中可加入外加剂,如早强剂、防水剂、膨胀剂、增塑剂、黏结剂等,所选外加剂应进行检测和试配,符合要求才能使用。

(4)拌和水

拌和水的技术要求与混凝土拌和用水相同,应采用洁净、无油污和硫酸盐等杂质的可饮用水。

2.砌筑砂浆的技术性能

(1)新拌砂浆的和易性

新拌砂浆的和易性是指新拌砂浆是否便于施工并保证质量的综合性质。和易性好的砂浆便于施工操作,容易在砖、石、砌体及结构等表面上铺成连续、均匀的薄层,并基底黏结牢固。新拌砂浆的施工和易性包括流动性和保水性两方面性能。

①流动性

砂浆流动性也称为稠度,是指其在重力或外力作用下流动的性质。砂浆流动性用砂浆稠度测定仪测定。试验时,将按预定配合比的砂浆装入圆锥体中,使标准的滑针自由下沉,以沉入度(单位:mm)作为流动性的指标,沉入度越大,表示砂浆的流动性越好。

影响砂浆稠度的因素有:胶凝材料及掺和料用量、用水量、外加剂品种与掺量、砂的级配与粗细程度、拌和时间、周围环境等。砂浆流动性的选择应根据砌体种类、施工方法以及气候情况等来选择。通常,砌筑砂浆、密实的砌体材料、寒冷气候和机械施工的砂浆,流动性应小些;而多孔吸水的砌体材料、干燥气候和人工操作的砂浆,流动性应大些。具体可参照表3-32选用。

砌筑砂浆的施工稠度(JGJ/T 98—2010)　　　　表3-32

砌 体 种 类	砂浆稠度(mm)
烧结普通砖砌体、粉煤灰砖砌体	70~90
混凝土砖砌体、普通混凝土小型空心砌块砌体、灰砂砖砌体	50~70
烧结多孔砖、烧结空心砖砌体、轻集料混凝土小型空心砌块砌体、蒸压加气混凝土砌块砌体	60~80
石砌体	30~50

②保水性

砂浆保水性是指新拌砂浆在停放、运输和使用过程中保持水分的能力,也即各组成材料是否容易分离的性能。保水性良好的砂浆,水分不易流失,容易摊铺成均匀的砂浆层,且与基底的黏结性好,强度较高;而保水性不好的砂浆对砌体质量及使用过程均有不良影响。

砂浆保水性按《建筑砂浆基本性能试验方法标准》(JGJ 70—2009)的保水性试验方法测定,用保水率表示。保水率过小,保水性差,容易离析,不便于施工和质量保证。

(2)硬化后砂浆的力学性能

砂浆的抗压强度是指用三块边长为70.7mm的立方体试件,在标准养护条件下[温度为(20±2)℃,相对湿度90%以上]养护28d的抗压强度平均值,以MPa计,用$f_{m,0}$表示。水泥砂浆及预拌砌筑砂浆的强度等级可分为M5、M7.5、M10、M15、M20、M25、M30;水泥混合砂浆的强度等级可分为M5、M7.5、M10、M15。

砂浆的强度与其组成材料、配合比以及砌体材料等多种因素有关。

①对于不吸水基面(如致密的石材),砂浆强度的影响因素与混凝土相似,主要为水泥的

强度和水灰比,其经验公式为:

$$f_{m,28} = 0.293 f_{ce,28} \left(\frac{C}{W} - 0.4 \right) \tag{3-41}$$

式中:$f_{m,28}$——砂浆 28d 抗压强度,MPa;

$f_{ce,28}$——水泥 28d 抗压强度,MPa;

C/W——砂浆的灰水比。

②对于吸水基面(如烧结砖),无论砂浆拌和时用多少水,基底吸水后保留在砂浆中的水量基本相同。砂浆强度主要与水泥强度和水泥用量有关,其关系式见式(3-42):

$$f_{m,28} = \alpha \cdot f_{ce,28} \frac{m_{c0}}{1\,000} \tag{3-42}$$

式中:$f_{m,28}$——砂浆 28d 强度,MPa;

$f_{ce,28}$——水泥 28d 抗压强度,MPa;

m_{c0}——砂浆中单位体积水泥用量,kg/m³;

α——经验系数,可由试验测定。

3. 砌筑砂浆的配合比计算与确定

(1)水泥混合砂浆配合比计算

①砂浆的配制强度($f_{m,0}$)

砂浆的配制强度,按式(3-43)计算。

$$f_{m,0} = k f_2 \tag{3-43}$$

式中:$f_{m,0}$——砂浆的配制强度,MPa;

f_2——砂浆强度等级值,MPa;

k——系数,可按表3-33 取用。

砂浆强度标准差 σ 及 k 值　　　　表 3-33

施工水平 \ 砂浆强度等级	砂浆强度标准差 σ(MPa)							k
	M5.0	M7.5	M10	M15	M20	M25	M30	
优良	1.00	1.50	2.00	3.00	4.00	5.00	6.00	1.15
一般	1.25	1.88	2.50	3.75	5.00	6.25	7.50	1.20
较差	1.50	2.25	3.00	4.50	6.00	7.50	9.00	1.25

②计算水泥用量(Q_c)

每立方米砂浆中的水泥用量,按式(3-44)计算:

$$Q_c = \frac{1\,000(f_{m,0} - 15.09)}{3.03 f_{ce}} \tag{3-44}$$

式中:Q_c——每立方米砂浆中的水泥用量,kg;

$f_{m,0}$——砂浆的试配强度,MPa;

f_{ce}——水泥的实测强度,MPa。

③计算掺和料的用量(Q_D)

水泥混合砂浆中的掺和料用量,按照式(3-45)计算。

$$Q_D = Q_A - Q_C \tag{3-45}$$

式中：Q_D——每立方米砂浆中掺和料用量，kg；

Q_C——每立方米砂浆中的水泥用量，kg；

Q_A——每立方米砂浆中水泥与掺和料的总量，kg，可取350kg。

④确定砂的用量

砂浆中的水、胶结料和掺和料用于填充砂子的空隙，因此1m³干燥状态的砂子的装填密度值，也就是1m³砂浆所用的干砂用量。当砂子含水5%~7%时，体积将膨胀30%左右；当砂子含水处于饱和状态时，体积比干燥状态要减少10%左右。而砂子在干燥状态时的体积恒定，因此必须以砂子的干燥状态为基准进行计算。

⑤确定砂浆中的用水量

砂浆中用水量可根据稠度等要求，选用210~310kg/m³。混合砂浆中的用水量，不包括石灰膏或黏土膏中的水。当施工现场气候炎热或在干燥季节，可酌情增加用水量。

（2）水泥砂浆的配合比确定

若按照水泥混合砂浆配合比设计方法计算水泥砂浆配合比，由于水泥强度太高，而砂浆强度低，使得水泥用量计算偏少，因此通过计算得到的配合比不太合理。实际中，水泥砂浆的配合比可以根据工程类别及砌体部位等确定砂浆的设计强度等级，按表3-34选用。

每立方米水泥砂浆中各材料的用量（kg/m³）　　　　表3-34

强度等级	水泥用量	砂子用量	用水量
M5	200~230	砂的堆积密度值	270~330
M7.5	230~260		
M10	260~290		
M15	290~330		
M20	340~400		
M25	360~410		
M30	430~480		

注：当采用细砂或粗砂时，用水量分别取上限或下限。

（3）砂浆配合比试配、调整与确定

①按计算或查表所得的配合比进行试拌时，应测定其拌和物的稠度和保水率，当不能满足要求时，应调整材料用量，直到符合要求为止，然后确定为试配时的砂浆基准配合比。

②试配时至少应采用三个不同的配合比，其中一个是基准配合比，另外两个配合比的水泥用量应按基准配合比分别增加或减少10%。在保证稠度和保水率合格的条件下，可对用水量或掺加料用量作相应调整。

对三个不同的配合比进行调整后，按照规定方法成型试件，测定砂浆强度，然后选定符合试配强度要求且水泥用量最低的配合比作为砂浆的设计配合比。

另外，砂浆试配时，应采用工程中实际使用的材料，并使用机械搅拌，搅拌时间应从投料结束算起，并符合以下规定：水泥砂浆和水泥混合砂浆，不得小于120s；对掺加粉煤灰和外加剂的砂浆，不得小于180s；用有机塑化剂的砂浆，应为180~300s。

二、抹面砂浆

抹面砂浆也称抹灰砂浆，是指涂抹在基底材料的表面，兼有保护基层和增加美观作用的砂浆。抹面砂浆应具有良好的和易性,容易磨成均匀平整的薄层,与基底层有较高的黏结力,以保证其长期使用不会开裂或脱落。抹面砂浆按其功能的不同,可分为普通抹面砂浆、防水砂浆和具有特殊功能的抹面砂浆等。

(1) 普通抹面砂浆

普通抹面砂浆的主要功能是保护结构主体。它可以抵抗风、雨、雪等自然因素以及有害介质的侵蚀,提高建筑物或墙体的抗风化、防潮、防腐蚀和保温隔热能力。普通拌面砂浆用于室内,则具有一定的装饰效果。

抹面砂浆一般分两层或三层进行施工。底层砂浆主要起黏结的作用,要求砂浆有良好的和易性和较高的黏结力,并且保水性要好,否则水分易被底面吸收掉而影响黏结力;中层主要起找平作用,有时可省去不用;面层砂浆起装饰作用,应达到平整美观的效果。

普通抹面砂浆的流动性和砂子的最大粒径可参考表3-35,常用抹面砂浆的配合比和应用范围可参考表3-36。

抹面砂浆的流动性及集料最大粒径　　　　表3-35

抹面层	沉入度(mm)		砂的最大粒径(mm)
	人工操作	机械操作	2.36
底层	100~120	80~90	2.36
中层	70~90	70~80	1.18
面层	90~100	70~80	—

常用抹面砂浆的配合比和应用范围　　　　表3-36

材料	配合比(体积比)	应用范围
石灰:砂	1:2~1:4	用于砖、石墙表面(潮湿的墙除外)
石灰:黏土:砂	1:1:4~1:1:8	用于干燥的墙表面
石灰:石膏:砂	1:0.4:2~1:1:3	用于不潮湿房间的墙和天花板
石灰:石膏:砂	1:2:2~1:2:4	用于不潮湿房间的线角及其他装饰工程
水泥:砂	1:3~1:2.5	用于浴室、潮湿车间等墙裙、勒脚或地面基层
水泥:砂	1:2~1:1.5	用于地面、天棚或墙面面层
水泥:砂	1:0.5~1:1	用于混凝土地面的压光

(2) 防水砂浆

用作防水层的砂浆称为防水砂浆,砂浆防水层又称刚性防水层,适用于不受振动和具有一定刚度的混凝土或砖石砌体的表面,以及地下室、水塔、水池、储液罐等防水工程。防水砂浆主要有普通水泥防水砂浆、掺防水剂的防水砂浆以及膨胀水泥或无收缩水泥配制的防水砂浆。

普通水泥防水砂浆是由水泥、细集料、掺和料和水拌制成的砂浆。其采用多层抹面作防水层时,要求水泥强度等级不低于32.5级,砂子宜采用中砂或粗砂。配制时,水泥和砂子的比例应为1:2~1:3,水胶比范围0.40~0.50。

掺防水剂的防水砂浆是由普通水泥中掺入一定量的防水剂制成,可以提高砂浆自防水能力,配合比范围与上述相同,是目前应用最广泛的一种防水砂浆。

用膨胀水泥或无收缩水泥配制防水砂浆时,由于水泥具有微膨胀或补偿收缩性能,使砂浆的密实性增加,从而提高砂浆的抗渗性,并具有良好的防水效果。一般配合比(体积比)为:水泥:砂子 = 1:2.5,水胶比在 0.4~0.5 之间。

三、特种砂浆

在建筑工程中,还有多种满足某种特定功能要求的砂浆,称为特种砂浆,常用的有以下几种。

1. 保温砂浆

保温砂浆是以胶凝材料(如水泥、石灰、石膏等)与膨胀珍珠岩砂、膨胀蛭石、火山渣或浮石砂、陶砂等轻质多孔集料按一定比例配制而成的砂浆,具有质轻、保温的特点,可用于屋面、墙体及供热管道等的保温层。

常用的保温砂浆有水泥膨胀珍珠岩砂浆、水泥石灰膨胀蛭石砂浆等。

2. 吸声砂浆

由轻集料配制成的保温砂浆,一般都具有良好的吸声性能,故也可用作吸声砂浆。另外,也可以用水泥、石膏、砂、锯末配制成吸声砂浆,还可以在石灰、石膏砂浆中掺入玻璃纤维、矿棉等松软纤维材料得到吸声砂浆。吸声砂浆用于有吸声要求的室内墙壁和顶棚的抹灰。

3. 耐酸砂浆

在用水玻璃和氟硅酸钠配制的耐酸胶结料中,掺入适量的由石英岩、花岗岩、铸石等制成的粉及细集料等,可拌制成耐酸砂浆。耐酸砂浆常用于内衬材料、耐酸地面和耐酸容器的内壁防护层。

4. 聚合物砂浆

聚合物砂浆是由水泥砂浆中添加有机聚合物乳液配制而成。常用的聚合物乳液有氯丁胶乳液、丙烯酸树脂乳液、丁苯橡胶乳液等。聚合物砂浆具有黏结力强、干缩小、脆性低、耐腐蚀性好等特点,主要用于修补和防护工程。

5. 防辐射砂浆

在水泥砂浆中掺入重晶石粉、重晶石砂,可配制成具有防 X 射线能力的砂浆。其配合比约为:水泥:重晶石粉:重晶石砂 = 1:0.25:(4~5)。在水泥浆中掺入硼砂、硼酸等,可配制成具有防中子辐射能力的砂浆,应用于射线防护工程。

【本章小结】

普通水泥混凝土由水泥、水、粗集料和细集料组成,必要时掺加一定质量的外加剂或(和)掺和料。对水泥混凝土的主要技术要求是:与施工条件相匹配的和易性、符合设计要求的强度、与工程使用条件相适应的耐久性等。

水泥混凝土的施工和易性是指新拌混凝土易于施工操作,达到质量均匀密实成型的性质,包括流动性、黏聚性、保水性等方面的含义,常采用坍落度和维勃稠度试验进行判别。影响混凝土和易性的主要内因是水胶比、单位用水量和砂率等。

水泥混凝土的强度有抗压强度、抗拉强度及抗折强度等。混凝土的强度等级采用"立方体抗压强度标准值"确定,抗拉强度用于判断混凝土的抗裂性,抗折强度用于道路路面及机场道面结构设计,各种强度指标也用于水泥混凝土结构的质量评定。影响混凝土强度的主要因素为水胶比和水泥强度,这种关系也称为"水胶比定则"。

水泥混凝土的耐久性包括抗冻性、抗磨性、抗腐蚀性等,与混凝土的密实度关系密切,也与水泥用量、水胶比密切相关,因此在水泥混凝土配合比设计时,应按照水泥混凝土使用条件,对最大水胶比和最小水泥用量进行校核。

水泥混凝土的组成设计内容包括:原材料的选择及配合比的确定。在水泥混凝土组成材料中,应根据工程使用条件及混凝土的设计强度,选择水泥品种和强度等级;粗集料的强度、坚固性、颗粒组成、最大粒径和形状应符合设计要求;细集料应坚固,并符合级配和细度模数的要求。粗、细集料均应限制有害杂质数量,在路面及机场道面混凝土中不得使用具有碱活性的集料。各种外加剂具有减水、增强、引气、提高混凝土耐久性等功能,使用时应遵循有关设计要求,不得对混凝土性能产生不利影响。混凝土配合比设计的主要参数为水胶比、单位用水量、砂率,也可能有外加剂或掺和料(如粉煤灰)数量。计算出的材料配合比,应经试拌、试配验证后方可确定。

粉煤灰混凝土和路用水泥混凝土(包括普通路用混凝土、钢纤维混凝土和碾压混凝土等)是在普通混凝土的基础上发展来的。在粉煤灰混凝土中,以粉煤灰取代部分水泥(或细集料),既可降低混凝土造价,又能改善混凝土的某些性能,如提高混凝土流动性、降低水化热、提高混凝土耐久性等。钢纤维混凝土中由于钢纤维的增强增韧作用,使混凝土的抗裂性及韧性大大提高,对于延长混凝土路面的使用寿命极为有利。碾压混凝土具有水泥用量少、用水量低,施工速度快的特点,广泛应用于大体积结构及路面工程结构。

砂浆是一种细集料混凝土,在建筑结构中起黏结、传递应力、衬垫、防护和装饰作用。对砂浆的技术要求主要有施工和易性和抗压强度。

【复习思考题】

3-1 简述石子最大粒径、针片状、压碎指标的概念及测试、计算方法。

3-2 简述粗集料最大粒径的限制条件。

3-3 减水剂的作用机理和使用效果是什么?

3-4 从技术经济及工程特点考虑,针对大体积混凝土、高强混凝土、普通现浇混凝土、混凝土预制构件、喷射混凝土和泵送混凝土工程或制品,选用合适的外加剂品种,并简要说明理由。

3-5 简述混凝土拌和物和易性的概念、测试方法、主要影响因素、调整方法及改善措施。

3-6 简述混凝土立方体抗压强度、棱柱体抗压强度、抗拉强度和劈裂抗拉强度的概念及相互关系。

3-7 影响混凝土强度的主要因素及提高强度的主要措施有哪些?

3-8 在什么条件下能使混凝土的配制强度与其所用水泥的强度等级相等?

3-9 影响混凝土干缩值大小的主要因素有哪些?

3-10 简述温度变形对混凝土结构的危害。

3-11 影响混凝土耐久性的主要因素及提高耐久性的措施有哪些?

3-12 混凝土的合理砂率及确定的原则是什么?

3-13 钢筋混凝土梁的截面最小尺寸为 320mm,配置钢筋的直径为 20mm,钢筋中心距离为 80mm,问可选用最大粒径为多少的石子?

3-14 三个建筑工地生产的混凝土,实际平均强度均为 23.0MPa,设计要求的强度等级均为 C20,三个工地的强度变异系数 C_v 值分别为 0.102、0.155 和 0.250。问三个工地生产的混凝土强度保证率(P)分别是多少?并比较三个工地施工质量控制水平。

3-15 已知混凝土的水胶比为 0.60,每立方米混凝土拌和用水量为 180kg,采用砂率 33%,水泥的密度 $\rho_c = 3.10 \text{g/cm}^3$,砂子和石子的表观密度分别为 $\rho_s = 2.62 \text{g/cm}^3$ 及 $\rho_g = 2.70 \text{g/cm}^3$。试用体积率求 1m^3 混凝土中各材料的用量。

3-16 某试验室试拌混凝土,经调整后各材料用量为:普通水泥 4.5kg、水 2.7kg、砂 9.9kg、碎石 18.9kg,又测得拌和物表观密度为 2.38kg/L,试求:每立方米混凝土的各材料用量;当施工现场砂子含水率为 3.5%,石子含水率为 1% 时,求施工配合比;如果把试验室配合比直接用于现场施工,则现场混凝土的实际配合比将如何变化?对混凝土强度将产生多大影响?

3-17 某混凝土预制构件厂,生产预应力钢筋混凝土大梁,需用设计强度为 C40 的混凝土,拟用原材料为:水泥:普通硅酸盐水泥 42.5 级,水泥强度富余系数为 1.10,$\rho_c = 3.15 \text{g/cm}^3$;中砂:$\rho_s = 2.66 \text{g/cm}^3$,级配合格;碎石:$\rho_g = 2.70 \text{g/cm}^3$,级配合适,$D_{max} = 20\text{mm}$。

已知单位用水量 $W = 170\text{kg}$,标准差 $\sigma = 5\text{MPa}$。试用体积法计算混凝土配合比,并求出每拌三包水泥(每包水泥重 50kg)的混凝土时各材料用量。

3-18 试述混凝土拌和物施工和易性的主要因素和改善措施。

3-19 解释下列关于混凝土强度名词的含义:(1)立方体强度标准值;(2)强度等级;(3)混凝土配制强度;(4)劈裂抗拉强度;(5)抗折强度。

3-20 试述"水胶比定则"的意义,简述影响混凝土强度的主要因素及提高混凝土的主要途径。

3-21 水泥混凝土热胀冷缩特性对其路用性能有何影响?

3-22 普通水泥混凝土的组成材料在技术性质上有哪些主要要求?

3-23 简述普通水泥混凝土初步配合比设计步骤。经过初步计算所得的配合比,为什么还要进行试拌、调整?试拌、调整的内容是什么,如何进行?

3-24 混凝土外加剂按其功能的不同,可分为几类?试述减水剂和引气剂的作用机理和应用效果。

3-25 粉煤灰对水泥混凝土的性质有何影响?

3-26 简述路用普通水泥混凝土配合比设计步骤。

3-27 简述钢纤维对混凝土的增强增韧机理。

3-28 碾压混凝土在材料组成和施工工艺方面与普通水泥混凝土主要有何差异?

3-29 简述建筑砂浆的用途及其组成设计方法。

3-30 试设计某跨度 6m 预应力 T 梁用水泥混凝土的配合比。

【设计资料】 水泥混凝土设计强度等级C40,工程要求的强度保证率为95%,水泥混凝土施工强度标准差6.0MPa;要求混凝土拌和物的坍落度为30~50mm。

组成材料及性质:水泥P·Ⅰ52.5级,实测抗压强度58.5MPa,密度ρ_c = 3 100kg/m³;碎石用一级石灰岩轧制,最大粒径20mm,表观密度ρ'_c = 2 780kg/m³,现场含水率w_g = 1.0%;砂为清洁河砂,细度模数2.4,表观密度ρ'_s = 2 680kg/m³,现场含水率w_s = 5.0%;水符合混凝土拌和用水要求;减水剂用量0.8%,减水率ρ_{ad} = 12%;粉煤灰符合Ⅰ级灰标准,表观密度2 120 kg/m³。

【设计要求】 (1)计算混凝土初步配合比(不掺减水剂和粉煤灰),并按现场含水率折算工地配合比;

(2)计算掺加0.8%减水剂后,混凝土的初步配合比;

(3)用超量取代法计算粉煤灰混凝土初步配合比。

3-31 试设计某重交通二级公路面层混凝土(无抗冻性要求)的配合比组成。

【设计资料】 道面混凝土的设计弯拉强度标准值f_{cm}为5.0MPa,施工单位混凝土弯拉强度标准差s为0.5(样本n=6),现场采用小型机具摊铺,拌和物坍落度要求为10~30mm。

组成材料:水泥P·Ⅱ52.5级,实测水泥抗折强度8.9MPa,密度ρ_c = 3 150kg/m³;碎石用一级石灰石轧制,最大粒径为40mm,表观密度ρ'_g = 2 710kg/m³,振实密度ρ'_{gh} = 1 730kg/m³;砂为清洁河砂,细度模数2.7,表观密度ρ'_s = 2 700kg/m³;水为饮用水,符合混凝土拌和用水要求。

【设计要求】 计算该路面混凝土的初步配合比。

3-32 某桥上部结构用混凝土设计强度$f_{cu,k}$=45MPa,由现场按规定方法取样,制成标准试块,标准养生28d后,测得各组混凝土抗压强度值见表3-37。试判断该批混凝土是否合格?

混凝土 28d 龄期挤压强度测试值　　　　　表3-37

一组	二组	三组	四组	五组	六组	七组	八组	九组	十组
51.9	44.8	52.1	49.0	47.5	47.7	51.5	52.6	49.8	44.2
53.2	41.3	55.7	47.9	45.7	50.3	50.8	54.1	47.5	45.7
50.1	38.8	52.3	48.2	44.4	54.1	42.5	53.1	46.5	46.2

3-33 新拌砂浆的和易性包括哪些方面?如何测定?

3-34 影响砂浆强度的基本因素是什么?写出其强度公式。

3-35 砌筑砂浆的组成材料有何要求?为什么要掺入掺和料?

3-36 普通抹面砂浆的功能和特点是什么?

第四章
沥青材料

【本章提要】

本章重点阐述道路石油沥青的组成、结构、技术性质、评价指标和技术标准。在此基础上，介绍聚合物改性沥青、乳化沥青的技术性质和技术标准，以及天然沥青、环氧沥青、彩色沥青和阻燃沥青的性能特点及其技术要求。

    沥青是黑色或暗黑色固体、半固体或黏稠状物，可溶于苯或二硫化碳等有机溶剂，是自然界中天然存在的或是从原油经蒸馏得到的残渣，主要由高分子烃类所组成，这些烃类为一些带有不同长短侧链的高度缩合的环烷烃和芳环烃，以及这些烃类的非金属元素（氧、氮、硫）的衍生物，有时还包含有一些微量金属元素（钒、镍、锰、铁……）的烃类等。作为重要的有机结合料，沥青被广泛应用于道路建设、铁路工程、防水工程、水利工程、防腐工程等领域。

    地壳中的原油通过岩石裂缝渗透到地表后，长期暴露在大气中，其轻质部分在太阳、地热等自然环境的影响下蒸发，残留物经浓缩、氧化作用形成天然的沥青，称为"天然沥青"。天然沥青产量很少，其存在形式有湖沥青、岩沥青、海底沥青等。产地在中美洲委内瑞拉北海岸附近特立尼达岛上的特立尼达湖沥青就是著名的天然沥青，我国新疆克拉玛依、四川青川等地也有天然沥青。岩沥青中含有许多砂和岩石，经过水熬制，可以得到纯净的沥青。

    地壳中的原油，开采后经常压蒸馏、减压蒸馏后，采用溶剂脱沥青或氧化等工艺过程得到的暗褐色或黑色的半固体或固体物质，即为石油沥青。石油沥青是应用最广泛的沥青材料，呈暗褐色或黑色。

煤、木材、页岩等有机物质经碳化作用或在真空中分馏得到的黏性液体,称为焦油沥青。由煤加工所得的焦油称为煤焦油,经再加工后得到的沥青,称为煤沥青。由木材蒸馏而得到的焦油称为木焦油,页岩经过蒸馏得到的焦油为页岩沥青。

按沥青的形态分为黏稠沥青、液体沥青。

按沥青的用途分为道路沥青、建筑沥青、机场沥青、水工沥青、防腐沥青、油漆沥青、电池沥青、电缆沥青和绝缘沥青等。

第一节 石 油 沥 青

一、石油沥青的生产和分类

1. 按石油加工的方法分类

石油沥青按其生产加工方法可分为:直馏沥青、氧化沥青、溶剂沥青、调和沥青、乳化沥青、改性沥青等,见图 4-1。

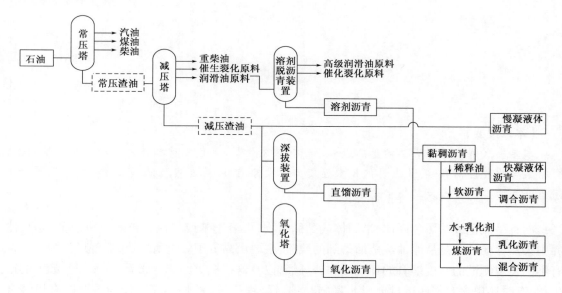

图 4-1 石油沥青生产加工流程图

(1)直馏沥青

直接蒸馏原油,将不同沸点的馏分取出后,在常压塔底获得的残渣为直馏沥青,在常温下是黏稠液体或半固体。蒸馏法制取石油沥青是最简单、最经济的方法。原油脱水后加热至360℃,进入常压塔,在塔内分馏出汽油、柴油和重柴油。塔底常压渣油再进一步加热至390℃,进入减压蒸馏塔,此塔保持一定的真空度,分馏出减压馏分,塔底所存的减压渣油往往可以获得合格的道路沥青。

由于直馏沥青中含有许多不稳定的烃,其温度稳定性和耐候性差。

(2) 氧化沥青

氧化法是将减压渣油预热脱水,加热至 240～290℃ 的高温,在氧化塔内吹入定量的空气对渣油进行不同程度的氧化而生产沥青的加工工艺。此工艺使沥青软化点提高,针入度降低,稠度提高,这种方法所得的沥青为氧化沥青,也称为吹制沥青。

(3) 溶剂沥青

石蜡基原油的残渣富含高沸点石蜡烃,这些组分留在沥青中使沥青的稠度达不到要求,且降低软化点和延度。采用溶剂法处理石蜡基原油则能得到质量优良的沥青。

溶剂法是利用溶剂对各组分的不同溶解能力,选择性地溶解其中一个或几个组分,从渣油中分离出富含饱和烃和芳香烃的脱沥青油,同时得到胶质、沥青质含量高的溶剂沥青。

(4) 调和沥青

用调和法生产沥青是按照沥青质量要求,将几种沥青按适当的比例进行调配,调整沥青组分之间的比例以获得所要求的产品。

(5) 稀释沥青和改性沥青

由上述生产方法得到的沥青再加入溶剂稀释,或加入改性剂进行改性,就可以得到稀释沥青和改性沥青。前者在常温下是液体,可流动;后者视改性剂类型和生产方法,可以是液体或半固体。

(6) 乳化沥青

将沥青材料加水和乳化剂进行乳化成为乳化沥青,乳化沥青是另一种形式的液体沥青。乳化沥青按照破乳速度的快慢又分为快裂、中裂和慢裂三种。乳化沥青按其所用乳化剂的种类可分为阳离子乳化沥青、阴离子乳化沥青和非离子乳化沥青。

2. 按原油的性质分类

石油按其含蜡量的多少可分为石蜡基、中间基和环烷基原油,不同性质的原油所炼制的沥青性质有很大的差别。

(1) 石蜡基沥青

石蜡基沥青其蜡的含量一般都大于 5%,大庆原油所炼制的沥青是典型的石蜡基沥青,其含蜡量甚至达 20%。

由于在常温下蜡常以结晶析出的形式存在于沥青的表面,使沥青失去黑色光泽。石蜡基沥青黏结性差,软化点虽高,但热稳性极差,温度稍高黏度就会很快降低。

(2) 环烷基沥青

由环烷基石油加工所炼制的沥青为环烷基沥青。这种沥青含有较多的脂烷烃,蜡含量少(一般低于 3%),这种沥青黏性好,优质的道路沥青大多是环烷基沥青。

(3) 中间基沥青

采用中间基原油炼制的沥青,其蜡的含量为 3%～5%,普通道路沥青大多属于这种沥青。

二、石油沥青的化学组成和结构

1. 元素组成

沥青是由多种复杂的碳氢化合物及其氧、硫、氮的衍生物所组成的混合物,主要组成元素为碳、氢、氧、硫、氮 5 种,还含有其他的微量元素,如铁、锑、镍、钒、钠、钙、铜等,也大多集中在沥青质和胶质之中，但因其数量甚微，对沥青性质和使用性能影响不显著。

几种典型石油沥青的元素组成见表4-1。

沥青的元素组成 表4-1

沥青名称	C(%)	H(%)	C/H（原子比）	平均分子式
阿拉伯轻质原油沥青	84.0	10.3	0.68	$C_{68.5}H_{104.2}O_{1.1}S_{0.1}$
伊朗重质原油沥青	83.6	10.2	0.68	$C_{71.8}H_{105}S_{1.8}$
科威特沥青	83.9	10.3	0.68	$C_{69.9}H_{103}S_{1.8}$
大庆丙脱沥青	86.1	11.0	0.66	$C_{68.5}H_{104.2}O_{1.1}S_{0.1}$
胜利氧化沥青	84.5	10.6	0.67	$C_{71.8}H_{107.3}O_{1.1}S_{0.8}$

由表4-1可见，沥青的成分随原油的来源不同而不同，同时，沥青在炼制过程中组分也会发生变化。C/H的比例可以在很大程度上反映沥青的化学成分，C/H越大，表明沥青的环状结构，尤其是芳香环结构越多。在沥青中，碳和氢的含量占98%~99%，其中，碳的含量为80%~87%，氢为10%~15%。

2. 化学组分

由于沥青的元素组成很难与技术性质相关联，因此必须寻求其他的分析方法对沥青进行分离。由于沥青是十分复杂的烃类和非烃类的混合物，分子量大，化学结构复杂，用一般的化学分析方法难以将其分离，目前采用按物理和化学特性相近似的化合物集中为一个组分的分离方法将其分离为几个组分。常用的为三组分法和四组分法。

我国目前广泛采用四组分分析方法。采用液相色谱和溶剂分离，将沥青的组分大致分为饱和分、芳香分、胶质、沥青质四个组分。四组分试验流程如图4-2所示。

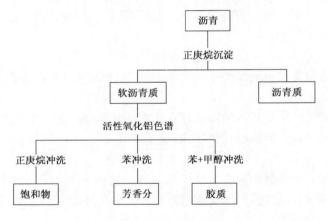

图4-2　四组分试验流程图

沥青的四种组分有以下所述的不同特征。

(1) 沥青质

沥青质是深褐色至黑色的无定形物质，不溶于正庚烷、乙醇、石油醚，易溶于苯、氯仿、四氯化碳等溶剂。它是复杂的芳香物材料，有很强的极性，分子量在1 000~100 000范围内，颗粒粒径为5~30nm，H/C原子比例为1.16~1.28。沥青质在沥青中的含量一般为5%~25%。

沥青质对沥青中的油分有憎液性，而对胶质呈亲液性。沥青是胶质包裹沥青质而成胶团悬浮在油分之中,形成胶体溶液。由于沥青质分子的缔合作用,沥青质分子总是几个分子结合在一起,含沥青质高的沥青,其软化点高,针入度小,延度小,低温易脆裂。

(2)胶质

胶质也称为树脂或极性芳烃,在常温下是半固体或液体状的黄色至褐色的黏稠状物质,溶于正庚烷、石油醚、汽油、苯等有机溶剂。胶质有很强的极性,因而有很好的黏结力。胶质H/C原子比为1.30~1.47,平均分子量为1 000~50 000,颗粒的粒径为1~5nm,其在沥青中含量为15%~30%,是沥青的扩散剂或胶溶剂。

胶质赋予沥青可塑性、流动性和黏结性,并能改善沥青的脆裂性,提高延度。其化学性质不稳定,易被氧化转变为沥青质。

胶质与沥青质的比例在一定程度上决定沥青是溶胶或是凝胶的特性。

(3)芳香分(芳香族)

芳香分是由沥青中最低分子量的环烷芳香化合物组成,是胶溶沥青质分散介质的主要部分。芳香分占沥青总量的20%~50%,是深棕色的黏稠液体,H/C原子比为1.56~1.67,平均分子量在300~2 000范围内。

(4)饱和分

饱和分是由直链和支链脂肪属烃以及烷基环烃和一些烷基芳香烃组成的,是一种非极性稠状油类,H/C原子比在2.0左右,平均分子量为500~1 000,饱和分在沥青中占5%~20%,饱和分对温度较为敏感。饱和分和芳香分在沥青中主要使胶质沥青质软化(塑化),使沥青胶体体系保持稳定。

芳香分和饱和分都作为油分,在沥青中起着润滑和柔软作用。油分含量越多,沥青的软化点越低,针入度越大,稠度越低。

(5)蜡分

沥青中的蜡分是指沥青在除去沥青质和胶质之后,在油分中含有的,经丁酮-苯脱蜡,在-20℃冷冻能结晶析出的,熔点在25℃以上的混合组分,其中主要是高熔点的烃类混合物。

蜡的化学组成以正构烷烃及熔点与正构烷烃接近的长烷基侧链的少环烃类为主。蜡有石蜡和地蜡之分,地蜡是微晶蜡,沥青中的蜡主要是地蜡。蜡在高温时融化,使沥青黏度降低,温度敏感性增大。蜡在低温时易结晶析出,分散在沥青质中,减少沥青分子之间的紧密联系,使其低温延展能力降低。蜡使沥青与石料表面的亲和力变小,影响沥青与石料的黏附性。由于蜡对沥青的性能有一定的影响,而沥青中蜡的含量主要与原油的基属有关,因此应该对生产沥青的原油进行选择,使所生产的沥青的蜡含量低于限制。

3.沥青的胶体结构

胶体理论的研究认为,大多数沥青属于胶体体系,是以固态超细微粒的沥青质为核心,胶质吸附在表面,逐渐向外扩散,使沥青质的胶核溶于油分(饱和分和芳香分)介质中,这种结构就是胶体的组成结构单元即胶团,其分散模型如图4-3所示。

用超级显微镜对沥青溶液进行观察,认为沥

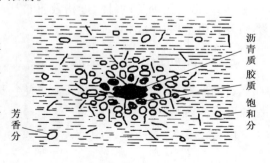

图4-3 石油沥青的胶体结构分散模型

青质是分散相,而油分是分散介质,但沥青质与油分不亲和,而且沥青质与油分两种组分混合不能形成稳定的体系,沥青质极易发生絮凝。

胶质对沥青质是亲和的,胶质对油分也是亲和的,胶质包裹沥青质形成胶团,分散在油分中,形成稳定的胶体。在胶团结构中,从核心到油分是均匀的,逐步递变的,并无明显的分界层。

根据沥青中各个组分比例和流变学特性,沥青胶体的结构类型可以分为溶胶、溶-凝胶和凝胶三种,示意如图4-4所示。

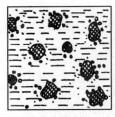  

a) 溶胶型结构　　　　b) 溶-凝胶型结构　　　　c) 凝胶型结构

图4-4　石油沥青胶体结构示意

(1) 溶胶型结构

当油分和胶质足够多时,沥青质形成的胶团全部分散,胶团能在分散介质的黏度许可范围内自由运动,这种沥青称为溶胶型沥青。其特点是胶体结构中的沥青质(小于10%)较少,胶团之间没有吸引力或吸引力很小,具有良好的黏结性,但温度敏感性较强。这类沥青完全符合牛顿流体,剪切力与剪变速率呈直线关系,弹性效应很小或完全没有。

(2) 溶-凝胶型结构

沥青中沥青质含量适当,并有很多胶质作为保护物质。它所形成的胶团相互之间有一定的吸引力。在常温时,在变形的最初阶段,表现为非常明显的弹性效应,但在变形增加到一定数值后,则表现为牛顿流体。这种沥青比溶胶型沥青稳定,黏结性和感温性都较好。路用沥青多属于溶-凝胶型沥青,它具有黏弹性和触变性,也称弹性溶胶。

(3) 凝胶型结构

当油分与胶质很少,沥青质含量很高时,胶团浓度相对增加,相互之间靠拢较近,胶团会形成不规则的空间网格结构,油分分散在网格结构中,胶团移动较困难。这种沥青称为凝胶型沥青。其特点是弹性好,温度稳定性好,而且具有触变现象。但如果沥青中含有较多的芳香树脂,即使沥青质含量大,胶团的吸引力也小,也不能形成凝胶型结构。

沥青的胶体结构与沥青的技术性质有密切关系,但从化学角度来评价沥青的胶体结构是很困难的,常采用沥青的针入度指数(PI)法、容积度法、絮凝比—稀释度法等来评价胶体结构类型及其稳定性。

三、石油沥青的技术性质

石油沥青化学组成和结构的特点,使它具有一系列特性,而沥青的性质对沥青路面的使用性质有很大影响。

1. 物理性质

(1) 密度

沥青密度是在规定温度(15℃)下单位体积的质量,以 g/cm³ 或 kg/m³ 计。沥青密度是沥青分子致密程度的指标,也是沥青质量性能的指标。密度是沥青的基本参数,在沥青储运和沥青混合料设计时都要用到这一参数。相对密度是在规定温度下,沥青质量与同体积的水质量之比值。

沥青的相对密度与沥青的化学组成有密切的关系。它取决于沥青各组分的比例及排列的紧密程度。沥青中含硫量大、芳香族含量低、沥青质含量高则相对密度较大;蜡分含量较多则相对密度较小。黏稠沥青的相对密度多在 0.97~1.04 范围内。

(2) 体膨胀系数

当温度上升时,沥青材料的体积发生膨胀。温度上升 1℃,沥青单位体积或单位长度几何尺寸的增大称为体膨胀系数或线膨胀系数。

沥青的体膨胀系数大体在 $2 \times 10^{-4} \sim 6 \times 10^{-4}$℃$^{-1}$ 范围内。沥青的体膨胀系数越大,沥青路面夏季越容易产生泛油,冬季越容易出现收缩开裂。

沥青的体膨胀系数可以通过测定不同温度下的密度按式(4-1)求得:

$$\alpha = \frac{d_{T_2} - d_{T_1}}{d_{T_1}(T_1 - T_2)} \tag{4-1}$$

式中:α——沥青的体膨胀系数,℃$^{-1}$;

d_{T_1}、d_{T_2}——高温和低温下沥青的密度,g/cm^3;

T_1、T_2——温度,℃。

(3) 介电常数

沥青的介电常数与沥青对氧、雨、紫外线等的耐候性(耐老化性)有关,介电常数定义为:

$$沥青的介电常数 = \frac{沥青作为介质时平行板电容器的电容}{真空作为介质时相同平行板电容器的电容}$$

英国道路研究所(TRRL)研究认为,沥青路面抗滑性与沥青的介电常数有关,英国要求沥青的介电常数大于 2.65。

根据物质的介电常数可以判别高分子材料的极性大小。通常,介电常数大于 3.6 为极性物质,介电常数在 2.8~3.6 为弱极性物质,介电常数小于 2.8 为非极性物质。沥青材料的介电常数在 2.6~3.0 范围内,25℃时为 2.7,在 100℃时增大为 3.0,故属于非极性或弱极性材料。

(4) 比热

沥青的比热与沥青种类和温度有关。在 0℃时,沥青的比热在 0.40~0.43Cal/(g·℃)范围内。沥青温度每升高 1℃,其比热将增加 $4 \times 10^{-4} \sim 6 \times 10^{-4}$ Cal/(g·℃)。

2. 路用性能

(1) 黏滞性

① 黏滞性的定义。

黏滞性是沥青在外力作用下沥青粒子产生相互位移的抵抗剪切变形的能力。沥青的黏滞性通常用黏度表示。黏度和稠度是沥青最重要的性质。通常,稠度高的沥青,其黏度也高;但稠度低的沥青,其黏度不一定低。从高温稳定性来说,需采用高稠度和高黏度的沥青;从低温抗裂性能来说,则需采用低稠度、高黏度的沥青。

沥青作为胶结料,应将松散的矿质材料胶结为一整体而不产生位移。如图 4-5 所示,在两个平行的金属板之间填满沥青材料,将下板 N 固定,对上板 M 施以力 F,使其以恒定速度 v 平

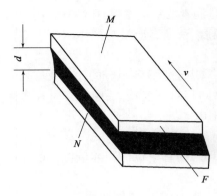

图 4-5 沥青剪切示意图

行移动,沥青将会随之运动,从而受到剪切作用,沥青受到的剪应力 $\tau = F/A$。经过一段时间,速度自下板至上板逐渐增加,在 y 方向上形成速度梯度,也即剪变率 $\gamma' = v/d$。

剪应力与剪变率之比即为沥青的黏度(又称动力黏度),即

$$\eta = \frac{\tau}{\gamma'} \tag{4-2}$$

式中:η——沥青的动力黏度,Pa·s,若用"泊"(P)表示,则 $1P = 0.1 Pa·s$;

τ——剪应力,Pa;

γ'——剪变率,s^{-1}。

通常,溶胶型(或高温下)沥青性质接近牛顿液体,其剪应力与剪变率之比为常数,黏度与剪变率的大小无关。而在路面的使用温度时,凝胶型或溶-凝胶型沥青的剪应力与剪变率之比不为常数,黏度随剪变率的大小而变,在不同的剪变率下沥青表现为不同的黏度,通常用表观黏度表示,如式(4-3)所示:

$$\eta_a = \frac{\tau}{(\gamma')^c} \tag{4-3}$$

式中:η_a——沥青的表观黏度,即在某一剪变率 γ' 时的黏度,Pa·s;

c——复合流动系数,与沥青的黏流性质有关,也称牛顿流动反常系数或流变指数。

②沥青黏度的测试方法。

沥青的黏度随温度而变化,变化的幅度很大。根据沥青处于不同的温度段,需要使用不同的黏度计测定沥青的黏度。

a. 毛细管黏度计法。图 4-6 为真空减压毛细管黏度计示意图,沥青试样处于一恒温液体浴中,真空泵产生 300mmHg 的负压,测试沥青在毛细管中流动一定量所需的时间,即为该温度条件下的黏度,可按式(4-4)计算:

$$\eta = tk \tag{4-4}$$

式中:η——沥青动力黏度,Pa·s;

t——时间,s;

k——黏度计结构常数,Pa·s/s。

用毛细管黏度计测试沥青黏度,通常是测 60℃ 或 135℃ 的黏度。由于 60℃ 沥青的黏度比较高,所以必须使用减压真空系统,而测定 135℃ 沥青的黏度,则可以不用。测试时温度要严格控制,以免影响测试精度。

沥青黏度分级的标准温度采用 60℃,此时大部分沥青已接近牛顿液体。

b. 布洛克菲尔德(Brookfield)黏度计法。布洛克菲尔德黏度计(图 4-7)属于双筒旋转黏度计,外筒固定并置于恒温浴中,将少量沥青试样盛于恒温控制的盛样筒中,转子在沥青试样中转动,测定相应的转动阻力所反映出来的扭矩,乘以仪器

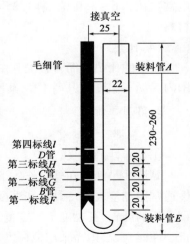

图 4-6 真空减压毛细管黏度计(尺寸单位:mm)

参数,即得沥青的黏度。该方法适用于测定高温状态下牛顿液体的黏度或非牛顿液体的表观黏度。

c. 流出型黏度计法。流出型黏度计也称之为杯式黏度计,如标准黏度计、恩格拉氏黏度计、雷德伍特黏度计、赛氏黏度计等。这些黏度计都是将沥青材料注入一个金属杯中,记录在一定温度下,经过规定流孔流出规定体积的液体所需的时间,间接地表示流体的黏度。

图4-8 为标准黏度计试验示意图。将沥青倒入标准黏度计中,在规定温度 T 下,通过规定的流孔直径 d 流出 50mL 所需的时间,用 $C_{T,d}$ 表示,单位为 s。试验温度和流孔直径根据沥青的黏度选择,常用的孔径有 3mm、4mm、5mm 和 10mm 四种。在相同温度和相同流孔条件下,流出时间越长,表示沥青黏度越大。

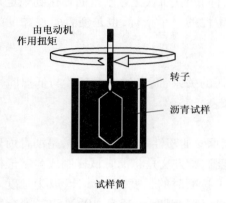

图4-7 布洛克菲尔德黏度计示意图

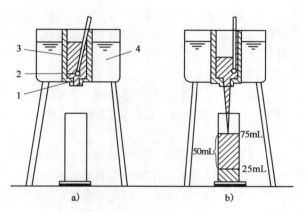

图4-8 沥青标准黏度试验示意图
1-流孔;2-球棒;3-沥青试样;4-恒温浴

d. 针入度。针入度试验是国际上普遍采用测定黏稠沥青稠度的一种方法,也是划分沥青标号采用的一项指标。针入度试验模式见图4-9。该法是沥青材料在规定的温度条件下,以规定质量的标准针经过规定时间贯入沥青试样的深度,以 0.1mm 计。针入度用 $P_{T,m,t}$ 表示,P 表示针入度,脚标表示试验条件,其中 T 为试验温度,m 为标准针(包括连杆及砝码)的质量,t 为贯入时间。我国现行试验法 T 0604—2011 规定:常用的试验条件为 $P_{25,100g,5s}$。测定针入度指数 PI 时,按同样的方法在 15℃、25℃、30℃(或 5℃)三个或三个以上(必要时增加 10℃、20℃等)温度条件下分别测定沥青的针入度,但标准针质量和刺入时间仍为 100g 和 5s。

针入度值越大,表示沥青越软,稠度越小;反之,针入度值越小,表示沥青越硬,稠度越大。通常,稠度高的沥青,其黏度亦高。但由于沥青胶体结构的复杂性,针入度与黏度之间,不能获得很好的相关性。

e. 软化点。沥青材料是一种非晶体高分子材料,它由液态凝结为固态,或由固态熔化为液态时,没有明确的固化点或液化点,通常采用条件硬化点和滴落点来表示。沥青材料在硬化点至滴落点之间的温度阶段时,是一种黏滞流动状态,在工

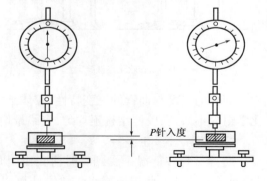

图4-9 沥青针入度试验示意图

程实用中为保证沥青不致由于温度升高而产生流动的状态,取滴落点和硬化点之间温度间隔的87.21%作为软化点。

软化点的数值随所采用的仪器不同而异,我国现行试验法 T 0606—2011 是采用环球法测软化点,见图4-10。该法是沥青试样注于内径为18.9mm的铜环中,环上置一重3.5g的钢球,在规定的加热温度(5℃/min)下进行加热,沥青试样逐渐软化,直至在钢球荷重作用下,使沥青产生25.4mm垂度(即接触底板)时的温度(℃),取为软化点。

研究认为:多种沥青在软化点时的黏度约为1 200Pa·s,或相当于针入度值为800(0.1mm)。软化点试验实际上是测量沥青在一定外力(钢球)作用下开始产生流动并达到一定变形时的温度,可以认为软化点是一种人为的"等黏温度"。

由此可见,针入度是在规定温度下测定沥青的条件黏度,而软化点则是沥青达到规定条件黏度时的温度。所以软化点既是反映沥青材料热稳定性的一个指标,也是沥青条件黏度的一种量度。

(2) 低温性能

沥青的低温性质与沥青路面的低温抗裂性有密切的关系,沥青的低温延性与低温脆性是重要的性能,多以沥青的低温延度试验和脆点试验来表征。

① 延性。

沥青的延性是指当其受外力的拉伸作用时,所能承受的塑性变形的总能力,是沥青内聚力的衡量。通常用延度作为条件延性指标来表征。延度试验方法是将沥青试样制成8字形标准试件(最小断面1cm²),在规定拉伸速度和规定温度下拉断时的长度,以 cm 计,取为延度。沥青的延度采用延度仪来测度,见图4-11。石油沥青延度试验温度有15℃、10℃、5℃(聚合物改性沥青),拉伸速度为(5±0.25)cm/min。

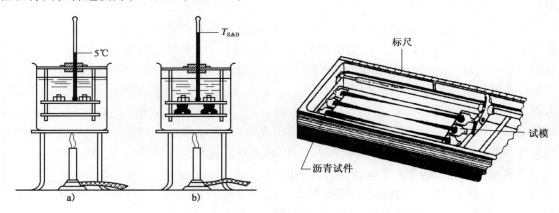

图4-10 沥青软化点试验示意图　　　　图4-11 沥青延度试验示意图

沥青的延度与沥青的流变特性、胶体结构和化学组分等有密切的关系。研究表明:当沥青化学组分不协调,胶体结构不均匀,含蜡量增加时,都会使沥青的延度值相对降低。

② 脆性。

沥青材料在低温下受到瞬时荷载作用时,常表现为脆性破坏。沥青脆性的测定极为复杂,通常采用A·弗拉斯脆点试验方法可以求出沥青达到临界硬度发生开裂时的温度,作为条件脆性指标。脆点试验的方法 T 0613—1993 是将0.4g沥青试样在一个标准的金属片上摊成薄层,此金属片置于有冷却设备的脆点仪内,摇动脆点仪的曲柄,能使涂有沥青薄膜的金属片产生弯曲。随着冷却设备中制冷剂温度以 1℃/min 的速度降低,沥青薄膜的温度亦逐渐降低,当降低至某一温度时,沥青薄膜在规定弯曲条件下产生断裂时的温度,即为沥青的脆点。

脆点是测量沥青在低温不引起破坏时的温度。

脆点实质上反映的是沥青由黏弹性体转变为弹脆体即玻璃态的温度,即达到临界硬度时发生脆裂的温度。沥青出现脆裂时的劲度约为 2.1×10^9 Pa。

对于含蜡量高的沥青以针入度为 1.2 时的温度作为脆点,即当量脆点($T_{1.2}$)。用当量脆点作为评价沥青低温抗裂性能的指标。含蜡量小于3%的沥青,其当量脆点应低于 -17℃。

③弯曲梁流变试验(BBR)。

大量研究结果表明,沥青混合料的低温劲度是反映抗裂性能的重要指标。美国 SHRP(公路战略研究计划)研究开发了一种能准确评价沥青劲度和蠕变速率的方法,即弯曲梁流变试验(Bending Bean Rheometer,简称 BBR)。所采用的沥青必须先经过旋转薄膜烘箱 RTFOT 模拟沥青在施工过程中的热老化,再经过压力老化试验(PAV)模拟沥青路面经过5年的使用期老化。

弯曲试验在弯曲流变仪器(BBR)上进行(图4-12)。弯曲流变仪应用工程上梁的理论来测量沥青小梁试件在蠕变荷载作用下的劲度,用蠕变荷载模拟温度下降时路面中可产生的应力。通过试验获得两个评价指标:

蠕变劲度模量 s(弯拉模量),要求不超过 300MPa;蠕变曲线的斜率要求不小于0.3。

如果沥青材料的蠕变劲度太大,则呈现脆性,路面容易开裂,因此要求不超过 300MPa。而表征沥青低温劲度随时间变化率的 m 值越大,则沥青开裂的可能性会随之减小,即 m 值越大越好。

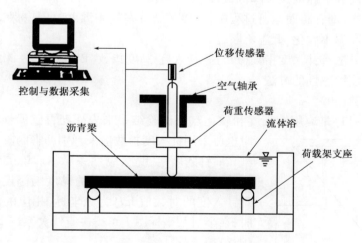

图 4-12 弯曲梁流变试验模式示意图

④直接拉伸试验(DTT)。

直接拉伸试验(Direct Tension Test,简称 DTT)是 SHRP 为测试沥青的拉伸性能而开发的,用以测试沥青在低温时的极限拉伸应变。试验温度为 0~36℃,沥青呈脆性特征。

将沥青成型成哑铃状(图4-13)。试件重约2g,两端粗、中间细,长40mm,有效标准长度

27mm，截面尺寸为6mm×6mm。试验温度为设计最低温度以上10℃，以1mm/min的速率拉伸直至试件在中部断裂。试件的应力和应变由式(4-5)和式(4-6)计算。

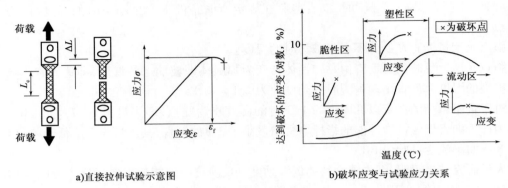

图4-13　直接拉伸试验

$$应力 = \frac{最大荷载}{试件截面面积} \tag{4-5}$$

$$应变 = \frac{长度变化(\Delta L)}{有效标准长度(27mm)} \tag{4-6}$$

低温状态脆性破坏的试件的应变通常不小于1%，因此SHRP要求直接拉伸试验的破坏应变不得小于1%。

(3)沥青的感温性

沥青是复杂的胶体结构，黏度随温度的不同而产生明显的变化，这种黏度随温度变化的感应性称为感温性。对于路用沥青，温度和黏度的关系是极其重要的性能。首先，正是沥青存在感温性才使其在高温下黏度显著降低，这样才有可能实现沥青与石料均匀拌和以及沥青混合料碾压成型。其次，沥青路面运营过程中，又要求沥青在使用温度范围内保持较小的感温性，以保障沥青路面高温不软化、低温不断裂。

常用的测试方法有针入度指数(PI)法、针入度-黏度指数(PVN)法等。软化点试验也可以作为反映沥青温度敏感性的方法。

① 针入度指数(PI)。

针入度指数(PI)是应用针入度和软化点的试验结果来表征沥青感温性的一种指标。同时也可采用针入度指数值来判别沥青的胶体结构状态。

a. 针入度-温度感应性系数 A。P·Ph·普费和范·德·波尔等研究认为，沥青的黏度随温度而变化。当以沥青针入度的对数值 $\lg P$ 为纵坐标，相应的温度 T 为横坐标时，在半对数坐标图上可得一直线关系(图4-14)，并可用式(4-7)表示：

$$\lg P = AT + K \tag{4-7}$$

式中：K——回归系数；

A——直线的斜率，称为针入度-温度感应性系数。

普费等人根据对多种沥青的研究，认为沥青在软化点温度时，针入度在600~1 000(0.1mm)之间，假定为800

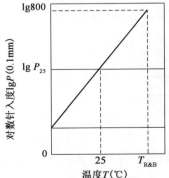

图4-14　沥青的对数针入度-温度关系曲线

(0.1mm)。因而,针入度-温度感应性系数 A 可按式(4-8)计算求得:

$$A = \frac{\lg 800 - \lg P_{25}}{T_{R\&B} - 25} \tag{4-8}$$

式中:P_{25}——在25℃、100g、5s条件下测定的针入度值,0.1mm;

$T_{R\&B}$——环球法测定的软化点温度,℃。

由于软化点温度时的针入度常与800(0.1mm)相距大,斜率 A 应根据不同温度的针入度值确定,常采用的温度为15℃、25℃及30℃(或5℃),通过回归求得针入度-温度感应性系数 A 值,3个温度的针入度回归的相关系数不得小于0.997。

针入度温度感应性系数 A 越大,表示沥青对温度的变化越敏感,其性能越不好。

b. 针入度指数(PI)。普费等人在制定针入度指数时,假定感温性最小的沥青其针入度指数 PI 为20,感温性最大的沥青针入度指数 PI 为 -10,在图4-15中将软化点坐标25℃与针入度坐标800(0.1mm)连成一线,将斜线划分成30等分,软化点与针入度连线同斜线交点定为 PI 值。此 PI 值将斜线分成两段,根据它们的长度比,即为斜率 A。由于 A 值很小,为使 PI 值在 +20 ~ -10 之间,A 值乘以50,得 $\frac{20 - PI}{10 + PI} = 50A$,由此可计算出针入度指数:

$$PI = \frac{30}{1 + 50A} - 10 \tag{4-9}$$

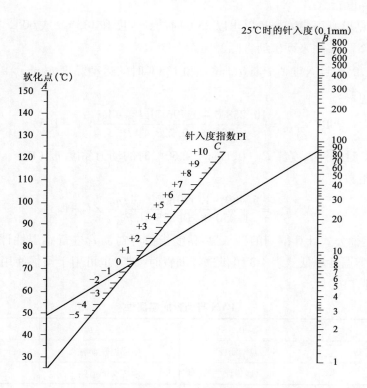

图4-15 由针入度和软化点求针入度指数 PI 的诺漠图

表4-2为沥青按 PI 值划分的胶体结构类型及其特性。PI 值大表示沥青的感温性小。一般认为 PI 值在 -1 ~ +1 之间的沥青适宜修筑沥青路面。

沥青胶体结构类型　　　　　　　　　　　　　　　　　　　　表4-2

针入度指数 PI	< -2	-2 ~ +2	> +2
胶体结构类型	溶胶型结构	溶—凝胶型结构	凝胶型结构
沥青特性	低温变形能力好，温度敏感性强	高温感温性低，低温变形能力好	温度敏感性低，低温变形能力差

c. 当量软化点（T_{800}）和当量脆点（$T_{1.2}$）。当量软化点 T_{800} 定义为针入度等于 $800(0.1\text{mm})$ 时沥青的温度，当量脆点 $T_{1.2}$ 定义为针入度等于 $1.2(0.1\text{mm})$ 时沥青的温度，分别反映沥青的高温性能和低温性能。

可以根据15℃、25℃和30℃温度下针入度值用直线回归方程式求得当量软化点和当量脆点：

$$T_{800} = \frac{\lg 800 - K}{A} \tag{4-10}$$

$$T_{1.2} = \frac{\lg 1.2 - K}{A} \tag{4-11}$$

上述式中：物理量含义同前。

②针入度-黏度指数（PVN）。

N·W·麦克里奥德（Mcleod）提出以25℃时的针入度和135℃（或60℃）的黏度确定针入度-黏度指数 $\text{PVN}_{25\text{-}135}$，用来评价沥青感温性。

a. 已知25℃时的针入度值 $P_{25}(0.1\text{mm})$ 和135℃时的运动黏度 $v(\text{mm}^2/\text{s})$，按式（4-12）计算针入度-黏度指数：

$$\text{PVN}_{25\text{-}135} = \frac{10.2580 - 0.7967\lg P_{25} - \lg v}{1.0500 - 0.2234\lg P_{25}} \times (-1.5) \tag{4-12}$$

b. 已知25℃时的针入度值 $P_{25}(0.1\text{mm})$ 和60℃时的动力黏度 $\eta_{60}(\text{Pa·s})$，按式（4-13）计算针入度-黏度指数：

$$\text{PVN}_{25\text{-}60} = \frac{5.489 - 1.590\lg P_{25} - \lg \eta_{60}}{1.0500 - 0.2234\lg P_{25}} \times (-1.5) \tag{4-13}$$

按麦克里奥德公式计算得到的针入度-黏度指数可对沥青进行感温性评价，针入度-黏度指数越大，沥青感温性越低。表4-3可供选择沥青时参考，也可用于预估使用该种沥青铺筑路面的低温抗裂性。

PVN与沥青的感温性　　　　　　　　　　　　　　　　　　　　表4-3

PVN	0 ~ -0.5	-0.5 ~ -1.0	-1.0 ~ -1.5
温度敏感性等级	低感温性沥青	中感温性沥青	高感温性沥青
适用场合	重交通道路	中等交通道路	轻交通道路

③针入度-温度指数（PTI）。

针入度-温度指数是根据不同温度条件下的针入度值的比率来评价沥青的感温性。针入度-温度指数可由式（4-14）~式（4-16）计算：

$$\mathrm{PTI}_1 = \frac{P_{46.1}}{P_{25}} \qquad (4\text{-}14)$$

$$\mathrm{PTI}_2 = \frac{P_{25}}{P_0} \qquad (4\text{-}15)$$

$$\mathrm{PTI}_3 = \frac{P_{46.1} - P_0}{P_{25}} \qquad (4\text{-}16)$$

上述式中：$P_{46.1}$——温度为46.1℃、针重为50g、针刺入时间为5s时的针入度值,0.1mm；

P_{25}——温度为25℃、针重为100g、针刺入时间为5s时的针入度值,0.1mm；

P_0——温度为0℃、针重为200g、针刺入时间为60s时的针入度值,0.1mm。

针入度-温度指数值越小,表明沥青的感温性越小。

(4)沥青的耐久性

沥青在运输、施工和沥青路面的使用过程中,受到加热、拌和、摊铺、碾压、交通荷载以及温度、光照、雨水等各种因素的作用,会发生一系列物理化学变化,沥青的化学组成发生了变化,逐渐改变其原有的性能而变硬、变脆、开裂。这种变化称为沥青的老化。沥青在长期的使用过程中要求有较好的抗老化性,即耐久性。

①沥青老化的特征。

a.沥青常规指标的变化。沥青老化最显著的特征是针入度变小、软化点增大、延度减小、脆点上升。

b.沥青组分的变化。沥青质明显增加,饱和分、芳香分含量变化不大,胶质含量有所降低。

c.沥青胶体结构的变化。溶胶向溶凝胶转化,溶凝胶向凝胶转化。

d.沥青流变性质的变化。在老化过程中沥青的密度增大,线收缩系数减小。沥青老化后黏度增大,复合流动度也随老化的加深而减小,非牛顿性质愈加明显。

②沥青老化的原因。

引起沥青老化的因素很多,主要有:暗处氧化、光照氧化、加热蒸发损失及热氧化,水及机械力作用等。

a.暗处氧化。沥青在无光的情况下,在空气中会慢慢老化变硬。

b.光照氧化。当沥青暴露在空气中时,在太阳光的辐射作用下,光-氧的联合作用是造成沥青老化的重要原因。在光的照射下,沥青的氧化要比在黑暗中快得多。沥青中的各种组分都能吸收氧而被氧化,当然芳香分氧化的速度更快,吸收的氧就更多。当沥青以厚油层状态存在时,一般光氧化作用只限于沥青表面10~41μm的薄层。

c.加热蒸发损失及热氧化。沥青在加热熔化时,会引起沥青轻组分的蒸发及表面一层沥青的加速氧化,这两者都会使沥青变硬老化。沥青在釜内加热变硬的程度称为加热稳定性。

在沥青混合料生产过程中,石料与沥青都处于高温状态,这时会引起沥青极速老化。有人曾经证明,沥青在160~170℃高温下以薄膜状态与石料接触,其老化速度几乎相当于沥青路面19年的自然老化。因此,温度越高,沥青的氧化越剧烈,老化越严重。

③沥青耐久性的评价。

现行评价沥青老化性能的试验方法分为模拟沥青在拌和过程中热老化条件以及在使用过程的老化条件。

a. 薄膜烘箱加热试验。薄膜烘箱加热试验（TFOT）模拟沥青在混合料拌和生产过程中的老化。《公路工程沥青及沥青混合料试验规程》（JTG E20—2011）中规定的薄膜加热试验方法是将50g沥青试样放入直径140mm、深9.5mm的不锈钢盛样皿中，沥青膜的厚度约为3.2mm，在163℃通风烘箱的条件下以5.5r/min的速率旋转5h，然后计算沥青试样的质量损失，并测试针入度等指标的变化。

b. 旋转薄膜加热试验。旋转薄膜加热试验（RTFOT）是将35g沥青试样装入高140mm、直径64mm的开口玻璃瓶中，将盛样瓶放入旋转烘箱中，一边接受以4 000mL/min流量吹入的热空气，一边在163℃的高温下以15r/min的速度旋转，经过75min的老化后，测定沥青的质量损失及针入度、黏度等各种性能指标的变化，见图4-16。

c. 压力老化容器法（PAV）。以上两种老化试验方法是模拟沥青混合料在拌和过程中的老化条件，为短期老化。而在路面使用过程中沥青的老化是长期的老化，美国Superpave成果提出压力老化试验（Pressure Aging Vessel，简称PAV）。压力老化试验仪如图4-17所示。标准的老化温度视沥青标号不同规定为90~110℃，老化时间为20h，容器内的充气压力为2.1MPa。研究成果表明，PAV试验对沥青老化的影响相当于使用期路面表层沥青老化5~7年的情况。

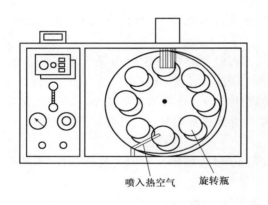

图4-16　沥青旋转薄膜加热试验　　　　　　图4-17　压力老化罐示意图

对经老化条件处理后的沥青试样可通过DSR、BBR和DDT试验评价沥青的抗老化性能。

(5)沥青的黏附性

沥青以薄膜形式涂覆在集料颗粒表面，由于沥青与集料之间相互作用所产生的物理吸附和化学吸附，将松散的集料黏结为一个整体。沥青与集料之间的这种作用能力即沥青的黏附性。

①黏附机理。

a. 表面张力理论。水是极性分子，对石料的吸附强于沥青，故水能使沥青剥离。沥青剥落的机理通常由表面张力理论说明，图4-18示出了有水存在时沥青与集料表面吸附的情况。

如果三相间的接触角为 θ，矿料-沥青、水-矿料、沥青-水各相界面的表面张力分别为 $\sigma_{矿-沥}$、$\sigma_{水-矿}$、$\sigma_{沥-水}$，在表面张力的平衡状态下，则：

$$\sigma_{水-矿} - \sigma_{矿-沥} - \sigma_{沥-水}\cos\theta = 0$$

$$\cos\theta = \frac{\sigma_{水-矿} - \sigma_{矿-沥}}{\sigma_{沥-水}} \tag{4-17}$$

当 $\cos\theta > 0$，即 $0° < \theta < 90°$ 时，不会发生剥离；相反，当 $\cos\theta < 0$，即 $90° < \theta < 180°$ 时，将会发生剥离。

为了改善沥青与石料的黏附能力，应改善沥青与石料的浸润性，使 $\theta < 90°$。研究表明，在沥青中掺入某些化学添加剂，可以使 θ 和 $\sigma_{矿-沥}$ 得以改变。

b. 表面电位理论。沥青与矿料的黏附性的本质是两种材料的界面的亲和力，这种亲和力是指表面张力、分子引力（范德华力）、机械附着力及化学反应引力，尤其取决于两种物质的表面电荷及由此产生的引力。吸附在集料固体表面的沥青之所以能被水置换，是由于水的极性很强，水分子 H_2O 的氢离子端带正电性，氢氧离子端带负电性。沥青与这种集料的分子引力不如水与集料的分子引力大。对石英类矿料，硅（Si）的含量多，表面带有弱的负电荷，它与水分子的氢离子能以氢键的方式结合。而它与沥青的吸附主要依靠相对较弱的范德华力，它比水分子与硅的很强的极性吸附力小得多。所以，一般的集料表面或多或少都具有亲水憎油的性能，酸性石料比碱性石料更甚。如果石料遇水，水将能够穿透沥青膜达到集料表面将集料与沥青分开，如图4-19所示。

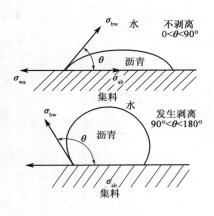

图4-18 沥青剥落机理示意图

c. 酸碱理论。沥青是一种弱极性物质，其极性的强弱与沥青中的表面活性物质，如沥青酸和沥青酸酐的含量有关。当沥青与酸性石料接触时，沥青中的酸性物质不能与酸性石料（如花岗岩、石英岩）发生化学反应，只能产生分子间力的作用，即物理吸附，故黏附性不强。当与碱性石料接触时，则可以发生化学反应，而产生一种不溶于水的化合物，形成化学吸附；化学吸附作用力强于物理吸附力，故黏附力强。

② 沥青黏附性的评价方法。

评价沥青与矿料黏附性的方法通常有两大类：一类是沥青-集料的黏附性试验，另一类是沥青混合料的黏附性试验。

a. 水煮法。水煮法适用于粒径大于13.2mm的碎石。将洗净的粗集料在105℃烘箱中烘干，然后浸入已经加热到130~150℃的热沥青中，浸润45s，使沥青充分包裹于集料表面。取出冷却至室温后，在沸水中浸煮3min（图4-20），水应保持微沸状态。取出集料，观察集料表面沥青膜被水移动剥落的程度，按表4-4分五个等级评定其黏附性。

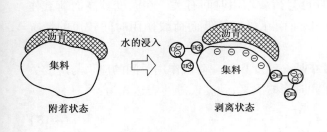

图4-19 表面电位理论说明沥青剥离机理的示意

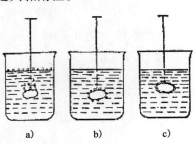

图4-20 水煮法试验

沥青与集料的黏附性等级　　　　　　表 4-4

试验后集料表面上沥青膜剥落程度	黏附性等级
沥青膜完全保存,剥落面积百分率接近 0%	5
沥青膜少部为水所移动,厚度不均匀,剥落面积百分率少于 10%	4
沥青膜局部明显为水所移动,基本保持在集料表面上,剥落面积百分率少于 30%	3
沥青膜大部为水所移动,局部保持在集料表面上,剥落面积百分率大于 30%	2
沥青膜完全为水所移动,集料基本裸露,沥青全浮于水面上	1

b. 水浸法。水浸法适用于集料最大粒径小于 13.2mm 的粗集料。选用 20 颗已用沥青拌和裹覆的集料,浸泡在 80℃ 的恒温水槽中 30min,取出冷却后,然后按表 4-4 评定沥青膜剥落面积百分率。

改善沥青与石料的黏附性的措施有:活化集料表面,在沥青中掺入一定剂量碱性材料,使用高黏度沥青,添加抗剥落剂,拌制沥青混合料时添加消石灰粉或生石灰粉、水泥。

(6)沥青的黏弹性

路用沥青多为溶-凝胶型沥青,在低温或瞬间荷载作用下,表现为明显的弹性性质;在高温或长时间荷载作用下,表现为较强的黏性性质。在常温下是黏性和弹性共存,是一种典型的黏弹性物体。黏弹性材料在受力状态下有其特殊的应变特性,这就是蠕变和松弛。

①蠕变。

物体在应力保持不变的情况下,应变随时间的延长而增大,这种现象称之为蠕变,蠕变是不可恢复的变形,其变形大小与荷载作用时间的长短有关。这部分变形主要是由于材料的黏性流动所引起的塑性变形;另一种变形虽然可以恢复,但恢复迟缓。这是材料的弹性后效现象。通常将黏性流动和弹性后效变形二者称为蠕变现象。蠕变模量是某一时刻的应力与应变的比值。

②松弛。

松弛与蠕变相反。松弛是物体在恒定的应变条件下,应力随时间逐渐减小的力学行为。应力松弛在路面工程中有时是有利的。例如,沥青路面在冬季温度降低时,由于收缩变形而产生温度应力,但沥青混合料因有应力松弛能力,使温度应力逐渐衰减直至消失,结果沥青路面不致温度应力而开裂,这也就是沥青路面一般不设伸缩缝的主要原因。

③沥青的劲度模量。

沥青的黏弹性性质不仅与温度有关,而且也与荷载作用时间有关。在温度较高而荷载作用时间较长的情况下,沥青的黏性性质较为明显;而在温度较低而荷载作用时间较短的情况下,则弹性性质较为明显。

范·德·波尔引入劲度模量来表征沥青在某一温度和某一荷载作用时间的应力与应变关系,仍采用弹性模量的表达方式,但引入温度和时间的因素,劲度模量的表达式为:

$$S_{T,t} = \left(\frac{\sigma}{\varepsilon}\right)_{T,t} \tag{4-18}$$

式中:S——沥青的劲度模量,Pa;

σ——应力,MPa;
ε——应变;
t——荷载作用时间,s;
T——温度,℃。

黏弹性材料的劲度模量不是常数,它随温度和荷载作用时间而改变。图 4-21 显示了沥青的黏弹特性。

沥青材料的劲度模量 S 可以采用"微膜滑板黏度计"或"微弹性仪"等仪器来测定,也可通过图表确定。范·德·波尔等根据荷重作用时间(t)或频率(w)、路面温度差(T)、沥青的胶体结构类型(PI)等参数绘制成实用沥青劲度模量诺谟图,见图 4-22。

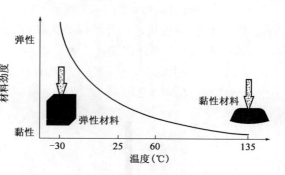

图 4-21 沥青的黏弹特性

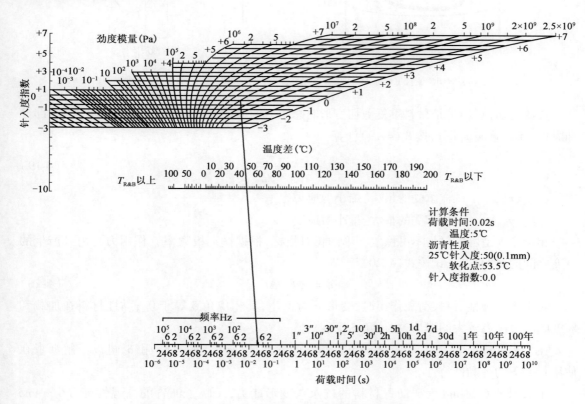

图 4-22 范·德·波尔沥青劲度模量诺模图

在利用诺模图 4-22 时,荷重作用时间根据汽车交通作用时间而定,通常采用停车站的停车时间进行校核。路面温度差是指当地气温为平均最低气温时,当路面面层为 5cm 深度的温度与软化点的差值(即软化点温度 - 路面温度)。

④动态剪切流变试验(DSR)。

动态剪切流变仪是通过测定沥青材料的复数剪切模量(G^*)和相位角(δ)来表征沥青材料的黏弹性性质的。

动态剪切流变试验如图 4-23 所示,由一固定板和一个能左右振荡的板组成,中间夹以沥青。工作时,振荡板从 A 点开始移动到 B 点,又从 B 点返回经 A 点到 C 点,然后再从 C 点回到 A 点,这样形成一个循环周期。

振荡频率为 10rad/s,约等于 1.59Hz(相当于公路上车辆行驶车速为 88km/h)。传感器记录沥青的应变,如图 4-24 所示。

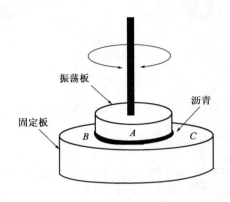

图 4-23 动态剪切流变仪工作原理

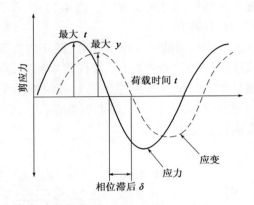

图 4-24 动态剪切流变试验曲线

复数剪切模量 G^* 是材料重复剪切变形时总阻力的度量,包括两部分:弹性(可恢复)部分和黏性(不可恢复)部分,按式(4-19)计算:

$$G^* = \frac{\tau_{max} - \tau_{min}}{\gamma_{max} - \gamma_{min}} \tag{4-19}$$

式中:τ_{max}、τ_{min}——试样承受的最大、最小剪应力;

γ_{max}、γ_{min}——试样承受的最大、最小剪应变。

相位角 δ 是可恢复与不可恢复变形的相对指标,根据摆动板频率 f、作用力与由其产生的应变之间的时间滞后 Δt 按式(4-20)计算:

$$\delta = 2\pi f \cdot \Delta t \tag{4-20}$$

对于绝对弹性材料,荷载作用时,变形同时产生,其相位角 δ 等于 0°;黏性材料在加载和应变响应之间有较大的滞后,相位角 δ 接近 90°。

在大多数情况下,沥青同时呈现出黏性和弹性性质。通过测试 G^* 和 δ,可以了解沥青在使用状态下的弹黏性特性。

车辙因子 $G^*/\sin\delta$ 表征沥青材料的抗永久变形能力,反映了沥青的高温性能。$G^*/\sin\delta$ 值大表示沥青的弹性性质显著。G^* 增大,$\sin\delta$ 减小,则 $G^*/\sin\delta$ 值大,抗永久变形能力将得到增强。这一试验适用的温度范围为 5~85℃,G^* 为 0.1~10 000kPa 范围内。

美国对沥青材料提出的车辙因子指标是:

原始沥青

$$\frac{G^*}{\sin\delta} > 1.0\text{kPa}$$

旋转薄膜烘箱试验后的沥青

$$\frac{G^*}{\sin\delta} > 2.2\text{kPa}$$

(7)安全性

沥青材料在施工过程中常需要加热,当加热至一定温度时,沥青中挥发性的油蒸汽与周围空气形成一定浓度的油气混合体,遇火则易发生闪火。若继续加热,油气混合物浓度增加,遇火极易燃烧,引发安全事故。

沥青闪点是试样在规定的开口杯盛样器内按规定的升温速度受热时所挥发的气体以规定的方法与试焰接触,初次发生一瞬即灭的火焰时的试样温度,以℃表示。燃点是出现持续燃烧5s以上的试样温度。道路石油沥青闪点采用克利夫兰开口杯法(COC)。为保证施工安全,需要控制沥青材料的加热温度。

四、石油沥青的技术要求

1.沥青分级方法

沥青作为一种化工产品,必须按照某个技术指标将沥青等级进行划分以形成不同的标号,满足不同地区和工程的需要。1918年,美国公路局率先制订了以沥青针入度指标为分级依据的沥青标准。20世纪70年代,又提出了以黏度指标为分级依据的沥青标准。20世纪90年代,美国在1989年至1993年实施了公路战略研究计划(SHRP)后又提出了基于性能的分级方法。

(1)针入度分级

针入度分级,是指以沥青25℃针入度大小来划分沥青的标号。按针入度划分标号时,标号之间的针入度值可以是连续的,也可以是不连续的,并以针入度中值或区间值命名。我国的道路沥青基本是按针入度级分类,如《重交通道路石油沥青》(GB/T 15180—2010)是按连续针入度[20~140(0.1mm)]分为6个标号,每个标号针入度区间值为20(0.1mm),以中值命名,如针入度40~60(0.1mm)的沥青命名为AH-50。

(2)黏度分级

长期的实践表明,石油沥青在60℃下的黏度与夏季路面最高温度下沥青混合料的强度、抗车辙能力有良好的相关性。按沥青60℃黏度大小划分沥青标号,能更好地体现相应标号沥青的高温性能,方便用户选用。如美国ASTM D3381中采用了60℃黏度分级标准体系。

(3)基于性能的分级

性能分级是以沥青在相应的使用环境条件下应具备的性能特征作为分级依据。这个概念是美国公路战略研究计划(SHRP)中提出来的,并形成了以沥青所能适用的环境最高温度和最低温度所限定的温度区间来划分沥青标号的标准体系(标号以字母PG和温度的区间数值来表示)。例如,标号为PG76-22的沥青,表示其要符合高温性能指标的最低试验温度不低于76℃,低温性能指标要求的试验温度不高于-22℃。

2.我国黏稠道路石油沥青的技术要求

我国道路石油沥青采用针入度划分等级。在现行国家标准《重交通道路石油沥青》(GB/T 15180—2010)中按照针入度指标分为5个等级,其质量要求见表4-5。

重交通道路石油沥青的质量要求（GB/T 15180—2010） 表4-5

项目		质量指标					
		AH-130	AH-110	AH-90	AH-70	AH-50	AH-30
针入度(25℃,100g,5s)(0.1mm)		120~140	100~120	80~100	60~80	40~60	20~40
15℃延度(cm)	≥	100	100	100	100	80	报告①
软化点(℃)		38~51	40~53	42~55	44~57	45~58	50~65
溶解度(%)	≥	99.0					
闪点(开口杯法)(℃)	≥	230				260	
25℃密度(kg/m³)		报告					
蜡含量(质量分数)(%)	≤	3.0					
薄膜加热试验(163℃,5h)							
质量变化(%)	≤	1.3	1.2	1.0	0.8	0.6	0.5
针入度比(%)	≥	45	48	50	55	58	60
15℃延度(cm)	≥	100	50	40	30	报告①	报告①

注：①报告应为实测值。

在《公路沥青路面施工技术规范》(JTG F40—2004)中，修订了沥青等级划分方法，并增补了沥青的技术指标，以全面、充分地反映沥青技术性能。在这个标准中，沥青等级划分以沥青路面的气候条件为依据，在同一个气候分区内根据道路等级和交通特点再将沥青分为1~3个不同的针入度等级；在技术指标中增加了反映沥青感温性的指标针入度指数PI、沥青高温性能指标60℃动力黏度，并选择10℃延度指标评价沥青的低温性能，相关的技术要求见表4-6。

我国道路石油沥青技术要求 表4-6

指标	等级	160号	130号	110号			90号					70号④					50号	30号
适用的气候分区		注③	注③	2-1	2-2	3-2	1-1	1-2	1-3	2-2	2-3	1-3	1-4	2-2	2-3	2-4	1-4	注⑤
针入度(25℃,100g,5s)(0.1mm)		140~200	120~140	100~120			80~100					60~80					40~60	20~40
针入度指数 PI①②	A	-1.5~+1.0																
	B	-1.8~+1.0																
软化点($T_{R\&B}$)(℃) ≥	A	38	40	43			45					44		46		45	49	55
	B	36	39	42			43					42		44		43	46	53
	C	35	37	41			42					43					45	50

续上表

指标	等级	160号	130号	110号			90号					70号④					50号	30号
适用的气候分区		注③	注③	2-1	2-2	3-2	1-1	1-2	1-3	2-2	2-3	1-3	1-4	2-2	2-3	2-4	1-4	注⑤
60℃动力黏度② (Pa·s) ≥	A	—	60	120			160					140					180	160	200	260
10℃延度② (cm) ≥	A	50	50	40			45	30	20	30	20	20	15	25	20	15	15	10
	B	30	30	30			30	20	15	20	15	15	10	20	15	10	10	8
15℃延度(cm) ≥	A、B	100															80	50
	C	80	80	60			50					40					30	20
闪点(℃) ≥		230					245					260						
蜡含量(蒸馏法) (%) ≤	A	2.2																
	B	3.0																
	C	4.5																
溶解度(%) ≥		99.5																
15℃密度(g/cm³)		实测记录																

薄膜加热试验(或旋转薄膜加热试验)后

指标	等级	160号	130号	110号			90号					70号					50号	30号
质量变化(%) ≤		±0.8																
针入度比(%) ≥	A	48	54	55			57					61					63	65
	B	45	50	52			54					58					60	62
	C	40	45	48			50					54					58	60
10℃延度(cm) ≥	A	12	12	10			8					6					4	—
	B	10	10	8			6					4					2	—
15℃延度(cm) ≥	C	40	35	30			20					15					10	—

注:①用于仲裁试验时,求取针入度指数 PI 的 5 个温度与针入度回归关系的相关系数不得小于 0.997。
②经建设单位同意,针入度指数 PI、60℃动力黏度、10℃延度可作为选择性指标。
③160号、130号沥青除了寒冷地区可直接用于中低级公路以外,通常用作乳化沥青、稀释沥青及改性沥青的基质沥青。
④70号沥青可根据需要要求厂家提供针入度范围为 60~70 或 70~80 的沥青;50号沥青可要求提供针入度范围 40~50 或 50~60 的沥青。
⑤30号沥青仅适用于沥青稳定基层。

3. 我国液体石油沥青的技术要求

《公路沥青路面施工技术规范》(JTG F40—2004)中液体石油沥青按照凝结速度分为快凝AL(R)、中凝AL(M)和慢凝AL(S)三种,又按照黏度分为不同等级。液体石油沥青的黏度采用道路沥青标准黏度计测定。除黏度的要求外,对不同温度的蒸馏馏分含量及残留物的性质,闪点和含水率等亦提出相应的要求。液体石油沥青的质量要求见表4-7。

道路用液体石油沥青技术要求　　　　　表4-7

试验项目		单位	快凝		中凝						慢凝					
			AL(R)-1	AL(R)-2	AL(M)-1	AL(M)-2	AL(M)-3	AL(M)-4	AL(M)-5	AL(M)-6	AL(S)-1	AL(S)-2	AL(S)-3	AL(S)-4	AL(S)-5	AL(S)-6
黏度	$C_{25.5}$	s	<20	—	<20	—	—	—	—	—	<20	—	—	—	—	—
	$C_{60.5}$	s	—	5~15	—	5~15	16~25	26~40	41~100	101~200	—	5~15	16~25	26~40	41~100	101~200
蒸馏体积	225℃前	%	>20	>15	<10	<7	<3	<2	0	0	—	—	—	—	—	—
	315℃前	%	>35	>30	<35	<25	<17	<14	<8	<5	—	—	—	—	—	—
	360℃前	%	>45	>35	<50	<35	<30	<25	<20	<15	<40	<35	<25	<20	<15	<5
蒸馏后残留物	针入度(25℃)	0.1mm	60~200	60~200	100~300	100~300	100~300	100~300	100~300	100~300	—	—	—	—	—	—
	延度(25℃)	cm	>60	>60	>60	>60	>60	>60	>60	>60	—	—	—	—	—	—
	浮漂度(5℃)	s	—	—	—	—	—	<20	>20	>30	>40	>45	>50			
闪点(TOC法)		℃	>30	>30	>65	>65	>65	>65	>65	>65	>70	>70	>100	>100	>120	>120
含水率 ≤		%	0.2	0.2	0.2	0.2	0.2	0.2	0.2	0.2	2.0	2.0	2.0	2.0	2.0	2.0

4. 美国Superpave沥青结合料的技术要求

美国SHRP计划提出了新的规范,即《Superpave沥青结合料规范》,使沥青的指标与路用性能紧密地联系起来。道路沥青以性能分级的标准体系(PG级),只保留了传统的安全指标闪点和施工指标135℃黏度,其他全部采用了流变性能指标。该规范是以沥青使用地区的最高、最低气温对沥青进行分类,指标直接和沥青的路用性能关联,更确切地反映了沥青的黏弹特性和沥青在路用环境下的受力情况。PG_{x-y}中PG是Peformance Grade的词首,表示路用性能等级,脚标x代表路面设计最高温度(7d最高平均路面温度),脚标y代表路面设计最低温度(年极端最低温度)。《Superpave沥青结合料规范》列于表4-8。

Superpave 沥青结合料规范

表 4-8

沥青使用性能等级	PG46			PG52							PG58					PG64					
	-34	-40	-46	-10	-16	-22	-28	-34	-40	-46	-16	-22	-28	-34	-40	-10	-16	-22	-28	-34	-40
平均7d最高路面设计温度(°C)	<46			<52							<58					<64					
最低路面设计温度(°C)	>-34	>-40	>-46	>-10	>-16	>-22	>-28	>-34	>-40	>-46	>-16	>-22	>-28	>-34	>-40	>-10	>-16	>-22	>-28	>-34	>-40
原样沥青																					
闪点(COC,ASTM D92)(°C) 最小	230																				
粘度(ASTM4402)[2] 最大值,3Pa·s 试验温度(°C)	135																				
动态剪切(SHRP B-003)[3]: $G^*/\sin\delta$,最小值,1.00kPa,@10rad/s 试验温度(°C)	46			52							58					64					
RTFOT(ASTM D2872)残留沥青																					
质量损失(%) 最大	1.00																				
动态剪切(SHRP B-003): $G^*/\sin\delta$,最小值,2.2kPa,@10rad/s 试验温度(°C)	46			52							58					64					
PAV残留沥青(SHRP B-005)																					
PAV老化温度[4](°C)	90			100							100					100					
动态剪切(SHRP B-003): $G^*/\sin\delta$,最大值,5.0MPa,@10rad/s 试验温度(°C)	10	7	5	25	22	19	16	13	10	7	25	22	19	16	13	31	28	25	22	19	16
物理老化[5]	实测记录																				

续上表

沥青使用性能等级	PG46			PG52					PG58					PG64					
	-34	-40	-46	-22	-28	-34	-40	-46	-16	-22	-28	-34	-40	-10	-16	-22	-28	-34	-40
蠕变劲度(SHRP B-002)[⑥]：S,最大值,300MPa; m值,最小值,0.35, @60s 试验温度(℃)	-24	-30	-36	-12	-18	-24	-30	-36	-6	-12	-18	-24	-30	0	-6	-12	-18	-24	-30
直接拉伸(SHRP B-006)[⑥]：破坏拉伸应变,1.0%,@1.0mm/min 试验温度(℃)	-24	-30	-36	-12	-18	-24	-30	-36	-6	-12	-18	-24	-30	0	-6	-12	-18	-24	-30

沥青使用性能等级	PG70						PG76					PG82				
	-10	-16	-22	-28	-34	-40	-10	-16	-22	-28	-34	-10	-16	-22	-28	-34
平均7d最高路面设计温度(℃)	70						76					82				
最低路面设计温度(℃)	<70						<76					<82				

原样沥青

项目	指标
闪点(COC, ASTM D92)(℃) 最小	230
黏度(ASTM4402)[②] 最大值,3Pa·s 试验温度(℃)	135
动态剪切(SHRP B-003)[③]：$G^*/\sin\delta$,最小值,1.00kPa, @10rad/s 试验温度(℃)	PG70: 70；PG76: 76；PG82: 82

RTFOT(ASTM D2872)残留沥青

项目	指标
质量损失(%) 最大	1.00
动态剪切(SHRP B-003)：$G^*/\sin\delta$,最小值,2.2kPa, @10rad/s 试验温度(℃)	PG70: 70；PG76: 76；PG82: 82

续上表

沥青使用性能等级	PG70						PG76					PG82				
PAV老化温度④(℃)	-10	-16	-22	-28	-34	-40	-10	-16	-22	-28	-34	-10	-16	-22	-28	-34
	PAV残留沥青(SHRP B-005)															
动态剪切(SHRP B-003): $G^*/\sin\delta$,最大值,5.0MPa,@10rad/s 试验温度(℃)	100(110)						100(110)					100(110)				
	34	31	28	25	22	19	37	34	31	28	22	40	37	34	31	28
物理老化⑤	实测记录															
蠕变劲度(SHRP B-002)⑥: S,最大值,300MPa;m值,最小值,0.35,@60s 试验温度(℃)	0	-6	-12	-18	-24	-30	0	-6	-12	-18	-24	0	-6	-12	-18	-24
直接拉伸(SHRP B-006)⑥: 破坏应变,最小值,1.0%,@1.0mm/min 试验温度(℃)	0	-6	-12	-18	-24	-30	0	-6	-12	-18	-24	0	-6	-12	-18	-24

注：①路面温度可根据Superpave软件程序中的规则进行估算或由当地机构提供。
②如果沥青供应商应保证沥青结合料在满足所有应用安全标准的温度下适宜采送和拌和，经有关机构认可，这项要求可放弃。
③对于非改性沥青以旋转黏度测试的控制，原始沥青质量的控制，此时沥青是牛顿体。任何测试黏度的标准方法均可采用，包括毛细管黏度计和旋转黏度计。
④PAV老化温度以模拟气候条件为基础，为三种温度中的一种：90℃，100℃和110℃。对PG64以上情况PAV温度为100℃，沙漠气候为110℃。
⑤物理老化按沥青弯曲梁流变试验进行，试验条件中的时间为最低路面设计温度以上10℃延续至24h±10min，报告24h劲度和m值，仅供参考。
⑥如蠕变劲度低于300MPa，则不需要进行直接拉伸试验；如蠕变劲度在300～600MPa之间，则直接拉伸破坏应变要求应代替蠕变劲度要求。在这两种情况下m值要求都必须满足。

第二节 改 性 沥 青

随着道路交通流量的迅猛增长,车辆轴载不断增大,交通渠化行驶,对沥青路面的高温抗车辙能力、低温抗裂能力、抗水损害能力提出了更高的要求。通过对沥青材料改性,可改善以下几个方面的性能:提高高温抗变形能力,增强沥青路面的抗车辙性能;提高沥青的弹性性能,增强沥青的抗低温和抗疲劳开裂性能;改善沥青与石料的黏附性;提高沥青的抗老化能力,延长沥青路面的寿命。

改性沥青是指掺加橡胶、树脂、高分子聚合物、磨细的橡胶粉或其他填料等外掺剂(改性剂),经过充分混熔,使之均匀分散在沥青中,或采取对沥青轻度氧化加工等措施,使沥青或沥青混合料的性能得以改善而制成的沥青结合料。改性剂是指在沥青或沥青混合料中加入的天然的或人工的有机或无机材料,可熔融、分散在沥青中,改善或提高沥青路面性能(与沥青发生反应或裹覆在集料表面上)。相关材料包括:聚合物、纤维、抗剥落剂、岩沥青、填料(如硫黄、炭黑等)。

一、改性剂及其种类

1. 树脂

树脂按其可塑性分为热塑性树脂和热固性树脂。热塑性树脂主要有聚乙烯(PE)、乙烯-醋酸乙烯共聚物(EVA)、丙烯酸树脂、聚苯乙烯等。在道路中用于沥青改性,主要为 PE 和 EVA。热固性树脂主要为环氧树脂和聚氨酯。

(1)聚乙烯(PE)

聚乙烯是由乙烯加聚得到的高聚物。聚乙烯的特点是强度较高、延伸率较大、耐寒性好(玻璃化温度可达 $-125 \sim -120℃$)。聚乙烯是较好的沥青改性剂,由于它具有较高的强度和较好的耐寒性,并且与沥青的相容性较好,在其他助剂的协同作用下,可制得优良的改性沥青。通常低密度聚乙烯用于沥青改性。

(2)聚丙烯(PP)

聚丙烯是以丙烯为单体聚合而成的高聚物。聚丙烯按其分子结构可分为无规聚丙烯、等规聚丙烯和间规聚丙烯三种。用作沥青改性的主要为无规聚丙烯(缩写为 APP)。无规聚丙烯抗拉强度较低,但延伸率高,耐寒性尚好(玻璃化温度 $-20 \sim -18℃$),常用作道路和防水沥青的改性剂。

(3)聚氯乙烯(PVC)

聚氯乙烯是由氯乙烯单体聚合而成的高聚物。聚氯乙烯与焦油沥青具有较好的相容性,常用来作为煤沥青的改性剂,对煤沥青的热稳定性有明显的改善,但变形能力和耐寒性改善较少。

(4)聚苯乙烯(PS)

聚苯乙烯是以苯乙烯为单体制得的聚合物。由于不耐冲击、性脆、易裂,故目前是通过共聚、共混、添加助剂等方法来生产改性聚苯乙烯。

(5)乙烯-醋酸乙烯酯共聚物(EVA)

EVA 是由乙烯(E)和醋酸乙烯酯(VA)共聚而得的高聚物,化学名为乙烯-醋酸乙烯酯共聚物。EVA为半透明粒状物,具有优良的热稳定性、低温性、弹性和柔韧性;同时又具有一定的刚性、耐磨性和抗冲击等力学性能。EVA为较常采用的沥青改性剂。

2. 橡胶

橡胶是在外力作用下可发生较大形变,外力撤除后又迅速复原,具有高弹性的高聚物。橡胶有天然橡胶、合成橡胶、再生橡胶。在道路工程中应用于沥青改性的,以合成橡胶为多数。合成橡胶主要有丁苯橡胶(SBR)、氯丁橡胶(CR)、乙丙橡胶(EPOM)、丙烯酸丁二烯(ABR)、聚苯乙烯-异戊二烯(SIR)等。

(1) 丁苯橡胶(SBR)

丁苯橡胶是丁二烯与苯乙烯共聚而得的共聚物。按苯乙烯占总量中的比例,分为丁苯-10、丁苯-30、丁苯-50等牌号。随着苯乙烯含量增大,硬度、硬磨性增大,弹性降低。丁苯橡胶综合性能较好,强度较高、延伸率大,抗磨性和耐寒性亦较好。通常用于沥青改性的多为苯乙烯含量为30%的丁苯橡胶。

丁苯橡胶对沥青混合料低温抗裂性有明显提高,对高温稳定性有适当改善。

(2) 氯丁橡胶(CR)

氯丁橡胶又称氯丁二烯橡胶,是氯丁二烯(即2-氯-1,3-丁二烯)为主要原料进行α-聚合生成的弹性体。氯丁橡胶呈米黄色或浅棕色,密度$1.23g/cm^3$,具有较高的抗拉强度和相对伸长率。耐磨性好,且耐热、耐寒,硫化后不易老化,是一种常用改性剂。

(3) 橡胶粉

橡胶粉是废旧轮胎经加工磨细而成的粉末,可用作沥青的改性剂。

3. 热塑性橡胶

热塑性橡胶也称热塑性弹性体,主要是苯乙烯类嵌段共聚物,如苯乙烯-丁二烯-苯乙烯嵌段共聚物(SBS)、苯乙烯-异戊二烯-苯乙烯嵌段共聚物(SIS)、苯乙烯-聚乙烯/丁基-聚乙烯(SE/BS)等嵌段共聚物。

SBS外观为白色(或微黄)爆米花状,质轻多孔。其在低于聚苯乙烯组分的玻璃化转变温度时是强韧的高弹性材料,而在较高温度下,又成为接近线性聚合物的流体状态。它既具有橡胶的弹性性质,又有树脂的热塑性性质,因而兼有橡胶和树脂的特性。SBS是沥青优良的改性剂,可提高沥青的高温稳定性和低温抗裂性。

4. 其他改性剂

(1) 纤维类改性剂

常用的纤维物质有:玄武岩矿物纤维、聚乙烯纤维、聚酯纤维、聚丙烯腈纤维、木质素纤维、矿质石棉纤维、土工布等。掺入纤维类改性剂后,沥青高温稳定性得到显著提高,并且低温抗拉强度也能得到改善,但须注意这类物质对人体健康的影响。

(2) 固体颗粒改性剂

主要有废橡胶粉、炭黑、高钙粉煤灰、火山灰和页岩粉等,这些固体颗粒的级配、表面性质和孔隙状态等都影响着沥青混合料的高温流变特性和低温变形能力。

(3) 硫磷类改性剂

硫磷在沥青中起链桥作用,可提高沥青的高温稳定性,但应采用"预熔法",否则改善了高温稳定性,但低温抗裂性会明显降低。

（4）黏附性改性剂

①无机类。如水泥、石灰或电石渣，将这类改性剂预处理集料表面或直接加入沥青混合料中进行拌和，可提高沥青与集料的黏附性。

②有机酸类。掺加各类合成高分子有机酸，可提高沥青活性。

③重金属皂类。常用的有皂脚铁、环烷酸铝皂等，可降低沥青与集料的界面张力，改善黏附性。

④合成化学抗剥落剂。如醚胺、醇胺类、烷基胺类、酰胺类等，这些高效低剂量抗剥剂对黏附性的改善效果较好，一般用于对黏附性要求很高的高等级路面，应用时，须通过试验路段的试验。

（5）耐老化改性剂

受阻酚、受阻胺等抗老化剂，价格较为昂贵，目前常用的是炭黑。炭黑粒径小、表面积大，弥散于沥青中，可吸附沥青热氧化作用产生的游离基，阻止沥青老化的链式反应，并且，炭黑又是一种屏蔽剂，能阻止紫外线进入，使光致老化作用受到抑制。

（6）抗车辙剂

抗车辙剂是一种新型的沥青混合料外加改性剂，用于沥青混合料中，以提高沥青混合料的高温稳定性和路面抗车辙能力。在正常拌和温度下，抗车辙剂能迅速混熔于沥青中，提高沥青胶结料的黏度和对集料的黏附性，提高沥青混合料的高温抗车辙和抗水损害能力，同时提高混合料的低温开裂性能。

（7）阻燃剂

阻燃剂按化学结构分类，可分为无机阻燃剂和有机阻燃剂两大类。无机阻燃剂有铝、镁、锑、钼、锌等金属氧化物。磷酸盐、硼酸盐、硫酸盐等有机阻燃剂有含卤脂肪烃和芳香烃。沥青的阻燃机理主要有吸热、覆盖、抑制链反应及不燃气体窒息等几种作用。常用的沥青阻燃剂有卤系阻燃剂及其协效剂、镁铝阻燃剂、硼酸锌及消烟剂。

二、沥青改性方法

1. 改性沥青的相容性

改性沥青的相容性是指沥青和改性剂在组成和性质上存在差别的组分，在一定的条件下能够相互兼容，并存并配伍，形成热力学相对稳定的具有混溶性的体系的能力。影响相容性的因素主要有：聚合物分子量、分子结构、分散度、溶解度参数。基质沥青与聚合物改性剂基本上遵循化学组成和结构相似相容的原则。

2. 改性沥青的制备方法

改性沥青是将改性剂采用一定的工艺加入沥青，使之均匀稳定地分散于沥青之中。

（1）母体法

母体法的原理是先采用一种适当的方法，制备加工成高剂量聚合物改性沥青母体，再在现场把改性沥青母体与基质沥青掺配调稀成要求剂量的改性沥青使用，所以又称为二次掺配法。母体法可以采用溶剂法和混炼法制备改性沥青母体。

（2）直接投入法

直接投入法是直接将改性剂投入沥青混合料拌和锅与矿料、沥青拌和制作改性沥青混合料的工艺。SBR聚合物改性沥青常采用此方法制作,所需的设备非常简单,施工成本很低。

室内试验结果表明,采用直接投入法拌和的要比预混法的改性效果稍差些。因此,即使是使用SBR胶乳,现在也有采用预混法施工的。

(3)机械搅拌法

直接将改性剂加入到热的沥青中,在机械产生的剪切、对流和势能的综合作用下,使改性剂均匀地分散于沥青当中。

(4)胶体磨法和高速剪切法

胶体磨法与剪切法是现在改性沥青的两种主要加工方式,是将聚合物与沥青一同加入间隙可以精密调节的胶体磨中混磨,从而形成均匀精细分布的改性沥青。剪切法设备一般是由转子和定子构成,转子和定子之间的间隙很小,转子高速转动,沥青和改性剂通过间隙,受到机械研磨、剪切、冲击等作用,使改性剂变得越来越细,从而支撑改性沥青。

对于不宜采用螺旋搅拌法生产改性沥青的聚合物,需要采用胶体磨或高速剪切设备,在高温高速运转状态下将聚合物研磨成很细的颗粒以增加沥青与聚合物的接触面积,使改性剂充分分散到基质沥青中,一般需要经过聚合物的溶胀、分散磨细、继续发育三个过程。

(5)橡胶粉改性沥青的生产

废橡胶粉改性沥青的生产方式分为两大类:

①湿法(McDonald法)。

该法是将废橡胶粉先在160~180℃的热沥青中拌和2h,制成改性沥青悬浮液,得到的混合物称为沥青橡胶,然后拌入混合料中。湿法橡胶粉改性沥青常用于填缝料、封层(应力吸收膜),也可用于热拌沥青混合料。

②干法(Piusride法)。

该法是将废橡胶粉直接喷入拌和锅中拌和废橡胶粉改性沥青混合料的方法(剂量为混合料的2%~3%),得到的混合料称为橡胶改性混合料。干法仅适用于热拌沥青混合料。

三、技术性质及评价指标

现行评价改性沥青性能的方法有三大类。

(1)采用沥青性能指标的变化程度来衡量,如针入度、软化点、延度、黏度、脆点的变化程度。变化值越大,改性效果越好。这是目前生产上最常用的方法。

(2)针对改性沥青的特点开发的试验方法,如弹性恢复试验、测力延度试验、黏韧性试验、冲击板试验、离析试验等等。

(3)美国的SHRP沥青胶结料评价方法:由于改性沥青具有不同的技术特点,除沥青常规试验针入度、软化点、延度、黏度等指标外,还采用了几项与评价沥青性能不同的技术指标,如聚合物改性沥青弹性恢复、离析、黏韧性及测力延度等。

1. 弹性恢复(回弹)

弹性恢复试验采用一般的沥青延度试验设备,首先按规定浇注沥青试样,冷却后放在25℃的水中保温1h,接着脱模并在延度仪上进行拉伸,拉伸温度为25℃,拉伸速率为5cm/min。当拉伸到10cm时,停止拉伸并从中间剪断试样,在水中原封不动地保持1h后,把剪断的试样两头对接起来并测量其恢复后的长度。按式(4-21)计算其弹性恢复率:

$$弹性恢复率 = \frac{10-X}{10} \times 100\% \tag{4-21}$$

式中：X——恢复后的试样长度，cm。

弹性恢复率越大，表明沥青的弹性性质越好。

2. 黏韧性

沥青材料在低温下表现为良好的柔韧性还是脆硬性，是评价改性沥青性能优劣的重要指标。

（1）测力延度

在延度试验时加装一只测力传感器并接上记录仪即可进行测力延度试验。试验温度通常为 5℃，拉伸速度为 5cm/min。试验结果由 X-Y 函数记录仪记录，记录得到拉力-变形（延度）曲线。

结合测力延度的拉力-变形曲线的形态，考虑选用单位峰值力所产生的变形，即 D/F_{max} 定义为延度拉伸柔量，它反映了变形和应力两个参数。D/F_{max} 越大，表示柔度越大，沥青的抗变形能力越好。

（2）拉拔试验

将金属半球埋在沥青中，在 25℃ 条件下以 500mm/min 高速拉拔，测定沥青与金属半球的黏韧性及韧性。

3. 储存稳定性

沥青热储存稳定性主要通过离析试验和热储存性试验进行评价。对于 SBR、SBS 类改性沥青，离析时表现为聚合物上浮，则采用离析试验，来反映聚合物改性沥青中改性剂与沥青的离析程度。对于 EVA 和 PE 等聚合物改性沥青，离析时表现为向四面的容器壁吸附，表面结皮，通常采用观察法来定性描述这类聚合物和沥青之间的热储存性，试验评价见表 4-9。

EVA、PE 类改性沥青的热储存性试验评价 表 4-9

记　　述	报　　告
均匀，无结皮和沉淀	均匀
在杯边缘有轻微的聚合物结皮	边缘轻微结皮
在整个表面有薄的聚合物结皮	薄的全面结皮
在整个表面有厚的聚合物结皮（大于 0.8mm）	厚的全面结皮
无表面结皮但容器底部有薄的沉淀	薄的底部沉淀
无表面结皮但容器底部有厚的沉淀（大于 0.635cm）	厚的底部沉淀

4. 耐久性指标

（1）残留针入度比

残留针入度比反映了沥青在薄膜加热试验前后稠度的变化，采用老化后针入度与老化前针入度的比值。为了与原样沥青进行比较，可选用温度为 25℃，针重为 100g，时间为 5s 的试验标准，以其残留针入度比作为评价沥青抗老化性能的一个指标。残留针入度比越大，说明沥青的抗老化性能越好。

（2）低温残留延度

选用温度为10℃,拉伸速率为5cm/min的延度值作为评价沥青抗老化性能的一个指标。

(3)残留弹性恢复

残留弹性恢复试验是用于测定和评价改性沥青老化后即薄膜加热试验后,在外力的作用下变形后可恢复变形的能力。

5. 美国 SHAP 改性沥青评价方法

美国 SHAP 改性沥青评价方法有:旋转薄膜烘箱(RTFOT)、压力老化试验(PAV)、弯曲梁流变试验(BBR)、直接拉伸试验(DTT)、动态剪切流变试验(DSR)等。

四、技术标准

我国聚合物改性沥青性能评价方法增加了一些评价聚合物性能指标,如弹性恢复、黏韧性和离析(软化点差)等技术指标,见表4-10。首先根据聚合物类型将改性沥青分为Ⅰ、Ⅱ、Ⅲ类,按照软化点的不同,将聚合物改性沥青分为A、B、C和D四个等级。同一类型中的A、B、C或D主要反映基质沥青标号及改性剂含量的不同,由A至D表示改性沥青针入度减小,黏度增加,即高温性能提高,但低温性能下降。等级划分以改性沥青的针入度作为主要依据。

聚合物改性沥青技术要求 表4-10

指 标	单位	SBS 类(Ⅰ类)				SBR 类(Ⅱ类)			EVA、PE 类(Ⅲ类)			
		Ⅰ-A	Ⅰ-B	Ⅰ-C	Ⅰ-D	Ⅱ-A	Ⅱ-B	Ⅱ-C	Ⅲ-A	Ⅲ-B	Ⅲ-C	Ⅲ-D
针入度(25℃,100g,5s)	0.1mm	>100	80~100	60~80	30~60	>100	80~100	60~80	>80	60~80	40~60	30~40
针入度指数 PI ≥	—	-1.2	-0.8	-0.4	0	-1.0	-0.8	-0.6	-1.0	-0.8	-0.6	-0.4
延度(5℃,5cm/min) ≥	cm	50	40	30	20	60	50	40	—			
软化点 $T_{R\&B}$ ≥	℃	45	50	55	60	45	48	50	48	52	56	60
运动黏度① (135℃) ≤	Pa·s	3										
闪点 ≥	℃	230				230			230			
溶解度 ≥	%	99				99						
弹性恢复(25℃) ≥	%	55	60	65	70	—						
黏韧性 ≥	N·m	5										
韧性 ≥	N·m					2.5						
储存稳定性② ,离析,48h 软化点差 ≤	℃	2.5							无改性剂明显析出、凝聚			
TFOT(或 RTFOT)后残留物												
质量变化 ≤	%	±1.0										
针入度比(25℃) ≥	%	50	55	60	65	50	55	60	50	55	58	60
延度(5℃) ≥	cm	30	25	20	15	30	20	10				

注:①表中135℃运动黏度可采用《公路工程沥青及沥青混合料试验规程》(JTJ 052—2000)中的"沥青布氏旋转黏度试验方法"进行测定。若在不改变改性沥青物理力学性质并符合安全条件的温度下易于泵送和拌和,或经证明适当提高泵送和拌和温度是能保证改性沥青的质量,容易施工,可不要求测定。

②储存稳定性指标使用于工厂生产的改性沥青。现场制作的改性沥青对储存稳定性指标可不做要求,但必须在制作后,保持不间断的搅拌或泵送循环,保证使用前没有明显的离析。

五、常用改性沥青的性质及应用

1. 常用聚合物改性沥青的技术特性

(1) 热塑性橡胶类改性沥青

热塑性丁苯橡胶(即 SBS)广泛用于沥青改性。

SBS 改性沥青主要特点有:

①温度高于 160℃后,改性沥青的黏度与原沥青基本相近,可与普通沥青一样拌和使用。

②温度低于 90℃后,改性沥青的黏度是原沥青的数倍,高温稳定性好,因而改性沥青混合料路面的抗车辙能力大大提高。

③改性沥青的低温延度、脆点较原沥青均有明显改善,因而改性沥青混合料的低温抗裂能力及疲劳寿命均明显提高。

(2) 橡胶类改性沥青

橡胶类改性材料用得最多的是丁苯橡胶(SBR)和氯丁橡胶(CR)。这类改性剂常以胶乳的形式加入沥青之中,制成橡胶沥青,可以提高沥青的黏度、韧性、软化点,降低脆点,使沥青的延度和感温性得到改善。

SBR 的性能与结构随苯乙烯与丁二烯的比例和聚合工艺而变化,选择沥青改性剂时应通过试验加以确定。SBR 改性沥青的热稳定性、延性以及黏附性,均较原沥青有所改善,且热老化性能也有所提高。

(3) 热塑性树脂改性沥青

常采用的品种乙烯-乙酸乙烯酯共聚物(EVA)。

EVA 是应用较普遍的热塑性树脂,较之 PE 富有弹性和柔韧性,与沥青的相容性好。EVA 改性沥青的热稳定性有所提高,但耐久性改变不大。

(4) 热固性树脂改性沥青

热固性树脂品种有聚氨酯(PV)、环氧树脂(EP)、不饱和聚酯树脂(VP)等类,其中环氧树脂已应用于改性沥青。环氧树脂是指含有两个或两个以上环氧或环氧基团的醚或酚的低聚物或聚合物。环氧树脂改性沥青的延伸性不好,但其强度很高,具有优越的抗永久变形能力,以及特别高的耐燃料油和润滑油能力,适用于公共汽车停靠站、加油站等。

2. 改性沥青的选择

(1) 改性沥青的选择必须考虑地理位置、气候条件、道路等级、路面结构等多方面因素。

SBS 类改性沥青最大特点是高温、低温性能都好,具有良好的弹性恢复性能。无论在炎热地区、温暖地区,还是寒冷地区都是适用的。

橡胶类 SBR 改性沥青最大特点是低温柔软性好,主要适宜在寒冷气候条件下使用。

EVA 改性沥青除寒冷地区不宜使用外,炎热地区和一般温暖地区都可使用。PE 改性沥青主要适宜于炎热地区,寒冷地区不适用,一般温暖地区也不宜采用 PE 改性沥青。在西欧、北美地区以及日本 PE 的应用日趋减少,基本被淘汰。

我国聚合物改性沥青适用地区:

Ⅰ类是 SBS 热塑性橡胶类聚合物改性沥青:Ⅰ-C 型用于较热地区,Ⅰ-D 型用于炎热地区及重交通路段。

Ⅱ类是SBR橡胶类聚合物改性沥青:Ⅱ-A型用于寒冷地区,Ⅱ-B和Ⅱ-C适用于较热地区。

Ⅲ类是树脂类聚合物改性沥青:如乙烯-醋酸乙烯酯(EVA)、聚乙烯(PE)改性沥青,适用于较热和炎热地区。通常要求软化点温度比最高月使用温度的最大日空气温度要高20℃左右。

(2)根据沥青改性的目的和要求选择改性剂。

为提高抗永久变形能力,宜使用热塑性橡胶类、热塑性树脂类改性剂。

为提高抗低温变形能力,宜使用热塑性橡胶类、橡胶类改性剂。

为提高抗疲劳开裂能力,宜使用热塑性橡胶类、橡胶类、热塑性树脂类改性剂。

为提高抗水损坏能力,宜使用各类抗剥落剂等外掺剂。

(3)改性沥青的选择还与制备的条件有关。

SBS、PE改性沥青的制备必须使用专门的加工设备,故一般只有大型工程才有条件采用。EVA与沥青有较好的相容性,在沥青中只要用对流式搅拌器或者简单的高剪切混溶机就能使EVA分散开来,制备较方便,一般单位都可选用。

第三节 乳化沥青

乳化沥青是黏稠沥青经热融和机械作用以微滴状态分散于含有乳化剂、稳定剂的水中,形成水包油(O/W)型的沥青乳液。

乳化沥青具有以下优点:

(1)可冷态施工,节约能源,减少环境污染。

(2)常温下具有较好的流动性,能保证洒布的均匀性,可提高路面修筑质量。

(3)采用乳化沥青,扩展了沥青路面的类型,如稀浆封层等。

(4)乳化沥青与矿料表面具有良好的工作性和黏附性,可节约沥青并保证施工质量。

(5)可延长施工季节,乳化沥青施工受低温多雨季节影响较少。

一、乳化沥青的组成材料

乳化沥青主要由沥青、乳化剂、稳定剂和水等组分所组成。

1. 沥青

沥青是乳化沥青组成的主要材料,在乳化沥青中占55%~70%,沥青的质量直接关系到乳化沥青的性能。在选择时首先考虑沥青的易乳化性。针入度的选择,应根据乳化沥青在路面工程中的用途通过试验加以确定。根据工程需要也采用改性沥青进行乳化。

2. 乳化剂

乳化剂是乳化沥青形成的关键材料。它是一种表面活性剂,其分子化学结构具有不对称性,由极性部分和非极性部分组成。极性部分,如—COONa,—OSQNa,—SO_3Na是亲水性的;非极性部分,如C_{12}~C_{16}的烷基链或碳氢基是憎水的亲油部分。亲油基与亲水基这两个基团,不仅具有防止油水两相相互排斥的功能,还具有把油水两相连接起来不使其分离的特殊功能。

乳化剂根据亲水基的结构来划分有以下几类。

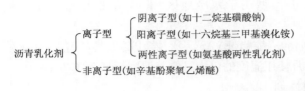

图 4-25 沥青乳化剂按离子类型分类图

(1) 按离子类型分类

即按其亲水基在水中是否电离分为离子型和非离子型两大类,离子型乳化剂按其离子电性,又分为阴离子型、阳离子型和两性离子型三类,如图4-25所示。

(2) 按乳化能力 HLB 值大小分类

HLB 值(即亲水亲油的平衡值)用来表示乳化剂亲油亲水能力的相对大小。HLB 值越小越亲油,HLB 值越大越亲水。通常以石蜡的 HLB 为 0,油酸钾为 20,烷基硫酸钠为 40 作为标准。非离子型表面活性剂的 HLB 处于 1~20 之间,阴离子和阳离子表面活性剂的 HLB 在 1~40 之间。

HLB 值在 4~6 为油包水型乳化剂,即亲油基的基数大,亲水基的基数小;HLB 值在 8~18 为水包油型乳化剂,即亲水基的基数大,亲油基的基数小。道路工程中所用的沥青乳化液大部分为水包油型乳液。

(3) 按破乳速度分类

按沥青乳化液与矿料接触后分解破乳恢复沥青的速度,可分为快裂型、中裂型、慢裂型沥青乳化剂,如图4-26所示。

3. 稳定剂

在沥青乳液中加入适量的稳定剂,可以起到节省乳化剂用量,增加机械及泵送稳定性,提高乳化稳定性和储存稳定性,增强与集料的黏附性,防止乳化设备的腐蚀,延长乳化设备的使用寿命等作用。稳定剂有无机盐类和高分子化合物两类。稳定剂对乳化剂的协同作用需通过试验来确定它们的匹配作用。有些稳定剂可在生产乳液时同时加入乳化剂溶液中,而有些稳定剂需后加入乳液中。

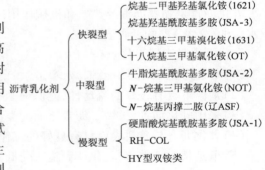

图 4-26 沥青乳化剂按破乳速度分类图

4. 水

水是乳化沥青的主要组成部分,生产乳化沥青的水应根据乳化剂类型的不同确定对水质的要求。

5. 酸碱助剂

有些乳化剂可能需要辅助材料,如阳离子乳化沥青需酸性调节剂,阴离子乳化沥青需碱性调节剂,调节 pH 值可增强乳化剂的活性,提高乳化稳定性和储存稳定性,并可降低乳化剂用量。

6. 聚合物改性剂

聚合物改性乳化沥青可提高沥青的黏结力、弹韧性、耐候性、抗老化性等路面性能,用于改性的聚合物有:氯丁胶(CR)、丁苯胶(SBR)、苯乙烯-丁二烯嵌段共聚物(SBS)、乙烯-醋酸乙烯酯(EVA)、苯乙烯-甲醛丁二烯嵌段共聚物(SIS)等。

二、乳化沥青的形成及分裂机理

1. 乳化沥青的形成机理

（1）乳化剂降低界面能作用

乳化剂带有亲油基与亲水基，在沥青-水的体系中，亲油基端朝向沥青，亲水基端朝向水，吸附于沥青和水这两个相互排斥的界面上，从而降低了沥青-水的界面张力，使沥青-水体系形成稳定的分散系。

（2）界面膜的保护作用

乳化剂在沥青微滴的周围形成"界面膜"，此膜具有一定的强度，对沥青微滴起着保护作用，使其在相互碰撞时，不至于产生"聚结"现象，从而保证沥青-水体系的稳定性。

（3）界面双电层的稳定作用

沥青-水界面上的电荷层的结构，一般是双电层分布，第一层称为吸附层，基本上固定在界面上，这层电荷与沥青微滴的电荷相反；第二层称为扩散层，由吸附层向外，电荷向水介质中扩散，如图4-27所示。双电层厚度越大，则乳化沥青越稳定。

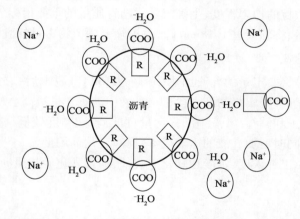

图4-27 阴离子乳化沥青颗粒带电情况

乳化沥青能形成高稳定的分散体系，主要是由于乳化剂降低了体系的界面能、界面膜的形成和界面电荷的作用。

2. 乳化沥青的分裂机理

为发挥乳化沥青黏结的功能，沥青液滴必须从乳化液中分裂出来，聚集在集料的表面而形成连续的沥青薄膜，这一过程称为"分裂"。乳化沥青的分裂主要取决于：水的蒸发作用，集料的吸附作用，电荷的吸附作用，酸碱中和作用，机械的激波作用等。

（1）水的蒸发作用

由于路面施工环境气温、相对湿度和风速等因素的影响，乳液中的水分蒸发，破坏乳液的稳定性造成分裂、破乳。

（2）集料的吸附作用

由于多孔、粗糙、干燥的集料易吸收乳液水分，破坏乳液的平衡，加速破乳。

（3）电荷的吸附作用

沥青乳液与集料接触后,乳液中沥青微粒所带电荷与集料表面所带电荷的相互吸附作用,是乳液破乳的主要原因。阴离子沥青乳液与表面上带正电荷的碱性集料(如石灰石、白云石)有较好的吸附,阳离子沥青乳液与表面上带负电荷的酸性石料(如硅质岩石、花岗岩等)有较好的吸附。在潮湿状态下,集料表面普遍带负电荷,因此阳离子沥青乳液易与潮湿集料结合。

(4)酸碱中和作用

研究认为,阳离子沥青乳液有一定的游离酸,pH值小,游离酸与碱性集料起作用,生成了氯化钙和带负电荷的碳酸离子,它与裹覆在沥青微粒周围的阳离子中和,因此沥青微粒能与集料表面紧密相连,形成牢固的沥青膜,使乳液中的水分很快分离出来。

(5)机械的激波作用

在施工过程中压路机的碾压和开放交通后汽车的行驶,各种机械力对路面的振动而产生激波作用,也能促使乳化沥青稳定性的破坏和沥青薄膜结构的形成。

三、技术性能及评价方法

1. 筛上剩余量

检验乳液中沥青微粒的均匀程度,是确定乳化沥青质量的重要指标。检测方法为:待乳液完全冷却或基本消泡后,将乳液过1.18mm筛,求出筛上残留物占过筛乳液质量的百分比。

2. 蒸发残留物含量及残留物性质

蒸发残留物含量是将一定量的乳液加热(不超过160℃)脱水后,求出其蒸发残留物占乳液的百分比,用以检验乳液中实际的沥青含量。乳液中沥青含量过高会使乳液黏度变大,储存稳定性不好,不利于施工和储存;乳液中沥青含量过低,乳液黏度较低,施工时容易流失,不能保证要求的沥青用量,同时增加乳液的运输成本,提高乳化剂用量。

蒸发残留物的性质以针入度、延度和软化点表征,沥青乳化后与原沥青相比在技术性能上有何变化。

3. 黏度

不同的施工方法、施工季节和路面结构层次对沥青乳液黏度的要求不同。乳液黏度不当可能造成路面过早损坏。我国采用道路沥青标准黏度计或恩氏黏度计测定乳液的黏度。测试条件为:温度60℃,流孔直径3mm。

4. 黏附性

阳离子乳化沥青的黏附性是将干净的石料在水中浸泡1min后,放入乳液中浸泡1min,取出后置于空气中存放20min,再于水中摆洗3min,然后观察石料颗粒表面沥青膜的裹覆面积。阴离子乳化沥青是将干净的13.2~31.5mm碎石50g排列在滤筛上,将滤筛连同石料一起浸入阴离子乳液1min后,取出在室温下放置24h,然后在40℃温水中浸泡5min,观察乳液与石料表面的黏附情况。

5. 储存稳定性

储存稳定性是检验乳液的存放稳定性。将乳液在容器中置放规定的储存时间后,检测容器上下乳液的浓度变化。一般采用5d的储存稳定性,如时间紧迫也可用1d的稳定性。

5d储存稳定性的具体做法是:将经1.18mm圆筛过滤的沥青乳液试样缓慢注入稳定管,用橡皮塞盖好管口;然后在(20±5)℃温度条件下,置于试管架上静置5昼夜;取出上部50g试液及下部的50g试液,分别进行蒸发试验;以两者残留物质量的差值小于5%为储存稳定性合格。

1d储存稳定度的测试方法与上述方法相同,只是把装好试液的稳定管置于试管架上静置24h后,即测定上、下两部分试液的蒸发残留量,以其差值不超过1%为储存稳定性合格。

6. 低温储存稳定性

低温储存稳定性是检测乳液经受冰冻后,其状态发生的变化。将乳液加热到25℃,然后在-5℃的温度下放置30min,再在25℃下放置10min,循环两次后,将试样过1.18mm筛,如果筛上没有结块等残留物,则低温储存稳定性合格。

7. 微粒离子电荷性

用于确定乳液是否属于阳离子或阴离子类型。在乳液中放入两块电极板,通入6V直流电,3min后观察电极板上沥青微粒的黏附量。如果负极板上吸附大量沥青微粒,表明沥青微粒带正电荷,则该乳液为阳离子型,反之亦然。

8. 破乳速度

破乳速度试验是将乳液与规定级配的矿料拌和后,由矿料表面被乳液薄膜裹覆的均匀程度,判断乳液的拌和效果,并鉴别乳液属于快裂、中裂或慢裂类型。乳化沥青的破乳速度按照表4-11的标准分级。

乳化沥青的破乳速度分级　　　　表4-11

代号	破乳速度	A组矿料拌和结果	B组矿料拌和结果
RS	快裂	混合料呈松散状态,一部分矿料颗粒未裹覆沥青,沥青分布不够均匀,并由些凝聚成块	乳液中的沥青在拌和后立即凝聚成团块,不能拌和均匀
MS	中裂	混合料混合均匀	混合料成松散状态,沥青分布不匀,并可见凝聚的团块
SS	慢裂		混合料成糊状,沥青乳液分布均匀

9. 水泥拌和试验与矿料拌和试验

水泥拌和试验的目的是评定慢裂型乳液在与水泥的拌和过程中乳液的凝结情况,是乳化沥青用于加固稳定砂石土基层、稀浆封层等施工的一项重要性能。将50g水泥与50g乳液试样拌和均匀后,加入150mL蒸馏水拌匀,然后过1.18mm筛,结果用筛上残留物占水泥和沥青总质量的百分比表示。

矿料拌和试验是将乳液试样与规定级配的混合料在室温下拌和后,以乳液能与矿料均匀裹覆,并且没有沥青结块与粗团粒来检验乳化沥青的拌和稳定性。

四、技术标准

1. 乳化沥青的分类及用途

按照施工方法,乳化沥青分类有三个部分:第一部分用P代表喷洒型乳化沥青,主要用于透层、黏层、表面处治或贯入式沥青碎石路面,用B代表拌和型乳化沥青,主要用于沥青碎石或沥青混合料路面;第二部分用C代表阳离子型乳化沥青,用A代表阴离子型乳化沥青,用N代表非离子乳化沥青;第三部分用1～3表示不同用途分类。表4-12为乳化沥青分类及其用途。

乳化沥青品种及适用范围 表4-12

分类	品种及代号	适用范围
阳离子乳化沥青	PC-1	表处、贯入式路面及下封层用
	PC-2	透层油及基层养生用
	PC-3	黏层油用
	BC-1	稀浆封层或冷拌沥青混合料用
阴离子乳化沥青	PA-1	表处、贯入式路面及下封层用
	PA-2	透层油及基层养生用
	PA-3	黏层油用
	BA-1	稀浆封层或冷拌沥青混合料用
非离子乳化沥青	PN-2	透层油用
	BN-1	与水泥稳定集料同时使用(基层路拌或再生)

2. 乳化沥青技术要求

表4-13 为我国道路用乳化石油沥青的质量要求。

道路用乳化沥青技术要求 表4-13

试验项目		单位	品种及代号									
			阳离子				阴离子				非离子	
			喷洒用			拌和用	喷洒用			拌和用	喷洒用	拌和用
			PC-1	PC-2	PC-3	BC-1	PA-1	PA-2	PA-3	BA-1	PN-2	BN-1
破乳速度		—	快裂	慢裂	快裂或中裂	慢裂或中裂	快裂	慢裂	快裂或中裂	慢裂或中裂	慢裂	慢裂
粒子电荷		—	阳离子(+)				阴离子(−)				非离子	
筛上残留物(1.18mm筛) ≤		%	0.1				0.1				0.1	
黏度	恩格拉黏度计 E_{25}	—	2~10	1~6	1~6	2~30	2~10	1~6	1~6	2~30	1~6	2~30
	道路标准黏度计 $C_{25,3}$	s	10~25	8~20	8~20	10~60	10~25	8~20	8~20	10~60	8~20	10~60
蒸发残留物	残留物含量 ≥	%	50	50	50	55	50	50	50	55	50	55
	溶解度 ≥	%	97.5				97.5				97.5	
	针入度(25℃)	0.1mm	50~200	50~300	45~150	50~200	50~200	50~300	45~150	50~300	50~300	60~300
	延度(15℃) ≥	cm	40				40				40	
与粗集料的黏附性(裹覆面积) ≥			2/3				2/3				2/3	
与粗、细粒式集料拌和试验			—			均匀	—			均匀	—	
水泥拌和试验的筛上剩余 ≤		%	—			—	—			—	—	3
常温储存稳定性: 1d ≤ 5d ≤		%	1 5				1 5				1 5	

注:1. 黏度可选用恩格拉黏度计或沥青标准黏度计之一测定。
    2. 表中的破乳速度与集料的黏附性、拌和试验的要求、所使用的石料品种有关,质量检验时应采用工程上实际的石料进行试验,仅进行乳化沥青产品质量评定时可不要求此三项指标。
    3. 储存稳定性根据施工实际情况选用试验时间,通常采用5d,乳液生产后能在当天使用时也可用1d的稳定性。
    4. 当乳化沥青需要在低温冰冻条件下储存或使用时,尚需进行−5℃低温储存稳定性试验,要求没有粗颗粒,不结块。
    5. 如果乳化沥青是将高浓度产品运到现场经稀释后使用时,表中的蒸发残留物等各项指标指稀释前乳化沥青的要求。

五、改性乳化沥青

改性乳化沥青是以乳化沥青为基料,以高分子聚合物(一般为橡胶乳)为添加改性材料,同时掺入适量的分散稳定剂或其他微量配合剂,在一定的工艺条件下,经过混配混溶制备成具有某种特性的稳定沥青橡胶混合乳液,这种混合乳液被称为橡胶改性乳化沥青。

在我国《公路沥青路面施工技术规范》(JTG F40—2004)中,对改性乳化沥青的技术要求见表4-14。

改性乳化沥青技术要求及适用范围   表4-14

试验项目		单位	品种及代号	
			喷洒型 PCR	拌和型 BCR
破乳速度		—	快裂或中裂	慢裂
粒子电荷		—	阳离子(+)	阳离子(+)
筛上筛余量(1.18mm 筛) ≤		%	0.1	
黏度	恩格拉黏度 E_{25}	—	1~10	3~30
	沥青标准黏度 $C_{25,3}$	s	8~25	12~60
蒸发残留物性质	残留物含量 ≥	%	50	60
	针入度(25℃,100g,5s)	0.1mm	40~120	40~100
	软化点 ≥	℃	50	53
	5℃延度 ≥	cm	20	
	溶解度(三氯乙烯) ≥	%	97.5	
与矿料的黏附性(裹覆面积) ≥			2/3	—
储存稳定性	1d ≤	%	1	
	5d ≤	%	5	
用途			黏层、封层、桥面防水黏结层	改性稀浆封层和微表处

注:1. 破乳速度与集料黏附性、拌和试验、所使用的石料品种有关。工程上施工质量检验时应采用实际的石料试验,仅进行产品质量评定时可不对这些指标提出要求。
2. 当用于填补车辙时,BCR 蒸发残留物的软化点宜提高至不低于55℃。
3. 储存稳定性根据施工实际情况选择试验天数,通常采用5d,乳液生产后能在第二天使用完时也可选用1d。
4. 当改性乳化沥青或特种改性乳化沥青需要在低温冰冻条件下储存或使用时,尚需进行-5℃低温储存稳定性试验,要求没有粗颗粒、不结块。

第四节 其他沥青简介

一、天然沥青

天然沥青(Native Asphalt)是地壳中的石油在热、压力、氧化、触媒、细菌等各种因素亿万年长期作用下,其轻质油分逐步蒸发,经浓缩、氧化作用形成的沥青类物质。天然沥青具有软化点高、黏度大、耐老化性能强、与石油沥青相容性好等优点,在国外很早就作为沥青的改性剂,并应用于高速公路、机场跑道、桥面铺装等重要交通基础设施建设与养护中。

根据生成矿床的不同,可以将天然沥青分为涌出型(如特立尼达湖沥青 TLA)、缝隙填充型(如美国 Gilsonite)、浸润型(如瑞士 Vai de Travers)等,通常称为湖沥青、岩沥青、海底沥青等。

1. 湖沥青

湖沥青是石油不断从地壳中冒出并存在于天然湖中,经长年沉降、变化、硬化而形成的天然沥青。湖沥青的代表性产品为产于中美洲特立尼达岛的特立尼达湖沥青(TLA)。

通常将特立尼达湖沥青作为改性剂使用,在沥青混合料中使用时通常掺加 20% ~ 35%。湖沥青可以与石油沥青很好地混溶,但由于其密度较大,掺入熔融的沥青中后,必须始终保持搅拌状态,以免矿物成分沉淀。湖沥青可单独作为改性剂使用,也可以与聚合物改性沥青同时使用。

掺加湖沥青的混合沥青有良好的高温稳定性和低温抗裂性能,耐久性好,在许多高速公路、机场跑道、钢桥面铺装、隧道中得到广泛应用。

2. 岩沥青

岩沥青是石油不断地从地壳中冒出,存在于山体、岩石裂隙中,经长期蒸发凝固而形成的天然沥青。其代表性产品有布敦岩沥青(BMA)、UINTSITE 北美岩沥青。我国新疆、青海、四川等也有较丰富的天然岩沥青。

岩沥青中的矿物质,不仅细度很细,而且具有相当好的吸收沥青的能力,具有加强沥青与集料黏附性的作用,一般用作道路石油沥青的改性剂。由于岩沥青具有高软化点、高纯度的优点,岩沥青制成的改性沥青多用于需要抗车辙的重车车道、停车场、车站、弯道、坡道、桥面铺装等。

二、环氧沥青

环氧沥青是将少量环氧树脂加入沥青中,经与固化剂发生固化反应,形成网状交联的不可逆的固化物,其固化反应使沥青从热塑性转变为热固性。

环氧沥青的组分中主要含有环氧树脂、沥青、固化剂、相溶剂及增韧剂等。

环氧沥青的物理力学性质主要取决于环氧树脂和固化剂的种类与性质,以及它们与沥青的配合比例。常用环氧树脂有:双酚 A 型环氧树脂、酚醛环氧树脂、脂环族环氧树脂、脂肪族环氧树脂以及其他类型的环氧树脂。但我国目前大规模工业生产的主要是双酚 A 型环氧树脂,约占总产量的 90%。

双酚 A 型环氧树脂由环氧氯丙烷缩聚而成,为淡黄色至棕色的透明黏性液体或固体,平均分子量在 350 ~ 7 000 范围内。分子量越大,黏度越大,其环氧值却越小,颜色也越深;分子量越小,颜色越淡,流动性越好。

普通石油沥青均可作配制环氧沥青的基质沥青。

常用的相溶剂主要有蒽油、煤焦油等。

固化剂的性质不同,对环氧树脂固化物的黏结强度和物理性质有很大的影响。固化剂按分子结构可分为三类:①碱性固化剂,如多元胺、改性脂肪胺、胺类加成物;②酸性固化剂,如酸酐;③合成树脂类,如含活性基团的聚铣胺、聚酯树脂、酚醛树脂等。固化剂按固化反应时需要的温度可分为:①低温固化剂;②常温固化剂;③中温固化剂;④高温固化剂。

热拌环氧沥青混凝土通常使用高温固化剂或中温固化剂,在80~120℃温度条件下与环氧树脂发生交联反应。配制耐高温的环氧沥青,所用固化剂主要有芳香胺、酸酐以及酚醛树脂等。冷拌环氧沥青混凝土需要采用常温固化剂,如乙二胺、三乙烯四胺、低分子聚酰胺、间苯二甲胺等。

环氧沥青混凝土常用于大跨径钢桥面铺装。

三、彩色(浅色)沥青

彩色沥青路面作为一种新型的铺面技术,具有美化环境、诱导交通等特殊功能。

彩色沥青路面是将颜料加入沥青混合料中拌和,用以铺筑的路面。由于沥青黑色的屏蔽作用,只有加入大量颜料后混合料的色彩才能显示出来。因此,铺筑彩色路面最好使用浅色胶结料,或者彩色胶结料。

目前,浅色沥青结合料绝大部分是采用现代石油化工产品,如芳香油、聚合物、树脂等产品,调配出与普通沥青性能相当的结合料。通常这类为浅色半透明状材料,在与浅色石料拌和时,加入某种颜色的颜料,使这个混合料呈现出某种色彩,或者事先将颜料加入浅色沥青中使其成为彩色沥青。目前浅色沥青的工程应用较为广泛。

浅色沥青结合料有热塑性和热固性两类。热固性是指材料加热固化形成较高强度,通常是通过添加环氧树脂和固化剂的方法制备。热固性浅色沥青制备工艺复杂、成本高,而且对施工设备和技术要求较高。热塑性浅色沥青与普通沥青具有基本相同的路用性能与施工工艺,而且价格相对较低,因此应用较多。

彩色沥青路面因加入不同类型的颜料而呈现不同色彩。颜料主要有无机颜料和有机颜料两大类。无机颜料耐光、热老化性能好,而且价格比有机颜料便宜,因此大多选用无机颜料。如采用氧化铁红颜料,可铺筑红色沥青路面;采用铬绿颜料,可铺筑绿色沥青路面。

作为理想的彩色沥青铺面用结合料,不仅色泽应该是浅色的,而且其黏结性、工艺性都应与普通沥青相近,或者说它应具备与普通沥青基本相同的路用性能和施工和易性。目前,通过在基础油中添加高分子聚合物、改性剂等方法合成的热塑性浅色沥青,由于其性能较好、加工工艺简单、价格相对较低而并被广泛地应用于彩色铺面。

四、阻燃沥青

沥青主要作为基础建设材料、原料等,大量应用在交通运输(道路、铁路、航空等),建筑、农业、水利等部门。但很多应用如交通隧道、防水卷材、涂料和电缆等都忽视了沥青的易燃性能。一旦沥青被引燃,燃烧时会产生大量的热和浓烟,其火灾的危险性非常大。

1. **沥青的阻燃机理**

主要有吸热、覆盖、抑制链反应及不燃气体窒息等几种作用。

(1)吸热作用

在高温条件下,阻燃剂发生强烈的吸热反应,吸收燃烧放出的部分热量,降低可燃物表面的温度,有效地抑制可燃性气体的生成,阻止燃烧蔓延。

(2)覆盖作用

阻燃剂在高温下能形成玻璃状或稳定泡沫覆盖层,隔绝氧气,具有隔热、隔氧、阻止可燃气体向外逸出的作用,从而达到阻燃目的。

(3)抑制链反应

根据燃烧的链反应理论,维持燃烧所需的是自由基。含卤阻燃剂可作用于气相燃烧区,捕捉燃烧反应中的自由基,从而阻止火焰的传播,使燃烧区的火焰密度下降,最终使燃烧反应速度下降直至终止。

(4)不燃气体窒息作用

阻燃剂受热时分解出不燃气体,如 CO_2、NH_3、HCl、HBr 等将可燃物分解出来的可燃气体的浓度冲淡到燃烧下限以下。同时也对燃烧区内的氧浓度具有稀释的作用,阻止燃烧的继续进行,达到阻燃的作用。

2. 沥青阻燃剂

常用的沥青阻燃剂有卤系阻燃剂及其协效剂、镁铝阻燃剂、硼酸锌及消烟剂。

(1)卤系阻燃剂及其协效剂

卤系阻燃剂的阻燃效应是通过气相机理实现的。其主要特点是阻燃效率高、用量少,对材料的性能影响小等,但在热裂及燃烧时生成大量的烟尘及腐蚀性气体。卤系阻燃剂常和协效剂一起使用。常用的协效剂是 Sb_2O_4。

(2)镁铝阻燃剂

此类阻燃剂主要指氢氧化铝 $Al(OH)_3$、氢氧化镁 $Mg(OH)_2$。其阻燃机理为释水吸热和覆盖作用。镁铝阻燃剂的最大优点是低毒、低烟或抑烟、低腐蚀,且价格低廉,缺点是所需添加量较大,有时要达到基材的60%,因而一般常与卤系阻燃剂、红磷等一起使用,而不单独使用。

(3)硼酸锌

硼酸锌主要用为 Sb_2O_3 的替代物使用,价廉、无毒、无刺激,大约在300℃开始释放出结晶水。在卤素化合物存在下,生成卤化硼、卤化锌,抑制和捕获游离的羟基,阻止燃烧连锁反应;同时形成固相覆盖层,隔绝燃烧的表面空气,阻止火焰继续燃烧并能发挥消烟作用。

(4)消烟剂

沥青在燃烧的过程中放出大量黑烟,使火灾现场的可见度大大降低,贻误灭火和抢救生命财产的时机。因而,对沥青而言,"阻燃"比"抑烟"更为重要,尤其是含卤素和锑化合物的阻燃剂是主要的发烟源。常用消烟剂有三氧化钼(MoO_3)、二茂铁、硼酸锌和无机氢氧化物等。

3. 沥青阻燃性能的评价方法

由于沥青材料阻燃性能的测试标准直至目前仍未制定,所以测试沥青的阻燃性能主要参照评价塑料材料阻燃性能的测试手段,如氧指数测定法、水平及垂直燃烧测定法、热重-动态热重法(TG-DTG)。

五、泡沫沥青

泡沫沥青是在高温的普通沥青中加入少量冷水,使沥青表面积大大增加,体积膨胀数倍至数十倍,然后在1min内沥青又恢复原状的沥青。

泡沫沥青通常采用膨胀率和半衰期两个指标评价其性能。膨胀率是指沥青发泡膨胀达到的最大体积与泡沫完全消失时的体积之比,反映了泡沫沥青的黏度大小。半衰期是泡沫沥青从最大体积降低到最大体积一半所需时间,以 s 计。它反映了泡沫沥青的稳定性。

研究表明,当泡沫沥青两个评价指标中的任何一个达到最优而另一个较差时,都不利于泡沫沥青性能的稳定。因此,在设计确定泡沫沥青的发泡条件时,应尽可能通过变化试验参数使膨胀率和半衰期两个指标均能达到较好的状态,从而获得最佳的沥青发泡效果。

【本章小结】

石油沥青是石油经加工而获得的一种具有胶结性能的道路建筑材料,在道路路面建筑工程中得到广泛的采用。

石油沥青是复杂的高分子化合物,可分离为饱和分、芳香分、胶质和沥青质等几个组分。根据这些组分结构和含量的不同,可将沥青分为溶胶、溶凝胶和凝胶三种胶体结构。沥青的胶体结构与沥青的路用性能有密切关系。

沥青具有黏滞性、黏弹性、感温性等一系列特性。通过学习应掌握这些特性及其测试方法,更好地应用沥青材料。本章还介绍了美国SHRP沥青结合料规范和法国沥青技术标准的主要内容,以便了解沥青性能研究的动态和发展趋势。

本章介绍了改性沥青、乳化沥青的组成材料、性能和测试方法,还简要介绍了天然沥青、环氧沥青、彩色沥青、泡沫沥青等新型沥青材料的性能特点。

【复习思考题】

4-1 沥青的体膨胀系数与沥青的路用性能有何关系?

4-2 采用沥青化学组分分析方法可将沥青分离为哪几个组分?与沥青的技术性质有何关系?

4-3 沥青可划分为几种胶体结构?与其技术性质有何关联?

4-4 沥青常用的技术指标有哪些?反映沥青的哪些性能?

4-5 美国SHRP的沥青技术规范中对沥青的性能提出哪些新的试验方法?各自反映沥青哪方面的性能?

4-6 表征沥青黏滞性的试验方法有哪些?

4-7 沥青针入度、延度、软化点试验反应沥青的哪些性能?简述主要试验条件。

4-8 沥青的低温性能可采用哪些方法来测试?

4-9 沥青的感温性最常采用哪些指标来表征?

4-10 什么是沥青的老化?引起老化的原因是什么?老化后性能如何变化?如何评价沥青的耐久性?

4-11 什么是沥青的黏弹性,采用什么技术指标给以评价?

4-12 影响沥青与石料黏附性的因素有哪些?

4-13 道路沥青的技术标准有哪几项指标?

4-14 为什么要对沥青进行改性?常用的聚合物改性沥青有哪几种?改性沥青的技术指标有何特点?

4-15 某工程需要软化点为85℃的石油沥青。现有10号及60号两种沥青,已知10号石油沥青软化点为95℃,60号石油沥青软化点为45℃。应如何掺配以满足工程需要?

4-16 简述乳化沥青的形成和分裂机理。

4-17 沥青在10℃和25℃下测定的针入度分别为24和79(0.1mm),求出沥青的温度敏感性系数 A,由此计算沥青的针入度指数 PI,并判断沥青的胶体结构类型。

4-18 简述天然沥青的性能特征及其对沥青改性的作用。

第五章
沥青混合料

【本章提要】
本章重点阐述热拌沥青混合料的组成结构、强度形成原理、技术性质、影响技术性质因素及评价方法,介绍热拌沥青混合料的组成设计方法,包括组成材料的技术要求和配合比设计方法,在此基础上还介绍了目前常用的 SMA 混合料、OGFC 混合料、浇筑式混合料、稀浆封层混合料的技术特点、组成材料及配合比设计方法及要求。

第一节 概 述

沥青混合料是现代沥青路面的主要材料,沥青路面以良好的力学性能和路用性能,铺筑的路面平整无接缝,减振吸声,行车舒适,便于分期修建和再生利用等优点,成为路面的一种重要结构形式。

按照我国交通行业标准《公路沥青路面施工技术规范》(JTG F40—2004)的有关规定,对沥青混合料进行如下定义和分类。

一、沥青混合料的相关定义

1. 沥青混合料

沥青混合料是由矿料与沥青结合料拌和而成的混合料的总称。常采用的沥青混合料类型有:沥青混凝土混合料和沥青碎石混合料。

2. 沥青混凝土混合料

沥青混凝土混合料(Asphalt Concrete Mixture,简称 AC),是按照密级配原理设计组成的各种粒径颗粒的矿料与沥青拌和而成、设计空隙率较小的密实式沥青混合料。

3. 沥青碎石混合料

沥青稳定碎石混合料的简称,是由矿料和沥青组成的具有一定级配要求的混合料。按空隙率、集料最大粒径、添加矿粉数量多少,分为密级配沥青碎石混合料(ATB)、开级配沥青碎石混合料(OGFC 表面层及 ATPB 基层)和半开级配沥青碎石混合料(AM)。

4. 沥青玛蹄脂碎石混合料

沥青玛蹄脂碎石混合料(Stone Matrix Asphalt),由沥青结合料与少量的纤维稳定剂、细集料及较多量的填料(矿粉)组成的沥青玛蹄脂,填充于间断级配的粗集料骨架的间隙,组成一体的沥青混合料,简称 SMA。

二、沥青混合料的分类

沥青混合料的分类方法取决于沥青的类型、施工工艺、矿质混合料的级配、集料的最大粒径、压实空隙率和沥青品种等。

1. 按沥青种类分类

(1)石油沥青混合料:以石油沥青为结合料的沥青混合料。

(2)改性沥青混合料:以改性沥青为结合料的沥青混合料。

2. 按施工工艺分类

(1)热拌热铺沥青混合料:通常将沥青加热至 150~170℃,矿质集料加热至 160~180℃,在热态下拌成沥青混合料,并在热态下摊铺、压实成路面。由于在高温下拌和,沥青与矿质集料能形成良好的黏结,因而具有较高的强度。高等级公路和城市干道多采用这种沥青混合料。

(2)冷拌冷铺沥青混合料:采用乳化沥青、稀释回配沥青,或者低黏度的沥青材料,在常温下与集料直接拌和成混合料,在常温下摊铺、碾压成路面。这种沥青混合料由于沥青与集料裹覆性差,黏结不良,路面成型慢,强度低,一般只适用于低交通道路,或者路面局部维修。

(3)再生沥青混合料:将需翻修或废弃的旧沥青路面,经挖翻、回收、破碎、筛分,与再生剂、新集料、新沥青材料按一定比例重新拌和,形成具有一定路用性能的再生沥青混合料。分冷再生和热再生。

3. 按集料的公称最大粒径分类

按集料的公称最大粒径分为五种类型,如表 5-1 所示。

沥青混合料类型 表 5-1

沥青混合料类型	特粗式沥青混合料	粗粒式沥青混合料	中粒式沥青混合料	细粒式沥青混合料	砂粒式沥青混合料
公称最大粒径(mm)	37.5	26.5 或 31.5	16.0 或 19.0	9.5 或 13.2	4.75

4. 按矿质混合料的级配组成分类

(1) 连续密级配沥青混凝土混合料：按连续密级配原理设计组成的矿料与沥青结合料拌和而成，如剩余空隙率3%~6%（对重载道路为4%~6%；对人行道路为2%~5%）的密实式沥青混凝土混合料(AC)；剩余空隙率3%~6%的密级配沥青稳定碎石混合料(ATB)。

(2) 连续半开级配沥青混合料：由适当比例的粗集料、细集料及少量填料（或不加填料）与沥青结合料拌和而成，压实后剩余空隙率在6%~12%的半开式沥青混合料，也称沥青碎石混合料(AM)。

(3) 开级配沥青混合料：由粗集料嵌挤组成，细集料及填料较少，经高黏度沥青结合料黏结形成的设计空隙率18%的混合料。典型类型如排水式沥青磨耗层混合料(OGFC)、排水式沥青稳定碎石基层(ATPB)。

(4) 间断级配沥青混合料：矿料级配组成中缺少一个或几个档次（或很少）而形成的级配间断的沥青混合料。典型类型如沥青玛蹄脂碎石混合料SMA（严格意义上SMA混合料只是一个或几个档次的矿料用量很少）。

5. 按沥青的用途分类

在道路工程中主要采用热拌热铺沥青混合料，可称之为路用沥青混合料；如用于机场道面，则称为机场道面沥青混合料；用于大桥桥面铺装，则称为桥面铺装用沥青混合料等。

第二节　热拌沥青混合料

热拌沥青混合料(Hot Mix Asphalt，简称HMA)，是经人工组配的矿质混合料与黏稠沥青在专门的设备中加热拌和而成，用保温运输工具运至施工现场，并在热态下进行摊铺和压实的混合料，是目前沥青路面主要采用的沥青混合料类型。

一、沥青混合料的组成结构和强度理论

1. 沥青混合料的组成结构

(1) 沥青混合料组成的现代理论

随着对沥青混合料组成结构研究手段与研究方法的深入，目前对沥青混合料的组成结构有下列两种相互对立的理论。

① 表面理论（图5-1）。

表面理论认为沥青混合料是由粗集料、细集料和填料经人工组配成密实的级配矿质骨架，由沥青结合料分布其表面，而将它们胶结成为一个具有强度的整体。该理论较为突出矿质骨料的骨架作用，认为强度的关键是矿质骨料的强度和密实度。

② 胶浆理论（图5-2）。

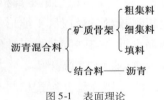

图 5-1　表面理论

胶浆理论认为沥青混合料是一种多级空间网状结构的分散系。它是以粗集料为分散相而分散在沥青砂浆介质中的一种粗分散系；同样，砂浆是以细集料为分散相而分散在沥青胶浆介质中的一种细分散系；而胶浆又是以填料为分散相而分散在高稠度沥青介质中的一种微分散系。

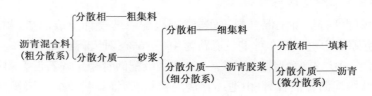

图 5-2 胶浆理论

这三级分散系以沥青胶浆最为重要,它的组成结构决定沥青混合料的高温稳定性和低温变形能力。目前,研究发现填料(矿粉)的矿物组成、填料的级配(以 0.075mm 为最大粒径)以及沥青与填料内表面的交互作用等因素对混合料性能的影响较多,比较强调采用高稠度的沥青和大的沥青用量,以及采用间断级配的矿质混合料。

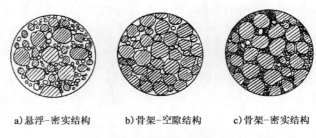

a)悬浮-密实结构　　b)骨架-空隙结构　　c)骨架-密实结构

图 5-3　沥青混合料的组成结构

(2)沥青混合料的组成结构类型

在沥青混合料中,由于组成材料用量比例的不同,压实后沥青混合料内部的矿料分布状态、剩余空隙率也呈现出不同的特征,形成不同的组成结构。按照沥青混合料的矿料级配组成特点,可将沥青混合料分为悬浮-密实结构、骨架-空隙结构和骨架-密实结构,如图 5-3 所示。

①悬浮-密实结构。

采用连续密级配矿料配制的沥青混合料(级配曲线如图 5-4 中曲线①),矿料颗粒由大到小连续存在,粒径较大的颗粒被较小一档的颗粒挤开,不能直接接触形成嵌挤骨架结构,粗集料悬浮于较小颗粒和沥青胶浆之间,而较小颗粒与沥青胶浆较为密实,形成了所谓悬浮-密实结构[图 5-3a)]。按照连续密级配原理设计的 AC 型沥青混合料是典型的悬浮-密实结构。

悬浮-密实结构的沥青混合料经压实后,密实度较大,水稳定性、低温抗裂性和耐久性较好,一般不发生粗细集料离析,便于施工,是使用较为广泛的沥青混合料。但这种沥青混合料粗集料较少、不接触,不能形成骨架作用,在高温条件下使用时,由于沥青黏度降低,可能会导致沥青混合料强度和稳定性的下降。

②骨架-空隙结构。

当采用连续开级配矿料与沥青组成沥青混合料时(级配曲线如图 5-4 中曲线②),粗集料颗粒较多,颗粒彼此接触形成互相嵌挤的骨架,但细集料数量较少,不足以充分填充骨架空隙,压实后混合料的空隙较大,形成了所谓的骨架-空隙结构[图 5-3b)]。沥青碎石混合料(AM)和开级配磨耗层沥青混合料(OGFC)是典型的骨架-空隙结构。

在形成骨架-空隙结构的沥青混合料中,粗集料之间的嵌挤力对沥青混合料的强度和稳定性起着重要作用,结构强度受沥青性质和物理状态的影响较小,因而高温稳定性较好。但压实后的剩余空隙率较大,渗透性较大,在使用过程中,气体和水分易进入沥青混合料内部,引发沥青老化或将沥青从集料表面剥落,因此这种结构沥青混合料的耐久性值得关注。

③骨架-密实结构。

当采用间断级配时(级配曲线如图5-4中曲线③),粗集料能互相靠拢,不被细集料所推开,形成骨架,提高嵌挤力,使集料之间的摩阻力增大。细集料仍按连续级配保持密实结构,具有较高的内聚力[图5-3c)]。

骨架-密实结构中粗集料充分发挥了嵌挤作用,细集料又具有最大密实性和内聚力,整个结构能够形成较高的强度,是一种比连续级配更为理想的组成结构。沥青玛蹄脂碎石混合料(SMA)是典型的密实-骨架结构。

2. 沥青混合料的强度理论

(1)沥青混合料抗剪强度的构成

沥青混合料在常温和较高温度下,由于沥青的黏结力不足而产生变形或由于抗剪强度不足而破坏,一般采用库仑理论来分析其强度和稳定性,沥青混合料的力学强度是由矿质集料颗粒之间的嵌挤力(内摩阻力)和沥青与集料之间的黏结力以及沥青的内聚力所构成的。

沥青混合料抗剪强度可按摩尔-库仑定律予以表征,即在外力作用下需满足材料不发生剪切滑移的必要条件:

$$\tau = c + \sigma \tan\varphi \tag{5-1}$$

式中:τ——沥青混合料的抗剪强度,MPa;

c——沥青混合料的黏聚力,MPa;

σ——试验时的正应力(正压力),MPa;

φ——沥青混合料的内摩阻角,rad。

(2)测定方法

沥青混合料的黏聚力c和内摩阻角φ可以通过三轴剪切试验确定。在规定的条件下,对沥青混合料试件实施不同的侧向应力σ_3,测试法向应力σ_1。由试件的侧向应力和法向应力,可以得到一组摩尔应力圆,如图5-5所示。图5-5中应力圆的公切线为摩尔-库仑应力包络线,即抗剪强度曲线,该包络线与纵轴的截距表示沥青混合料的黏聚力c,与横轴的交角为沥青混合料的内摩阻角φ。

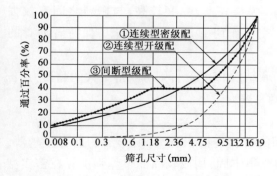

图5-4 3种类型矿质混合料级配曲线

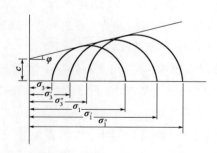

图5-5 三轴试验模式与摩尔-库仑包络线图

(3)影响沥青混合料抗剪强度的因素

①沥青的黏度。

沥青的黏度是影响黏聚力 c 的重要因素,沥青的黏度越高,混合料抵抗变形的能力越大,可以保持矿质集料的相对嵌锁力作用,强度也就越高。沥青的黏度对沥青混合料黏聚力和内摩擦角的影响如图 5-6 所示。沥青的黏滞度随温度的变化而变化,由于沥青的化学组分和结构不同,沥青黏滞度随温度而变化的斜率是不同的,同一标号的沥青在高温时可以呈现不同的黏滞度。修建高等级沥青路面要采用黏稠度较高的沥青,即采用针入度较小的沥青。多孔性沥青混合料常用高稠度沥青或改性沥青作为结合料。

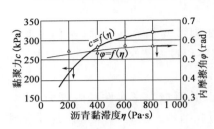

图 5-6 沥青的黏滞度对沥青混合料黏聚力和内摩擦角的影响

②矿质集料性能。

a. 集料岩石的种类。沥青与憎水碱性石料的黏附性优于亲水酸性石料。工程中如用酸性岩石拌制沥青混合料需在沥青中添加抗剥落剂,提高沥青与石料的黏附性,以提高沥青混合料的强度。

b. 集料的表面特性。集料表面越粗糙,形成凹凸的微表面,经过压实后,颗粒之间越能形成良好的啮合嵌锁,使混合料具有较高的内摩阻力,故配制沥青混合料都要求采用轧制碎石,规定相应的破碎砾石的破碎面。

c. 集料的形状。集料颗粒的形状宜接近立方体,呈多棱角,以承受荷载而不折断破碎,嵌挤后能形成较高的内摩阻力;而表面光滑的颗粒,则易引起滑移而导致路面变形;针状、片状的集料,在荷载作用下极易断裂破碎,从而易造成沥青路面的内部损伤和缺陷。

d. 集料的级配。以嵌挤原则设计的骨架-密实结构的沥青混合料整体强度高,稳定性好。粒径较大且均匀的矿质集料可以提高沥青混合料的嵌锁力与内摩阻角。但应保证级配良好,空隙恰当。

③沥青与矿料在界面上的交互作用。

沥青混合料黏聚力除了与沥青材料自身的内聚力有关,还取决于沥青与矿料的交互作用。矿质集料颗粒对于包裹在表面的沥青分子具有一定的化学吸附作用,这种化学吸附比矿料与沥青间的分子力吸附(即物理吸附)强,并使矿料表面吸附沥青组分重新分布,形成一层吸附溶剂化膜,即"结构沥青"。"结构沥青"膜层较薄,黏度较高,与矿料之间有较强的黏结力。在"结构沥青"层之外未与矿料发生交互作用的是"自由沥青",保持着沥青的初始内聚力[图 5-7a)]。

如果矿粉颗粒之间接触处是由结构沥青膜所联结[图 5-7b)],则可获得更大的黏聚力;若颗粒之间接触处是自由沥青所联结[图 5-7c)],则黏聚力较小。

④矿料比面。

在相同的沥青用量下,与沥青发生交互作用的矿料表面积越大,所形成的沥青膜越薄,"结构沥青"所占比例就越大,促使矿质颗粒能够黏结牢固,构成较高的整体强度。在密实型的沥青混合料中,矿粉的表面积通常占到矿质混合料总面积的 80% 以上,所以矿粉的性质及数量对沥青混合料强度影响非常大。在沥青混合料中保持一定的矿粉数量,对于减薄沥青膜厚度,增加"结构沥青"的比例有着重要作用。

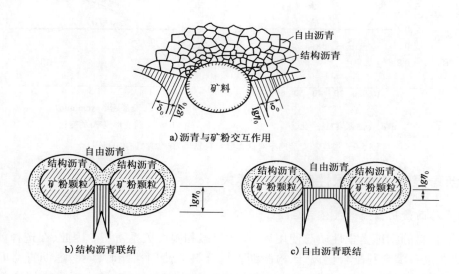

图 5-7　沥青与矿料交互作用示意图

⑤沥青结合料用量。

图 5-8 反映了沥青用量对沥青混合料黏聚力与内摩阻角的影响趋势。当沥青用量较小时,混合料内聚力差,整体强度较低。沥青混合料的黏聚力随着沥青用量增多而增大,当沥青用量足以形成薄膜并充分黏结矿料颗粒时,沥青混合料具有最大的黏聚力,施工时易于压实,有助于提高路面的密实度和强度。当沥青用量进一步增加,"自由沥青"含量增加,矿料颗粒间的相互位移越容易,使沥青混合料的黏聚力降低,内摩阻角减小。

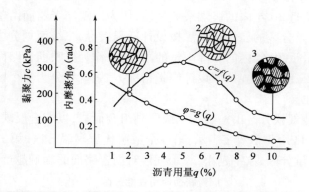

图 5-8　不同沥青用量时的沥青混合料结构和 c、φ 值变化示意图
1-沥青用量不足;2-沥青用量适中;3-沥青用量过多

⑥温度与荷载。

当温度升高时,沥青的黏度降低,沥青混合料的黏聚力也随之降低;内摩擦角变化的幅度很小,如图 5-9a)所示。由于沥青的黏度随变形速率的增大而增加,沥青混合料的黏聚力也随变形速率的增大而显著提高,内摩擦角变化很小,如图 5-9b)所示。

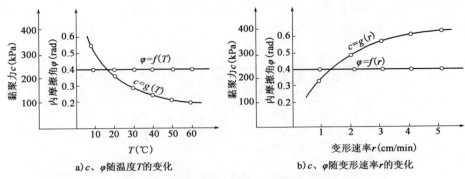

a) c、φ 随温度 T 的变化　　b) c、φ 随变形速率 r 的变化

图 5-9　温度和变形速率对沥青混合料黏聚力与内摩擦角的影响

二、沥青混合料的技术性质和技术要求

1. 沥青路面使用性能的气候分区

沥青混合料的物理力学性质与使用环境，如气温和湿度关系密切。因此，在选择沥青胶结料等级，进行沥青混合料配合比设计，检验沥青混合料的使用性能时，应考虑沥青路面工程的环境因素，尤其是温度和湿度条件。所以应按照不同的气候分区的特点对沥青混合料的技术性能提出相应要求。

在我国技术规范《公路沥青路面施工技术规范》（JTG F40—2004）中，提出沥青路面使用性能气候分区。

（1）气候分区指标

采用工程所在地最近 30 年内最热月份平均最高气温的平均值，作为反映沥青路面在高温和重载条件下出现车辙等流动变形的气候因子，并作为气候分区的一级指标。按照设计高温指标，一级区划分为 3 个区。

采用工程所在地最近 30 年内的极端最低气温，作为反映沥青路面由于温度收缩产生裂缝的气候因子，并作为气候分区的二级指标。按设计低温指标，二级区划分为 4 个区。

采用工程所在地最近 30 年内的年降雨量的平均值，作为反映沥青路面受水影响的气候因子，并作为气候分区的三级指标。按照设计雨量指标，三级区划分为 4 个区。

（2）气候分区的确定

沥青路面使用性能气候分区由一、二、三级区划组合而成，以综合反映该地区的气候特征，见表 5-2。每个气候分区用 3 个数字表示：第一个数字代表高温分区，第二个数值代表低温分区，第三个数字代表雨量分区，数字越小，表示气候对沥青路面的影响越严重。

沥青路面使用性能分区　　表 5-2

气候分区指标		气 候 分 区			
按照高温指标	高温气候区	1	2	3	
	气候区名称	夏炎热区	夏热区	夏凉区	
	最热月平均最高气温（℃）	>30	20～30	<20	
按照低温指标	低温气候区	1	2	3	4
	气候区名称	冬严寒区	冬寒区	冬冷区	冬温区
	极端最低气温（℃）	<−37.0	−37.0～−21.5	−21.5～−9.0	>−9.0

续上表

气候分区指标		气候分区			
按照雨量指标	雨量气候分区	1	2	3	4
	气候区名称	潮湿区	湿润区	半干区	干旱区
	年降雨量(mm)	>1 000	1 000~500	500~250	<250

2．沥青混合料的技术性质

沥青混合料作为沥青路面的面层材料，在使用过程中将承受车辆荷载反复作用以及环境因素的作用，因此沥青混合料应具有足够的高温稳定性、低温抗裂性、耐久性、抗滑性、耐疲劳性等技术性能，以保证沥青路面优良的服务性能，且经久耐用。

（1）高温稳定性

高温稳定性是指沥青混合料在高温条件下，能够抵抗车辆荷载的反复作用，不发生显著永久变形，保证路面平整度的特性。沥青混合料的强度和模量随温度升高而急剧下降，在交通荷载的作用下易车辙、推移、壅包、泛油等病害。

①高温稳定性的评价方法和评价指标。

目前沥青混合料高温稳定性的评价方法较多，如圆柱体试件的单轴静载、动载、重复荷载试验；三轴静载、动载、重复荷载试验；简单剪切的静载、动载、重复荷载试验等。此外还有马歇尔稳定度、维姆稳定度和哈费氏稳定度等工程试验，以及反复碾压模拟试验，如车辙试验和结构试验。下面介绍工程中常用的两个试验和评价指标。

a. 马歇尔稳定度试验。马歇尔试验是将沥青混合料制备成 $\phi 101.6mm \times h63.5mm$ 或 $\phi 152.4mm \times h95.3mm$ 的圆柱形试件，试验时将试件侧向置于半圆状的压模中，使试件受到一定的侧限，如图 5-10 所示。在规定温度（60℃）和（50±5）mm/min 的加荷速度下，对试件施加压力直至试件破坏，测定稳定度 MS、流值 FL 两项指标。稳定度是试件压缩至破坏时承受的最大荷载，以 kN 计；流值是达到最大破坏荷载时试件的垂直变形，以 0.1mm 计。

b. 车辙试验。采用标准方法成型沥青混合料板块状试件，尺寸 300mm×300mm×(50~100)mm。在 60℃ 的温度条件下，试验轮（轮压 0.7MPa）以（42±1）次/min 的频率，沿着试件表面同一轨迹反复行走，时间约 1h 或最大变形达到 25mm 时为止，测试试件表面在试验轮反复作用下所形成的车辙深度。试验结果得到车辙变形随时间变化的曲线，如图 5-11 所示。以变形趋于稳定的 45min（或 t_1）到 60min（或 t_2）这一段时间内，产生 1mm 车辙变形所需要的行

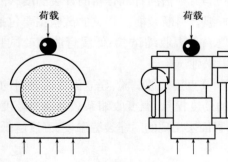

图 5-10　马歇尔试验加载示意图

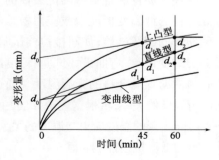

图 5-11　车辙变形随时间的变化曲线

走次数即动稳定度指标 DS(次/mm)来评价沥青混合料的抗永久变形能力。

$$DS = \frac{(t_1 - t_2) \times N}{d_2 - d_1} \times C_1 \times C_2 \tag{5-2}$$

式中：d_1、d_2——分别对应于时间 t_1 和 t_2 时的变形量，mm；

C_1——车辙试验机类型系数，曲柄连杆驱动试件的变速行走方式为 1.0；

C_2——试件系数，试验室制备的宽 30cm 的试件系数为 1.0；

N——试验轮往返碾压速度，通常为 42 次/min。

②影响高温稳定性的主要因素。

a. 集料特性。通常，破碎、坚硬、纹理粗糙、多棱角、颗粒接近立方体的集料，经压实后集料颗粒间能够形成紧密的嵌挤作用，增大沥青混合料的内摩阻角，相应沥青混合料的高温稳定性较好。

b. 沥青用量。适当减少沥青用量有利于体改混合料抗车辙能力，但沥青用量不宜过少，否则混合料碾压困难，易产生水损害。

c. 沥青黏度。沥青的高温黏度越大，劲度越高，与石料的黏附性越好，相应的沥青混合料抗高温的能力越强。通过添加合适的改性剂可以提高沥青的高温黏性，从而改善沥青混合料的高温性能。

d. 沥青混合料配合比。对于沥青混合料，仅仅依靠沥青是无法承受车辆荷载水平推挤力和水平剪力，此时粗细集料和矿粉组成的矿料级配起到了重要作用，对于密级配沥青混凝土，如果集料悬浮在沥青浆中，嵌挤作用不能很好形成，沥青的性能成为影响高温稳定性的主要因素。对于以集料嵌挤作用为主的混合料，高温稳定性主要依靠粗集料的嵌挤作用，其抗车辙能力较强。

（2）低温抗裂性能

沥青混合料抵抗低温收缩裂缝的能力称为低温抗裂性。由于沥青混合料随温度下降劲度增大，变形能力降低，在温度下降所产生的温度应力和外界荷载应力的作用下，路面内部的应力来不及松弛，应力逐渐累积下来，这些累积应力超过材料抗拉强度时即发生开裂，从而会导致沥青混合料路面的破坏，所以沥青混合料在低温时应具有较低劲度和较大的抗变形能力来满足低温抗裂性能。

①低温抗裂性的评价方法和评价指标。

目前评价沥青混合料低温抗裂性的方法可以分为三类：预估沥青混合料的开裂温度；评价沥青混合料的低温变形能力或应力松弛能力；评价沥青混合料断裂能。相关的试验主要包括：等应变加载的破坏试验，如间接拉伸试验、直接拉伸试验；低温收缩试验；低温弯曲蠕变试验；低温劈裂蠕变试验；弯曲破坏试验；温度应力试验；应力松弛试验等。

a. 预估沥青混合料的开裂温度。通过间接拉伸试验或直接拉伸试验，建立沥青混合料的低温强度与温度的关系，再根据理论方法，由沥青混合料的劲度模量、温度收缩系数及降温幅度计算沥青可能出现的温度应力与温度的关系，从而预估沥青面层出现的温缩裂缝温度，温度越低沥青混合料的低温抗裂性能越好。

b. 弯曲蠕变试验。蠕变试验沥青混合料小梁为长 250mm、宽 30mm、高 35mm 的棱柱体，在规定温度下（低温性能宜采用 0℃），对试件的跨中施加恒定的集中荷载，荷载水平为破坏荷载的10%,测定试件随时间不断增长的蠕变变形,见图5-12。

蠕变变形曲线可分为三个阶段:第一阶段为蠕变迁移阶段,第二阶段为蠕变稳定阶段,第三阶段为蠕变破坏阶段。以蠕变稳定阶段的蠕变速率评价沥青混合料的低温变形能力,蠕变速率按式(5-3)计算:

$$\varepsilon_{\text{speed}} = \frac{(\varepsilon_2 - \varepsilon_1)/(t_2 - t_1)}{\sigma_0} \tag{5-3}$$

式中:$\varepsilon_{\text{speed}}$——试件的低温弯曲蠕变速率,$1/(\text{s}\cdot\text{MPa})$;

σ_0——试件跨中梁底的蠕变弯拉应力,MPa;

t_1、t_2——分别为蠕变稳定期直线段起始点和终止的时间,s;

ε_1、ε_2——分别与时间t_1和t_2对应的跨中梁底应变。

蠕变速率越大,沥青混合料在低温下的变形能力越大,松弛能力越强,低温抗裂性能越好。

c. 低温弯曲破坏试验。低温弯曲破坏试验试件采用切制棱柱体长250mm、宽30mm、高35mm的小梁,跨径200mm,在试验温度-10℃的条件下,以50mm/min的速率,对沥青混合料小梁试件跨中施加集中荷载至断裂破坏,应变由跨中挠度求算,见图5-13。沥青混合料的破坏弯拉应变按式(5-4)计算。沥青混合料低温下破坏弯拉应变越大,低温柔韧性越好,抗裂性能越好。

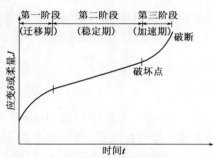

图5-12 沥青混合料蠕变变形曲线

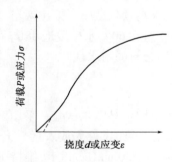

图5-13 荷载-跨中挠度曲线

$$\varepsilon_{\text{B}} = \frac{6hd}{L^2} \tag{5-4}$$

式中:ε_{B}——试件破坏时的最大弯拉应变;

h——跨中断面试件的高度,mm;

d——试件破坏时的跨中挠度,mm;

L——试件的跨径,mm。

试验表明,在评价改性沥青混合料低温性能时,采用低温蠕变试样方法所得结果对于改性剂种类和改性剂量都不够敏感,数据比较分散,而低温弯曲试验的破坏应变指标则相对稳定。因此,采用低温弯曲试验的破坏应变指标作为评价改性沥青混合料的低温抗裂性能。

②影响低温抗裂性能的主要因素。

a. 沥青性质。沥青低温下的劲度或稠度(如黏度或针入度)和温度敏感性(如某温度范围的稠度变化)是最重要的因素,低黏度(或高针入度)级的沥青结合料会随温度降低而产生劲度的缓慢增加,从而减少了低温开裂的可能性;低温下变形能力大的沥青(低温延度大)会使混合料低温下的变形能力增加,而不易产生低温裂缝。

b. 集料类型和级配。通常,密级配沥青混合料的低温抗拉强度高于开级配的沥青混合料,但是粒径大、空隙率大的沥青混合料内部微空隙发达,应力松弛能力略强,温度应力有所减小。两方面的影响相互抵消,故沥青混合料的这两种级配类型与沥青路面开裂程度之间没有显著的关系。

(3) 耐久性

耐久性是指沥青混合料在使用过程中抵抗环境因素(如空气中氧气、水、紫外线等)及行车荷载反复作用的能力。包括沥青混合料的水稳性、抗老化性和耐疲劳性能。

① 水稳定性。

沥青混合料的水稳定性是指沥青混合料抵抗由于水侵蚀而发生沥青膜剥落、松散、坑槽等破坏的能力。水稳定性差的沥青混合料在有水存在的情况下,会使沥青与矿料颗粒表面产生局部分离,同时在车辆荷载作用下,沥青与矿料的剥落加剧,形成松散薄弱块,从而造成路面缺失,并逐渐形成坑槽,即所谓的水损害。当沥青混合料的压实空隙率较大,路面排水系统不完善时,将加剧沥青路面的水损害现象。

a. 水稳定性的评价方法和评价指标。沥青混合料水稳定性可根据它在浸水条件下物理力学性能降低的程度来表征。目前应用较多的方法是沥青与集料黏附性试验(详见第四章)、浸水马歇尔试验、浸水劈裂强度试验、真空饱水冻融劈裂强度试验、浸水车辙试验等。

Ⅰ. 浸水马歇尔试验。采用两组马歇尔试件,一组在60℃水浴中浸泡30min后测其稳定度 MS;另一组在60℃水中浸泡48h后测其稳定度 MS_1。按式(5-5)计算残留稳定度 MS_0,用来表示沥青混合料的耐水性。

$$MS_0 = \frac{MS_1}{MS} \times 100\% \tag{5-5}$$

Ⅱ. 真空饱水马歇尔试验。采用两组马歇尔试件,一组在60℃水浴中恒温30min后测其稳定度 MS;另一组试件先放入真空干燥器中,关闭进水胶管,开动真空泵,使干燥器的真空度达到97.3kPa(730mmHg)以上,维持15min;然后打开进水胶管,靠负压进入冷水流使试件全部浸入水中,浸水15min后恢复常压,取出试件再放入已达60℃的恒温水槽中保温48h后测其稳定度 MS_1。按式(5-5)计算残留稳定度 MS_0。

Ⅲ. 浸水劈裂强度试验法。试件分两组,一组直接在25℃水浴中浸泡2h后测其劈裂强度 R_1;另一组先在60℃水浴中恒温48h,再在25℃水中浸泡2h后测其劈裂强度 R_2。劈裂强度比 TSR 按式(5-6)计算:

$$TSR = \frac{R_2}{R_1} \times 100\% \tag{5-6}$$

Ⅳ. 冻融劈裂试验。用两面击实各50次的马歇尔试件两组,一组在25℃水浴中浸泡2h后测试劈裂强度 R_1;另一组试件先放入真空干燥器中,关闭进水胶管,开动真空泵,使干燥器的真空度达到97.3~98.7kPa(730~740mmHg)条件保持15min;然后打开进水胶管,靠负压进入冷水流使试件全部浸入水中,浸水15min后恢复常压,试件在水中放置30min,再在(-18±2)℃恒温冰箱中冷冻(16±1)h;之后在60℃水浴中放置24h,完成一次冻融循环,再在25℃水中浸泡2h后测试其劈裂强度 R_2。按式(5-6)计算劈裂强度比 TSR。

b. 影响水稳定性的主要因素。

Ⅰ. 集料特性。碱性集料和沥青的黏结力较大,不易被水剥落;酸性集料属亲水性集料,和沥青黏附力较小;碱性集料与沥青黏附时易产生化学吸附作用,生成物的性质不会受到水的作用而改变,而酸性矿料则不发生这种化学吸附作用,沥青和矿料遇水时容易分离。

集料颗粒表面粗糙有增大与沥青黏附范围的作用,从而有利于沥青在矿料上的黏附,而表面有微孔的颗粒易使沥青在其表面渗入形成楔状物,加固沥青在矿料颗粒表面的黏附,如果孔隙太大或太多则会影响沥青混合料的沥青用量。矿料颗粒表面物理特性的影响远小于其表面化学特性的影响。

Ⅱ.沥青性质。沥青化学性质的影响主要体现在不同油源、相同标号的沥青对同一集料表现出不同的黏附性;沥青的黏度越高,与矿料的黏附力也越大,对沥青混合料的水稳性也有正面的影响,但这种影响比沥青化学性质影响要小。

Ⅲ.沥青膜的厚度。当沥青膜较薄时,水可能穿透沥青膜层导致沥青从集料表面剥落,使沥青混合料松散。因此在沥青混合料配合比设计中,在满足高温稳定性的前提下,尽量增加沥青混合料中沥青膜厚度,以提高沥青混合料的水稳定性。

Ⅳ.沥青混合料的空隙率。空隙率越大的沥青混合料,受水分作用时间越长,受水作用产生沥青剥落破坏的可能性越大,混合料的耐久性越差。开级配的沥青混合料由于压实孔隙率大,往往对其水稳定性不利,需要采取抗剥落措施提高与沥青的黏附性。

Ⅴ.沥青混合料成型方式。成型方式对沥青混合料抗水损坏的影响较大。当温度过低,为了达到压实度,可能会超压,出现粗集料颗粒被压碎,从而增加沥青混合料对水的敏感性。如果压实不足,会出现空隙率过大而造成水稳定性不足的情况。

②抗老化性。

抗老化性是指沥青混合料抵抗热、自然因素及荷载等作用而保持原有性能的能力。

沥青材料在沥青混合料的拌和、摊铺、碾压时受加热作用,以及路面建成后受自然因素和交通荷载作用,沥青的技术性能向着不理想的方向发生不可逆的变化,即为沥青的老化。图 5-14 显示了沥青的老化过程。

a. 老化性能的评价方法和评价指标。SHRP 根据沥青混合料生产和沥青路面使用过程中的老化现象,将沥青混合料的老化分为两个阶段:短期老化和长期老化。短期老化表征

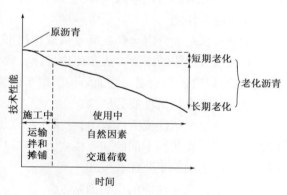

图 5-14 沥青的老化过程

沥青路面建设期沥青混合料因受热引起的老化,开始于拌和厂,终止于沥青路面压实后温度降至自然温度;长期老化表征沥青路面使用期内沥青混合料因光照、温度、降水和交通荷载的综合作用导致的老化,开始于路面建成之后,终止于路面服务性能下降直至不满足行车的要求。室内模拟沥青混合料老化的试验方法可以分为短期老化试验和长期老化试验两种方式。

Ⅰ.沥青混合料的短期老化试验。SHRP 提出的短期烘箱老化法(Short Time Oven Aging,简称 STOA)被认为是众多室内模拟沥青混合料短期老化试验中最有效的方法。

Ⅱ.沥青混合料的长期老化试验。美国 SHRP 提出延时烘箱加热老化法(Long Time Oven Aging,简写 LTOA)和加压氧化处理法是混合料试验长期老化方法中最有效的方法。

SHRP 通过不同沥青混合料的长期老化试验得出了两种老化方法的试验条件,见表 5-3。

并且规定,在进行长期老化之前,必须先做短期老化试验。老化试验后,除了对回收沥青进行性能试验,包括针入度、黏度、延度以及组分分析等之外,还对混合料进行力学性能试验,包括回弹模量试验、劈裂试验、蠕变试验和动力模量试验。

沥青混合料长期老化条件　　　　　表5-3

老化条件	延时烘箱加热法（LTOA）	加压氧化处理法（STOA）
温度（℃）	85 或 100	40 或 60
时间（d）	5 或 2	5 或 2
适用范围	密级配沥青混合料 空隙率＜10%	开级配、密级配沥青混合料 空隙率≥10%（开） 空隙率＜10%（密）

b.影响抗老化性能的主要因素。影响沥青混合料老化速度的因素主要有沥青的性质、沥青的用量、沥青混合料的残留空隙率、施工工艺与自然因素的强烈程度等。

Ⅰ.沥青性质。沥青化学组分中轻质成分含量、不饱和烃的含量等均成为影响沥青老化性能的材料因素。

Ⅱ.沥青用量。沥青用量的大小影响沥青混合料内部所分布沥青薄膜的厚度,特别薄的沥青膜容易老化、容易变脆,从而反映出沥青混合料较低的耐老化性能。

Ⅲ.沥青混合料的残留空隙率。沥青混合料的残留空隙率影响沥青与空气、沥青与水接触的范围,空隙率越大,接触范围越大,越容易产生老化现象。

③抗疲劳性能。

抗疲劳性是沥青混合料在反复荷载作用下抵抗疲劳破坏的能力。

a.抗疲劳性能的评价方法和评价指标。疲劳试验方法很多,有大型的车辆环道疲劳破坏试验,也有规模较小的足尺路面结构模拟车辆荷载疲劳试验。目前使用较为普遍的方法是室内小型沥青混合料试件疲劳试验。

在室内小型试件疲劳试验中,可采用中点加载或三分点加载的简单弯曲试验,可采用控制应力或控制应变两种不同的加载模式。T 0739—2011 中采用四点弯曲疲劳寿命试验,采用恒应变控制的连续偏正弦加载模式。

b.影响抗疲劳性能的主要因素。

Ⅰ.沥青混合料的劲度。沥青混合料的劲度模量对疲劳是一个重要的材料特性参数。任何影响混合料劲度的变量(如集料与沥青的性质、沥青用量、混合料的压实度与空隙率,以及反映车辆行驶速度的加载时间和所处的环境温度条件等)都将影响其疲劳寿命。

Ⅱ.沥青用量。相应于混合料最佳疲劳寿命有一个最佳的沥青含量。这个沥青含量要比马歇尔稳定度所确定的最佳沥青含量稍大。混合料中的沥青用量愈低,增加沥青用量对延长疲劳寿命的效果就愈明显。

Ⅲ.混合料的空隙率。疲劳寿命随着空隙率的降低而显著增加。

Ⅳ.集料的表面性状。由于集料的表面纹理、形状和级配可以影响混合料中的空隙结构,即空隙的大小、形状与连贯状况以及沥青的适宜用量可以对疲劳寿命表现出不同影响。棱角尖锐、表面粗糙的开级配集料通常由于难以压实而造成高的空隙率,并且导致沥青混合料疲劳寿命的缩短。另一方面,粗糙有棱角但级配良好的集料可以产生劲度值相对高的混合料,而纹理光滑的圆集料形成劲度较低的混合料,因而对疲劳可以产生不同的影响。

(4)抗滑性

沥青路面应具有足够的抗滑能力,以保证在最不利的情况下(当路面潮湿时),车辆能够高速安全地行驶,而且在外界因素作用下其抗滑能力不致很快降低。

①抗滑性能的评价方法和评价指标。

沥青混合料路面的抗滑性取决于路面的宏观构造和微观构造,而这两种构造的发达程度依赖于材料组成和材料特性,材料组成主要表现在集料级配情况、粗细集料的含量控制等。材料物理力学特性主要指粗集料的颗粒形状、表面粗糙程度和各种综合力学指标,其中力学性能(粗集料的磨光值、磨耗率、冲击值)影响路面构造的耐久性。

抗滑性评价方法分为两类:一类是测定路面表面纹理构造发达程度;另一类是测定路表面的摩擦系数和摩擦力。

铺砂法测量路表面构造深度:本方法测定路表面的构造深度,用以评价路表面的宏观构造发达程度。构造深度越大,说明路面的宏观构造深度越大,路面雨天排水能力越强、抗滑性越高。其方法是,采用规定体积($V=25\text{cm}^3$)、粒径较细的砂子($0.15\sim0.3\text{mm}$),以一定的方法均匀地摊铺在路表面上,使砂填入凹凸不平路表面的空隙中,并尽可能形成一圆形平面,此圆形平面和路表面总体外露集料的顶面平齐,然后测量此圆的直径 $D(\text{mm})$。路面的构造深度 TD,单位为 mm,公式为:

$$\text{TD} = \frac{1\,000V}{\frac{\pi D^2}{4}} = \frac{31\,831}{D^2} \tag{5-7}$$

摆式仪测量路表面摩擦系数:本方法测定在有水情况下路表面的摩擦系数。试验采用专门的摆式摩擦系数仪,摆式仪的摆上装有标准的橡胶块,进行调整后,摆的橡胶块在地面上的接触滑动长度应为$(126\pm1)\text{mm}$。当呈水平的摆杆联动摆自由下摆时,橡胶块所接触、滑动过的表面纹理不同,产生的摩擦力不同,则摆向另一段的幅度也不相同。摆的幅度越大,摩擦力越小,即摩擦系数越小,由相应的度盘可以读出摩擦系数值。

横向力系数测定车测定路面横向力系数:使用横向力系数测定车测定的路面横向力系数既表示车辆在有水路面上紧急制动时的路面抗力,又表征车辆在路面上发生侧滑时的路面抗力,因此它是路面纵横向摩擦系数的综合指标,反映较高速度下路面的抗滑能力。测试车配备的水箱能直接喷洒在宽度为中心线两侧各不小于 75mm 的范围,可控制路面水膜厚度,测试车速度一般取 50km/h,测定车上装有与车辆行驶方向成 20°角的测试轮。测定时,供水系统洒水,降下测试轮,并对其施加一定荷载,荷载传感器测量与测试轮轮胎面成垂直的横向力,此力与轮胎荷载之比即为横向力系数(SFC)。横向力系数越大,说明路面抗滑能力越强。

②影响抗滑性的主要因素。

a. 矿料的表面微观构造深度、颗粒形状与尺寸、抗磨光性。沥青路面表层的粗集料应选用表面粗糙、坚硬、耐磨、抗冲击性好、磨光值大的碎石或破碎砾石集料。

b. 矿料级配。增加沥青混合料中粗集料含量有助于提高沥青路面的宏观构造,同时要保证混合料的合理空隙率和耐久性。

c. 沥青用量和沥青组分。沥青用量对抗滑性的影响相当敏感,当沥青量超过最佳用量 0.5% 时就会导致抗滑系数的明显降低。沥青较高的含蜡量将会降低车辆在路表面的附着力,从而降低路面的抗滑性。

(5) 施工和易性

沥青混合料应具备良好的施工和易性,以便在拌和、摊铺及碾压过程中使集料颗粒以设计级配要求的状态分布,集料表面被沥青膜完整覆盖,并能被压实到规定的密度。这是保证沥青路面使用品质的必要条件。目前尚无直接评价沥青混合料施工和易性的方法和指标。通常是严格控制材料的组成和配比,采用经验方法观察与调控,控制沥青混合料的加热、拌和、摊铺及碾压的温度。

影响沥青混合料施工和易性的因素主要有:气温、施工条件、混合料性质、拌和设备、摊铺机械和压实工具等。当组成材料确定以后,矿料级配和沥青用量都会对和易性产生一定影响。如果采用间断级配的矿料,当粗细颗粒的尺寸相差过大,缺乏中间尺寸颗粒时,沥青混合料就容易离析。当沥青用量过少时,则混合料疏松且不易压实;但当沥青用量过多时,则容易使混合料黏结成团,不易摊铺。另一个影响和易性的因素是施工条件,如施工温度控制,温度不够,沥青混合料就难以拌和充分,而且不易达到所需的压实度;但温度偏高,则会引起沥青老化,严重时将会明显影响沥青混合料的路用性能。

3. 沥青混合料的技术标准

(1) 沥青混合料的体积特征参数

在沥青混合料技术标准里,除了马歇尔试验涉及的性能参数指标稳定度、流值、残留稳定度等以外,还包括了诸如空隙率、饱和度及矿料间隙率等一些物理指标,这些参数取决于沥青混合料中沥青与矿料的性质、组成材料的比例、混合料成型条件等因素,对沥青混合料的性能有显著影响,也是沥青混合料配合比设计的重要参数。其中涉及的主要指标及概念叙述如下。

油石比(P_a)是沥青混合料中沥青质量与矿料质量的比例,以百分数计。沥青含量(P_b)是沥青混合料中沥青质量与沥青混合料总质量的比例,以百分数计。

吸水率(S_a)是试件吸水体积占沥青混合料毛体积的百分率。

$$S_a = \frac{m_f - m_a}{m_f - m_w} \times 100\% \tag{5-8}$$

式中:m_a——干燥试件在空气中的质量,g;

m_w——试件在水中的质量,g;

m_f——试件的表干质量,g。

① 沥青混合料的密度。

a. 沥青混合料的表观密度、毛体积密度。

表观密度(ρ_s)是压实沥青混合料在常温干燥条件下的单位体积质量(g/cm³)(含沥青混合料实体体积与不吸收水分的内部闭口孔隙之和)。

表观相对密度(γ_s)是表观密度与同温度水的密度之比值。

毛体积密度(ρ_f)是压实沥青混合料在常温干燥条件下的单位体积质量(g/cm³)(含沥青混合料实体体积,不吸收水分的内部闭口孔隙、能吸收水分的开口孔隙等颗粒表面轮廓线所包含的全部毛体积)。

毛体积相对密度(γ_f)是毛体积密度与同温度水的密度之比值。

当试件的吸水率小于2%时,用水中重法测定其表观密度,表干法测定其毛体积密度;当试件的吸水率大于2%时,用蜡封法测定其毛体积密度。

$$\gamma_s = \frac{m_a}{m_a - m_w}; \rho_s = \frac{m_a}{m_a - m_w} \times \rho_w \qquad (5-9)$$

$$\gamma_f = \frac{m_a}{m_f - m_w}; \rho_f = \frac{m_a}{m_f - m_w} \times \rho_w \qquad (5-10)$$

式中:m_a、m_w、m_f——意义同前;

ρ_w——常温水的密度,g/cm³,约等于1。

b. 沥青混合料的理论最大密度。理论最大密度是假设沥青混合料试件被压实至完全密实,在没有空隙的理想状态下的最大密度,即压实沥青混合料试件全部为矿料(包括矿料自身内部的孔隙)及沥青所占有时(空隙率为零)的最大密度。对于非改性的普通沥青混合料,采用真空法和溶剂法实测沥青混合料的理论最大密度,对于改性沥青或SMA混合料宜按式(5-11)或式(5-12)计算:

$$\gamma_t = \frac{100 + P_a}{\frac{100}{\gamma_{se}} + \frac{P_a}{\gamma_b}} \qquad (5-11)$$

$$\gamma_t = \frac{100 + P_a + P_x}{\frac{100}{\gamma_{se}} + \frac{P_a}{\gamma_b} + \frac{P_x}{\gamma_x}} \qquad (5-12)$$

式中:γ_t——相对于油石比P_a或沥青含量P_b时,沥青混合料的最大理论相对密度,无量纲;

γ_{se}——矿料的有效相对密度,无量纲;

γ_b——沥青的相对密度(25℃),无量纲;

γ_x——25℃时纤维的相对密度,由厂方提供或实测得到,无量纲;

P_a——所计算的沥青混合料中的油石比,%;

P_b——所计算的沥青混合料的沥青含量,$P_b = P_a/(1 + P_a)$,%;

P_s——所计算的沥青混合料的矿料含量,$P_s = 100 - P_b$,%;

P_x——纤维用量,即纤维质量占矿料总质量的百分比,%。

对于非改性沥青混合料,宜以预估的最佳油石比拌和两组混合料,采用真空法实测最大相对密度,取平均值,然后以公式(5-13)计算合成矿料的有效相对密度。对于改性沥青或SMA等难以分散混合料以矿料的合成毛体积相对密度与合成表观密度按公式(5-14)确定矿料的有效相对密度。

$$\gamma_{se} = \frac{100 - P_b}{\frac{100}{\gamma_t} - \frac{P_b}{\gamma_b}} \qquad (5-13)$$

$$\gamma_{se} = C\gamma_{sa} + (1 - C)\gamma_{sb} \qquad (5-14)$$

式中:γ_t、γ_{se}——意义同前;

γ_{sb}——矿料混合料的合成毛体积相对密度,无量纲,按式(5-15)求取;

γ_{sa}——矿料混合料的合成表观相对密度,无量纲,按式(5-16)求取;

C——合成矿料的沥青吸收系数,可按矿料的合成吸水率由式(5-17)求取。

$$\gamma_{sb} = \frac{100}{\dfrac{P_1}{\gamma_1} + \dfrac{P_2}{\gamma_2} + \cdots + \dfrac{P_n}{\gamma_n}} \tag{5-15}$$

$$\gamma_{sa} = \frac{100}{\dfrac{P_1}{\gamma_1'} + \dfrac{P_2}{\gamma_2'} + \cdots + \dfrac{P_n}{\gamma_n'}} \tag{5-16}$$

上述式中:γ_1、γ_2、$\cdots$、γ_n——各种矿料的毛体积相对密度,无量纲,采用《公路工程集料试验规程》(JTG E42—2005)的方法进行测定,矿粉(含消石灰、水泥)采用表观相对密度;

γ_1'、γ_2'、$\cdots$、γ_n'——各种矿料的表观相对密度,无量纲;

P_1、P_2、$\cdots$、P_n——各种矿料占矿料总质量的百分比,%,$\sum_1^n P_i = 100$。

$$C = 0.033 w_x^2 - 0.293\,6 w_x + 0.933\,9 \tag{5-17}$$

式中:w_x——矿料合成吸水率,%,按式(5-18)计算。

$$w_x = \left(\frac{1}{\gamma_{sb}} - \frac{1}{\gamma_{sa}}\right) \times 100 \tag{5-18}$$

②沥青混合料试件空隙率。

试件空隙率是压实沥青混合料内矿料及沥青实体以外的空隙(不包括自身内部的孔隙)体积占试件总体积的百分率(%)。

$$VV = \left(1 - \frac{\gamma_f}{\gamma_t}\right) \times 100 \tag{5-19}$$

式中:VV——试件的空隙率,%;

γ_f、γ_t——意义同前。

③矿料间隙率(VMA)。

矿料间隙率是压实沥青混合料试件内矿料部分以外体积(沥青及空隙体积)占试件总体积的百分率,即试件空隙率与沥青体积百分率之和(%),计算公式见式(5-20)。

$$VMA = \left(1 - \frac{\gamma_f}{\gamma_{sb}} \times \frac{P_s}{100}\right) \times 100 \tag{5-20}$$

式中:VMA——试件的矿料间隙率,%;

γ_f、P_s、γ_{sb}——意义同前。

④沥青饱和度(VFA)。

沥青饱和度是压实沥青混合料试件内沥青部分的体积占矿料骨架以外的空隙部分体积的百分率(%),又称沥青填隙率。计算公式见式(5-21)。

$$VFA = \frac{VMA - VV}{VMA} \times 100 \tag{5-21}$$

式中:VFA——试件的有效沥青饱和度(有效沥青含量占VMA的体积比例),%;

VMA、VV——意义同前。

(2)沥青混合料的技术标准

热拌沥青混合料(HMA)适用于各种等级公路的沥青路面。其种类可按集料公称最大粒径、矿料级配、空隙率划分,如表5-4所示。

热拌沥青混合料类型汇总表　　　　　　　　　　表5-4

混合料类型	密级配			开级配		半开级配	公称最大粒径(mm)	最大粒径(mm)
	连续级配		间断级配	间断级配		沥青稳定碎石		
	沥青混凝土	沥青稳定碎石	沥青玛蹄脂碎石	排水式沥青磨耗层	排水式沥青碎石基层			
特粗式	—	ATB-40	—	—	ATPB-40		37.5	53.0
粗粒式	—	ATB-30			ATPB-30		31.5	37.5
	AC-25	ATB-25			ATPB-25		26.5	31.5
中粒式	AC-20	—	SMA-20	—	—	AM-20	19.0	26.5
	AC-16	—	SMA-16	OGFC-16		AM-16	16.0	19.0
细粒式	AC-13		SMA-13	OGFC-13		AM-13	13.2	16.0
	AC-10		SMA-10	OGFC-10		AM-10	9.5	13.2
砂粒式	AC-5					AM-5	4.75	9.5
设计空隙率(%)	3~5	3~6	3~4	>18	>18	6~12		

注:空隙率可按配合比设计要求做适当调整。

各层沥青混合料应满足所在层位的功能性要求,便于施工,不易离析。各层应连续施工并连接成为一个整体。当发现混合料结构组合及级配类型的设计不合理时应进行修改、调整,以确保沥青路面的使用性能。

沥青混合料的矿料级配应符合工程规定的设计级配范围。密级配沥青混合料宜根据公路等级、气候及交通条件按表5-5选择采用粗型(C型)或细型(F型)混合料,并在表5-5范围内确定工程设计级配范围,一般情况下工程设计级配范围不宜超出表5-6的规定。其他类型的混合料宜参考表5-7~表5-11或规范要求为工程设计级配范围。

粗型和细型密级配沥青混凝土的关键性筛孔通过率　　　　　　表5-5

混合料类型	公称最大粒径(mm)	用以分类的关键性筛孔(mm)	粗型密级配		细型密级配	
			名称	关键性筛孔通过率(%)	名称	关键性筛孔通过率(%)
AC-25	26.5	4.75	AC-25C	<40	AC-25F	>40
AC-20	19	4.75	AC-20C	<45	AC-20F	>45
AC-16	16	2.36	AC-16C	<38	AC-16F	>38
AC-13	13.2	2.36	AC-13C	<40	AC-13F	>40
AC-10	9.5	2.36	AC-10C	<45	AC-10F	>45

密级配沥青混凝土混合料矿料级配范围　　　　表5-6

级配类型		通过下列筛孔(mm)的质量百分率(%)											
		31.5	26.5	19	16	13.2	9.5	4.75	2.36	1.18	0.6	0.3	0.15	0.075
粗粒式	AC-25	100	90~100	75~90	65~83	57~76	45~65	24~52	16~42	12~33	8~24	5~17	4~13	3~7
中粒式	AC-20		100	90~100	78~92	62~80	50~72	26~56	16~44	12~33	8~24	5~17	4~13	3~7
	AC-16			100	90~100	76~92	60~80	34~62	20~48	13~36	9~26	7~18	5~14	4~8
细粒式	AC-13				100	90~100	68~85	38~68	24~50	15~38	10~28	7~20	5~15	4~8
	AC-10					100	90~100	45~75	30~58	20~44	13~32	9~23	6~16	4~8
砂粒式	AC-5						100	90~100	55~75	35~55	20~40	12~28	7~18	5~10

沥青玛蹄脂碎石混合料矿料级配范围　　　　表5-7

级配类型		通过下列筛孔(mm)的质量百分率(%)										
		26.5	19	16	13.2	9.5	4.75	2.36	1.18	0.6	0.3	0.15	0.075
中粒式	SMA-20	100	90~100	72~92	62~82	40~55	18~30	13~22	12~20	10~16	9~14	8~13	8~12
	SMA-16		100	90~100	65~85	45~65	20~32	15~24	14~22	12~18	10~15	9~14	8~12
细粒式	SMA-13			100	90~100	50~75	20~34	15~26	14~24	12~20	10~16	9~15	8~12
	SMA-10				100	90~100	28~60	20~32	14~26	12~22	10~18	9~16	8~13

开级配排水式磨耗层混合料矿料级配范围　　　　表5-8

级配类型		通过下列筛孔(mm)的质量百分率(%)									
		19	16	13.2	9.5	4.75	2.36	1.18	0.6	0.3	0.15	0.075
中粒式	OGFC-16	100	90~100	70~90	45~70	12~30	10~22	6~18	4~15	3~12	3~8	2~6
	OGFC-13		100	90~100	60~80	12~30	10~22	6~18	4~15	3~12	3~8	2~6
细粒式	OGFC-10			100	90~100	50~70	10~22	6~18	4~15	3~12	3~8	2~6

密级配沥青碎石混合料矿料级配范围　　　　表5-9

级配类型		通过下列筛孔(mm)的质量百分率(%)											
		53	37.5	31.5	26.5	19	16	13.2	9.5	4.75	2.36	1.18	0.6	0.3	0.15	0.075
特粗式	ATB-40	100	90~100	75~92	65~85	49~71	43~63	37~57	30~50	20~40	15~32	10~25	8~18	5~14	3~10	2~6
	ATB-30		100	90~100	70~90	53~72	44~66	39~60	31~51	20~40	15~32	10~25	8~18	5~14	3~10	2~6
粗粒式	ATB-25			100	90~100	60~80	48~68	42~62	32~52	20~40	15~32	10~25	8~18	5~14	3~10	2~6

我国《公路沥青路面施工技术规范》(JTG F40—2004)对密级配沥青混凝土混合料,采用马歇尔试验方法进行配合比设计时,特征体积参数、稳定度与流值试验结果应符合表5-10的技术要求。在配合比设计时,还需对其高温稳定性、低温抗裂性、水稳定性、抗渗性进行检验,其技术指标应满足表5-11~表5-14的要求。

密级配沥青混凝土混合料马歇尔试验技术指标   表5-10

试验指标		单位	高速公路、一级公路				其他等级公路	行人道路
			夏炎热区(1-1、1-2、1-3、1-4区)		夏热区及夏凉区(2-1、2-2、2-3、2-4、3-2区)			
			中轻交通	重载交通	中轻交通	重载交通		
击实次数(双面)		次	75				50	50
试件尺寸		mm	$\phi 101.6mm \times 63.5mm$					
空隙率VV	深约90 mm以内	%	3~5	4~6	2~4	3~5	3~6	2~4
	深约90 mm以下	%	3~6		2~4	3~6	3~6	—
稳定度MS不小于		kN	8				5	3
流值FL		mm	2~4	1.5~4	2~4.5	2~4	2~4.5	2~5
矿料间隙率VMA(%)不小于	设计空隙率(%)	相应于以下公称最大粒径(mm)的最小VMA及VFA技术要求(%)						
		26.5	19	16	13.2	9.5	4.75	
	2	10	11	11.5	12	13	15	
	3	11	12	12.5	13	14	16	
	4	12	13	13.5	14	15	17	
	5	13	14	14.5	15	16	18	
	6	14	15	15.5	16	17	19	
沥青饱和度VFA(%)		55~70		65~75			70~85	

注:1. 对空隙率大于5%的夏炎热重载交通路段,施工时应至少提高压实度1个百分点。

2. 对改性沥青混合料,马歇尔试验的流值可适当放宽。

3. 当设计的空隙率不是整数时,由内插确定要求的VMA最小值。

对于沥青路面的上面层和中、下面层的沥青混凝土进行配合比设计时,应通过车辙试验机对抗车辙能力进行检验,其要求见表5-11。

沥青混合料的车辙试验动稳定度技术要求   表5-11

气候条件与技术指标		相应于下列气候分区所要求动稳定度(次/mm)								试验方法
七月平均最高月平均气温(℃)及气候分区		>30(夏季炎热区)				20~30(夏热区)			<20(夏凉区)	
气候分区		1-1	1-2	1-3	1-4	2-1	2-2	2-3	2-4	3-2	
普通沥青混合料	≥	800		1 000		600		800		600	
改性沥青混合料	≥	2 400		2 800		2 000		2 400		1 800	
SMA混合料	非改性	≥	1 500								T 0719
	改性	≥	3 000								
OGFC混合料		1 500(一般交通路段)、3 000(重交通量路段)									

我国采用浸水马歇尔试验和冻融劈裂试验作为水稳定性的标准试验方法,其技术要求见

表 5-12。达不到要求时必须采取抗剥落措施,调整沥青用量再进行试验。

沥青混合料水稳定性检验技术要求　　　　表 5-12

气候条件与技术指标	相应于下列气候分区的技术要求(%)				试验方法
年降雨量(mm)及气候分区	>1 000	500~1 000	250~500	<250	
	1. 潮湿区	2. 湿润区	3. 半干区	4. 干旱区	
浸水马歇尔试验残留稳定度(%) ≥					
普通沥青混合料	80		75		
改性沥青混合料	85		80		T 0790
SMA 混合料　普通沥青	75				
改性沥青	80				
冻融劈裂试验的残留强度比(%) ≥					
普通沥青混合料	75		70		
改性沥青混合料	80		75		T 0729
SMA 混合料　普通沥青	75				
改性沥青	80				

宜对密级配沥青混合料在温度为 −10℃、加载速率为 50mm/min 的条件下进行弯曲试验,测定破坏强度、破坏应变、破坏劲度模量,并根据应力-应变曲线的形状,综合评价沥青混合料的低温抗裂性能。其中沥青混合料的破坏应变宜符合表 5-13 的要求。

沥青混合料低温弯曲试验破坏应变(ε_B)技术要求　　　　表 5-13

气候条件与技术指标	相应于下列气候分区所要求的破坏应变(ε_B)								试验方法
年极端最低气温(℃)及气候分区	<−37.0		−37.0~−21.5			−21.5~9.0		>−9.0	
	冬严寒区(1)		冬寒区(2)			冬冷区(3)		冬温区(4)	
	1-1	2-1	1-2	2-2	3-2	1-3	2-3	1-4　2-4	
普通沥青混合料　≥	2 600		2 300			2 000			T 0728
改性沥青混合料　≥	3 000		2 800			2 500			

同时需对轮碾机成型的车辙试验试件进行渗水试验,并符合表 5-14 的要求。

沥青混合料渗水系数技术要求　　　　表 5-14

级配类型		渗水系数要求(mL/min)	试验方法
密级配沥青混凝土	≤	120	
SMA 混合料	≤	80	T 0730
OGFC 混合料	≥	实测	

对使用钢渣作为集料的沥青混合料,应进行活性和膨胀性试验,钢渣沥青混凝土的膨胀量不得超过 1.5%。

对改性沥青混合料的性能检验,应针对改性目的进行。以提高高温抗车辙性能为主要目的时,低温性能可按普通沥青混合料的要求执行;以提高低温抗裂性能为主要目的时,高温稳定性可按普通沥青混合料的要求执行。

三、沥青混合料组成材料的技术要求

沥青混合料的技术性质取决于组成材料的性质、组成比例及混合料的制备工艺等,其中材料自身质量是沥青混合料技术性质保证的基础。

1. 沥青

沥青是沥青混合料中最重要的组成材料,其性质直接影响沥青混合料的各种技术性质。沥青混合料所用沥青应根据气候条件和沥青混合料类型、道路等级、交通性质、路面类型、施工方法、在结构层中的层位及受力特点、当地使用经验等,经过技术论证后确定。道路石油沥青的使用范围见表5-15。

道路石油沥青的使用范围表　　　　表5-15

沥青等级	使用范围
A级沥青	各个等级的公路,适用于任何场合和层次
B级沥青	高速公路、一级公路沥青下面层及以下的层次,二级及二级以下公路的各个层次;用作改性沥青、乳化沥青、改性乳化沥青、稀释沥青的基质沥青
C级沥青	三级及三级以下公路的各个层次

对高速公路、一级公路,夏季温度高、高温持续时间长、重载交通、山区及丘陵区上坡路段、服务区、停车场等行车速度慢的路段,尤其是汽车荷载剪应力大的层次,宜采用稠度大、60℃时黏度大的沥青,也可提高高温气候分区的温度水平来选用沥青等级;对冬季寒冷的地区或交通量小的公路、旅游公路宜选用稠度小、低温延度大的沥青;对日温差、年温差大的地区宜选用针入度指数大的沥青。当高温要求与低温要求发生矛盾时应优先考虑满足高温性能的要求。

当缺乏所需标号的沥青时,可采用不同标号掺配的调和沥青,其掺配比例应由试验决定。掺配后的沥青质量应符合道路石油沥青技术要求。

2. 粗集料

(1)物理力学性质要求

用于沥青混合料的粗集料,可以采用碎石、破碎砾石、筛选砾石、钢渣、矿渣等。

粗集料应洁净、干燥、表面粗糙、形状接近立方体,且无风化、不含杂质,并具有足够的强度、耐磨耗性,其质量应符合表5-16的要求。

沥青混合料用粗集料质量要求　　　　表5-16

技术指标		高速公路、一级公路、城市快速路、主干路		其他等级的公路与城市道路
		表面层	其他层	
料压碎值(%)	≤	26	28	30
洛杉矶磨耗损失(%)	≤	28	30	35
表观密度[1] (t/m^3)	≥	2.6	2.5	2.45
吸水率[1] (%)	≤	2.0	3.0	3.0
坚固性[2] (%)	≤	12	12	—
软石含量(%)	≤	3	5	5
<0.075mm颗粒含量(水洗法)(%)	≤	1	1	1

续上表

技术指标		高速公路、一级公路、城市快速路、主干路		其他等级的公路与城市道路
		表面层	其他层	
针片状颗粒含量 ≤	全部混合料	15	18	20
	粒径 >9.5mm	12	15	—
	粒径 <9.5mm	18	20	—

注：①用于高速公路、一级公路和主干路时，多孔玄武岩的视密度可放宽至 $2.45t/m^3$，吸水率可放宽至 3%；但不得用于 SMA 路面。
②坚固性试验根据需要进行。
③对于 S14 即 3～5mm 规格的粗集料，针片状颗粒含量可不予要求，<0.075mm 含量可放宽到 3%。

(2) 粗集料与沥青的黏附性要求

在高速公路、一级公路、城市快速路和主干路沥青路面中，需要使用坚硬的粗集料，但酸性岩石（如花岗岩、石英岩等）因与沥青的黏附性较差，一般不宜用于高等级公路。为此在使用花岗岩、石英岩等酸性岩石轧制的粗集料时，若达不到表 5-17 黏附性等级的要求，必须采取抗剥落措施。工程中常用的抗剥落方法主要有使用针入度较低的高黏度沥青；在沥青中掺加胺类等表面活性抗剥落剂；用干燥的生石灰、消石灰粉或水泥作为填料的一部分，其用量宜为矿料总量的 1%～2%；用石灰浆处理粗集料。

粗集料与沥青黏附性、磨光值的技术要求　　表 5-17

雨量气候区		1（潮湿区）	2（湿润区）	3（半干区）	4（干旱区）	试验方法
年降雨量（mm）		>1 000	500～1 000	250～500	<250	附录 A
粗集料的磨光值 PSV ≥ 高速公路、一级公路表面层		42	40	38	36	T 0321
粗集料与沥青的黏附性 ≥ 高速公路、一级公路表面层		5	4	4	3	T 0616
高速公路、一级公路的其他层次及其他等级公路的各个层次		4	4	3	3	T 0663

(3) 粗集料的破碎面要求

粗集料的破碎面大小对混合料的稳定影响很大，对于具有表面功能要求的结构层，必须有较高的破碎面积要求，一般应满足表 5-18 的要求。

粗集料的破碎面要求　　表 5-18

路面部位或混合料类型			具有一定数量破碎面颗粒含量（%）		试验方法
			1 个破碎面	2 个或 2 个以上破碎面	
沥青路面表面层	高速公路、一级公路	≥	100	90	T 0361
	其他等级公路	≥	80	60	
沥青路面中下面层、基层	高速公路、一级公路	≥	90	80	
	其他等级公路	≥	70	50	
SMA 混合料		≥	100	90	
贯入式路面		≥	80	60	

(4) 粗集料的粒径规格

粗集料的粒径规格应按照表5-19进行生产和使用。如某一档粗集料不符合规格，但确认与其他集料组配后的合成级配符合设计级配的要求时，也可以使用。

沥青面层用粗集料粒径规格 表5-19

规格名称	公称粒径（mm）	通过下列筛孔(mm)的质量百分率(%)								
		53	37.5	31.5	26.5	19.0	13.2	9.5	4.75	2.36	0.6
S5	20～40	100	90～100	—	—	0～15	—	0～5			
S6	15～30		100	90～100	—	—	0～15	—	0～5		
S7	10～30		100	90～100	—	—	0～15	0～5			
S8	10～25			100	90～100	—	0～15	—	0～5		
S9	10～20				100	90～100	—	0～15	0～5		
S10	10～15					100	90～100	0～15	0～5		
S11	5～15					100	90～100	40～70	0～15	0～5	
S12	5～10						100	90～100	0～15	0～5	
S13	3～10						100	90～100	40～70	0～20	0～5
S14	3～5							100	90～100	0～15	0～3

3. 细集料

(1) 细集料的物理力学性能要求

用于拌制沥青混合料的细集料，可以采用天然砂、机制砂或石屑。细集料应洁净、干燥、无风化、不含杂质，并有适当的级配范围。细集料的物理力学指标要求见表5-20，集料应与沥青有良好的黏结能力，如果在高速公路、一级公路、城市快速路、主干路沥青面层中使用与沥青黏结性能差的天然砂或花岗岩、石英岩等酸性岩石破碎的人工砂及石屑时，应采取前述粗集料的抗剥落措施对细集料进行处理。

沥青混合料用细集料物理力学指标要求 表5-20

指　　标		高速公路、一级公路、城市快速路	其他公路	试验方法
表观密度(t/m³)	≥	2.50	2.45	T 0328
坚固性(>0.3部分)(%)	≤	12	—	T 0340
砂当量(%)	≥	60	50	T 0334
棱角性(流动时间)(s)	≥	30	—	T 0345
含泥量(<0.075mm 的含量)(%)	≤	3	5	T 0333
亚甲蓝值(g/kg)	≤	25	—	T 0349

注：坚固性试验可根据需要进行。

(2) 细集料的粒径规格

①天然砂宜采用河砂或海砂，当使用山砂时应经过清洗。沥青面层天然砂的规格应符合表5-21规定，经筛洗法测定的砂中小于0.075mm颗粒含量不得大于3%（高速公路、一级公路、城市快速路、主干路）和5%（其他等级道路）。

沥青面层用天然砂规格　　　　　　表 5-21

分类	通过各筛孔(mm)的质量分数(%)								细度模数 M_x
	9.5	4.75	2.36	1.18	0.6	0.3	0.15	0.075	
粗砂	100	90~100	65~95	35~65	15~30	5~20	0~10	0~5	3.7~3.1
中砂	100	90~100	75~100	50~90	30~60	8~30	0~10	0~5	3.0~2.3
细砂	100	90~100	85~100	75~100	60~84	15~45	0~10	0~5	2.2~1.6

②石屑是采石场破碎石料通过 4.75mm 或 2.36mm 的筛下部分,它与机制砂有着本质的不同,是石料加工破碎过程中表面剥落或撞下的边角,强度一般较低,且针片状含量较高,在沥青混合料的使用过程中还会进一步细化,强度一般不高,俗称"下脚料"或"瓜子皮",其用量应有严格限制或最好不采用。

沥青面层用机制砂或石屑规格应符合表 5-22 的要求。不得使用泥土、细粉、细薄碎片颗粒含量高的石屑,砂当量应符合表 5-20 的要求。对于高速公路、一级公路、城市快速路、主干路,应将石屑加工成 S14(3~5mm) 和 S16(0~3mm) 两档使用,在细集料中石屑含量不宜超过总量的 50%。

沥青面层用机制砂或石屑规格　　　　　　表 5-22

规格	公称粒径(mm)	通过下列筛孔(mm)的质量分数(%)							
		9.5	4.75	2.36	1.18	0.6	0.3	0.15	0.075
S15	0~5	100	90~100	60~90	40~75	20~55	7~40	2~20	0~10
S16	0~3	100	100	80~100	50~80	25~60	8~45	0~25	0~15

细集料的级配在沥青混合料中的适用性,应将其与粗集料及填料配制成矿质混合料后,再判断其是否符合矿料设计级配的要求而作决定。当一种细集料不能满足级配要求时,可采用两种或两种以上的细集料掺和使用。

对于细集料的选择,一般优先选择人工机制砂和优质的天然砂,尽量少用石屑,在天然砂与石屑混合使用时,天然砂所占的比例应高于石屑的比例。

4. 填料

填料最好采用石灰岩或岩浆岩中的强基性岩石等憎水性石料经磨细得到的矿粉,生产矿粉的原石料中泥土杂质应清除。矿粉要求干燥、洁净,能自由地从石粉仓中流出,其质量应符合表 5-23 的要求。

沥青面层用矿粉质量要求　　　　　　表 5-23

项目		单位	高速公路、一级公路	其他等级公路	试验方法
表观相对密度	≥	t/m³	2.50	2.45	T 0352
含水率	≤	%	1	1	T 0103 烘干法
粒度范围 <0.6mm		%	100	100	T 0351
<0.15mm		%	90~100	90~100	
<0.075mm		%	75~100	70~100	
外观		—	无团粒结块		
亲水系数	<		1		T 0353
塑性指数	<		4		T 0354
加热安定性		—	实测记录		T 0355

拌和机的粉尘可作为矿粉的一部分回收使用。但每盘用量不得超过填料总量的25%,掺有粉尘填料的塑性指数不得大于4%。粉煤灰作为填料使用时,用量不得超过填料总量的50%,粉煤灰的烧失量应小于12%,与矿粉混合后的塑性指数应小于4%,其余质量要求与矿粉相同。高速公路、一级公路、城市快速路和主干路的沥青面层不宜采用粉煤灰作填料。

为了改善沥青混合料水稳定性,可以采用干燥的磨细生石灰粉、消石灰粉或水泥作为填料,其用量不宜超过矿料总量的1%~2%。

四、沥青混合料配合比设计方法

沥青混合料配合比设计的内容就是确定粗集料、细集料、矿粉和沥青结合料的最佳组成比例,使之既能满足沥青混合料的技术要求又符合经济的原则。

热拌沥青混合料的配合比设计通过目标配合比设计、生产配合比设计及生产配合比验证三个阶段,确定沥青混合料的材料品种及配合比、矿料级配、最佳沥青用量。

1. 目标配合比设计

目标配合比设计分两部分进行,即矿质混合料组成设计与最佳沥青用量的确定。热拌密级配沥青混合料的目标配合比设计,采用马歇尔试验配合比设计方法的设计流程如图5-15所示。

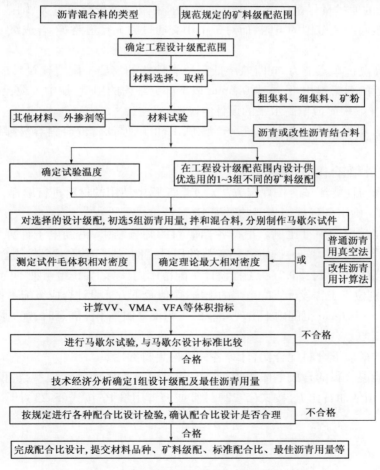

图5-15 密级配沥青混合料目标配合比设计流程图

(1)选择热拌沥青混合料类型

热拌沥青混合料适用于各种等级公路的沥青路面。其种类应考虑集料公称最大粒径、矿料级配、空隙率等因素进行选择,分类见表5-4。

(2)确定工程设计级配范围

①沥青路面工程的混合料设计级配范围由工程设计文件或招标文件规定,密级配沥青混合料的设计级配宜在规范规定的级配范围内,根据公路等级、工程性质、气候条件、交通条件、材料品种,通过对条件大体相当的工程的使用情况进行调查研究后调整确定,必要时允许超出规范级配范围。密级配沥青稳定碎石混合料可直接以规范规定的级配范围作工程设计级配范围使用。经确定的工程设计级配范围是配合比设计的依据,不得随意变更。

②调整工程设计级配范围宜遵循下列原则:

a.首先按设计要求确定采用粗型(C型)或细型(F型)的混合料。对夏季温度高、高温持续时间长,重载交通多的路段,宜选用粗型密级配沥青混合料(AC-C型),并取较高的设计空隙率。对冬季温度低且低温持续时间长的地区,或者重载交通较少的路段,宜选用细型密级配沥青混合料(AC-F型),并取较低的设计空隙率。

b.通常情况下,合成级配曲线宜尽量接近设计级配的中限,尤其应使0.075mm、2.36mm、4.75mm等筛孔的通过量尽量接近设计级配范围的中限。对于交通量大、轴载重的道路,合成级配可以考虑偏向级配范围的下限,而对于中小交通量或人行道路等,合成级配宜偏向级配范围的上限。

c.为确保高温抗车辙能力,同时兼顾低温抗裂性能的需要。配合比设计时宜适当减少公称最大粒径附近的粗集料用量,减少0.6mm以下部分细粉的用量,使中等粒径集料较多,形成S形级配曲线,并取中等或偏高水平的设计空隙率。

d.沥青混合料的配合比设计应充分考虑施工性能,使沥青混合料容易摊铺和压实,避免造成严重的离析。

③矿料混合料配合比的计算。

a.材料选择与性能测试。按规定方法对实际工程中使用的材料进行取样,测试材料密度,并进行筛分试验,确定各种规格集料的级配组成。

b.确定各档矿料的用量比例。根据各档矿料的筛分结果,借助电子计算机的电子表格,用试算法或电算软件(图解法)确定各档矿料的用量比例,计算矿质混合料的合成级配。

c.对高速公路和一级公路,宜在工程设计级配范围内计算1~3组粗细不同的配比,绘制设计级配曲线,分别位于工程设计级配范围的上方、中值及下方。设计合成级配不得有太多的锯齿形交错,且在0.3~0.6mm范围内不出现"驼峰"。当反复调整不能满意时,宜更换材料设计。

(3)马歇尔试验

①按确定的矿质混合料配合比,计算各种规格集料的用量。

②根据矿质混合料的合成毛体积相对密度和合成表观密度等物理参数,预估沥青混合料适宜的油石比,预估油石比 P_a 按式(5-22)计算或沥青用量 P_b 按式(5-23)计算。

$$P_a = \frac{P_{a1}\gamma_{sb1}}{\gamma_{sb}} \tag{5-22}$$

$$P_b = \frac{P_a}{100 + P_a} \tag{5-23}$$

式中：P_a——预估的最佳油石比(与矿料总量的百分比)，%；
P_b——预估的最佳沥青用量(占混合料总量的百分比)，%；
P_{a1}——已建类似工程沥青混合料的标准油石比，%；
γ_{sb}——集料的合成毛体积相对密度；
γ_{sb1}——已建类似工程集料的合成毛体积相对密度。

注：作为预估最佳油石比的集料密度，原工程和新工程也可均采用有效相对密度。

③以预估的油石比为中值，按一定间隔(对密级配沥青混合料通常为0.5%)取5个或5个以上不同的油石比分别成型马歇尔试件。每一组试件的试样数按现行试验规程的要求确定，对粒径较大的沥青混合料，宜增加试件数量。

注：5个不同油石比不一定选整数，例如预估油石比4.8%，可选3.8%、4.3%、4.8%、5.3%、5.8%等。实测最大相对密度通常与此同时进行。

沥青混合料试件的制作温度参照《公路沥青路面施工技术规范》(JTG F40—2004)确定，并与施工实际温度相一致，普通沥青混合料如缺乏黏温曲线时可参照表5-24，改性沥青混合料的成型温度在此基础上再提高10~20℃。

热拌普通沥青混合料试件的制作温度(℃)　　　　　　　　表5-24

施工工序	石油沥青的标号				
	50号	70号	90号	110号	130号
沥青加热温度	160~170	155~165	150~160	145~155	140~150
矿料加热温度	集料加热温度比沥青温度高10~30(填料不加热)				
沥青混合料拌和温度	150~170	145~165	140~160	135~155	130~150
试件击实成型温度	140~160	135~155	130~150	125~145	120~140

注：表中混合料温度，并非拌和机的油浴温度，应根据沥青的针入度、黏度选择，不宜都取中值。

④计算矿料混合料的合成毛体积相对密度 γ_{sb} [按式(5-15)计算]和合成表观相对密度 γ_{sa} [按式(5-16)计算]。

⑤确定矿料的有效相对密度 γ_{se} [按式(5-13)或式(5-14)计算]。

⑥测定压实沥青混合料试件的毛体积相对密度 γ_f [按式(5-10)计算]和吸水率 S_a [按式(5-8)计算]。

⑦确定沥青混合料的最大理论相对密度 γ_t [按式(5-11)或式(5-12)计算]。

⑧计算沥青混合料试件的空隙率VV[按式(5-19)计算]、矿料间隙率VMA[按式(5-20)计算]、有效沥青的饱和度VFA[按式(5-21)计算]等体积指标，取1位小数，进行体积组成分析。

⑨进行马歇尔试验，测定马歇尔稳定度及流值。

(4)确定最佳沥青用量(或油石比)

①以油石比或沥青用量为横坐标，以马歇尔试验的各项指标为纵坐标，将试验结果点入图中，连成圆滑的曲线。确定均符合规范规定的沥青混合料技术标准的沥青用量范围 OAC_{min} ~ OAC_{max}。选择的沥青用量范围必须涵盖设计空隙率的全部范围，并尽可能涵盖沥青饱和度的要求范围，并使密度及稳定度曲线出现峰值。如果没有涵盖设计空隙率的全部范围，试验必须扩大沥青用量范围重新进行。

②根据试验曲线的走势,按下列方法确定沥青混合料的最佳沥青用量 OAC_1。

a. 在曲线图 5-16 上求取相应于密度最大值、稳定度最大值、目标空隙率(或中值)、沥青饱和度范围的中值的沥青用量 a_1、a_2、a_3、a_4。按式(5-24)取平均值作为 OAC_1。

$$OAC_1 = \frac{a_1 + a_2 + a_3 + a_4}{4} \tag{5-24}$$

b. 如果在所选择的沥青用量范围未能涵盖沥青饱和度的要求范围,按式(5-25)求取三者的平均值作为 OAC_1。

$$OAC_1 = \frac{a_1 + a_2 + a_3}{3} \tag{5-25}$$

c. 对所选择试验的沥青用量范围,密度或稳定度没有出现峰值(最大值经常在曲线的两端)时,可直接以目标空隙率所对应的沥青用量 a_3 作为 OAC_1,但 OAC_1 必须介于 OAC_{min} ~ OAC_{max} 的范围内,如图 5-16 所示。否则应重新进行配合比设计。

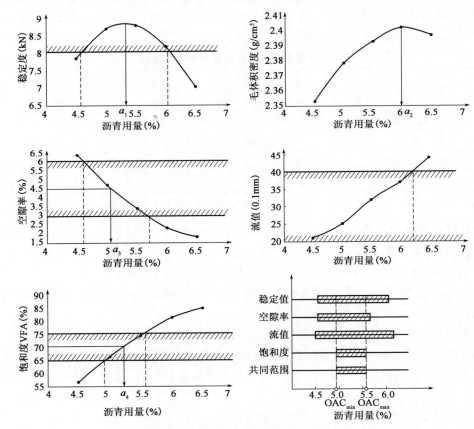

图 5-16 沥青用量与马歇尔指标关系图

③以各项指标均符合技术标准(不含 VMA)的沥青用量范围 OAC_{min} ~ OAC_{max} 的中值作为 OAC_2。

$$OAC_2 = \frac{OAC_{min} + OAC_{max}}{2} \tag{5-26}$$

④通常情况下取 OAC_1 及 OAC_2 的中值作为计算的最佳沥青用量 OAC。

$$OAC = \frac{OAC_1 + OAC_2}{2} \tag{5-27}$$

⑤根据实践经验和公路等级、气候条件、交通情况,调整确定最佳沥青用量 OAC。

a. 调查当地各项条件相接近的工程的沥青用量及使用效果,论证适宜的最佳沥青用量。检查计算得到的最佳沥青用量是否相近,如相差甚远,应查明原因,必要时重新调整级配,进行配合比设计。

b. 对炎热地区公路以及高速公路、一级公路的重载交通路段,山区公路的长大坡度路段,预计有可能产生较大车辙时,宜在空隙率符合要求的范围内将计算的最佳沥青用量减小 0.1% ~ 0.5% 作为设计沥青用量。此时,除空隙率外的其他指标可能会超出马歇尔试验配合比设计技术标准,配合比设计报告或设计文件必须予以说明。但配合比设计报告必须要求采用重型轮胎压路机和振动压路机组合等方式加强碾压,以使施工后路面的空隙率达到未调整前的原最佳沥青用量时的水平,且渗水系数符合要求。如果试验段试拌试铺达不到此要求时,宜调整所减小的沥青用量的幅度。

c. 对寒区公路、旅游公路、交通量很少的公路,最佳沥青用量可以在 OAC 的基础上增加 0.1% ~ 0.3%,以适当减小设计空隙率,但不得降低压实度要求。

⑥沥青结合料被集料吸收的比例及有效沥青含量的计算按式(5-28)和式(5-29)进行。

$$P_{ba} = \frac{\gamma_{se} - \gamma_b}{\gamma_{se}\gamma_{sb}}\gamma_b \times 100 \tag{5-28}$$

$$P_{be} = P_b - \frac{P_{ba}}{100}P_s \tag{5-29}$$

式中: P_{ba}——沥青混合料中被集料吸收的沥青结合料比例,%;

P_{be}——沥青混合料中的有效沥青用量,%;

γ_{se}、γ_b、γ_{sb}、P_s、P_b——意义同前。

⑦检验最佳沥青用量时的粉胶比和有效沥青膜厚度

按式(5-30)计算沥青混合料的粉胶比,宜符合 0.6 ~ 1.6 的要求。对常用的公称最大粒径为 13.2 ~ 19mm 的密级配沥青混合料,粉胶比宜控制在 0.8 ~ 1.2 范围内。

$$FB = \frac{P_{0.075}}{P_{be}} \tag{5-30}$$

式中:FB——粉胶比,沥青混合料的矿料中 0.075mm 通过率与有效沥青含量的比值,无量纲;

$P_{0.075}$——矿料级配中 0.075mm 的通过率(水洗法),%;

P_{be}——有效沥青含量,%。

按式(5-31)的方法计算集料的比表面,按式(5-32)估算沥青混合料的沥青膜有效厚度。各种集料粒径的表面积系数按表 5-25 采用。

$$SA = \sum(P_i \cdot FA_i) \tag{5-31}$$

$$DA = \frac{P_{be}}{\gamma_b SA} \times 10 \tag{5-32}$$

式中:SA——集料的比表面积,m^2/kg;

P_i——各种粒径的通过百分率,%;

FA_i——相应于各种粒径的集料的表面积系数,如表 5-25 所列;

DA——沥青膜有效厚度，μm；

P_{be}——有效沥青含量，%；

γ_b——沥青的相对密度（25℃/25℃），无量纲。

注：各种公称最大粒径混合料中大于4.75mm尺寸集料的表面积系数FA均取0.0041，且只计算一次，4.75mm以下部分的FA_i如表5-25所示。该例的$SA=6.60m^2/kg$。若混合料的有效沥青含量为4.65%，沥青的相对密度1.03，则沥青膜厚度为$DA=4.65/1.03/6.60×10=6.83\mu m$。

集料的表面积系数计算示例　　　　　　　　　　　　　　表5-25

筛孔尺寸(mm)	19	16	13.2	9.5	4.75	2.36	1.18	0.6	0.3	0.15	0.075	集料比表面总和SA(m^2/kg)
表面积系数FA_i	0.004 1	—	—	—	0.004 1	0.008 2	0.016 4	0.028 7	0.061 4	0.122 9	0.327 7	
通过百分率P_i(%)	100	92	85	76	60	42	32	23	16	12	6	
比表面$FA_i×P_i(m^2/kg)$	0.41	—	—	—	0.25	0.34	0.52	0.66	0.98	1.47	1.97	6.60

（5）沥青混合料性能检验

①沥青混合料的高温稳定性检验。

按最佳沥青用量OAC制作车辙试验试件，在规定的条件下进行车辙试验，检验设计沥青混合料的高温抗车辙能力，动稳定度应符合表5-11的要求。当其动稳定度不符合规定时，应对矿料级配或沥青用量进行调整，重新进行配合比设计。

②沥青混合料的水稳定性检验。

按最佳沥青用量OAC制作马歇尔试件进行浸水马歇尔试验或冻融劈裂试验，检验试件的残留稳定度或冻融劈裂强度比是否满足表5-12的要求。

③沥青混合料低温抗裂性检验。

对改性沥青混合料，应按照最佳沥青用量OAC制作车辙试验试件，再用切割机将试件锯成规定尺寸的棱柱体试件，按照规定方法进行低温弯曲试验，检验其破坏应变是否符合表5-13的要求，否则应对矿料级配或沥青用量进行调整，必要时更换改性沥青品种重新进行配合比设计。

④沥青混合料渗水性检验。

宜利用轮碾机成型试验试件，脱模架起进行渗水试验，并应符合表5-14的要求。

2. 生产配合比设计

在目标配合比确定之后，应利用实际施工的拌和机进行试拌以确定施工配合比。实际生产常用间歇式拌和机如图5-17所示。在操作前，首先根据级配类型选择振动筛的筛号，使几个热料仓的材料不致相差太大。最大筛孔应保证使超粒径料排出，使最大粒径筛孔通过量符合设计范围要求。实验时，按试验室配合比设计的冷料比例上料、烘干、筛分，然后取样筛分，与目标配合比设计一样进行矿料级配计算，得出不同料仓及矿料用量比例。按此比例进行马歇尔试验，取目标配合比得出最佳油石比，并在此基础上±0.3%，得到三档配合比，进行试验。得出生产配合比的最佳油石比，供试拌试铺使用。生产配合比确定的最佳油石比与目标配合比的差值不宜大于0.2%。

3. 生产配合比验证

此阶段即为试拌试铺阶段。施工单位进行试拌试铺时，应报告监理部门和业主，工程指挥部会同设计、监理、施工人员一起进行鉴别。按照生产配合比进行试拌,在场人员对混合料级配及油石比提出意见,必要时进行针对性调整,重新试拌,再进行观察,力求意见一致。然后用此混合料在试验路段上试铺,进一步观察摊铺、碾压过程和成型路面的表面状况,判断混合料的级配和油石比。如不满意应调整,重新试拌试铺,直至满意为止。

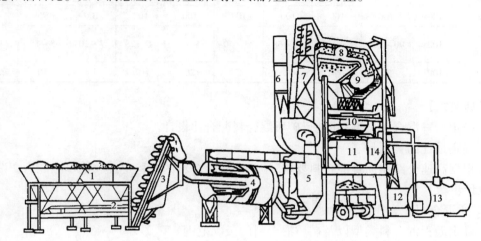

图 5-17 间歇式拌和机示意图

1-冷料仓;2-冷料送料器;3-冷料提升机;4-干燥鼓;5-集尘器;6-排气烟囱;7-热料提升机;8-筛屏单元;9-热料仓;10-称料仓;11-拌和单元或强制式拌和机;12-矿质填料储仓;13-热沥青储料罐;14-沥青称重桶

另一方面,试验室应密切配合现场指挥,在拌和厂或摊铺机旁采集沥青混合料试样,进行马歇尔试验,同时还应进行浸水马歇尔试验和车辙试验,以进行水稳定性和高温稳定性检验。试验室还应到现场进行抽提试验,以确保现场用料的级配和油石比与设计相同。同时按照规范规定的试验段铺设要求进行各种试验,当全部满足要求时,验证通过,可进入正常生产,大批量拌和摊铺阶段。

【例题 5-1】 某高速公路沥青路面上面层沥青混合料配合比设计。

【设计资料】

(1)该高速公路沥青路面为三层式结构,上面层结构设计厚度为 4cm。

(2)气候条件:7 月份平均最高气温为 32℃,年极端最低气温为 -6.5℃,年降雨量为 1 500mm。

(3)沥青材料:沥青密度 1.025g/cm³,经检验各项技术性能均符合要求。

(4)矿质材料:集料的级配组成见表 5-26 集料采用石灰石轧制,抗压强度 120MPa,洛杉矶磨耗率 12%,黏附性等级为 5 级,表观密度 2.703g/cm³。矿粉采用石灰石磨细石粉,粒度范围符合技术要求,无团粒结块,表观密度 2.68g/cm³。

矿质集料级配与设计级配范围　　　　表 5-26

材料名称	下列筛孔(mm)的通过百分率(%)									
	16.0	13.2	9.5	4.75	2.36	1.18	0.6	0.3	0.15	0.075
集料 A(碎石)	100	87	23	0	—	—	—	—	—	—
集料 B(石屑)	100	100	100	70	18	5	4	0	—	—

续上表

材料名称	下列筛孔(mm)的通过百分率(%)									
	16.0	13.2	9.5	4.75	2.36	1.18	0.6	0.3	0.15	0.075
集料C(砂)	100	100	100	100	92	77	42	21	11	5
矿粉D	100	100	100	100	100	100	100	100	96	87
AC-13的级配范围	100	90~100	68~85	38~68	24~50	15~38	10~28	7~20	5~15	4~8
级配范围中值	100	95	78	53	37	26	19	14	10	6

【设计要求】

（1）确定沥青混合料类型，并进行矿质混合料配合比设计。

（2）确定最佳沥青用量。

（3）根据高速公路用沥青混合料要求，检验沥青混合料的水稳定性和抗车辙能力。

【设计步骤】

1）矿质混合料配合比设计

（1）确定沥青混合料类型以及矿质混合料的级配范围

根据设计资料，所铺筑道路为高速公路，沥青路面上面层，结构层设计厚度为4cm。选用AC-13F型沥青混合料，设计级配范围和中值见表5-26。

（2）采用图解法进行矿质混合料配合比设计。

① 绘制图解法用图。

根据表5-31中AC-13沥青混合料的级配范围中值数据，确定各筛孔尺寸在横坐标上的位置，然后将各档集料与矿粉的级配曲线绘制于图5-18中。

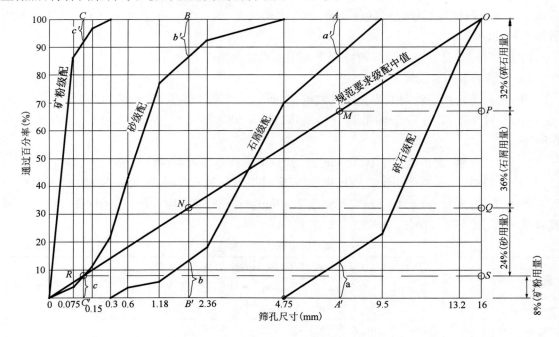

图5-18 图解法进行矿料配合比设计

②确定各种集料用量。

在集料 A 与集料 B 级配曲线相重叠部分作一垂线 AA'，使垂线截取这两条级配曲线的纵坐标值相等（即 $a=a'$）。垂线 AA' 与对角线 OO' 有一交点 M，过 M 引一水平线，与纵坐标交于 P 点，OP 的长度 $X=32\%$，即为集料 A 的用量。

同理，求出集料 B 的用量 $Y=36\%$，集料 C 用量 $Z=24\%$，矿粉 D 的用量 $W=8\%$。

③配合比校核与调整。

按照集料 A：集料 B：集料 C：矿粉 D $=32\%:36\%:24\%:8\%$ 的比例，计算矿质混合料的合成级配，结果见表 5-27。从计算结果可以看出，合成级配中筛孔 4.75mm 的通过量偏高，0.075mm 的通过量超限，曲线呈锯齿状，需要对各集料比例进行调整。通过试算，采用减少集料 B、增加集料 A、增加集料 C、减少集料 D 的方法来调整配合比。

经调整后的配合比为：集料 A 的用量 $X=34\%$、集料 B 的用量 $Y=33\%$、集料 C 的用量 $Z=27\%$、矿粉 D 的用量 $W=6\%$。配合比调整后，矿质混合料的合成级配见表 5-27 中括号内的数值，可以看出，合成级配曲线完全在设计要求的级配范围之内，并且接近中值，见图 5-19。因此，本例题配合比设计结果为表 5-27 中括号内数值。

碎石 A：石屑 B：砂 C：矿粉 D $=34\%:33\%:27\%:6\%$。

矿质混合料合成级配校核计算用表 表 5-27

材料组成		筛孔尺寸（方筛孔）(mm)								
		16.0	13.2	9.5	4.75	2.36	1.18	0.6	0.3	0.15	0.075
		通过百分率（%）								
各矿质材料在混合料中的级配	碎石 32% (34%)	32.0 (34.0)	27.8 (30.0)	7.4 (7.8)	0 (0)						
	石屑 36% (33%)	36.0 (34.0)	36.0 (34.0)	36.0 (34.0)	25.2 (23.1)	6.5 (5.9)	1.8 (1.6)	1.4 (1.3)	0 (0)		
	砂 24% (27%)	24.0 (26.0)	24.0 (26.0)	24.0 (26.0)	24.0 (26.0)	22.1 (24.8)	18.5 (20.8)	10.1 (11.3)	5.0 (5.7)	2.6 (3.0)	1.2 (1.4)
	矿粉 8% (6%)	8.0 (6.0)	8.0 (6.0)	8.0 (6.0)	8.0 (6.0)	8.0 (6.0)	8.0 (6.0)	8.0 (6.0)	8.0 (6.0)	7.7 (5.8)	7.0 (5.2)
合成级配		100 (100)	95.8 (96.0)	75.4 (73.8)	57.2 (55.1)	36.6 (36.7)	28.3 (28.4)	19.5 (18.6)	13 (11.7)	10.3 (8.8)	8.2 (6.6)
级配范围		100	90~100	68~85	38~68	24~50	15~38	10~28	7~20	5~15	4~8
级配中值		100	95	78	53	37	26	19	14	10	6

2）沥青混合料的马歇尔试验

（1）试件成型

根据经验 AC-13 型沥青混合料的沥青用量范围为 4.5%~6.5%。采用 0.5% 间隔变化，分别选择沥青用量 4.5%、5.0%、5.5%、6.0% 和 6.5% 拌制 5 组沥青混合料，每面各击实 75 次成型试件。

（2）试件物理力学指标的测定

各组沥青混合料试件体积参数及稳定度、流值，结果见表 5-28。沥青混合料各项指标的技术要求也列于表 5-28 中，供对照评定。

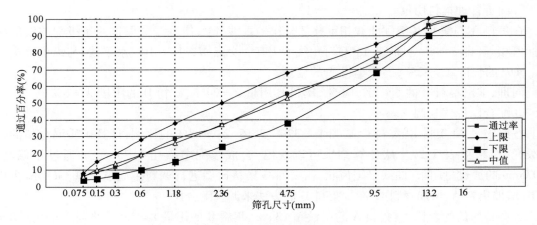

图 5-19 合成级配曲线及要求范围

马歇尔试验体积参数及力学指标测定结果 表 5-28

沥青用量（%）	理论最大密度（g/cm³）	空气中质量(g)	水中质量(g)	表干质量(g)	毛体积密度（g/cm³）	空隙率（%）	矿料间隙率（%）	沥青饱和度（%）	稳定度（kN）	流值（mm）
4.5	2.514	1 157.3	670.0	1 161.9	2.353	6.4	14.7	56.7	7.8	2.1
5.0	2.495	1 177.3	685.4	1 180.5	2.378	4.7	13.9	66.2	8.6	2.5
5.5	2.476	1 201.9	704.0	1 206.5	2.392	3.4	13.1	74.0	8.7	3.2
6.0	2.458	1 225.7	716.9	1 227.5	2.401	2.3	12.0	80.8	8.1	3.7
6.5	2.440	1 250.2	731.5	1 253.3	2.396	1.8	11.5	84.4	7.0	4.4
技 术 标 准						3~6	13~16	65~75	≥8	2~4

3）最佳沥青用量确定

（1）绘制沥青混合料试件各项指标与沥青用量的关系图

绘制沥青用量与毛体积密度、空隙率、沥青饱和度、马歇尔稳定性和流值等指标的关系曲线图，如图 5-16 所示。

（2）确定最佳沥青用量初始值 OAC_1

由图 5-16 得，与马歇尔稳定度最大值对应的沥青用量 $a_1 = 5.3\%$，对应于密度最大值的沥青用量 $a_2 = 6.0\%$，对应于规定空隙率范围中值的沥青用量 $a_3 = 5.1\%$，对应于沥青饱和度范围的中值的沥青用量 $a_4 = 5.3\%$，从而得最佳沥青用量初始值 OAC_1：

$$OAC_1 = \frac{5.3\% + 6.0\% + 5.1\% + 5.3\%}{3} = 5.4\%$$

（3）确定最佳沥青用量初始值 OAC_2

确定各项指标均符合沥青混合料技术标准要求的沥青用量范围，见图 5-16 中阴影部分，其中 $OAC_{min} = 4.9\%$，$OAC_{max} = 5.6\%$，从而得最佳沥青用量初始值 OAC_2：

$$OAC_2 = \frac{4.9\% + 5.6\%}{2} = 5.2\%$$

当沥青用量为 5.5% 时，沥青混合料试件的各项指标均能符合技术要求。

（4）综合确定最佳沥青用量 OAC

一般情况下，以 OAC_1 和 OAC_2 的平均值作为最佳沥青用量，即 $OAC = 5.3\%$。

当地7月份平均最高气温32℃,年极端最低气温-6.5℃,查表知该沥青路面的气候分区属于夏炎热冬温区(1-4),考虑在高速公路上渠化交通对沥青路面的作用,预计有可能出现车辙,所以在中限值OAC_2与下限值OAC_{min}之间再确定一个沥青最佳用量$OAC'=5.2\%$。

4)配合比检验

(1)沥青混合料的水稳定性检验

采用沥青用量5.2%、5.3%分别制备沥青混合料试件,按照规定方法进行浸水马歇尔试验和冻融劈裂强度试验,试验结果见表5-29。从表5-29试验结果可知,两个沥青用量的沥青混合料,浸水残留稳定度均大于80%,冻融劈裂强度均大于75%,满足对沥青混合料水稳定性技术要求。

(2)沥青混合料抗车辙能力检验

采用沥青用量5.2%和5.3%分别制作车辙试件,按照规定方法进行车辙试验,试验结果见表5-29。在两种沥青用量下,试件的动稳定度均大于1 000次/mm,符合高等级道路对沥青混合料抗车辙性能的技术要求。

沥青混合料水稳定性和车辙试验结果　　　　　表5-29

沥青用量 (%)	水稳定性试验		高温稳定性试验
	浸水残留稳定度 MS(%)	冻融劈裂强度比 TSR(%)	动稳定度 DS(次/mm)
OAC=5.3	93.5	89.4	1 230
OAC'=5.2	91.2	87.3	1 680
1-4-1 区要求值	≥80	≥75	≥1 000

由以上试验结果可见,当沥青用量为5.2%时,水稳定性能够符合要求,且沥青混合料的动稳定度较高,因此可以选择沥青用量5.2%作为最佳沥青用量。

第三节　新型沥青混合料

一、SMA 混合料

沥青玛蹄脂碎石混合料(Stone Matrix Asphalt,简称 SMA)是一种由沥青、纤维稳定剂、矿粉及少量的细集料组成的沥青玛蹄脂填充间断级配的粗集料骨架间隙组成的沥青混合料。

1. SMA 混合料的路用性能

(1)优良的高温稳定性

SMA 混合料由于粗集料石与石接触和良好的嵌挤作用形成骨架结构,使混合料产生非常好的抵抗荷载变形的能力,能够支承车轮荷载,并将荷载传递至下层路面,路面能够承受大的车轮荷载而不大容易产生挤压变形,即使在高温条件下,也始终能够保持良好的平整度,表现出优良的高温抗车辙能力。

(2)良好的低温抗裂性

SMA 混合料骨架空隙中填充了相当数量的沥青玛蹄脂,它包裹在粗集料表面,其本身所具有的较好的黏结作用、韧性和柔性使混合料具有良好的低温变形性能,增强了SMA混合料的低温抗裂性能。

(3)良好的耐久性

SMA混合料粗集料所形成的大空隙由沥青、矿粉和纤维等材料组成的玛蹄脂填充,形成密实结构,空隙率很小,混合料受水的影响很小,沥青与空气的接触也较少,而且集料颗粒表面的沥青膜较厚,再加上沥青玛蹄脂与集料间的黏结力较好,混合料的水稳定性、耐老化性能和耐疲劳性能均较好,所铺筑的路面具有良好的耐久性。

(4)良好的表面特性

SMA混合料粗集料多,所用石料坚硬、粗糙、耐磨,路面表面形成大的孔隙,构造深度大,这就决定了SMA路面具有良好的抗滑性能;同时减轻雨天高速行车时的溅水现象,提高了行车的安全性。试验结果表明采用SMA混合料铺筑的路面噪声可降低3~5dB。

综上所述,SMA混合料具有良好的路用性能,能够全面提高沥青路面的使用性能,延长使用寿命,减少维修养护费用,因此尽管铺筑SMA路面的初期投入要高20%~25%,但总体上将产生更大的经济效益。

2. SMA对组成材料的要求

(1)沥青

SMA混合料中沥青结合料的质量必须满足沥青玛蹄脂的需要,要有较高的黏度,符合一定的要求,以保证有足够的高温稳定性和低温韧性。SMA路面对沥青结合料的要求比普通的沥青混凝土要高,但是否一定需要用改性沥青,国际上并无一致的肯定结论。对高速公路等承受繁重交通的重大工程,夏季特别炎热或冬季特别寒冷的地区,宜采用改性沥青。以提高沥青混合料的抗车辙能力作为主要目的时,宜要求改性沥青的软化点温度高于年最高路面温度。

(2)粗集料

用于SMA的粗集料必须符合抗滑表层混合料的技术要求,同时,SMA对粗集料的抗压碎要求高,粗集料必须使用坚韧的、粗糙的、有棱角的优质石料,必须严格限制集料的扁平颗粒含量,所使用的碎石不能用锷板式轧石机破碎,要用捶击或者锥式碎石机破碎。花岗岩、石英岩、砂岩等酸性岩石与沥青的黏附性很差,必须采用掺加石灰、水泥及抗剥离剂等措施。SMA所用粗集料质量要求同表5-16表面层的要求。

(3)细集料

细集料在SMA中只占很少的比例,往往不超过10%,细集料一般要求用人工砂,即机制砂。机制砂是采用坚硬岩石反复破碎制成,有良好的棱角性和嵌挤性能,对提高混合料的高温稳定性有好处。SMA所用细集料质量要求同表5-20表面层的要求。

(4)填料

在普通的沥青混合料中,矿粉的数量一般不会超过沥青用量的1.2倍。而SMA的填料数量一般达到1.8~2.0,是由于纤维帮助矿粉沥青团粒起到了分散作用的缘故。

SMA的填料一定要尽量采用磨细的石灰石粉。小于0.075mm的含量应大于75%。矿粉必须存放在室内干燥的地方,在使用时必须干燥不成团。SMA所用填料质量要求同表5-23表面层的要求。

(5) 纤维稳定剂

常用纤维稳定剂有三大类:木质素纤维、矿物纤维、有机纤维。SMA 表面层所用纤维稳定剂的质量要求见表 5-30。

纤维稳定剂质量要求 表 5-30

试 验 项 目	指　　标	试 验 方 法
纤维长度	<6mm	水溶液用显微镜观测
灰分含量	18%±5%,无挥发物	高温 590~650℃,燃烧后,测定残留物
pH 值	7.5±1.0	水溶液用 pH 试纸或 pH 计测定
吸油率	不小于纤维质量的 5 倍	用煤油浸泡后,放在筛上,经振敲后称量
含水率	<5%(以质量计)	105℃烘箱烘 2h,冷却后称量

3. SMA 混合料技术要求

按现行沥青路面施工技术规范,SMA 混合料技术要求见表 5-31。

SMA 混合料技术要求 表 5-31

技 术 指 标	单　　位	要　　求　　值	
		普通沥青(两面各 50 次[①])	改性沥青(两面各 75 次)
锤击次数	次		
马歇尔稳定度	kN	≥5.5	≥6
流值	mm	2~5	2~5
空隙率	%	3~4	3.5~4.5
矿料间隙率[②]	%	≥17	≥17
沥青用量	%	≥5.8	≥5.8
谢伦堡沥青析漏率	%	<0.2	<0.1
马歇尔残留稳定度	%	≥75	≥80
肯塔堡分散损失率	%	≤20	≤15
冻融劈裂强度比	%	≥75	≥80
动稳定度 DS	次/mm	≥1 500	≥3 000

注:①主要行驶轻型交通道路可采用锤击 50 次。
②对高温稳定性要求较高的重交通路段或炎热地区,设计空隙率允许放宽到 4.5%,VMA 允许放宽到 16.5%(SMA-16)或 16%(SMA-20)。

4. SMA 混合料配合比设计

SMA 混合料的配合比设计通过目标配合比设计、生产配合比设计及生产配合比验证三个阶段,确定沥青混合料的材料品种及配比、矿料级配、最佳沥青用量。

SMA 混合料的配合比设计采用马歇尔试验体积设计方法进行,但马歇尔试验的稳定度和流值并不作为配合比设计接受或者否决的唯一指标。

(1) 材料选定

①用于配合比设计的各种材料其质量必须符合相关技术要求的规定。
②除已有成功经验证明使用非改性的普通沥青能符合使用要求者外,SMA 宜采用改性石

油沥青,且采用比当地常用沥青更硬标号的沥青。

(2)设计矿料级配的确定

①SMA路面的工程设计级配范围宜在表5-7规定的矿料级配范围内。公称最大粒径小于或等于9.5mm的SMA混合料,以2.36mm作为粗集料骨架的分界筛孔,公称最大粒径大于或等于13.2mm的SMA混合料以4.75mm作为粗集料骨架的分界筛孔。

②在工程设计级配范围内,调整各种矿料比例,设计三组不同粗细的初试级配,三组级配的粗集料骨架分界筛孔的通过率处于级配范围的中值、中值±3%附近,矿粉数量均为10%左右。

③按公式(5-15)计算初试级配的矿料的合成毛体积相对密度γ_{sb}、公式(5-16)计算合成表观相对密度γ_{sa}、公式(5-13)或公式(5-14)计算有效相对密度γ_{se}。其中各种集料的毛体积相对密度、表观相对密度试验方法遵照本章规定进行。

④把每个合成级配中小于粗集料骨架分界筛孔的集料筛除,按《公路工程集料试验规程》(JTG E42—2005)中T 0309—2005的规定,用捣实法测定粗集料骨架的松散毛体积相对密度γ_s,按式(5-33)计算粗集料骨架混合料的平均毛体积相对密度γ_{ca}。

$$\gamma_{ca} = \frac{P_1 + P_2 + \cdots + P_n}{\dfrac{P_1}{\gamma_1} + \dfrac{P_2}{\gamma_2} + \cdots + \dfrac{P_n}{\gamma_n}} \tag{5-33}$$

式中:P_1、P_2、$\cdots$、P_n——粗集料骨架部分各种集料在全部矿料级配混合料中的配比;

γ_1、γ_2、$\cdots$、γ_n——各种粗集料相应的毛体积相对密度。

⑤按式(5-34)计算各组初试级配的捣实状态下的粗集料松装间隙率VCA_{DRC}。

$$VCA_{DRC} = \left(1 - \frac{\gamma_s}{\gamma_{ca}}\right) \times 100 \tag{5-34}$$

式中:VCA_{DRC}——粗集料骨架的松装间隙率,%;

γ_{ca}——粗集料骨架的毛体积相对密度;

γ_s——粗集料骨架的松装毛体积相对密度,g/cm³。

⑥按前述方法预估新建工程SMA混合料的适宜的油石比P_a或沥青用量为P_b,作为马歇尔试件的初试油石比。

⑦按照选择的初试油石比和矿料级配制作SMA试件,马歇尔标准击实的次数为双面50次,根据需要也可采用双面75次,一组马歇尔试件的数目不得少于4~6个。SMA马歇尔试件的毛体积相对密度由表干法测定。

⑧按式(5-12)的方法计算不同沥青用量条件下SMA混合料的最大理论相对密度,其中纤维部分的比例不得忽略。

⑨按式(5-35)计算SMA马歇尔混合料试件中的粗集料骨架间隙率VCA_{mix},试件的集料各项体积指标空隙率VV、集料间隙率VMA、沥青饱和度VFA按规范前面所述方法计算。

$$VCA_{mix} = \left(1 - \frac{\gamma_f}{\gamma_{ca}} \times \frac{P_{ca}}{100}\right) \times 100 \tag{5-35}$$

式中:P_{ca}——沥青混合料中粗集料的比例,即大于4.75mm的颗粒含量,%;

γ_{ca}——粗集料骨架部分的平均毛体积相对密度,由式(5-33)确定;

γ_f——沥青混合料试件的毛体积相对密度,由表干法测定。

⑩从三组初试级配的试验结果中选择设计级配时,必须符合 $VCA_{mix} < VCA_{DRC}$ 及 $VMA > 16.5\%$ 的要求,当有一组以上的级配同时符合要求时,以粗集料骨架分界集料通过率大且 VMA 较大的级配为设计级配。

(3)确定设计沥青用量

①根据所选择的设计级配和初试油石比试验的空隙率结果,以 0.2% ~ 0.4% 为间隔,调整三个不同的油石比,制作马歇尔试件,计算空隙率等各项体积指标。一组试件数不宜少于 4~6 个。

②进行马歇尔稳定度试验,检验稳定度和流值是否符合规范规定的技术要求。

③根据希望的设计空隙率,确定油石比,作为最佳油石比 OAC。所设计的 SMA 混合料应符合表 5-31 规定的各项技术标准。

④如初试油石比的混合料体积指标恰好符合设计要求时,可以免去这一步,但宜进行一次复核。

(4)配合比设计检验

除了要满足密级配沥青混合料所规定的项目外,SMA 混合料的配合比设计还必须进行谢伦堡析漏试验及肯特堡飞散试验。不符合要求的必须重新进行配合比设计。

5. SMA 混合料适用范围

由于 SMA 路面具有优良的抗高温、低温和水稳等性能的能力,因此在我国的高速公路、重交通道路、机场跑道、钢桥桥面铺装等重大工程的面层结构中得到广泛应用,并收到了良好的效果。在国外,许多专家和学者研究认为,SMA 尤其适合于用作桥面铺装材料。但是由于 SMA 对于集料的质量要求十分的严格,而且沥青用量偏多,对施工技术水平提出了较高的要求,所以在使用过程中要结合经济能力和施工技术水平综合考虑。

二、OGFC(Open-graded Friction Course)混合料

OGFC 混合料又称为排水性沥青混合料是一种采用高黏度沥青结合料、高含量粗集料、少量细集料和填料(矿粉)组成的混合料,设计空隙率一般在 18% ~ 25% 之间。

1. OGFC 混合料的路用性能

(1)具有良好的排水功能,使路表面水最小化。

(2)改善高速行车的防滑能力。

(3)减少水雾和水漂。

(4)改善雨天行车时对路面标志的夜视力。

(5)降低路面噪声。

2. OGFC 混合料组成材料

(1)沥青结合料

开级配多孔性沥青混合料中,粗集料多、细集料少,混合料的强度主要依靠结合料的黏结力,必须采用具有高黏结力的沥青结合料。由于孔隙率大,故要求结合料有良好的耐老化能力,并且与集料有很好的黏附性。

OGFC 路面所用的沥青结合料技术要求见表 5-32。

高黏度沥青技术要求 表5-32

技术指标		单位	技术标准	
			《公路沥青路面施工技术规范》(JTG F40—2004)	日本
针入度(25℃,100g,5s)	≥	0.1mm	40	40
软化点($T_{R\&B}$)	≥	℃	80	80
延度(15℃)	≥	cm	50	50
闪点	≥	℃	260	260
TFOT后的质量损失	<	%	0.6	0.6
TFOT后的残留针入度比	≥	%	—	65
黏韧性(25℃)	≥	N·m	20	20
韧性(25℃)	≥	N·m	15	15
60℃黏度	≥	Pa·s	20 000	20 000

(2)纤维与其他添加剂

为提高多孔性沥青混合料的沥青含量和抗松散能力,在混合料中添加纤维是有效的。纤维可采用矿物纤维、聚丙烯腈纶纤维、聚酯纤维等。纤维的添加量控制在混合料质量的0.1%~0.5%。由于排水性沥青混合料经常受高压水流冲刷,不建议采用木质素纤维。

研究资料表明,在沥青结合料中添加适量磨细轮胎粉,也能有效提高混合料抗松散性和耐久性。为提高混合料的水稳性,除使用消石灰粉、水泥外,还可考虑采用其他抗剥落措施,如抗剥落剂。

3. OGFC技术性能及评价方法

(1)集料级配

对于多孔性排水沥青混合料采用的级配,各国考虑的主要因素不同。我国现行公路沥青路面施工技术规范对排水性混合料规定的级配如表5-8所示。

(2)技术性能与评价方法

①高温稳定性。

高温稳定性采用马歇尔试验和车辙试验方法来评价。

②空隙率。

采取游标卡尺法测量试件直径和高度,以计算体积得到试件的毛体积密度,再由毛体积密度与理论密度来计算空隙率。

③水稳定性。

排水性沥青混合料水稳性检验可参考密级配的沥青混凝土试验方法,测试其冻融劈裂强度比(TSR)或由浸水马歇尔的残留稳定度进行评价,也可将马歇尔试件在60℃水中浸泡1d、4d、7d,然后进行磨耗试验,比较其飞散损失。

④渗水。

将OGFC击实成型在马歇尔试模内,成型时试样两面不放纸或成型后趁热将两面的纸拿掉,试件不脱模。待试件完全冷却后,连同试模一起浸入水中1h,使试件吸水饱和。试验时,将试模脱空支放在水盘内,量取100mL水倒入试模内,同时启动秒表。水从试件的空隙中渗入并排走,当试模内的水全部渗入试件内,停止秒表,记录时间。试验重复3~5次,取所测时间的平均值按式(5-36)计算试件的渗透系数K(cm/s):

$$K = \frac{Q}{tA} \cdot \frac{h}{6.35} \tag{5-36}$$

式中:Q——注入的水量,100mL;
t——水渗透的时间,s;
A——试模的面积,取81cm^2;
h——试件高,cm。

4. OGFC混合料技术标准

我国现行《公路沥青路面施工技术规范》(JTG F40—2004)中关于OGFC混合料技术要求见表5-33。

OGFC混合料技术要求　　　　　　　　　表5-33

试验项目	单位	技术要求	试验方法
马歇尔试件尺寸	mm	$\phi 101.6mm \times 63.5mm$	T 0702
马歇尔试件击实次数		两面击实50次	T 0702
空隙率	%	18~25	T 0708
马歇尔稳定度 ≥	kN	3.5	T 0709
析漏损失	%	<0.3	T 0732
肯特堡飞散损失	%	<20	T 0733

5. OGFC混合料配合比设计方法

排水性沥青混合料的用油量不能用马歇尔试验确定,因为它与沥青用量的关系曲线不存在峰值。目前,确定排水性沥青混合料的沥青用量有两种方法,一种是经验公式计算法,另一种是比利时、日本、西班牙等国家采用磨耗损失等试验确定的方法。

(1)经验公式法

经验公式法是根据排水性混合料的级配计算集料的表面积,而排水性沥青混合料集料表面合适的沥青膜厚度为14μm,表面积与沥青膜厚度的乘积即为混合料的沥青用量。

$$沥青用量 = 集料表面积 \times 沥青膜厚度(14\mu m)$$

我国现行规范推荐的计算公式为:

$$A = \frac{2 + 0.02a + 0.04b + 0.08c + 0.14d + 0.3e + 0.6f + 1.6g}{48.74}$$

$$P_a = hA \tag{5-37}$$

式中: P_a——油石比,%;
　　　A——集料总的表面积;
$a、b、c、d、e、f、g$——分别为4.75mm、2.36mm、1.18mm、0.6mm、0.3mm、0.15mm、0.075mm筛的通过率;
　　　h——沥青膜厚度,经验认为最佳的沥青膜厚度为12~14μm。

(2)用磨耗、析漏等试验确定沥青用量

①析漏试验。

析漏试验也称谢伦堡试验,其目的是用来确定沥青用量的上限。我国《公路工程沥青及沥青混合料试验规程》(JTG E20—2011)规定采用烧杯法,其做法是将几个不同沥青用量的混合料在规定温度下拌和均匀,然后置于800mL的烧杯中,再将烧杯置于170℃的烘箱中,恒温1h,不使烧杯有任何振动,将混合料向下倒扣在玻璃板上。称取黏附在烧杯上的沥青质量,该质量与沥青混合料总质量之比为析漏试验的损失率。损失率按式(5-38)计算:

$$\Delta m = \frac{m_2 - m_1}{m_1 - m_0} \times 100 \quad (5\text{-}38)$$

式中:m_0——烧杯质量,g;
$\quad m_1$——烧杯与沥青混合料总质量,g;
$\quad m_2$——烧杯及黏附在烧杯上沥青砂浆的质量,g。

我国现行规范规定,析漏率不大于0.3%为合格。

②磨耗试验。

磨耗试验也称肯特堡飞散试验,为评价排水性路面在车轮作用下,抗松散性能的一种试验方法。在20℃温度条件下,在洛杉矶试验机中放入排水性混合料,但不加钢球,开动试验机使试件在筒内滚动300转后取出,称取试件剩余质量。试件损失质量与原质量的百分比即为磨耗试验损失率,可按(5-39)计算:

$$\Delta S = \frac{m_0 - m_1}{m_0} \times 100 \quad (5\text{-}39)$$

式中:ΔS——沥青混合料飞散损失,%;
$\quad m_0$——试件原质量,g;
$\quad m_1$——试验后试件质量,g。

肯特堡飞散试验用来确定OGFC混合料沥青用量的下限。我国现行规范规定,OGFC混合料的磨耗损失应不大于20%。

6. OGFC混合料适用范围

排水性路面空隙率高,强度较低,在各种自然因素作用下沥青胶结料容易老化,因而耐久性差。在风沙大、空气中降尘严重的地区,孔隙会很快被堵塞;在北方地区,水在混合料孔隙中结冰会使OGFC破坏。因此,在路面设计时应充分考虑OGFC路面在当地的适应性。

OGFC路面主要应用于以下三方面:

(1)在交通量很大,主要行驶快速轻型车辆的高速公路。
(2)在噪声大的城市快速主干道。
(3)在长隧道中铺设OGFC,可降低隧道内车辆的噪声。

三、沥青稀浆封层混合料

沥青稀浆封层混合料是由适当级配的石屑或砂、填料(水泥、石灰、粉煤灰、石粉等)与乳化沥青、外掺剂和水,按一定比例拌和而成的具有流动状态的沥青混合料,简称稀浆封层混合料。将其均匀的摊铺在路面上形成的沥青封层,称为稀浆封层。当采用聚合物改性乳化沥青作为结合料时,沥青稀浆封层混合料形成的沥青封层,则称为微表处。

1. 沥青稀浆封层的作用

(1)防水作用

稀浆封层混合料的集料粒径较小,具有一定的级配,铺筑成型后,能与原路面牢固的黏结在一起,可形成一层密实的表面,防止雨水或雪水通过裂缝渗入路面基层,保持基层和土基的稳定。

(2)防滑作用

稀浆封层混合料摊铺厚度薄,沥青在粗集料、细集料中分布均匀,沥青用量适当,无多余沥青,路面不产生泛油现象,且具有良好的粗糙度,使路面的摩擦系数明显增加,抗滑性能显著提高。

(3)填充作用

稀浆封层混合料中有较多的水分,拌和后成稀浆状态,具有良好的流动性,可封闭沥青路面上的微裂缝,填补原路面由于松散脱粒或机械性破坏等原因造成的不平整,改善路面的平整度。

(4)耐磨作用

乳化沥青对酸、碱性矿料都有着较好的吸附力,所以稀浆封层混合料可以选用坚硬的优质抗磨矿料,以铺筑具有很强耐磨性能的沥青路面面层,延长路面使用寿命。

(5)恢复路面外观形象

对使用年久,表面磨损发白、老化干涩,或经养护维修、表面状态很不一致的旧沥青路面,可采用稀浆封层混合料进行罩面,遮盖破损与修补部位,形成一个新的沥青面层,使旧的沥青路面焕然一新。

值得注意的是,稀浆封层的使用具有一定的局限性,它只能作为表面的保护层和磨耗层使用,而不起承重性结构作用,不具备结构补强能力。

2.组成材料

(1)乳化沥青

常采用阳离子慢凝乳液,为提高稀浆封层的效果,可采用聚合物改性乳化沥青,如丁苯橡胶改性沥青、氯丁胶乳改性沥青等。

(2)集料

采用级配碎石或砂组成的矿质混合料,集料应坚硬、粗糙、耐磨、洁净,各项指标性能应符合热拌沥青混合料的集料技术要求。其中,通过 4.75mm 筛的合成矿料的砂当量要求不得低于:稀浆封层为 50%,微表处为 65%。细集料宜采用碱性石料生产的机制砂或洁净的石屑,集料中的超粒径颗粒必须筛出。

矿料级配应根据铺筑的厚度、处治的目的、公路条件等级等条件,按照表 5-34 选用。

稀浆封层和微表处的矿料级配 表 5-34

筛孔尺寸 (mm)	不同类型通过各筛孔的百分率(%)				
	微表处		稀浆封层		
	MS-2 型	MS-3 型	ES-1 型	ES-2 型	ES-3 型
9.5	100	100	—	100	100
4.75	95~100	70~90	100	95~100	70~90
2.36	65~90	45~70	90~100	65~90	45~70
1.18	45~70	28~50	60~90	45~70	28~50
0.06	30~50	19~34	40~65	30~50	19~34

续上表

筛孔尺寸 (mm)	不同类型通过各筛孔的百分率(%)				
	微表处		稀浆封层		
	MS-2 型	MS-3 型	ES-1 型	ES-2 型	ES-3 型
0.3	18~30	12~25	25~42	18~30	12~25
0.15	10~21	7~18	15~30	10~21	7~18
0.075	5~15	5~15	10~20	5~15	5~15
一层的适宜厚度(mm)	4~7	8~10	2.5~3	4~7	8~10

(3)填料

为提高集料的密实度,需掺加水泥、石灰、粉煤灰、石粉等填料。掺入的填料应干燥、无结团、不含杂质。

(4)水

为湿润集料,使稀浆混合料具有较高的流动度,需掺加适量的水。水采用饮用水,一般可采用自来水。

(5)外掺剂

为调节稀浆混合料的和易性和凝结时间,需添加各种助剂,如:氯化铵、氯化钠、硫酸铝等。

3.稀浆封层和微表处混合料的配合比设计

稀浆封层和微表处混合料的配合比设计按下列步骤进行:

(1)根据选择的级配类型,按表5-34确定矿料的级配范围。计算各种集料的配合比例,使合成级配在要求的级配范围内。

(2)根据以往的经验初选乳化沥青、填料、水和外加剂用量,进行拌和试验和黏聚力试验。可拌和时间的试验温度应考虑最高施工温度,黏聚力试验的温度应考虑施工中可能遇到的最低温度。

(3)根据上述试验结果和稀浆混合料的外观状态,选择1~3个认为合理的混合料配方,按表5-35规定试验稀浆混合料的性能,如不符要求,适当调整各种材料的配合比例再试验,直至符合要求为止。

(4)当设计人员经验不足时,可将初选的1~3个混合料配方分别变化不同的沥青用量(沥青用量一般在6.0%~8.5%之间),按照表5-35的要求重复试验,并分别将不同沥青用量的1h湿轮磨耗值及砂黏附量绘制成图5-20的关系曲线,以磨耗值接近表5-34中要求的沥青用量作为最小沥青用量 P_{bmin},砂黏附量接近表5-35中要求的沥青用量为最大沥青用量 P_{bmax},得出沥青用量的可选择范围 $P_{bmin} \sim P_{bmax}$。

(5)根据经验在沥青用量的可选范围内选择适宜的沥青用量。对微表处混合料,以所选择的沥青用量检验混合料的浸水6d湿轮磨耗指标,用于车辙填充的增加检验负荷车轮试验的宽度变化率指标,不符要求时调整沥青用量重新试验,直至符合要求为止。

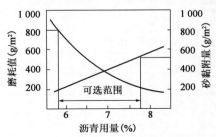

图5-20 确定稀浆封层和微表处最佳沥青用量的曲线

(6)根据以往经验及配合比设计试验结果,在充分考虑气候及交通特点的基础上综合确定混合料配方。

稀浆封层和微表处混合料技术要求　　　　　表5-35

项　目	单位	微表处	稀浆封层	试验方法
可拌和时间	s		>120	手工拌和
稠度	cm	—	2～3	T 0751
黏聚力试验 30min（初凝时间） 60min（开放交通时间）	N·m N·m	≥1.2 ≥2.0	（仅适用于快开放交通的稀浆封层） ≥1.2 ≥2.0	T 0754
负荷轮碾压试验（LWT） 砂黏附量 轮迹宽度变化率	g/m² %	<450 <5	（仅适用于重交通道路表层） <450 —	T 0755
湿轮磨耗试验的磨耗值（WTAT） 浸水1h 浸水6d	g/m² g/m²	<540 <800	<800 —	T 0752

4. 沥青稀浆封层混合料的类型及应用

稀浆封层一般用于二级及二级以下公路的预防性养护,也适用于新建公路的下封层。微表处主要用于高速公路、一级公路的预防性养护以及填补轻度的车辙,也适合于新建公路的抗滑磨耗层。

沥青稀浆封层混合料按用途和适应性分为以下三种类型。

(1) ES-1型：为细粒式封层混合料。沥青用量较高(一般为8%),具有较好渗透性,有利于治愈裂缝。适合于大裂缝的封层,或中轻交通的一般道路薄层处理。

(2) ES-2型（MS-2型）：为中粒式封层(微表处)混合料,是最常用级配,可形成中等粗糙度,用于一般道路路面的磨耗层,也适合于旧高等级路面的修复罩面。

(3) ES-3型（MS-3型）：为粗粒式封层(微表处)混合料,表面粗糙,适合做抗滑层,亦可作二次抗滑处理,可用于高等级路面。

沥青稀浆封层混合料可以用于旧路面的养护维修,亦可作为路面加铺抗滑层、磨耗层。由于这种混合料施工方便、投资费用少,对路况有明显改观,所以得到广泛使用。

第四节　其他沥青混合料简介

一、浇注式沥青混凝土

浇注式沥青混凝土(Guss Asphalt)是指在高温(220～260℃)下拌和,依靠混合料自身的流动性摊铺成型无须碾压的一种高沥青含量与高矿粉含量、空隙率小于1%的沥青混合物。浇注式沥青混凝土主要用于钢桥面铺装。

1. 浇注式沥青混凝土的特点

(1) 由于湖沥青较强的抗老化能力,浇注式沥青混凝土路面的使用寿命比一般沥青混凝土路面长,从综合的角度考虑,这有利于提高工程的经济使用效率。

(2)路面在高温下或渠化交通处的抗车辙能力还有待于进一步提高。

(3)常温下具有较强的抗压能力以及抵抗重复荷载疲劳作用的能力。

(4)低温时具有很高的抗劈裂强度以及一定的变形能力。

(5)空隙率几乎为0,这一特性使得浇注式沥青混凝土具有十分强的抵抗水损害的能力,有利于延长路面的服务周期。

(6)若用作钢桥面铺装,它具有良好的适合于钢板变形的随从性。

(7)维修方便,只需采用小型维修工具及2~3个工作人员,操作简单。

2.浇注式沥青混凝土组成材料

(1)沥青结合料

浇注式沥青混合料是典型的悬浮-密实结构,强度主要来源于沥青结合料的黏结力,浇注式沥青混合料中沥青含量高达7%以上,沥青结合料对其性能有着决定性影响。一般采用低标号沥青作为结合料,或采用较低标号沥青与特立尼达湖沥青调配沥青。

英国采用普通石油沥青[针入度60~80(0.1mm)]与天然湖沥青掺配而成硬质沥青。湖沥青掺量较高,一般为50%~70%。日本研究认为,掺加过多的湖沥青可能增加拌和与施工困难,并会使沥青混合料脆性变大。为降低湖沥青的掺配量,日本采用针入度20~40(0.1mm)的硬质直馏沥青与湖沥青掺配。我国采用普通沥青与天然沥青掺配或聚合物改性沥青与天然沥青复配。

(2)集料和矿粉

粗集料与沥青具有良好的黏附性,可用石灰石或者其他优质石料,用于钢桥或者铺装面层的浇注式沥青混合料应使用坚韧、粗糙、有棱角的优质石料作为粗集料。也可以采用破碎砾石,但是用于破碎砾石的砾石粒径必须较大,至少应大于50mm,并且破碎砾石必须满足有不少于90%的颗粒有两个以上破碎面的要求。

浇注式沥青混合料中细集料可以用天然砂,所用比例需限制。德国规范浇注式中机制砂与天然砂的比例应大于1∶2。

采用石灰石磨制的石粉。矿粉颗粒粒径小于0.075mm的质量份额至少达到80%以上。矿粉必须存放在室内干燥的地方,在使用时仍保持干燥、不结团。在浇注式沥青混合料生产时,由于矿粉用量很大,而且混合料的温度要求比较高,最好对矿粉进行加热。

(3)其他材料

为获得表面粗糙度或提高上下层间的结合,施工时趁热将适量的优质集料嵌入浇注式沥青混凝土铺装层内。在人行道或者慢车道上则在其表面撒布石英砂,以提高表面的抗滑性。德国近几年在浇注式沥青混凝土中添加木质素纤维,以提高混合料沥青含量和稳定性。苏联的研究表明,在浇注式沥青混凝土中,添加3%左右的磨细橡胶粉,取代部分矿粉,能有效地提高结构黏结力5~8倍。

3.浇注式沥青混凝土技术性能及评价方法

(1)施工和易性

刘埃尔流动度主要用于评价浇注式沥青混合料的施工和易性,适用于试验室和现场配合比设计和品质控制与管理。刘埃尔流动性试验类似于水泥混凝土的坍落度试验,通常以质量995g的标准压头在高温(200~260℃)的混凝土贯入5cm所需时间作为刘埃尔流动性指标,单位为s。

(2)力学性能

浇注式沥青混凝土的力学性能可用贯入度来评价。

贯入度试验类似于沥青的针入度试验,德国、日本的试验方法通常是将浇注式沥青混凝土制备成立方体试件后,在一定温度(40℃或60℃)、一定荷载(52.5kg)、一定时间(30min、60min等)条件下,测试钢质贯入杆(直径25.2mm的圆柱体)压入混合料内部的深度。

(3)高低温性能

浇注式混凝土的热稳定性主要用贯入度增量来反映,也有用车辙试验动稳定度指标来检验的。

浇注式沥青混凝土一般使用硬质沥青,采用小梁极限弯曲应变指标评价低温抗裂性能。

二、彩色沥青混合料

彩色沥青混合料指脱色沥青与各种颜色石料、色料和添加剂等材料在特定的温度下拌和形成的具有一定强度和路用性能的新型沥青混合料。主要由彩色胶结料、颜料和集料组成。

1. 优点

(1)诱导车流。

(2)良好的路用性能。

新型的彩色沥青路面,比普通沥青路面摩擦系数高,所以还会有防滑作用。在驾驶员遇到紧急情况制动时,彩色路面可以防止车辆侧滑。在不同的温度和外部环境作用下,其高温稳定性、抗水损坏性及耐久性均非常好,且不出现变形、沥青膜剥落等现象,与基层黏结性良好。

(3)美化环境。

彩色沥青路面除具有普通沥青混凝土的弹性强、减振性强和容易清扫冲洗等良好性能外,还改善了普通沥青路面黑色的单调性,可以与周围的建筑、景观相互搭配、协调。采用彩色沥青铺筑步行街、景观路、广场、庭苑、小区道路、园林的地坪,既美化环境,又突显自然情趣。

(4)减少污染。

彩色沥青的轻质馏分挥发极少,因而污染比黑色沥青大大减少。

(5)减少噪声。

一些国家采用多孔性低噪声彩色沥青铺设道路,由于此种路面具有若干抗磨耐压的小孔,因而具有较强的吸声功能。

2. 缺点

彩色沥青路面不耐脏,不易维护清洁,尤其淡色沥青路面。彩色沥青造价昂贵,比普通黑色沥青路面高出很多。

三、大粒径 LSAM 沥青混凝土

大粒径沥青混合料(Large-Stone Asphalt Mixes,简称 LSAM)一般是指含有矿料的最大粒径在 25~63mm 之间的热拌热铺沥青混合料。

LSAM 的组成结构分为骨架-空隙结构、悬浮-密实结构及骨架-密实结构。研究表明,由于 LSAM 的骨架-密实结构其组成骨架的粗集料之间的石与石排列方式和接触程度并不相同,因此将其划分为紧排骨架-密实结构和松排骨架-密实结构。从沥青混合料组成结构分析可以看出,沥青混合料中组成结构最稳定的是骨架密实结构,为了达到优良的路用性能,要使 LSAM 能形成骨架密实结构。所谓骨架密实型 LSAM,就是指 LSAM 中粗骨料能充分形成石与石接触的骨架特征,其剩余空隙由少量的细集料、矿粉和沥青来填充,从而获得最佳路用性能。

1. LSAM 和 AC 强度的区别

(1) LSAM 强度和模量受温度变化的影响较小。

(2) LSAM 在由 VV、VFA、VMA、流值等确定的沥青用量范围 0.3% 以内,沥青用量对动稳定度 DS 影响不明显。当沥青用量大于最佳沥青用量时,动稳定度 DS 一般会明显降低。

(3) LSAM 油石比通常较小,由蠕变或剪切流变引起的永久变形较小。

2. LSAM 混合料的路用性能

(1) 高温稳定性

LSAM 混合料的高温稳定性好,紧排骨架-密实型沥青混合料的高温稳定性明显高于悬浮-密实型沥青混合料的高温稳定性。矿料组成相同时,大粒径矿料含量越高,高温稳定性越好。

提高沥青混合料的高温稳定性的方法有:提高劲度,限制细集料的数量和使用低标号的沥青或使用改性沥青等。

(2) 低温抗裂性

松排骨架-密实结构的低温弯曲应变能优于紧排骨架-密实结构的低温弯曲应变能。骨架密实性不好和空隙率较大的级配低温弯曲试验测得的破坏荷载、变形量及弯曲应变能均低于其他级配。

(3) 水稳定性

松排骨架-密实结构的水稳定性通常优于紧排骨架-密实结构的水稳定性;为保证大粒径沥青混合料的抗水害性能,应严格控制空隙率的大小。

(4) 抗疲劳性

可用周期短、费用低的室内小型的疲劳试验来评价 LSAM 的抗疲劳性。总应变随加载次数增加而逐渐增大,其增大速度与荷载应力水平有关。应力水平越高,增大的速度越快。抗疲劳性能优劣次序为:松排骨架-密实结构 > 悬浮-密实结构 > 紧排骨架-密实结构。空隙率越小,抗疲劳性能越好。

四、多碎石沥青混凝土(SAC)

4.75mm 以上碎石含量占主要部分的密级配沥青混凝土称多碎石沥青混凝土,它既能提供要求的表面构造深度,又具有较小的空隙率,以及较好的抗变形能力,而且不增加工程造价。

多碎石沥青混凝土是相对传统密级配沥青混凝土而言的。粗集料多,需适当提高粉料用量,以粗集料为骨架,以沥青胶砂来黏结骨架并填充其间隙,形成具有较粗糙的表面构造深度的结构层。多碎石沥青混凝土既具有传统 I 型沥青混凝土的优点,又具有 II 型沥青混凝土的优点,同时又避免了两种传统沥青混凝土结构形式的不足。

五、纤维加筋沥青混凝土

纤维加筋沥青混凝土是在热拌混凝土中掺入一定量的专用纤维,以起到进一步提高沥青混凝土性能的作用。在沥青混合料中加入加筋纤维后,可使沥青混凝土韧性增强,抗拉强度提高,同时由于纤维与沥青的胶结作用使混合料内聚力增大,提高高温性能和抗疲劳性能。

加筋纤维有钢纤维和软纤维两大类,钢纤维具有高强度、耐高温、高弯曲弹性和高取向等路用性能。鉴于钢纤维的金属腐蚀和对轮胎的磨损等原因,近几年来钢纤维在沥青混凝土路面的推广应用中受到很大制约。软纤维加筋混凝土及沥青混凝土实际上就是在混凝土中掺入合成纤维,软纤维是由合成纤维制成,按其材料分为玻璃纤维、聚合物纤维。软纤维呈惰性,不受混凝土酸碱性、环境影响而衰变,也不吸收湿气,纤维混凝土具有高强度、高延伸率、高取向性、易拌和等路用性能。

加纤维后的沥青混合料黏稠度增大,应在普通沥青混合料碾压遍数基础上增加1~2遍,或者提高摊铺和碾压温度,压路机紧跟摊铺机,避免温度下降过多,才能达到预期的压实效果。

六、土工合成材料加筋沥青混凝土

在半刚性基层上,在已开裂的老沥青路面上,或在有接缝的水泥混凝土路面上铺筑沥青层后,基层的裂缝及老路面上原先的裂缝或接缝会在新铺沥青面层上相同位置重新出现"反射裂缝",这种反射裂缝在雨水、雪水、气温和荷载作用下,使路面强度降低以至破坏。

用土工材料对沥青路面进行加筋,使沥青路面结构层提高了对裂缝的抑制能力、对剪切破坏的抵抗能力减少。反射裂缝的数量延缓反射裂缝产生,减少沥青路面车辙,从而延长了沥青路面结构层的疲劳寿命。

目前,广泛应用于沥青路面防止路面裂缝的土工合成材料主要是玻纤网和土工织物。利用玻纤网的抗拉强度和抗拉模量阻止裂缝向路面延伸,要求其强度高、延伸率小。土工织物的抗拉强度一般较小,其主要起隔离作用,因此一般要求材料有一定的强度,同时延伸率控制在一定范围内。玻纤网和塑料格栅常用于减少沥青路面车辙,由于沥青混凝土集料能穿过格栅的网状结构形成一个复合的力学嵌锁体系,这种嵌锁限制阻碍了集料的运动、位移,沥青混合料可以得到更好的压实,并能提高承载能力、传荷能力,减少变形。对于土工织物,要求既不能过薄,也不能过厚,过厚易导致上下层结合不好而出现剥离现象;同时要求土工织物耐高温,否则受沥青混凝土摊铺时高温影响,土工织物材料性能会发生明显变化;土工织物的最大负荷延伸率也是一项重要指标,但由于目前缺乏成熟的经验,延伸率指标很难确定,故未作强制性规定。

【本章小结】

沥青混合料是由矿料与沥青结合料拌和而成的混合料的总称,是现代沥青路面的主要材料,广泛应用于高速公路、一级公路、城市快速路、主干路和其他各类型道路的路面结构中。

按照沥青混合料的矿料级配组成特点,可将沥青混合料分为悬浮-密实结构、骨架-空隙结构和密实-骨架结构,分别具有不同的强度特征和稳定性。

沥青混合料的强度由黏聚力 c 和内摩阻角 φ 构成，沥青的黏度、矿质集料性能（包括集料岩石的种类、集料的表面特性、集料的形状、集料的级配）、沥青与矿料在界面上的交互作用、矿粉的品种与比表面积、沥青结合料用量等是影响沥青混合料强度的主要内在因素；温度与荷载作用时间是影响沥青混合料强度的主要外界因素。

沥青混合料应该具备一定的高温稳定性、低温抗裂性、水稳定性、抗老化性、抗滑性等技术性质，以适应车辆荷载及环境因素的作用。

沥青混合料组成设计包括选择原材料和配合比设计。沥青混合料组成材料质量规格应满足设计要求，并根据道路等级、交通特性、气候条件、施工方法等因素进行选择。

热拌沥青混合料的配合比设计通过目标配合比设计、生产配合比设计及生产配合比验证三个阶段，确定沥青混合料的材料品种及配比、矿料级配、最佳沥青用量。我国目前热拌沥青混合料配合比设计采用马歇尔试验进行配合比设计。所设计的沥青混合料还应满足水稳定性检验和高温稳定性检验。

沥青玛蹄脂碎石混合料（SMA）是一种由沥青、纤维稳定剂、矿粉及少量的细集料组成的沥青玛蹄脂填充间断级配的粗集料骨架间隙而组成的沥青混合料。具有优良的高温稳定性、良好的低温抗裂性、良好的耐久性、良好的表面特性。SMA 混合料的配合比设计采用马歇尔试件的体积设计方法进行，但试验方法有所修正。

OGFC 混合料能改善高速行车的防滑能力，配合比设计方法一种是经验公式计算法，另一种是比利时、日本、西班牙等国家采用磨耗损失等试验确定的方法。

浇注式沥青混凝土用在钢桥面铺装，它具有良好的适合于钢板变形的随从性。设计方法与传统的马歇尔试验方法完全不同，一般采用刘埃尔流动度和贯入度作为控制指标进行配合比设计。

沥青稀浆封层混合料可以用于旧路面的养护维修，亦可作为路面加铺抗滑层、磨耗层。

简单介绍了彩色沥青、大粒径 LSAM 沥青混凝土、多碎石沥青混凝土、纤维加筋沥青混凝土、土工合成材料加筋沥青混凝土等。

【复习思考题】

5-1　试述沥青混合料的定义。沥青混凝土与沥青碎石有何区别？

5-2　简述沥青混合料按组成结构可分为哪几种类型？各种类型沥青混合料的路用特点是什么？

5-3　符号 AC-16，AM-20，SMA-16，OGFC-16 分别代表什么含义？

5-4　如何确定沥青混合料的黏聚力？影响黏聚力的因素有哪些？

5-5　简述沥青混合料应具备哪些路用性能及主要影响因素？

5-6　简述沥青混合料的耐久性的评价方法和评定指标。

5-7　对沥青混合料组成材料有哪些主要技术要求？这些技术要求对沥青混合料的技术性质有什么影响？

5-8　简述我国现行热拌沥青混合料配合比设计方法。矿质混合料的组成和沥青最佳用量是如何确定的?

5-9 矿质混合料合成级配调整的原则是什么?

5-10 采用马歇尔试验法设计沥青混凝土配合比,为什么需进行水稳定性试验和车辙试验?

5-11 与连续密级配热拌沥青混合料相比,SMA 混合料材料组成有何特点?

5-12 简述 SMA 混合料配合比设计要点。

5-13 简述 OGFC 混合料与浇注式沥青混凝土设计控制指标。

5-14 简述沥青稀浆封层混合料的类型及应用。

5-15 简述彩色沥青混凝土、大粒径 LSAM 沥青混凝土、多碎石沥青混凝土、纤维加筋沥青混凝土、土工合成材料加筋沥青混凝土的特点及使用范围。

5-16 根据表 5-36 给出的测定结果,计算沥青混合料的各项体积参数。沥青相对密度为 1.05,矿料的有效相对密度为 2.70,矿料合成毛体积相对密度为 2.68。

测定结果　　　　　　　　　　　　　　　　　　　　表 5-36

序号	沥青用量（%）	空气中质量(g)	水中质量(g)	表干质量(g)	理论最大相对密度	毛体积相对密度	空隙率（%）	矿料间隙率(%)	沥青饱和度(%)
1	4.5	1 157.3	670.0	1 161.9					
2	5.0	1 177.3	685.4	1 180.5					
3	5.5	1 201.9	704.0	1 206.5					

5-17 试设计一级公路沥青路面面层用细粒式沥青混凝土的配合组成。

【设计资料】

(1) 道路等级:一级公路。

(2) 路面类型:沥青混凝土。

(3) 结构层次:三层式沥青混凝土的上面层。

(4) 气候条件:最低月平均气温 $-5°C$。

(5) 材料性能。

①沥青材料:可供应 A 级 50 号和 70 号沥青,经检验各项指标合格。

②碎石和石屑:一级石灰石轧制碎石,抗压强度 150MPa,洛杉矶磨耗率 10%,黏附性等级为 5 级,表观密度 $2.72g/cm^3$。

③细集料:洁净河砂,中砂,含泥量小于 1%,表观密度 $2.68g/cm^3$。

④矿粉:矿粉采用石灰石磨细石粉,粒度范围符合技术要求,无团粒结块,表观密度 $2.58g/cm^3$。

矿质集料的筛分试验结果见表 5-37。

矿质集料的筛分试验　　　　　　　　　　　　　　　　表 5-37

材料名称	下列筛孔(mm)的通过百分率(%)									
	16.0	13.2	9.5	4.75	2.36	1.18	0.6	0.3	0.15	0.075
碎石	100	96	20	2	0	0	0	0	0	0
石屑	100	100	100	84	45	18	3	0	0	0
砂	100	100	100	100	91	80	71	36	18	2
矿粉	100	100	100	100	100	100	100	100	100	85

【设计要求】

(1)根据道路等级、路面类型和结构层次,确定沥青混凝土的类型和矿质混合料的级配范围。

(2)根据现有各矿质材料的筛分结果,用图解法确定各种矿质混合料的配合比,并根据一级公路路面对沥青混合料的要求,对矿质混合料的级配进行调整。

(3)根据预估最佳油石比选择3.8%~5.8%的掺量范围,通过马歇尔试验的物理和力学指标,确定最佳沥青用量。

马歇尔试验结果汇总见表5-38。

马歇尔试验结果汇总表　　　　　表5-38

编号	油石比(%)	毛体积密度(g/cm³)	空隙率(%)	矿料间隙率(%)	沥青饱和度(%)	稳定度(kN)	流值(mm)
1	3.8	2.362	6.1	16.4	62.8	9.3	2.0
2	4.3	2.379	5.2	16.1	67.7	10.8	2.3
3	4.8	2.394	4.1	15.6	73.7	10.6	2.8
4	5.3	2.380	3.1	15.3	79.7	8.9	3.6
5	5.8	2.378	2.4	15.5	84.5	7.3	4.5

第六章 建筑钢材

【本章提要】

本章阐述路桥工程中常见钢材的技术性质和技术标准。

建筑钢材是指在建筑工程中使用的各种钢材,如型材有圆钢、角钢、槽钢、工字钢、钢管等;板材有厚板、中板、薄板等;钢筋有光圆钢筋和带肋钢筋等。建筑钢材具有组织均匀密实、强度高、弹性模量大、塑性及韧性好、承受冲击荷载和动力荷载能力强、便于加工和装配等优点,因而在建筑结构中被广泛应用。

第一节 钢材的分类

钢是以铁为主、含碳量一般在2%以下,并含有其他元素的材料。我国国家标准《钢分类》(GB/T 13304—2008),对钢的分类作了具体规定。标准第一部分规定了按照化学成分对钢进行分类的基本原则,将钢分为非合金钢、低合金钢和合金钢三类;标准第二部分规定了非合金钢、低合金钢和合金钢按主要质量等级、主要性能及使用特性分类的基本原则和要求。

钢的种类繁多,根据不同的需要,可采用不同的分类方法。同一钢材,采用不同的分类方法,可有不同的名称。根据分类目的的不同,常用的分类方法有以下几种。

一、按化学成分分类

按钢的化学成分可分为非合金钢、低合金钢和合金钢。

非合金钢的性能主要由碳含量决定,习惯上称为碳素钢。碳素钢一般含碳量不大于 1.35%,含锰量不大于 1.2%,含硅量不大于 0.4%,有少量的硫、磷杂质。根据含碳量的多少,碳素钢可分为低碳钢[$W(C) < 0.25\%$]、中碳钢[$0.25\% < W(C) < 0.6\%$]、高碳钢[$W(C) > 0.6\%$]。低碳钢质地软韧,易加工,是建筑工程的主要用钢;中碳钢较硬,多用于机械部件;高碳钢很硬,是一般工具用钢。

合金钢是在炼钢过程中,为改善钢材性能或获得某种特殊性能的钢材,加入一种或多种一定含量合金元素,常用合金元素有:锰、硅、铬、镍、钛、铌等。根据钢中所含主要合金元素的不同,可分为锰钢、铬钢、铬镍钢、铬镍锰钢等。

根据合金元素的含量,可把钢分为低合金钢[$W(Me) < 5\%$]、中合金钢[$5\% < W(Me) < 10\%$]和高合金钢[$W(Me) > 10\%$]。

低合金钢是在碳素钢中加入少量合金元素,以改善钢材性能,一般合金元素总含量小于 5%。

二、按冶炼方法分类

根据冶炼方法和冶炼设备的不同,分为转炉钢、平炉钢和电炉钢三大类。

转炉炼钢根据所鼓风的不同分为空气转炉和氧气转炉,目前主要是氧气转炉。氧气转炉炼钢冶炼速度快,生产效率高,质量好,主要生产碳素钢和低合金钢。平炉炼钢利用火焰的氧化作用除去杂质,冶炼时间长,钢质好且稳定,但成本高,主要生产碳素钢和低合金钢。电炉炼钢系利用电热冶炼,温度高,易控制,生产的钢质量最好,但成本高,主要用于生产合金钢和优质碳素钢。

按脱氧程度不同分为沸腾钢、镇静钢和半镇静钢。

沸腾钢浇注时,不加脱氧剂(如硅、铝等),钢液中大量 CO 气体外逸,引起钢液剧烈沸腾,这类钢的特点是钢中硅含量很低,脱氧不完全,致密程度差,杂质偏析严重,冲击韧性和可焊性差,优点是钢的收得率高,生产成本低,广泛应用于一般建筑结构中。镇静钢是浇注时钢液平静地冷却凝固,脱氧较完全,所浇钢锭组织致密、密度均匀、气泡少,质量好,但成本高,一般只用于承受冲击荷载或其他重要结构。半镇静钢介于镇静钢和沸腾钢之间,其质量较好。

三、按用途分类

按用途可把钢分为结构钢、工具钢和特殊性能钢三大类。

结构钢用于制作工程结构及制造机器零件。工程结构用钢包括普通质量的碳素结构钢及普通低合金钢。制造机器零件的钢还可分为渗碳钢、调质钢、弹簧钢及滚动轴承钢等。

工具钢用于制造各种工具。根据用途不同,又可分为刃具钢、模具钢与量具钢。

特殊性能钢是具有特殊的物理、化学及机械性能的钢,如不锈钢、耐热钢、耐酸钢、磁性钢等。

为了满足专门用途的需要,由上述钢类派生出一类专门用途的钢,简称为专门钢。如桥梁用钢、钢轨钢、船用钢、汽车大梁用钢、锅炉用钢、耐候钢等。

四、按冶金质量分类

主要按钢中的有害杂质磷、硫来分类。可分为普通质量钢[$W(P) \leq 0.040\%$,$W(S) \leq 0.040\%$]、优质钢[$W(P) \leq 0.035\%$,$W(S) \leq 0.035\%$]和高级优质钢[$W(P) \leq 0.025\%$,$W(S) \leq 0.025\%$]。

桥梁建筑用钢材、钢筋混凝土用钢筋,就其用途分,均属于结构钢;就其质量属于普通钢;按碳含量分类来说,均属于低碳钢。所以桥梁结构用钢和混凝土用钢筋是属于碳素结构钢或低合金结构钢。

第二节　钢材的技术性能

钢材的技术性能主要包括力学性能和工艺性能两个方面。钢材主要的力学性能有抗拉性能、抗冲击韧性、疲劳强度和硬度。工艺性能则包括冷弯性能和焊接性。而化学成分对钢材的各项技术性能有很重要的影响。

一、力学性能

钢材是土木建筑工程中广泛应用的结构材料,使用中要承受拉力、压力、弯曲、扭曲等各种静力荷载作用,这就要求钢材具有一定的强度及其抵抗有限变形而不破坏的能力;对于承受动力荷载作用的钢材,还要求具有较高的冲击韧性而不致发生疲劳断裂。

(1)抗拉性能

抗拉性能是建筑钢材最重要的技术性质。建筑钢材的抗拉性能可用低碳钢在拉伸试验中的应力-应变曲线来描述,见图6-1。根据曲线的特征,低碳钢在受拉过程中经历了弹性、屈服、强化和颈缩四个阶段,其力学性能可由屈服强度、极限抗拉强度和伸长率等指标来反映。

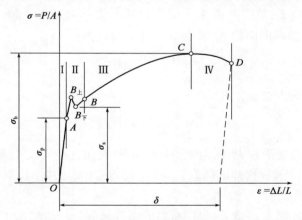

图6-1　低碳钢受拉时的应力-应变曲线

①弹性模量。

在图6-1中曲线上的OA为弹性阶段。该阶段应力与应变成直线关系,随着荷载的增加,应变成比例增加。若卸载,试件可回复原样,称为弹性变形。A点所对应的应力称为弹性极限,用 σ_p 表示。OA 段的应力与应变比值为一常数,称为弹性模量,用 E 表示,即 $E = \sigma/\varepsilon$。弹性模量反映钢材的刚度,即抗弹性变形的能力,是钢材在受力条件下计算结构变形的重要指标。常用低碳钢的弹性模量 $E = (2.0 \sim 2.1) \times 10^5 \text{MPa}, \sigma_p = 180 \sim 200 \text{MPa}$。

②屈服强度。

应力超过 σ_p 后,应变急剧增加,而应力基本保持不变,这种现象称为屈服。如图 6-1 所示的 AB 阶段。在该阶段应力与应变不再成比例变化,应变增加的速度远大于应力增加的速度,若在该阶段卸载,试件的变形将有部分不能恢复,即试件发生了塑性变形。图 6-1 中 $B_{上}$ 点是该阶段的应力最高点,称为屈服上限,$B_{下}$ 点称为屈服下限。一般以 $B_{下}$ 点对应的应力为屈服强度,用 σ_s 表示。钢材受力达到 σ_s 后,变形迅速发展,已经不能满足使用要求,故设计中一般用屈服点作为强度取值的依据。常用低碳钢的 σ_s 为 185 ~ 235MPa。

③抗拉强度。

荷载超过 σ_s 后,因塑性变形使钢材内部的组织结构发生变化,抵抗变形的能力有所增强,σ-ε 曲线出现上升,进入强化阶段。如图 6-1 所示的 BC 阶段。此阶段虽然应力能够增加,表现为承载力提高,但变形速率比应力增加速率大,对应于最高点 C 的应力称为极限抗拉强度,用 σ_b 表示。常用低碳钢的 σ_b 为 375 ~ 500MPa。

钢材的屈强比用式(6-1)表示,它反应钢材的可靠性和利用率。屈强比小,钢材的可靠性大,结构安全。然而屈强比过小会导致钢材利用率低。

$$n = \frac{\sigma_s}{\sigma_b} \tag{6-1}$$

④伸长率和截面收缩率。

应力超过 σ_b 后,试件的变形仍继续增大,而应力反而下降,σ-ε 曲线出现下降。如图 6-1 所示的 CD 阶段。此时,试件某段的截面面积逐渐减少,出现颈缩现象,直至 D 点试件断裂。

钢材在外力作用下发生塑性变形而不破坏的性能,称为塑性。塑性通常用拉伸试验中的伸长率 δ 和截面收缩率 ψ 表示。

试件初始标距长度 l_0,截面面积 A_0。试件拉断后将其对接在一起,测量拉断后的标距长度 l_1 和断口处的最小横截面面积 A_1,则伸长率计算公式为:

$$\delta = \frac{l_1 - l_0}{l_0} \times 100\% \tag{6-2}$$

截面收缩率的计算公式为:

$$\psi = \frac{A_0 - A_1}{A_0} \times 100\% \tag{6-3}$$

钢材拉伸时颈缩处变形较大,因而初始标距 l_0 与截面直径 d_0 之比越大,则计算所得的伸长率 δ 也就越小。通常钢材拉伸试件取 $l_0 = 5d_0$ 或 $l_0 = 10d_0$,其伸长率分别以 δ_5 和 δ_{10} 表示。对同一钢材,δ_5 大于 δ_{10}。

伸长率 δ 和截面收缩率 ψ 越大,说明材料的塑性越好。尽管结构中的钢材是在弹性范围内使用,但应力集中处,其应力可能超过屈服点,此时塑性变形可以使结构中应力重新分布,从而避免结构破坏。常用低碳钢的伸长率 $\delta = 20\% \sim 30\%$,截面收缩率 $\psi = 60\% \sim 70\%$。

中碳钢和高碳钢(硬钢)拉伸试验的 σ-ε 曲线如图 6-2 所示,与低碳钢(软钢)相比有明显不同,其特点是没有明显的屈服阶段,应力随应变持续增加,直至断裂。一般取残余应变为

0.2%时的应力作为高碳钢的名义屈服强度。

(2) 冲击韧性

冲击韧性是钢材抵抗冲击荷载作用的能力。钢材的冲击韧性 α_k(单位:J/cm^2)是用标准试件(中部加工成 V 或 U 形缺口),见图 6-3,在试验机的一次摆锤冲击下,以破坏后缺口处单位面积上所消耗的功来表示,即

$$\alpha_k = \frac{W}{A} \tag{6-4}$$

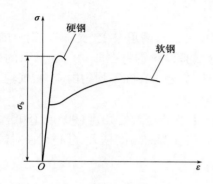

图 6-2 中碳钢和高碳钢受拉时的应力-应变曲线

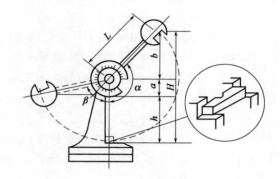

图 6-3 冲击韧性试验示意图

冲击韧性 α_k 值越大,钢材的冲击韧性越好。钢材的化学成分、冶炼方式、加工工艺和环境温度对其冲击韧性都有明显影响,如钢材中的磷、硫元素含量较高,或存在偏析、非金属夹杂物,以及焊接形成的微裂纹,都会导致冲击韧性显著降低。随温度下降,钢材的冲击韧性显著下降而表现出脆性的现象称为钢材的冷脆性。冲击韧性显著降低时的温度为脆性转变温度。脆性转变温度越低说明钢材的低温冲击韧性越好。

钢材的冲击韧性全面反映钢材的品质,对于直接承受荷载而且可能在负温下工作的重要结构,必须进行冲击韧性试验。

(3) 耐疲劳性

钢材在交变荷载反复作用下,往往在远小于其抗拉强度时发生突然破坏,此现象称为疲劳破坏。实验证明,钢材承受的交变应力越大,则断裂时所经受的交变应力循环次数越少,反之则多。当交变应力下降至一定值时,钢材可以经受交变应力无数次循环而不发生疲劳破坏。

疲劳破坏的危险应力用疲劳强度表示。疲劳强度是指钢材在交变荷载作用下于规定的周期基数内不发生疲劳破坏所能承受的最大应力。通常取交变应力循环次数 $N=10^7$ 时试件不发生破坏的最大应力作为疲劳强度。

钢材疲劳强度与其内部组织状态、成分偏析、杂质含量及各种缺陷有关,钢材表面光洁程度和受腐蚀等都会影响疲劳强度。一般钢材的抗拉强度高,耐疲劳强度也较高。

在设计承受交变荷载且需进行疲劳验算的结构时,应当了解所用钢材的疲劳强度。

(4) 硬度

硬度表示钢材表面局部体积抵抗变形或破坏的能力,是衡量钢材软硬程度的一个指标。硬度测定是将硬物压入钢材表面,根据压力大小及产生的压痕面积或深度来评价的。建筑钢材常用布氏法和洛氏法测定,相应的指标称为布氏硬度和洛氏硬度。

布氏硬度试验是用一定的荷载将一定直径的硬质合金或淬火钢球压入试件表面,持续至规定时间卸载,测定试件表面上的压痕直径 $d(\text{mm})$,根据计算或查表确定单位面积上所承受的平均应力值,其值作为布氏硬度值 HB。

二、工艺性能

建筑钢材在使用前,需要根据实际情况进行多种形式的加工,良好的工艺性能可以满足施工工艺的要求。冷弯性能和焊接性能是建筑钢材重要的工艺性能。

(1)冷弯性能

冷弯性能是指钢材在常温下承受弯曲变形的能力,是钢材的重要工艺性能。钢材的单轴拉伸试验的伸长率反映钢材的均匀变形性能,而冷弯试验检验钢材在非均匀变形下的性能。因此,冷弯性能更好地反映钢材内部组织结构的均匀性,如是否存在不均匀内应力、气泡、偏析和夹杂等缺陷。

冷弯性能是将钢材试件(圆形或板形)置于冷弯机上弯曲至规定角度(90°或180°),观察其弯曲部位是否有裂纹、起层或断裂现象,如无,则为合格。弯曲角度越大,弯心直径对试件厚度(直径)比值越小,则表示钢材的冷弯性能越好。

(2)焊接性能

焊接是钢结构的主要连接方式,土木工程中的钢结构有 90% 以上为焊接结构。焊接质量主要取决于钢材的可焊接性能、焊接材料性能和焊接工艺。

钢材的焊接性能是指在一定的焊接工艺条件下,在焊缝及其附近过热区不产生裂纹及硬脆倾向,焊接后钢材的力学性能,尤其是强度不得低于原有钢材的强度。

三、化学成分对钢材技术性能的影响

除铁、碳外,钢材在冶炼过程中还会从原料、燃料和添加料中获取其他化学成分。这些成分可分为两类:一类是优化钢材性能的合金元素,如硅、锰、钛等;另一类是劣化钢材性能的有害杂质元素,如硫、磷、氧、氮、氢等。为了保证钢材质量,国家标准对各种钢材的化学成分都有规定,尤其对有害杂质控制极严。

(1)碳的影响

碳是影响钢材性能的主要元素。随含碳量升高,钢材的强度和硬度相应提高,但塑性和韧性相应降低。当含碳量超过 1.0% 时,钢材的强度反而下降。此外,随着含碳量的增加,钢材的焊接性能变差(含碳量大于 0.3% 的钢材,可焊性显著下降),冷脆性和时效敏感性增大,耐大气锈蚀性下降。一般工程所用碳素钢均为低碳钢,即含碳量小于 0.25%;工程所用低合金钢,其含碳量小于 0.52%。含碳量对碳素钢性能的影响见图 6-4。

(2)硅的影响

硅是钢材中的主加合金元素。少量的硅可以提高钢材的强度和硬度,且对塑性和韧性影响不大。但硅含量增大(> 1.0%),将显著降低钢材的塑性和韧性,增大冷脆性,可焊性变差。

(3)锰的影响

锰可以明显提高钢材的强度和硬度,还能与钢中的硫结合成 MnS 入渣排出,起到去硫作用。但锰含量过高,同样降低钢材的塑性、韧性和可焊性。一般锰含量在 0.25% ~ 0.80% 之间。

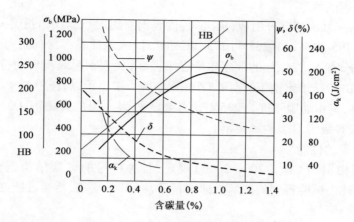

图 6-4 含碳量对碳素钢性能的影响
σ_b-抗拉强度;α_k-冲击韧性;δ-伸长率;ψ-断面收缩率;HB-硬度

(4) 钛的影响

钛是强脱氧剂,能显著提高钢材的强度和韧性,是钢材中常用的合金元素。

(5) 硫的影响

硫是钢中的有害杂质,大多以 FeS 形式存在于钢材中,这是一种强度低且脆的夹杂物,受力容易引起应力集中,降低钢的强度和疲劳强度。此外,硫还对钢材的热加工和焊接不利。应严格控制其含量,一般不应超过 0.065%。

(6) 磷、氮的影响

磷是钢中的有害杂质,虽可增加钢材的强度和耐腐蚀性,但却显著增大钢的冷脆性,并降低可焊性,应严格控制其含量,一般不超过 0.085%。氮对钢性能的影响与磷相近,其含量应控制不超过 0.008%。

(7) 氧的影响

多数以 FeO 形式存在,使钢的塑性、韧性和疲劳强度显著降低,并增大时效敏感性。

(8) 氢的影响

氢以原子状态存在于钢中,能显著降低钢的塑性、韧性,使钢变脆,这种现象称为氢脆。当以分子状态存在时,其高压将在钢中造成微裂纹,形成所谓白点,引起钢材脆断。因此,应严格控制其含量。

第三节 路桥结构工程常用建筑钢材的技术要求

一、钢结构用钢材

1. 碳素结构钢

碳素结构钢是建筑用钢最常用的钢种之一,适用于一般结构工程中,可以加工成各种型钢、钢筋和钢丝。现行国家标准是《碳素结构钢》(GB/T 700—2006)。

(1) 碳素结构钢的牌号

碳素结构钢的牌号由四部分组成,依次为:代表钢材屈服点的汉语拼音 Q;表示钢材屈服点的数字,分别为 195、215、235、255 和 275,以 MPa 计;表示质量等级的符号,按钢材中硫、磷含量由大到小划分,随 A、B、C、D 的顺序质量逐级提高;代表钢脱氧程度的符号,沸腾钢 F、镇定钢 Z、半镇定钢 b、特殊镇定钢 TZ(Z 和 TZ 在钢的牌号中可予以省略)。

例如 Q235-AF,表示屈服强度为 235MPa、质量等级为 A 级的沸腾钢;Q215-C,表示屈服强度为 215MPa、质量等级为 C 级的镇定钢。

(2) 碳素结构钢的性能

根据《碳素结构钢》(GB/T 700—2006)规定,各种牌号的碳素结构钢化学成分要求见表 6-1,拉伸试验、冲击试验得到的技术指标应满足表 6-2 的要求,冷弯性能必须符合表 6-3 的规定。

碳素结构钢的化学成分(GB/T 700—2006) 表 6-1

牌号	统一数字代号[①]	等级	厚度(或直径)(mm)	脱氧方法	化学成分(质量分数)(%) ≤				
					C	Si	Mn	P	S
Q195	U11952	—	—	F、Z	0.12	0.30	0.50	0.035	0.040
Q215	U12152	A		F、Z	0.15	0.35	1.20	0.045	0.050
	U12155	B							0.045
Q235	U12352	A		F、Z	0.22	0.35	1.40	0.045	0.050
	U12355	B			0.20[②]				0.045
	U12358	C	—	Z	0.17			0.040	0.040
	U12359	D		TZ				0.035	0.035
Q275	U12752	A	—	F、Z	0.24	0.35	1.50	0.045	0.050
	U12755	B	≤40	Z	0.21			0.045	0.045
			>40		0.22				
	U12758	C		Z	0.20			0.040	0.040
	U12759	D		TZ				0.035	0.035

注:①表中为镇静钢、特殊镇静钢牌号的统一数字,沸腾钢牌号的统一数字代号如下:
　　Q195F——U11 950;
　　Q215AF——U12150,Q215BF——U12153;
　　Q235AF——U12350,Q235BF——U12353;
　　Q275AF——U12750。
②经需方同意,Q235B 的碳含量可不大于 0.22%。

碳素结构钢的力学性能(GB/T 700—2006) 表 6-2

牌号	等级	屈服强度[①] R_{eH}(N/mm²) ≥						抗拉强度[②] R_m(N/mm²)	断后伸长率 A(%) ≥					冲击试验(V 形缺口)	
		厚度(或直径)(mm)							厚度(或直径)(mm)					温度(℃)	冲击吸收功(纵向)(J)
		≤16	>16~40	>40~60	>60~100	>100~150	>150~200		≤40	>40~60	>60~100	>100~150	>150~200		
Q195	—	195	185	—	—	—	—	315~430	33	—	—	—	—		

248

续上表

牌号	等级	屈服强度① R_{eH}(N/mm²) ≥						抗拉强度② R_m(N/mm²)	断后伸长率 A(%) ≥						冲击试验（V形缺口）	
		厚度（或直径）(mm)							厚度（或直径）(mm)						温度（℃）	冲击吸收功（纵向）(J) ≥
		≤16	>16~40	>40~60	>60~100	>100~150	>150~200		≤40	>40~60	>60~100	>100~150	>150~200			
Q215	A	215	205	195	185	175	165	335~450	31	30	29	27	26		—	—
	B														+20	27
Q235	A	235	225	215	215	195	185	370~500	26	25	24	22	21		—	—
	B														+20	27③
	C														0	
	D														−20	
Q275	A	275	265	255	245	225	215	410~540	22	21	20	18	17		—	—
	B														+20	27
	C														0	
	D														−20	

注：①Q195的屈服强度值仅供参考，不作交货条件。
②厚度大于100mm的钢材，抗拉强度下限允许降低20N/mm²。宽带钢（包括剪切钢板）抗拉强度上限不作交货条件。
③厚度小于25mm的Q235B级钢材，如供方能保证冲击吸收功值合格，经需方同意，可不做检验。

碳素结构钢冷弯试验指标（GB/T 700—2006）　　　　表6-3

牌号	试样方向	冷弯试验180°，$B=2a$①	
		钢材厚度（或直径）②(mm)	
		≤60	>60~100
		弯心直径 d	
Q195	纵	0	—
	横	0.5a	—
Q215	纵	0.5a	1.5a
	横	a	2a
Q235	纵	a	2a
	横	1.5a	2.5a
Q275	纵	1.5a	2.5a
	横	2a	3a

注：①B为试样宽度，a为试样厚度（或直径）。
②钢材厚度（或直径）大于100mm时，弯曲试验由双方协商确定。

　　从表6-1中可以看出随着钢号的增加，其含碳、含锰量增加，强度和硬度逐步提高，但伸长率和冷弯性能则下降。特殊镇定钢优于镇定钢，镇定钢优于半镇定钢，更优于沸腾钢。同一钢号的质量等级越高,其硫、磷含量越低,钢材质量越好。碳素结构钢的选用主要根据以下原则:以冶炼方法和脱氧程度来区分钢材品质,选用时根据结构的工作条件、承受的荷载类型、受荷方式、连接方式等综合考虑来选择钢号和材质。

(3)碳素结构钢的应用

由于碳素结构钢性能稳定、易加工、成本低,因此,在土木工程中广泛使用。

Q235 具有较高强度,良好的塑性、韧性及可焊接性,综合性能好,故能满足一般钢结构和钢筋混凝土结构的用钢要求。Q235A 一般仅适用于只承受静荷载作用的钢结构;Q235B 和 Q235C 分别适用于承受动荷载焊接的普通钢结构和重要钢结构;Q235D 则适用于低温环境下承受动荷载焊接的重要钢结构。

Q195、Q215 强度低,塑韧性好,具有良好的可焊性,易于冷加工,常用作钢钉、铆钉、螺栓及钢丝等。

Q255、Q275 强度高,但塑韧性和可焊接性差,可用于轧制钢筋、制作螺栓配件等,更多用于机械零件和工具。

2. 桥梁用结构钢

桥梁用结构钢是桥梁建筑的专用钢,在牌号后面加注一个 q 以示区别。根据《桥梁用结构钢》(GB/T 714—2015)的规定,其牌号为 Q345q、Q370q、Q420q、Q460q、Q500q、Q550q、Q620q 和 Q690q,质量等级分别为 C、D、E、F 级。该标准还规定了桥梁结构钢的尺寸、外形、质量和允许偏差、技术要求、试验方法、检测规则及质量证明书等。

用于桥梁建筑的钢材,根据工程使用条件和特点,这类钢材应具有下列技术要求。

(1)良好的综合力学性能。桥梁结构在使用中承受复杂的交通荷载,同时在无遮盖的条件下还要经受大气条件的严酷环境考验,为此必须具有良好的综合力学性能,即除具有较高的屈服点与抗拉强度外,还应具有良好的塑性、冷弯性能、抗冲击韧性和抵抗振动应力的疲劳强度,以及低温(-40℃)时的冲击韧性。

(2)良好的焊接性。由于近代焊接技术的发展,桥梁钢结构趋向于采用焊接结构代替铆接结构,以加快施工速度和节约钢材。桥梁在焊接后不易整体热处理,因此要求钢材具有良好的焊接性,亦即焊接的连接部分应强而韧,并应不低于或略低于焊件本身,以防止产生硬化脆裂和内应力过大等现象。

(3)良好的抗蚀性。桥梁长期暴露于大气中,所以要求桥梁用钢具有良好的抵抗大气因素腐蚀的性能。

为改善桥梁用钢材的性能,可以加入钒、铌、钛、氮等微量元素,其含量应符合表6-4 和表6-5 的要求。力学性能与工艺性能应满足表 6-6 的要求。

热轧或正火钢化学成分(GB/T 714—2015)　　　　　表6-4

牌号	质量等级	化学成分(质量分数)(%)										
		C	Si	Mn	Nb	V	Ti	Al	Cr	Ni	Cu	N
		≤							≤			
Q345q	C	0.18	0.55	0.90~1.60	0.005~	0.010~	0.006~	0.010~	0.30	0.30	0.30	0.008 0
Q370q	D			1.00~1.60	0.060	0.080	0.030	0.045				
	E											

热机械轧制钢化学成分(GB/T 714—2008)　　　　表6-5

牌号	质量等级	化学成分(质量分数)(%)										
		C ≤	Si	Mn	Nb	V	Ti	Al	Cr ≤	Ni	Cu	Mo	N
Q345q	C D E	0.14	0.55	0.90~1.60	0.010~0.090	0.010~0.080	0.006~0.030	0.010~0.045	0.30	0.30	0.30		0.0080
Q370q	D E			1.00~1.60					0.30	0.30			
Q420q	D	0.11		1.00~1.70					0.50	0.30		0.20	
Q460q	E											0.25	
Q500q	F								0.80	0.70		0.30	

注:当采用全铝(Alt)含量(质量分数)计算钢中铝含量时,全铝含量应为0.015%~0.050%。

桥梁结构钢的力学性能与工艺性能要求(GB/T 714—2015)　　　　表6-6

牌号	质量等级	拉伸试验					冲击试验	
		下屈服强度 R_{el}(MPa)			抗拉强度 R_m(MPa)	断后伸长率 A(%)	温度(℃)	冲击吸收能量 KV_2(J)
		厚度≤50mm	50mm<厚度≤100mm	100mm<厚度≤150mm				
		≥						≥
Q345q	C	345	335	305	490	20	0	120
	D						−20	
	E						−40	
Q370q	C	370	360	—	510	20	0	120
	D						−20	
	E						−40	
Q420q	D	420	410	—	540	19	−20	120
	E						−40	
	F						−60	47
Q460q	D	460	450	—	570	18	−20	120
	E						−40	
	F						−60	47
Q500q	D	500	480	—	630	18	−20	120
	E						−40	
	F						−60	47
Q550q	D	550	530	—	660	16	−20	120
	E						−40	
	F						−60	47

续上表

牌号	质量等级	拉伸试验					冲击试验	
		下屈服强度 R_{el}(MPa)			抗拉强度 R_m(MPa)	断后伸长率 A(%)	温度(℃)	冲击吸收能量 KV_2(J)
		厚度 ≤50mm	50mm<厚度 ≤100mm	100mm<厚度 ≤150mm				
		≥						≥
Q620q	D	620	580		720	15	−20	120
	E						−40	
	F						−60	47
Q690q	D	690	650	—	770	14	−20	120
	E						−40	
	F						−60	47

Q345q、Q370q、Q420q、Q460q 和 Q500q 是低合金钢,不仅强度较高,而且塑性、韧性和可焊性等都较好,目前应用广泛,特别是 Q345q 已经成为我国建造钢梁主体结构的基本钢材。

3. 低合金高强度结构钢

低合金结构钢是在碳素结构钢的基础上加入小于总量5%的一种或几种合金元素形成的结构钢。常用的合金元素主要有锰(Mn)、硅(Si)、钒(V)、钛(Ti)等。加入合金元素不仅可以提高钢材的强度和硬度,还能改善其塑性和韧性。低合金高强度结构钢是脱氧完全的镇定钢。

根据国家标准《低合金高强度结构钢》(GB/T 1591—2008)规定,钢的牌号由屈服点字母 Q、屈服点数值、质量等级(A、B、C、D)三个部分按顺序组成。如 Q390A 表示屈服强度 390MPa 的 A 级低合金高强度结构钢。

低合金高强度结构钢的力学性能要满足表 6-7 的要求。

低合金高强度结构钢的力学性能(GB/T 1591—2008)　　　表 6-7

牌号	等级	屈服点 σ_s(MPa)								
		厚度(直径或边长)(mm)								
		≤16	>16~40	>40~63	>63~80	>80~100	>100~150	>150~200	>200~250	>250~400
Q345	A B C D E	≥345	≥335	≥325	≥315	≥305	≥285	≥275	≥265	— ≥265
Q390	A B C D E	≥390	≥370	≥350	≥330	≥330	≥310	—		
Q420	A B C D E	≥420	≥400	≥380	≥360	≥360	≥340	—		

续上表

牌号	等级	屈服点 σ_s (MPa)							
		厚度(直径或边长)(mm)							
		≤16	>16~40	>40~63	>63~80	>80~100	>100~150	>150~200	>200~250	>250~400
Q460	C D E	≥460	≥440	≥420	≥400	≥400	≥380	—	—	—

相比碳素结构钢,低合金高强度结构钢强度高,还有良好的塑性和韧性,综合性能好,在相同使用条件下,可比碳素结构钢节省用钢20%~30%,对减轻结构自重有利,且耐磨性、耐腐蚀性、耐低温性等均较良好。

低合金结构钢主要用于轧制各种型钢、钢板、钢管和钢筋,广泛应用于钢结构和钢筋混凝土中。由于可以降低结构自重,特别适用于高层建筑、大型结构及桥梁工程。

二、钢筋混凝土结构用钢筋和钢丝

钢筋混凝土结构用钢筋和钢丝是用碳素结构钢或低合金结构钢经加工而成的。目前主要有钢筋混凝土用热轧钢筋、冷拔钢筋及冷轧带肋钢筋,预应力混凝土用热处理钢筋、钢丝和钢绞线。

1. 热轧钢筋

热轧钢筋是一种条形钢材,由碳素结构钢或低合金结构钢加工而成。按其表面形状不同分为光圆钢筋和带肋钢筋两类。钢筋的公称尺寸是与其公称截面积相等的圆的直径。

热轧光圆钢筋由碳素结构钢轧制,横截面为圆形,表面光滑,推荐的公称直径有6mm、8mm、10mm、12mm、16mm、20mm六种。牌号为HPB235,相当于《钢筋混凝土用钢 第1部分:热轧光圆钢筋》(GB 1499.1—2008)中牌号Q235的热轧光圆钢筋,见表6-8。

热轧钢筋的力学性能和工艺性能　　　　表6-8

牌号	原牌号	公称直径 a (mm)	屈服强度 σ (或 $\sigma_{0.2}$)(MPa)	抗拉强度 σ_b (MPa)	伸长率 δ_5 (%)	180°弯曲试验 d [d-弯心直径; a-试件厚度(直径)]
HPB235	Q235	6~20	235	370	25	$d = a$
HPB300	Q300	6~20	300	420		$d = a$
HRB335 HRBF335	20MnSi	6~25 28~40 >40~50	335	455	17	$d = 3a$ $d = 4a$ $d = 5a$
HRB400 HRBF400	20MnSiV 20MnSiNb 20MnTi	6~25 28~40 >40~50	400	540	16	$d = 4a$ $d = 5a$ $d = 6a$
HRB500 HRBF500	—	6~25 28~40 >40~50	500	630	15	$d = 6a$ $d = 7a$ $d = 8a$

热轧带肋钢筋是采用低合金钢轧制,其表面带有两条纵肋和沿长度方向均匀分布的横肋。纵肋是平行于钢筋轴线的均匀连续肋,横肋为与纵肋不平行的其他肋;月牙肋钢筋是指横肋的纵截面呈月牙形,且与纵肋不相交的钢筋。

按照《钢筋混凝土用钢 第2部分:热轧带肋钢筋》(GB 1499.2—2007)的规定,热轧带肋钢筋分为普通热轧钢筋和细晶粒热轧钢筋,钢筋牌号分别对应HRB335、HRB400、HRB500和HRBF335、HRBF400、HRBF500,见表6-8。

HPB235级热轧光圆钢筋的强度较低,但塑性及焊接性能较好,主要用作非预应力混凝土的受力筋或构造筋;由于便于各种冷加工,可用作冷拉钢筋或冷拔钢丝的原材料。HRB335和HRB400的强度、塑性及焊接的综合性能较好,且其表面月牙肋增强了与混凝土间的结合力,可用于大、中型如桥梁、水坝等钢筋混凝土构件的主筋,经冷拉后也可作为预应力钢筋。目前,提倡用HRB400级钢筋作为我国钢筋混凝土结构的主力钢筋。HRB500钢筋强度高,但塑性和焊接性能较差,多用于预应力钢筋。

2. 冷轧带肋钢筋

冷轧带肋钢筋是热轧圆盘条经冷轧或冷拔减径后,在其表面带有沿长度方向均匀分布的三面或二面横肋的钢筋。按照《冷轧带肋钢筋》(GB 13788—2008)中的规定,冷轧带肋钢筋的牌号由CRB和钢筋的抗拉强度最小值构成,分为CRB550、CRB650、CRB800、CRB970四个牌号,其中,CRB550用于普通钢筋混凝土,其他牌号钢筋则用于预应力钢筋混凝土。各牌号钢筋的力学和工艺性能应符合表6-9的规定。

冷轧带肋钢筋的力学性能和工艺性能(GB 13788—2008)　　　表6-9

牌号	抗拉强度 σ_b (MPa) ≥	伸长率(%)		180°弯曲试验 D	反复弯曲次数	松弛率初始应力 $\sigma_{con}=0.7\sigma_b$ 1 000h(%) ≤
		δ_{10}	δ_{100}			
CRB500	550	8.0		$D=3d$		—
CRB650	650	—	4.0		3	8
CRB800	800	—	4.0		3	8
CRB970	970	—	4.0		3	8

注:D为弯心直径;d为钢筋公称直径。

3. 预应力混凝土用钢丝和钢绞线

预应力混凝土用钢丝为高强度钢丝,使用优质碳素结构钢经过冷拔或再经回火等工艺处理制成。根据《预应力混凝土用钢丝》(GB/T 5223—2014),该种钢丝按加工状态分为冷拉钢丝(代号WCD)和消除应力钢丝两类;消除应力钢丝按松弛性能又分为低松弛级钢丝(代号WLR)和普通松弛级钢丝(代号WNR)。钢丝按外形可分为光圆(P)、螺旋肋(H)、刻痕(I)三种。

经低温回火消除应力后钢丝的塑性比冷拉钢丝要高,刻痕钢丝是经压痕轧制而成,刻痕后与混凝土握裹力大,可减少混凝土上裂缝。上述钢丝力学性能应符合表6-10、表6-11的规定。

按《预应力混凝土用钢丝》(GB/T 5223—2014)标准交货的钢丝产品标记应包含下列内容:预应力钢丝;公称直径;抗拉强度等级;加工状态代号;外形代号;标准号。例如,直径为7.00mm,抗拉强度为1 570MPa 低松弛的螺旋肋钢丝,其标记为:预应力钢丝 7.00—1 570—WLR—H—GB/T 5223—2014。

压力管道用冷拉钢丝的力学性能(GB/T 5223—2014)　　　　表6-10

公称直径 d_n(mm)	公称抗拉强度 R_m(MPa)	最大力的特征值 F_m(kN)	最大力的最大值 $F_{m,max}$(kN)	0.2%屈服力 $F_{p0.2}$(kN)	断面收缩率 Z(%)	氢脆敏感性能负载为70%最大力时,断裂时间 t(h)≥	应力松弛性能为最大力70%时,1 000h应力松弛率 r(%)≤
4.00	1 470	18.48	20.99	13.86	35	75	7.5
5.00		28.86	32.79	21.65	35		
6.00		41.56	47.21	31.17	30		
7.00		56.57	64.27	42.42	30		
8.00		73.88	83.93	55.41	30		
4.00	1 570	19.73	22.24	14.80	35		
5.00		30.82	34.75	23.11	35		
6.00		44.38	50.03	33.29	30		
7.00		60.41	68.11	45.31	30		
8.00		78.91	88.96	59.18	30		
4.00	1 670	20.99	23.50	15.74	35		
5.00		32.78	36.71	24.59	35		
6.00		47.21	52.86	35.41	30		
7.00		64.26	71.96	48.20	30		
8.00		83.93	93.99	62.95	30		
4.00	1 770	22.25	24.76	16.69	35		
5.00		34.75	38.68	26.06	35		
6.00		50.04	55.69	37.53	30		
7.00		68.11	75.81	51.08	30		

消除应力光圆及螺旋肋钢丝的力学性能(GB/T 5223—2014)　　　表6-11

公称直径 d_n(mm)	公称抗拉强度 R_m(MPa)	0.2%屈服力 $F_{p0.2}$(kN)	最大力总伸长率 (L_0=200mm) Z(%)	反复弯曲性能 弯曲次数(次/180°)	反复弯曲性能 弯曲半径 R(mm)	应力松弛性能 初始力相当于实际最大力的百分数(%)	应力松弛性能 1 000h 应力松弛率 r(%)≤
4.00		16.22		3	10		
4.80		23.35		4	15		
5.00		25.32		4	15		
6.00		36.47		4	15		
6.25		39.58		4	20		
7.00		49.64		4	20		
7.50	1 470	56.99		4	20	70	2.5
8.00		64.84		4	20		
9.00		82.07		4	25		
9.50		91.44		4	25		
10.00		101.32		4	25		
11.00		122.59		—	—		
12.00		145.90	3.5	—	—		
4.00		17.37		3	10		
4.80		25.00		4	15		
5.00		27.12		4	15		
6.00		39.06		4	15		
6.25		42.39		4	20		
7.00		53.16		4	20		
7.50	1 570	61.04		4	20	80	4.5
8.00		69.44		4	20		
9.00		87.89		4	25		
9.50		97.93		4	25		
10.00		108.51		4	25		
11.00		131.30		—	—		
12.00		156.26		—	—		

预应力混凝土用钢绞线由 2 根、3 根或 7 根高强碳素钢丝经绞捻后消除内应力而制成。根据《预应力混凝土用钢绞线》(GB/T 5224—2014),钢绞线按结构分为 8 类。其代号见表 6-12。

钢绞线的按结构的分类表(GB/T 5224—2014)　　　　　　表 6-12

代　号	钢绞线的结构
1×2	用 2 根钢丝捻制的钢绞线
1×3	用 3 根钢丝捻制的钢绞线
1×3I	用 3 根刻痕钢丝捻制的钢绞线
1×7	用 7 根钢丝捻制的标准型钢绞线
1×7I	用 6 根刻痕钢丝和 1 根光圆中心钢丝捻制的钢绞线
(1×7)C	用 7 根钢丝捻制又经模拔的钢绞线
1×19S	用 19 根钢丝捻制的 1+9+9 西鲁式钢绞线
1×19W	用 19 根钢丝捻制的 1+6+6/6 瓦林吞式钢绞线

预应力混凝土钢丝与钢绞线具有强度高、柔性好、无接头等优点,且质量稳定,安全可靠,施工时不需冷拉及焊接,主要用作大跨度桥梁、屋架、吊车梁、电杆、轨枕等预应力钢筋混凝土结构。

4. 预应力混凝土用钢棒

预应力混凝土用钢棒是低合金钢热轧盘条经冷加工后(或不经冷加工)淬火和回火所得。预应力混凝土用钢棒按表面形状分为光圆钢棒、螺旋槽钢棒、螺旋肋钢棒、带肋钢棒四种,代号为 PCB。根据《预应力混凝土用钢棒》(GB/T 5223.3—2005)的规定,预应力混凝土用钢棒原材有害杂质含量低,如 P、S 各不大于 0.025,其力学性能的要求为抗拉强度 R_m 分别不小于 1 080MPa、1 230MPa、1 420MPa、1 570MPa,非比例延伸强度 $R_{p0.2}$ 分别不小于 930MPa、1 080MPa、1 280MPa、1 420MPa。

预应力混凝土用钢棒不允许点焊接头,同时预应力混凝土用钢棒要做 1 000h 松弛试验、断后伸长率标距长度为钢棒公称直径 8 倍、最大力伸长率标距长 200mm。

5. 预应力混凝土用冷拉钢筋

冷拉钢筋是将热轧钢筋经冷拉后而成,其目的是提高钢筋的强度及节约钢筋,一般由施工单位在现场进行。当采用冷拉法调直钢筋时,HPB235 级钢筋的冷拉率不宜大于 4%;HRB335、HRB400 级钢筋的冷拉率不宜大于 1%。由于冷拉钢筋的塑性、韧性较差,易发生脆断,因此,冷拉钢筋不宜用于负温及受冲击荷载或动力荷载作用的结构。

冷加工钢筋(冷拉、冷轧、冷拔、冷压)由于其产品的延性受损较大,应谨慎使用,在物质匮乏的时代,冷加工方法是提高钢材强度节约钢材的权宜之计,随着我国钢铁工业生产技术水平和生产能力的提高,热轧钢筋的产量足以满足市场的需要,因此在最新的《混凝土结构设计规范》(GB 50010—2010)(2015 版)中未将冷加工钢筋产品列入正规的设计规范,推荐使用的钢筋种类是 HRB400、HRB335 和预应力钢绞线、钢丝。

第四节　钢材的腐蚀与防腐

我国每年因钢材腐蚀而损失大量的钢材。不仅如此,腐蚀还会使钢材的强度降低、塑性减小、时效性变差等,对钢材的性能产生不利影响。尤其在钢结构中,腐蚀会使建筑物的寿命缩短,甚至发生事故。因此,钢材的防腐尤为重要。

一、钢材的腐蚀

钢材的腐蚀是指钢材表面与周围介质发生化学作用而引起的破坏。钢材的腐蚀普遍存在,如大气中的生锈、酸雨的侵蚀等。腐蚀不仅使钢材的有效受力截面面积减小,而且还会形成局部锈坑,加剧腐蚀的速度,引起应力集中,大幅度降低钢材强度和韧性等。根据腐蚀作用的原理,腐蚀分为化学腐蚀和电化学腐蚀。

二、路桥用钢材的防腐

钢材的腐蚀既有内部因素的作用,又有外部介质的影响,防止钢材的腐蚀可从改变钢材的材质、隔离外部介质和改变钢材表面的电化学性能三方面着手。具体措施有采用耐候钢、给钢材添加涂层,混凝土结构中钢材的防腐也是钢材防腐重点之一。

1. 采用耐候钢

耐候钢是在碳素钢和低合金钢中添加少量铜、铬、镍等合金元素制成的。这种钢在大气作用下可在表面形成一种致密的保护层,起到防腐作用,同时保持良好的力学性能和工艺性能。耐候钢的牌号、化学成分、力学性能等指标可参见国家标准《焊接结构用耐候钢》(GB/T 4172—2008)。

2. 涂层防腐

涂层可分为两种:一种是金属涂层,另一种是非金属涂层。

(1)金属涂层

用耐候性好的金属,以电镀或喷镀的方法覆盖在钢材表面,提高钢材的防腐性能。常用的金属有铜、锌、锡、铬、镍等。

(2)非金属涂层

在钢材表面做非金属涂层,使钢材与外部环境隔离,从而起到防腐作用。常用的非金属涂层用材料有涂料、搪瓷、塑料。在路桥工程实际中,常用的是涂料防腐,常用的涂料有油漆、聚氨酯、聚脲等。

3. 混凝土结构中钢材的防腐

混凝土中的氯盐外加剂和空气会造成钢筋的锈蚀,引起钢筋混凝土结构的整体性能下降。为了防止钢筋锈蚀,应保证钢筋外层的混凝土的密实度和厚度,减少钢筋与空气的接触,限制氯盐外加剂的掺量并使用防锈剂。另外,在不影响钢筋使用的情况下也可在钢筋表面进行涂层防护,如镀锌、涂覆环氧树脂等。

【本章小结】

建筑钢材主要用于钢结构、钢筋混凝土和预应力钢筋混凝土结构中，最主要的技术性质是抗拉性能、冲击韧性、耐疲劳性能和冷弯性能。

建筑用钢材包括：钢结构用钢材和混凝土结构用钢筋及钢丝。主要钢种有：碳素结构钢、优质碳素结构钢、低合金高强度结构钢、桥梁结构钢。钢结构用钢材主要有：热轧型钢、冷弯薄壁型钢、热(冷)轧钢板和钢管。钢筋混凝土结构和预应力混凝土结构用钢筋及钢丝有：热轧钢筋、冷轧钢筋、热处理钢筋、钢丝和钢绞线等。其中热轧钢筋是最主要的品种。

钢材的腐蚀是钢材表面与周围介质发生化学作用而引起的破坏。改变钢材的材质、隔离外部介质和改变钢材表面的电化学性能等措施均可使钢材防腐。

【复习思考题】

6-1 根据哪些主要指标评价建筑钢材的技术性质？

6-2 弹性模量、屈服比的含义是什么？它们反映钢材的什么性能？

6-3 含碳量对钢材的力学性能有什么影响？锰、硅、硫、磷元素对钢材的性能有什么影响？

6-4 碳素结构钢的牌号如何表示？为什么 Q235 号钢被广泛用于土木工程中？

6-5 钢筋混凝土结构用的热轧钢筋和冷轧钢筋有几种牌号？适宜何种用途？

6-6 钢材的腐蚀分为哪几种？如何预防钢筋的腐蚀？

第七章 无机结合料稳定材料

【本章提要】

本章主要介绍无机结合料稳定材料的性能特点、混合料组成设计方法、强度形成机理及影响强度的因素。

无机结合料稳定材料是指在各种粉碎或原来松散的土或矿质碎(砾)石或工业废渣中,掺入一定数量的无机结合料(如石灰,水泥)及水,经拌和得到的混合料。这类混合料经拌和、摊铺、压实与养生后,可形成具有一定强度和稳定性的板体结构,当其抗压强度和使用性能符合设计要求时,可用于道路路面结构的基层与底基层。

无机结合料稳定材料按所用无机结合料种类分为:石灰稳定材料、水泥稳定材料、综合稳定材料、工业废渣稳定材料。无机结合料稳定材料结构层按其混合料结构状态分为骨架密实型、骨架空隙型、悬浮密实型和均匀密实型四种结构类型。这类结构层具有稳定性好、结构本身自成板体、抗冻性能较好等特点,但易产生干缩和温缩裂缝,耐磨性差,广泛用于路面结构基层或底基层。作为公路工程材料,无机结合料稳定材料必须做到:①具有合适的强度和耐久性;②用作高等级道路路面基层时,应具有小的收缩变形和强抗冲刷能力;③技术可行,经济合理,便于施工。

第一节　无机结合料稳定材料的技术性质

一、强度

无机结合料稳定材料的刚性介于柔性与刚性材料之间,是一种半刚性材料,具有一定的抗拉强度。测定半刚性材料的抗拉强度有三种方法:第一种方法是利用梁式试件,采用三分点加载,进行弯拉试验,测得的抗拉强度为抗弯拉强度;第二种方法是用圆柱体试件直接拉伸测得的直接抗拉强度;第三种方法是用圆柱体试件沿其直径方向用线压力进行试验,直到被破坏,该强度称为间接抗拉强度或劈裂强度。同一种材料,用不同的方法测得的抗拉强度是不同的。广泛使用的无机结合料稳定材料强度指标通常是 7d 无侧限抗压强度。

7d 无侧限抗压强度是无机结合料稳定材料配合比设计与施工质量控制的主要指标。路面结构设计时采用 90d 或 180d 龄期的抗压回弹模量与劈裂强度,水泥稳定类采用 90d 龄期,石灰与二灰稳定类采用 180d 龄期的试验结果。半刚性基层材料的力学性能都是标准养生到规定龄期前一天,再饱水 24h 后的力学特征,因而也是水稳定性能的反映。

无机结合料稳定材料的强度标准根据相应的公路等级和在路面结构中的层位而定。无机结合料稳定材料在规定温度保湿养生 6d、浸水 1d 后无侧限抗压强度标准见表 7-1。高速公路和一级公路还应验证所用材料的 7d 无侧限抗压强度与 90d 或 180d 龄期弯拉强度的关系。

无机结合料稳定材料的 7d 无侧限抗压强度标准 R_d(MPa)　　表 7-1

名称	结构层	公路等级	极重、特重交通	重交通	中、轻交通
石灰稳定材料①	基层	高速公路和一级公路	—		
		二级和二级以下公路	≥0.8②		
	底基层	高速公路和一级公路	≥0.8		
		二级和二级以下公路	0.5~0.7③		
水泥稳定材料④	基层	高速公路和一级公路	5.0~7.0	4.0~6.0	3.0~5.0
		二级和二级以下公路	4.0~6.0	3.0~5.0	2.0~4.0
	底基层	高速公路和一级公路	3.0~5.0	2.5~4.5	2.0~4.0
		二级和二级以下公路	2.5~4.5	2.0~4.0	1.0~3.0
石灰粉煤灰稳定材料⑤	基层	高速公路和一级公路	≥1.1	≥1.0	≥0.9
		二级和二级以下公路	≥0.9	≥0.8	≥0.7
	底基层	高速公路和一级公路	≥0.8	≥0.7	≥0.6
		二级和二级以下公路	≥0.7	≥0.6	≥0.5
水泥粉煤灰稳定材料	基层	高速公路和一级公路	4.0~5.0	3.5~4.5	3.0~4.0
		二级和二级以下公路	3.5~4.5	3.0~4.0	2.5~3.5
	底基层	高速公路和一级公路	2.5~3.5	2.0~3.0	1.5~2.5
		二级和二级以下公路	2.0~3.0	1.5~2.5	1.0~2.0

注:①石灰土强度达不到表 7-1 规定的抗压强度标准时,可添加部分水泥,或改用另一种土。塑性指数过小的土,不宜用石灰稳定,宜改用水泥稳定。
②在低塑性土(塑性指数小于7)地区,石灰稳定砂砾土和碎石土的 7d 无侧限抗压强度应大于 0.5MPa(100g 平衡锥测液限)。
③低限用于塑性指数小于 7 的黏性土,且低限值宜仅用于二级以下公路。高限用于塑性指数大于 7 的黏性土。
④公路等级高或交通荷载等级高或结构安全性要求高时,推荐取上限强度标准。
⑤石灰粉煤灰稳定材料强度不满足表 7-1 的要求时,可外加混合料质量 1%~2% 的水泥。

二、应力-应变特性

采用三轴压缩试验方法测定应力-应变特性关系,无机结合料稳定材料的应力-应变关系曲线呈现出非线性性状。在不具备三轴压缩试验条件时,可采用室内承载板法测定无机结合料稳定材料早期抗压回弹模量。无机结合料稳定材料的回弹模量主要同土类、结合料剂量及龄期、侧限应力有关,在较大范围内变动。级配碎(砾)石的平均回弹模量值为 400~500 MPa,采用不同结合料稳定后的半刚性材料的回弹模量值高达 1 500~1 600 MPa。

三、疲劳特征

疲劳破坏是在小于材料极限强度的应力反复作用下所产生的累积破坏。疲劳性能是指某种材料对不同水平应力的反复作用的反应,以构成破坏所需荷载作用次数(疲劳寿命)来表示,通常用不同应力水平达到破坏时的荷载反复作用次数所绘成的散点图来说明。

试验表明,半刚性材料的力学特性接近于线弹性材料,在疲劳试验中,残余应变随荷载作用次数的增加而增大,但与回弹应变的比值很小。半刚性材料的回弹应变随荷载作用次数增加而增大,试件临近破坏时,回弹应变会有一个迅速增大的短暂过程。在一定的应力条件下,材料的疲劳寿命取决于材料的强度和刚度。

四、干缩特性

无机结合料稳定材料经拌和压实后,由于水分挥发和混合料内部的水化作用,混合料的水分会不断减少。由此发生的毛细管作用、吸附作用、分子间力的作用、材料矿物晶体作用、凝胶体间层间水的作用、碳化收缩作用等会引起无机结合料稳定材料体积收缩。描述材料干缩特性的指标主要有干缩应变、干缩系数、干缩量、失水量、失水率和平均干缩系数。

研究表明,对稳定粒料类,三类半刚性材料的干缩特性的大小次序为:石灰稳定类 > 水泥稳定类 > 石灰粉煤灰稳定类;对于稳定细粒土,三类半刚性材料的收缩性的大小排列为:石灰土 > 水泥土和水泥石灰土 > 石灰粉煤灰土。

减轻稳定土层干缩性的措施有:①控制细料含量和塑性指数;②结合料剂量尽量小一些;③掺加粉煤灰;④掺入一定量的粒料。

五、温度收缩特性

组成半刚性材料的三个相,即不同矿物颗粒组成的固相、液相(水)和气相在降温过程中相互作用的结果,使半刚性材料产生体积收缩,即温度收缩。就组成固相的矿物颗粒而言,原材料中砂粒以上颗粒的温度收缩系数较小;粉粒以下颗粒,特别是黏土矿物的温度收缩较大。存在于半刚性材料内部的较大孔隙、毛细孔和凝胶孔中的水通过"扩张作用"、"表面张力作用"和"冰冻作用"三个过程,对半刚性材料的温度收缩性质产生极大的影响,使半刚性材料在干燥或饱水状态下有较小的温度收缩值。

影响半刚性材料温度收缩性质的主要因素是含水率、集料或土的含量、土的矿物成分、环境温度、龄期等。

六、水稳定性和抗冻性

无机结合料稳定材料作基层材料时除了具有适当的强度,能随设计荷载外,还应具备一定的水稳定性和抗冻性,评价方法分别为浸水强度和冻融循环试验。通常稳定类基层因面层开裂、渗水或两侧路肩渗水使稳定材料含水率增加,强度降低,引发路面早期破坏;在严寒冰冻地区,冰冻亦会加剧这种破坏。

第二节 无机结合料稳定材料的组成设计

一、组成材料技术要求

1. 无机结合料

（1）石灰

用作稳定材料的石灰质量均要求在Ⅲ级技术要求以上。对于高速公路和一级公路用石灰应不低于Ⅱ级技术要求,且宜采用磨细生石灰粉。此外,要尽量缩短石灰存放的时间。石灰堆放时间较长时,应妥善覆盖保管,不应遭日晒雨淋。二级以下公路使用等外石灰时,有效钙含量应在20%以上,使用前应进行试验,只有石灰混合料的强度符合设计要求时才可以使用。石灰技术要求详见第二章。

（2）水泥及添加剂

水泥稳定土可选用普通硅酸盐水泥、矿渣硅酸盐水泥和火山灰硅酸盐水泥,强度等级为32.5或42.5,所用水泥初凝时间应大于3h,终凝时间应大于6h且小于10h。快硬性水泥、早强水泥以及已受潮变质的水泥不得使用。

在水泥稳定材料中掺加缓凝剂或早强剂时,应对混合料进行试验验证。缓凝剂和早强剂的技术要求应符合现行《公路水泥混凝土路面施工技术细则》(JTG/T F30—2014)的规定。

（3）粉煤灰等工业废渣

大多数粉煤灰的主要成分为二氧化硅(SiO_2)和三氧化二铝(Al_2O_3),其总含量通常大于70%,氧化钙(CaO)含量一般在2%~6%,该种粉煤灰称为硅铝粉煤灰,若氧化钙含量达到10%~40%时,则称为高钙粉煤灰。干排或湿排的硅铝粉煤灰和高钙粉煤灰等均可用作基层或底基层的结合料。粉煤灰技术要求应符合表7-2的规定。

粉煤灰的技术要求　　　　表7-2

项 目	SiO_2、Al_2O_3和Fe_2O_3总含量(%)	烧失量(%)	比表面积(cm^2/g)	0.3mm筛孔通过率(%)	0.075mm筛孔通过率(%)	湿粉煤灰含水率(%)
技术要求	>70	≤20	>2 500	≥90	≥70	≤35

各等级公路的底基层、二级及二级以下公路的基层使用的粉煤灰,通过率指标不满足表7-2要求时,应进行混合料强度试验,达到相关要求的强度指标时,方可使用。

煤矸石、煤渣、高炉矿渣、钢渣及其他冶金矿渣等工业废渣可用于修筑基层或底基层,使用前应崩解稳定,且宜通过不同龄期条件下的强度和模量试验以及温度收缩、干湿收缩试验等评价混合料性能。水泥稳定煤矸石不宜用于高速公路和一级公路。

2. 粗集料

用作无机结合料稳定材料的粗集料宜采用各种硬质岩石或砾石加工成的碎石,也可直接采用天然砾石。粗集料的技术要求应符合表 7-3 中 I 类规定,用作级配碎石的粗集料应符合表 7-3 中 II 类的规定。用作高速公路、一级公路底基层和二级及二级以下公路基层、底基层被稳定材料的天然砾石材料除满足表 7-3 要求外,还应具备级配稳定、塑性指数不大于 9 的技术要求。

粗集料的技术要求　　　　　　　　表 7-3

指标	层位	高速公路、一级公路				二级和二级以下公路	
		极重、特重交通		重、中、轻交通			
		I 类	II 类	I 类	II 类	I 类	II 类
压碎值(%)	基层	≤22①	≤22	≤26	≤26	≤35	≤30
	底基层	≤30	≤26	≤30	≤26	≤40	≤35
针片状颗粒含量(%)	基层	≤18	≤18	≤22	≤18	—	≤20
	底基层	—	≤20	—	≤20	—	≤20
0.075mm 以下粉尘含量(%)	基层	≤1.2	≤1.2	≤2	≤2	—	—
	底基层	—	—	—	—	—	—
软石含量(%)	基层	≤3	≤3	≤5	≤5	—	—
	底基层						

注:①对花岗岩石料,压碎值可放宽至 25%。

基层、底基层的粗集料规格要求宜符合表 7-4 的规定。用作级配碎石或砾石的粗集料应采用具有一定级配的硬质石料,且不应含有黏土块、有机物等。级配碎石或砾石用作基层时,高速公路和一级公路公称最大粒径应不大于 26.5mm;二级及二级以下公称最大粒径应不大于 31.5mm;用作底基层时,公称最大粒径应不大于 37.5mm。

粗集料的技术要求　　　　　　　　表 7-4

规格名称	工程粒径(mm)	通过下列筛孔(mm)的质量百分率(%)									公称粒径(mm)
		53	37.5	31.5	26.5	19.0	13.2	9.5	4.75	2.36	
G1	20~40	100	90~100	—	—	0~10	0~5				19~37.5
G2	20~30	—	100	90~100	—	0~10	0~5				19~31.5
G3	20~25	—	—	100	90~100	0~10	0~5				19~26.5
G4	15~25	—	—	100	90~100	—	0~10	0~5			13.2~26.5
G5	15~20	—	—	—	100	90~100	0~10	0~5			13.2~19
G6	10~30	—	100	90~100	—	—	0~10	0~5			9.5~31.5
G7	10~25	—	—	100	90~100	—	0~10	0~5			9.5~26.5
G8	10~20	—	—	—	100	90~100	—	0~10	0~5		9.5~19
G9	10~15	—	—	—	—	100	90~100	0~10	0~5		9.5~13.2
G10	5~15	—	—	—	—	100	90~100	40~70	0~10	0~5	4.75~13.2
G11	5~10	—	—	—	—	—	100	90~100	0~10	0~5	4.75~9.5

3. 细集料

细集料应洁净、干燥、无风化、无杂质,并有适当的颗粒级配。高速公路和一级公路用细集料技术要求应符合表 7-5 的规定。

细集料的技术要求 表7-5

项 目	石灰稳定	水泥稳定①	石灰粉煤灰综合稳定	水泥粉煤灰综合稳定
颗粒分析	满足级配要求			
塑性指数②	适宜范围15~20	≤17	适宜范围12~20	—
有机质含量	≤10	<2	≤10	<2
硫酸盐含量	≤0.8	≤0.25	—	≤0.25

注：①水泥稳定包含水泥石灰综合稳定。
②应测定0.075mm以下材料的塑性指数。

细集料规格要求应符合表7-6的规定。对0~3mm和0~5mm的细集料应分别严格控制大于2.36mm和4.75mm的颗粒含量；对3~5mm的细集料应严格控制小于2.36mm的颗粒含量。高速公路和一级公路用细集料小于0.075mm的颗粒含量应不大于15%；二级及二级以下公路用细集料小于0.075mm的颗粒含量应不大于20%。

细集料的规格要求 表7-6

规格名称	工程粒径（mm）	通过下列筛孔（mm）的质量百分率（%）							公称粒径（mm）
		9.5	4.75	2.36	1.18	0.6	0.3	0.15	0.075	
XG1	3~5	100	90~100	0~15	0~5	—	—	—	—	2.36~4.75
XG2	0~3	—	100	90~100	—	—	—	—	0~15	0~2.36
XG3	0~5	100	90~100	—	—	—	—	—	0~20	0~4.75

4. 水

符合现行《生活饮用水卫生标准》（GB 5749—2006）的饮用水可直接作为基层、底基层材料拌和与养生用水。拌和使用的非饮用水应进行水质检验，技术要求应符合表7-7的规定；养生用水可不检验不溶物含量。

非饮用水的技术要求 表7-7

项目	pH值	Cl^-含量（mg/L）	SO_4^{2-}含量（mg/L）	碱含量（mg/L）	可溶物含量（mg/L）	不溶物含量（mg/L）	其他杂质
技术要求	≥4.5	≤3 500	≤2 700	≤1 500	≤10 000	≤5 000	不应有漂浮的油脂和泡沫及明显的颜色和异味

二、组成设计步骤

无机结合料稳定材料组成设计包括原材料检验、混合料的目标配合比设计、混合料的生产配合比设计和施工参数确定四部分，组成设计流程如图7-1所示。因生产配合比设计和施工参数确定均需在目标配合比设计的基础上进行，并借助施工单位的拌和设备、摊铺和碾压设备在试生产的基础上完成，因此本节主要介绍目标配合比设计方法。

1. 原材料检验

原材料检验包括结合料、被稳定材料及其他相关材料的试验，所有检测指标均应满足相关设计标准或技术文件的要求。

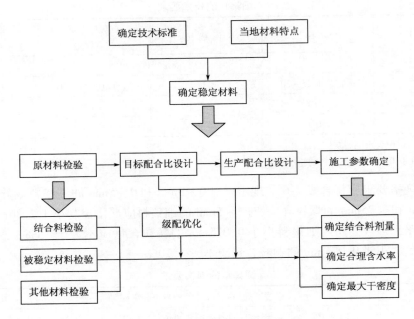

图 7-1 无机结合料稳定材料设计流程

2. 目标配合比设计

(1) 选择级配范围

根据当地材料特点和混合料设计要求,结合工程实践经验和混合料推荐级配范围[详见《公路路面基层施工技术细则》(JTG/T F20—2015)],选择最优的工程级配。

(2) 选择不少于 5 个不同结合料剂量制备混合料试件

水泥稳定材料的水泥剂量以水泥质量占全部干燥被稳定材料质量的百分率表示,即水泥剂量 = 水泥质量/干燥被稳定材料质量;石灰稳定材料的石灰剂量以石灰质量占全部干燥被稳定材料质量的百分率表示,即石灰剂量 = 石灰质量/干燥被稳定材料质量;石灰工业废渣混合料采用质量配合比计算,以石灰:工业废渣:被稳定材料的质量比表示。结合料推荐剂量如表 7-8 ~ 表 7-10 所示。

水泥稳定材料配合比试验推荐水泥试验剂量表　　　　　　表 7-8

被稳定材料	条件		推荐试验剂量(%)
有级配的碎石或砾石	基层	$R_d \geqslant 5.0\mathrm{MPa}$	5、6、7、8、9
		$R_d < 5.0\mathrm{MPa}$	3、4、5、6、7
土、砂、石屑等		塑性指数 < 12	5、7、9、11、13
		塑性指数 ≥ 12	8、10、12、14、16
有级配的矿石或砾石	底基层	—	3、4、5、6、7
		塑性指数 < 12	4、5、6、7、8
土、砂、石屑等		塑性指数 ≥ 12	6、8、10、12、14
碾压贫混凝土	基层	—	7、8.5、10、11.5、13

注:中、粗粒材料路拌法和集中厂拌法水泥最小剂量分别为 4%、3%;细粒材料路拌法和集中厂拌法水泥最小剂量分别为 5%、4%。

石灰粉煤灰稳定材料和石灰煤渣稳定材料推荐比例　　　　表7-9

材料类型	材料名称	使用层位	结合料间比例	结合料与被稳定材料间比例
石灰粉煤灰	硅铝粉煤灰的石灰粉煤灰类①	基层/底基层	石灰:粉煤灰 = 1:2~1:9	—
石灰粉煤灰	石灰粉煤灰土	基层/底基层	石灰:粉煤灰 = 1:2~1:4②	石灰粉煤灰:细粒材料 = 30:70③~10:90
石灰粉煤灰	石灰粉煤灰稳定级配碎石或砾石	基层	石灰:粉煤灰 = 1:2~1:9	石灰粉煤灰:被稳定材料 = 20:80~15:85④
石灰煤渣	石灰煤渣稳定材料	基层/底基层	石灰:煤渣 = 20:80~15:85	—
石灰煤渣	石灰煤渣土	基层/底基层	石灰:煤渣 = 1:1~1:4	石灰煤渣:细粒材料 = 1:1~1:4⑤
石灰煤渣	石灰煤渣稳定材料	基层/底基层	石灰:煤渣:被稳定材料 = (7~9):(26~33):(67~58)	

注:①氧化钙含量为2%~6%的硅铝粉煤灰。
②粉土以1:2为宜。
③采用此比例时,石灰与粉煤灰之比宜为1:2~1:3。
④石灰粉煤灰与粒料之比为15:85~20:80时,在混合料中粒料形成骨架,石灰粉煤灰起填充孔隙和胶结作用,该种混合料称骨架密实式石灰粉煤灰粒料。
⑤混合料中石灰应不少于10%,可通过试验选取强度较高的配合比。

水泥粉煤灰稳定材料和水泥煤渣稳定材料推荐比例　　　　表7-10

材料类型	材料名称	使用层位	结合料间比例	结合料与被稳定材料间比例
水泥粉煤灰	硅铝粉煤灰的水泥粉煤灰类①	基层/底基层	水泥:粉煤灰 = 1:3~1:9	—
水泥粉煤灰	水泥粉煤灰土	基层/底基层	水泥:粉煤灰 = 1:3~1:5	水泥粉煤灰:细粒材料 = 30:70②~10:90
水泥粉煤灰	水泥粉煤灰稳定级配碎石或砾石	基层	水泥:粉煤灰 = 1:3~1:5	水泥粉煤灰:被稳定材料 = 20:80~15:85③
水泥煤渣	水泥煤渣稳定材料	基层/底基层	水泥:煤渣 = 5:95~15:85	—
水泥煤渣	水泥煤渣土	基层/底基层	水泥:煤渣 = 1:2~1:5	水泥煤渣:细粒材料 = 1:1~1:4④
水泥煤渣	水泥煤渣稳定材料	基层/底基层	水泥:煤渣:被稳定材料 = (3~5):(26~33):(71~62)	

注:①氧化钙含量为2%~6%的硅铝粉煤灰。
②采用此比例时,水泥与粉煤灰之比宜为1:2~1:3。
③水泥粉煤灰与粒料之比为15:85~20:80时,在混合料中粒料形成骨架,水泥粉煤灰起填充孔隙和胶结作用。
④混合料中水泥应不少于4%,可通过试验选取强度较高的配合比。

(3)确定混合料最佳含水率和最大干密度

采用重型击实方法或振动压实法确定不同结合料剂量混合料的最佳含水率和最大干(压实)密度,至少应做三个不同结合料剂量混合料的击实试验,即最小剂量、中间剂量和最大剂量,其余两个混合料的最佳含水率和最大干密度用内插法确定。

(4)根据压实度计算干密度

按规定的压实度,分别计算不同结合料剂量的试件应有的干密度。

(5)按最佳含水率和计算干密度制备试件

采用静压法成型径高比为1:1的标准试件,其中无机结合料稳定细粒材料的试件直径为100mm,无机结合料稳定中、粗粒材料的试件直径为150mm。进行强度试验时,作为平行试验的最少试件数量应不小于表7-11中的规定。如试验结果的偏差系数大于表中规定的值,则应重做试验,并找出原因,加以解决。如不能降低偏差系数,则应增加试件数量。

平行试验的最少试件数量　　　　　　　表7-11

材料类型	变异系数		
	<10%	10%~15%	15%~20%
细粒材料(公称最大粒径≥16mm)	6	9	—
中粒材料(公称最大粒径16~26.5mm)	6	9	13
粗粒材料(公称最大粒径≥16mm)	—	9	13

(6)强度试验及计算

试件在标准养护室温度(20±2)℃,相对湿度95%以上标准养生6d,浸水24h后,按《公路工程无机结合料稳定材料试验规程》(JTG E51—2009)进行无侧限抗压强度试验。根据试验结果计算强度代表值 R_d^0。

$$R_d^0 = \bar{R} \cdot (1 - Z_\alpha C_v) \tag{7-1}$$

式中:Z_α——标准正态分布表中随保证率(或置信度 α)而变的系数,高速公路和一级公路应取保证率95%,即 $Z_\alpha = 1.645$;二级及二级以下公路应取保证率90%,即 $Z_\alpha = 1.282$;

$\bar{R}$——一组试验的强度平均值,MPa;

C_v——一组试验的强度变异系数。

强度数据处理时,宜按3倍标准差的标准剔除异常数值,且同一组试验样本异数值剔除应不多于2个。强度代表值 R_d^0 应不小于强度标准值 R_d,如不满足应重新进行配合比试验。

(7)选定结合料剂量

根据表7-1的强度标准,选定合适的结合料剂量。

(8)级配曲线优化

在目标级配曲线优化选择过程中,应选择不少于4条级配曲线,试验级配曲线可按推荐的级配范围和以往工程经验或数学模型设计确定。

(9)合成目标级配曲线并进行性能验证

按确定的目标级配,根据各档材料的平均筛分曲线,确定其使用比例,得到混合料的合成级配。在根据合成级配进行混合料执行击实试验和7d无侧限抗压强度试验,验证混合料性能。

3.生产配合比设计

(1)根据目标配合比确定的各档材料比例,应对拌和设备进行调试和标定,确定合理的生产参数。

（2）拌和设备的调试和标定包括料斗称量精度的标定、结合料剂量的标定和拌和设备加水量的控制等内容。绘制不少于5个点的水泥剂量标定曲线。按各档材料的比例关系，设定相应的称量装置，调节拌和设备各个料仓的进料速度。按设备好的施工参数进行第一阶段试生产，验证生产级配。不满足要求时，应进一步调整施工参数。

（3）进行不同成型试件条件下的混合料强度试验，绘制相应的延迟试件曲线，并根据设计要求确定容许延迟时间。

（4）在第一阶段试生产试验的基础上，进行第二阶段试验。分别按不同结合料剂量和含水率进行混合料试拌，并取样、试验。

通过混合料中实际含水率的测定，确定施工过程中水流量计的设定范围。通过混合料中实际结合料剂量的测定，确定施工过程中结合料掺加的相关技术参数。通过击实试验，确定结合料剂量变化、含水率变化对混合料最大干密度的影响。通过抗压强度试验，确定材料的实际强度水平和拌和工艺的变异水平。

（5）混合料生产参数的确定包括结合料剂量、含水率和最大干密度等指标。工地实际采用的结合料剂量宜比室内试验确定度剂量多 0.5%~1.0%，集中厂拌法施工时，可只增加 0.5%；路拌法施工时，宜增加 1%。含水率可增加 1%~2%，最大干密度以最终合成级配击实试验的结果为标准。

第三节　无机结合料稳定材料强度形成机理及影响因素

一、石灰稳定材料

在粉碎的土和原来松散的土（包括各种粗、中、细粒土）中掺入足量的石灰和水，经拌和得到的混合料，在压实及养生后，当其抗压强度符合规定的要求时，称为石灰稳定材料。石灰稳定材料包括石灰土和石灰稳定粒料，石灰土是用石灰稳定细粒土得到的混合料的简称，石灰稳定粒料包括用石灰稳定中粒土或粗粒土得到的混合料，视原材料为天然砾石和天然碎石土，分别简称为石灰砂砾土和石灰碎石土。用石灰稳定天然砂砾土或用石灰土稳定级配砂砾时，简称石灰砂砾土；用石灰稳定天然碎石或用石灰土稳定级配碎石时，简称为石灰碎石土。

1. 石灰稳定材料的强度形成机理

石灰稳定材料强度的形成与发展是通过机械压实、离子交换反应、氢氧化钙结晶和碳酸化反应，以及火山灰反应等一系列复杂的物理与化学作用过程完成的。

（1）离子交换作用

黏土颗粒表面通常带有一定量的负电荷，进而吸引周围溶液中正离子，如 K^+、Na^+ 等，而在颗粒表面形成了一个双电层结构，这些与电位离子电荷相反的离子称为反离子。黏土颗粒表面带上负电荷，即电位离子形成的电位称为热力学电位（φ），滑动面上的电位称为电动电位（ζ）。由于反离子的存在，离开颗粒表面越远电位越低，经过一定的距离电位将降为零，此距离称为双电层厚度。由于各个黏土颗粒表面都具有相同的双电层结构，因此黏土颗粒之间往往间隔着一定的距离。

当石灰加入被稳定材料中后，氢氧化钙能够溶解于水并离解成带正电荷的钙离子和带负电荷的氢氧根离子，同样，石灰中的氢氧化镁离解成镁离子和氢氧根离子。Ca^{2+} 和 Mg^{2+} 能当量替换土粒中的阳离子 Na^+、K^+，交换的结果使得胶体扩散层的厚度减薄，电动电位降低，范德华引力增大，促使土粒凝集和凝聚，并形成稳定团粒结构，导致被稳定材料的分散性、湿坍性和膨胀性降低。

这种离子交换作用在初期进行得很迅速，并随着 Ca^{2+} 和 Mg^{2+} 在稳定材料中扩散而使材料稳定，这是被稳定材料加入石灰后初期性质得到改善的主要原因。

(2) 结晶作用

在石灰稳定材料中只有一部分熟石灰 $Ca(OH)_2$ 进行离子交换作用，绝大部分氢氧化钙溶解于水，形成 $Ca(OH)_2$ 的饱和溶液，随着水分的蒸发和石灰土反应的进行，特别是石灰剂量较高时，有可能会引起溶液中某种程度的过饱和。$Ca(OH)_2$ 晶体即从过饱和溶液中析出，产生 $Ca(OH)_2$ 的结晶反应为：

$$Ca(OH)_2 \cdot nH_2O \longrightarrow Ca(OH)_2 + nH_2O \uparrow$$

此过程使 $Ca(OH)_2$ 由胶体逐渐转变成晶体，晶体相互结合，并与被稳定材料等结合起来形成共晶体。结晶的 $Ca(OH)_2$ 溶解度较小，因而使石灰稳定材料强度和水稳性有所提高。

(3) 火山灰作用

石灰加入被稳定材料中后，氢氧化钙与稳定材料中的活性 SiO_2 和 Al_2O_3 作用生成含水的硅酸钙和铝酸钙，此种作用称为火山灰作用。

$$SiO_2 + xCa(OH)_2 + nH_2O \longrightarrow xCaO \cdot SiO_2 \cdot nH_2O$$

$$Al_2O_3 + xCa(OH)_2 + nH_2O \longrightarrow xCaO \cdot Al_2O_3 \cdot nH_2O$$

这些生成的物质具有水硬性，强度较高、水稳性较好，由于它们的形成、长大以及结晶体之间互相接触和连生，使得被稳定材料颗粒之间的联结得到加强，即增加了被稳定材料颗粒之间的固化凝聚力，提高了石灰稳定材料的强度和水稳定性，并促使石灰土在相当长的时期内增长强度，是石灰稳定材料具有早期强度的主要原因。

(4) 碳酸化作用

石灰加入被稳定材料中后，氢氧化钙从空气中吸收水分和二氧化碳可以生成不溶解的碳酸钙，此种作用称为碳酸化作用。

$$Ca(OH)_2 + CO_2 + nH_2O \longrightarrow CaCO_3 + (n+1)H_2O$$

碳酸化作用实际上是二氧化碳与水形成碳酸，然后与氢氧化钙反应生成碳酸钙，所以碳酸化作用不能在没有水分的全干状态下进行。$CaCO_3$ 是坚硬的结晶体，具有较高的强度和水稳性，它对土的胶结作用使被稳定材料得到了加固。

石灰稳定材料的碳酸作用主要取决于环境中二氧化碳的浓度。CO_2 可能由混合料的孔隙渗入或随雨水渗入，也可能由土本身产生，但数量不多，所以碳酸化作用是一个缓慢的过程。特别是当表面生成一层 $CaCO_3$ 层后，阻碍 CO_2 进一步渗入，碳化过程更加缓慢。氢氧化钙的碳酸化作用是个相当长的缓慢的过程，也是形成石灰稳定材料后期强度的主要原因之一。

综上所述，石灰稳定材料的强度形成取决于石灰与细粒稳定材料中黏土矿物的相互作用，从而使被稳定材料的工程性质产生变化。初期主要表现在被稳定材料的结团、塑性降低、最佳含水率的增大和最大密实度的减小等，后期主要表现在结晶结构的形成，从而提高强度和稳定性。

在石灰稳定集料中，粒状集料颗粒与石灰或石灰土构成复合材料，其强度主要取决于集料颗粒间的内摩阻力和嵌锁作用。经压实成型后，集料颗粒相互嵌锁形成骨架，石灰和细料起填充骨架空隙、包裹并黏结集料颗粒的作用。在石灰稳定集料中，由于石灰土的胶结力较弱，应特别注意发挥集料颗粒的嵌锁作用。

2. 石灰稳定材料强度的影响因素

（1）石灰

石灰细度越大，在相同剂量下与土粒作用越充分，反应进行越快，稳定效果越好。石灰品质越好，有效氧化钙和有效氧化镁含量越高，在相同石灰剂量下稳定效果越好。直接使用生石灰粉可利用其消化过程中放出的热量加速火山灰作用、离子交换，有利于加速石灰硬化。

由于石灰起稳定作用，石灰剂量对石灰土强度影响显著。石灰剂量较低时，土的塑性、膨胀性和吸水性降低，随着石灰剂量的增加，石灰土的强度和稳定性提高，但超过一定剂量后，强度增长不明显。

（2）土与集料

石灰的稳定效果与土中的黏土矿物成分及含量有显著关系。一般来说，黏土矿物化学活性强，比表面积大，掺入石灰等活性材料后，离子交换、碳酸化作用、火山灰作用、结晶作用活跃，稳定效果好，稳定土的强度随着土中黏粒含量的塑性指数增大而增大。

工程实践表明：塑性指数为 15~20 的黏土，易于粉碎和拌和，施工和使用效果较好；重黏土中虽然黏土颗粒含量高，但由于不易粉碎和拌和，稳定效果反而不好。塑性指数小于 10 的土不宜用石灰稳定，而适宜用水泥稳定。对于无黏性和塑性指数的集料，单纯用石灰稳定的效果远不如用石灰土稳定的效果。

（3）石灰稳定材料的最佳含水率

水是石灰稳定材料的重要组成成分，它促使石灰稳定材料发生物理、化学变化而形成强度。水的加入还有利于被稳定材料的粉碎、拌和、压实、养生。含水率过小不能满足混合料拌和、压实的需要；含水率过大，既影响可能达到的密实度和强度，又明显增大稳定材料的干缩性，引起结构层干缩裂缝。

石灰稳定材料的压实密度对其强度和抗变形能力影响较大，而石灰稳定材料的压实效果与压实时的含水率有关，存在着最佳含水率，在此含水率时进行压实，可以获得较为经济的压实效果，即达到最大密实度。最佳含水率取决于压实功的大小、稳定土的类型以及石灰剂量。通常，所施加的压实功越大，稳定材料中的细料含量越少，最佳含水率越小，最大密实度越高。

（4）养生条件和龄期

石灰稳定材料的强度是在一系列复杂的物理、化学反应过程中逐渐形成的，而这些反应需要一定的温度和湿度条件。当养生温度较高时，可使各种反应过程加快，对石灰稳定材料的强度形成是有利的。适当的湿度为火山灰作用提供了必要的结晶水，但湿度过大会影响石灰土中氢氧化钙的结晶硬化，从而影响石灰稳定材料强度的形成。

石灰稳定材料中的火山灰作用的进程缓慢，其强度随着龄期的增长而增大。

二、水泥稳定材料

在粉碎的土或原状松散的土（包括各种粗、中、细粒土）中，掺入足量的水泥和水，经拌和得到的混合料，在压实及养生后，当其抗压强度符合规定的要求时，称为水泥稳定材料。如用水泥稳定细粒土(砂性土、粉性土或黏性土)得到的混合料,简称水泥土。用水泥稳定砂得到的混合料,简称水泥砂;用水泥稳定粗粒土和中粒土得到的混合料,视所用原材料,可简称水泥碎石(级配碎石和未筛分碎石)、水泥砂砾等。

1. 水泥稳定材料的强度形成机理

在利用水泥来稳定材料的过程中,水泥、被稳定材料和水之间发生了多种复杂的作用,使被稳定材料的性能发生了明显的变化。但由于水的用量很少,水泥的水化完全是在被稳定材料中进行的,故作用速度比在水泥混凝土中缓慢。水泥在被稳定材料中的作用,从工程观点来看,一是改变了被稳定材料的塑性,二是增加了被稳定材料的强度和稳定性。作用的形式归纳起来有如下几种。

(1)水泥的水化作用

在水泥稳定材料中,首先发生的是水泥自身的水化作用,反应简式如下。

硅酸三钙: $2C_3S + 6H_2O \longrightarrow C_3S_2H_3 + 3CH$

硅酸二钙: $2C_2S + 4H_2O \longrightarrow C_3S_2H_3 + CH$

铝酸三钙: $C_3A + 6H_2O \longrightarrow C_3AH_6$

铁铝酸四钙: $C_4AF + 7H_2O \longrightarrow C_4AFH_7$

水化反应生成的具有胶结能力的水化产物是水泥稳定材料强度的主要来源。水化产物在被稳定材料的孔隙中相互交织搭接,将被稳定材料颗粒包覆连接起来,使被稳定材料逐渐丧失了原有的塑性。但此水化反应与水泥混凝土中的水化反应有所不同:①被稳定材料具有非常高的比表面积和亲水性;②水泥含量少;③被稳定材料对水化产物有强烈的吸附性;④被稳定材料中存在酸性介质环境。特别是由于黏土矿物对水化产物中的 $Ca(OH)_2$ 极强的吸附和吸收作用,使溶液中的碱度降低,影响了水化产物的稳定性;水化硅酸钙中的 C/S 会逐渐降低析出 $Ca(OH)_2$,使水化产物的结构和性能发生变化,从而影响到混合料的性能。因此,在选用水泥时,应优先选用硅酸盐类水泥,必要时还应对水泥稳定土进行"补钙",以提高混合料中的碱度。

(2)离子交换作用

硅酸盐类水泥中,硅酸三钙和硅酸二钙占主要部分,其水化产物中 $Ca(OH)_2$ 占25%。大量的氢氧化钙溶于水后,在被稳定材料中形成一个富含 Ca^{2+} 的碱性溶液环境,Ca^{2+} 取代了 K^+、Na^+,成为反离子。同时,Ca^{2+} 双电层电位的降低速度加快,双电层厚度降低,黏土颗粒间距离减小,相互靠拢,导致被稳定材料的凝聚,从而改变被稳定材料的塑性,使土具有一定的强度和稳定性。

(3)化学激发作用

随着水泥水化反应的深入,Ca^{2+} 数量超过上述离子交换的需要量后,使混合料呈现出一种碱性环境,从而激发出黏土矿物中的部分 SiO_2 和 Al_2O_3 的活性,与溶液中的 Ca^{2+} 进行反应,生成新的矿物。这些矿物主要是硅酸钙和铝酸钙系列,如 $4CaO \cdot 5SiO_2 \cdot 5H_2O$、$4CaO \cdot Al_2O_3 \cdot 19H_2O$、$3CaO \cdot Al_2O_3 \cdot 16H_2O$、$CaO \cdot Al_2O_3 \cdot 10H_2O$ 等。这些生成物同样也具有胶凝能力,并包裹着黏土颗粒表面,与水泥的水化产物一起,将黏土颗粒凝结成一个整体。因此,氢氧化钙对黏土矿物的激发作用,进一步提高了水泥稳定材料的强度和水稳定性。

(4)碳酸化作用

水泥水化生成的 $Ca(OH)_2$,除了可与黏土矿物发生化学反应外,还可以进一步与空气中

的 CO_2 反应生成碳酸钙晶体：

$$Ca(OH)_2 + CO_2 + nH_2O \longrightarrow CaCO_3 + (n+1)H_2O$$

碳酸钙生成过程中产生体积膨胀，可以对被稳定材料起到填充和加固作用，提高土的强度，但这种作用相对来讲比较弱，并且反应过程缓慢。

2. 水泥稳定材料的强度影响因素

影响水泥稳定材料强度的主要因素有水泥品种及剂量、土质、集料颗粒组成等。

（1）水泥品种及剂量

各种水泥都可用于无机结合料稳定材料，但水泥的矿物组成和分散度对稳定效果有明显影响。对于同一种被稳定材料，通常情况下硅酸盐水泥的稳定效果好，而铝酸盐水泥较差；矿物组成相同时，随着水泥细度增加，其活性和石化能力有所增大，稳定土的强度提高。

水泥稳定材料的强度随水泥剂量的增加而增长，但过多的水泥用量，在获得较高强度的同时，可能会增加其收缩性，经济性会受影响，效果也不一定显著。

（2）土与集料

土的类别和性质对水泥稳定土的强度有重要影响，各类砂砾土、砂土、粉土、黏土均可用水泥稳定，但效果不同。试验和生产实践表明：水泥稳定级配良好的碎（砾）石和砂砾效果最好，强度高且水泥用量少；其次是水泥稳定砂性土；再次是粉性土和黏性土。重黏土难以粉碎和拌和，不宜单独用水泥稳定，一般要求土的塑性指数不大于17。

（3）养生温度与延迟时间

养生温度直接影响水泥的水化进程，因而对水泥稳定土的强度有很明显的影响。在相同龄期时，养生温度越高，水泥稳定土的强度也越高。

延迟时间是指水泥稳定材料施工过程中，从加水拌和开始至碾压结束时所经历的时间。延迟时间对水泥稳定材料的强度有显著影响，其影响取决于两个因素，即水泥品种和土质。在被稳定材料不变的情况下，用终凝时间短的水泥时，延迟时间对混合料强度损失的影响大，在水泥不变的情况下，延迟时间为2h时，用黏土或砾质砂等制得的水泥稳定材料强度损失为60%，而用一些原状砂砾或粗石灰石等制得的混合料的强度损失可能只有20%左右，而水泥稳定中砂的强度甚至没有损失。为此，应根据水泥品种、被稳定材料特征来控制水泥稳定材料的施工速度。

三、石灰粉煤灰稳定材料

随着工业的发展，工业废渣逐渐增多，甚至到了污染环境的程度。利用工业废渣铺筑道路，不但提高道路的使用品质，降低工程造价，且变废为宝，具有很大的意义。

工业废渣材料主要用石灰与之综合稳定，一定数量的石灰和粉煤灰，或石灰和煤渣与其他集料相配合，加入适量的水（通常为最佳含水率），经拌和、压实及养生后得到的混合料，当其抗压强度符合一定要求时，称为石灰工业废渣稳定土（简称石灰工业废渣）。常用的工业废渣包括：粉煤灰、煤渣、高炉矿渣、崩解过的达到稳定的钢渣，及其他冶金矿渣、煤矸石等。粉煤灰中含有较多的二氧化硅、氧化钙或氧化铝等活性物质，应用最为广泛。在工程中，石灰粉煤灰常被简称为二灰，石灰粉煤灰稳定类混合料简称为二灰稳定类混合料。用二灰稳定细粒土，简称二灰土；用二灰稳定砂砾、碎石、矿渣、煤矸石等，简称二灰稳定集料或二灰稳定粒料。

1. 石灰粉煤灰稳定材料的强度形成机理

用石灰稳定工业废渣时,石灰在水的作用下形成饱和的 $Ca(OH)_2$ 溶液,废渣的活性氧化硅和氧化铝在 $Ca(OH)_2$ 溶液中产生火山灰反应,生成水化硅酸钙和铝酸钙凝胶,使颗粒胶凝在一起。随水化物不断产生而结晶硬化,在温度较高时,混合料强度不断增长。因此,石灰工业废渣基层具有水硬性、缓凝性、强度高、稳定性好、成板体,且强度随龄期不断增加,抗水、抗冻、抗裂且收缩性小,能适应各种气候环境和水文地质条件。

石灰粉煤灰稳定材料的强度形成机理与石灰稳定材料基本相同,主要依靠集料的骨架作用和石灰粉煤灰的水硬性胶结及填充作用。由于粉煤灰能提供较多的活性氧化硅和活性氧化铝成分,在石灰的碱性激发作用下生成较多的水化硅酸钙、水化铝酸钙,具有较高的强度和稳定性。

2. 石灰粉煤灰稳定材料强度的影响因素

与石灰稳定材料相比,石灰粉煤灰稳定材料强度形成更多地依赖于火山灰反应生成的水化物,而粉煤灰是一种缓凝物质,表面能较低,难以在水中溶解,导致石灰粉煤灰稳定材料中的火山灰反应进程相当缓慢。因此,石灰粉煤灰稳定材料的强度随龄期的增长速率缓慢,早期强度较低,但到后期仍然保持一定的强度增长速率,有着较高的后期强度。石灰粉煤灰稳定材料中粉煤灰的用量越多,初期强度就越低,后期的强度增长幅度也越大。如果需要提高石灰粉煤灰稳定材料的早期强度,可以掺加少量水泥或某些早强剂。

就长期强度而言,密实式石灰粉煤灰粒料与悬浮式石灰粉煤灰粒料相比并无明显差别,但密实式石灰粉煤灰粒料的早期强度大于悬浮式石灰粉煤灰粒料,并具有较好的水稳定性。

养生温度对石灰粉煤灰稳定材料的抗压强度有明显影响,较高的温度会促使火山灰反应进程加快。而当气温低于 4℃ 时,石灰粉煤灰混合料的抗压强度几乎停止增长。

【本章小结】

无机结合料稳定材料包括石灰稳定材料、水泥稳定材料、综合稳定材料、工业废渣稳定材料。无机结合料稳定材料整体性强、承载能力高、刚度大且较为经济性,广泛应用于各种道路路面基层、底基层或垫层。

本章主要介绍了无机结合料稳定材料的定义、分类、技术性能、组成设计以及各类稳定材料的强度形成机理、影响因素等内容。

【复习思考题】

7-1 无机结合料稳定材料可以分几类?

7-2 简述无机结合料稳定材料的技术性能。

7-3 简述无机结合料稳定材料对其组成材料的技术要求。

7-4 简述石灰稳定材料强度的形成机理,并分析影响强度的主要因素。

7-5 简述水泥稳定材料强度的形成机理,并分析影响强度的主要因素。

7-6 水泥稳定材料与水泥混凝土在组成材料、技术性质及用途等方面有何不同?

第八章
土工合成材料

【本章提要】

本章简单介绍了常用土工合成材料的种类、功能、适用范围及在道路工程中的应用,重点阐述了土工合成材料的物理性质、力学性质、水力学性质、与土的相互作用特性及耐久性能。

土工合成材料是工程建设中以人工合成或天然的聚合物(如塑料、化纤、合成橡胶等)为原料制成的各种类型的产品,可置于岩土体或其他工程结构内部、表面或各结构层之间,具有加强、保护岩土或其他结构功能的一种新型工程材料。土工合成材料可以由不同的聚合物原材料生产,也可以按照使用目的制成各种各样的结构形式,品种繁多,如土工织物、土工膜、土工格栅、土工网和土工模袋等,已经成为继钢材、水泥、木材之后的第四种新型建筑材料。

由于土工合成材料具有强度高、柔性大、耐腐蚀性好、造价低、运输和施工方便、适应性好、质量易于保证等经济和技术上的优势,所以土工合成材料在护坡、堤坝、航道整治、挡土墙、软基处理、公路和铁路路基、机场跑道、各种蓄水池等诸多工程中得到了广泛的应用。

第一节 土工合成材料的种类

土工合成材料分类随着新材料和新技术的发展不断变化,我国通常按照《土工合成材料应用技术规范》(GB 50290—2014)分为土工织物、土工膜、复合型土工合成材料和特种土工合成材料四大类,如图8-1所示。

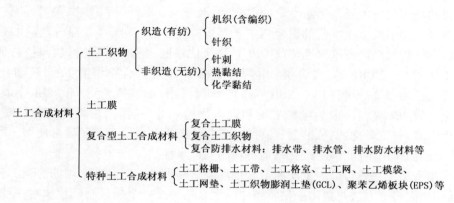

图8-1 土工合成材料的分类

一、土工织物

土工织物是一种透水性的平面土工合成材料,成布状,故俗称土工布。土工织物的制造一般要经过两个步骤:第一步先把聚合物原料(主要原料有聚丙烯、聚酯、聚酰胺等)加工成丝、短纤维、纱或条带;第二步制成平面结构的土工织物。土工织物按制造方法可进一步分为有纺(织造)土工织物和无纺(非织造)土工织物。

有纺土工织物是最早的土工织物产品,它由纤维纱或长丝按一定方向排列机织的土工织物,按编织类型可分为针织有纺土工织物和机织有纺土工织物两类。针织有纺土工织物是由一根或多根纱线或其他成分弯曲成圈,并互相穿套成的土工织物,目前已很少使用。机织有纺土工织物是由两组或两组以上纱线、条带或其他线条状物体,通过垂直相交编织成的土工织物,其中长向的称为径丝,横向的称为纬丝,其主要特点是沿经丝和纬丝的强度高,而与经纬丝斜交方向的强度低。

无纺土工织物是高分子聚合物原料经过热熔、挤压、喷丝、铺网再进行针刺、热黏合或化学黏合而成的具有滤土和排水功能的土工织物产品。按照纤维固着的方法不同,可分为热黏合、化学黏合和机械黏合三种。其主要优点是强度没有显著的方向性,对变形的适应性较大,目前世界上80%的土工织物属于这种类型。

土工织物突出的优点是质量轻、整体连续性好(可做成较大面积的整体)、施工方便、抗拉强度高、耐腐蚀性及抗微生物侵蚀性好,机织的当量孔径直径小、渗滤性好、质地柔软、与土的结合性好;其缺点是未经特殊处理,抗紫外线能力低,如暴露在外,受紫外直接照射容易老化,但如不直接暴露,则抗老化及耐久性能仍较高。目前主要用于不同材料间的隔离、软基加固、反滤和排水。

二、土工膜

土工膜是在工程中起防水作用的具有极低渗透性的膜状材料。土工膜一般可分为沥青和聚合物(合成高聚物)两大类,为了适应工程应用中不同强度和变形的需要,各又有不加筋(单一或混合材料)和加筋或组合的类型。

含沥青的土工膜主要为复合型的(含编织型或无纺型的土工织物),沥青作为浸润黏结剂。聚合物土工膜又根据不同的主材料分为塑性土工膜、弹性土工膜和组合型土工膜。

土工膜的基本用料主要是透水性低的聚合物、沥青及合成纤维和织物,另外还有一定的填充料和外加剂。用于制造土工膜的聚合物主要有塑料类,包括热塑性和部分结晶的热塑性材料,如聚氯乙烯(PVC)、高密度聚乙烯(HDPE)等;合成橡胶类和交联弹性聚合材料,如氯丁橡胶(CR)、丁腈橡胶(NBR)等;混合类(由两种或两种以上聚合物混合),如氯磺化聚乙烯(CSPE)、聚氯乙烯-丁腈橡胶(PVC-NBR)等;沥青和树脂,如改性沥青、环氧树脂、丙烯树脂等。制造土工膜的填充料一般为细粒矿粉和聚合物粉末等,其作用是降低造价和提高劲度。外加剂包括增塑剂、抗老化剂、抗菌剂、各种稳定剂等,沥青和合成土工膜通常使用不同的外加剂,这些外加剂的作用不同,但不改变基本材料的低透水性。

土工膜制造工艺一般可分为工厂制造和现场制造两种。工厂制造不加筋的土工膜主要有挤出、压延和加涂料等方法。挤出法是将熔化的聚合物通过一个模具制成片状物,厚度一般为 0.25~4mm。压延法是将热塑性聚合物通过一系列热辊制成片状物,厚度一般为 0.25~2mm。加涂料法一种方法是将聚合物均匀涂在一片纸上,待冷却后将纸片去掉;另一种方法是把溶化的聚合物均匀涂在绕水平轴缓慢移动的大卷筒的顶上,卷筒转动时聚合物渐渐冷下来,于是形成的化合物片可逐渐从卷筒上揭下来。现场制造土工膜是在地面喷涂一层冷的或热的黏滞聚合物而成,沥青膜大多在现场制造。

土工膜主要特点是透水性极低,弹性和适应变形的能力很强,能适用于不同的施工条件和工作应力,具有良好的耐老化能力,处于水中或水下的土工膜耐久性更为突出。因此,土工膜的突出特点就是具有防渗和防水性能。

由于土工膜的渗透系数是 $1\times10^{-12}\sim1\times10^{-11}$ cm/s,实际上是不透水的,是理想的防渗材料。因此,目前主要用于有较高防渗要求的工程中。

三、复合型土工合成材料

复合型土工合成材料是由两种或两种以上的土工合成材料组合在一起的产品。它将各组合材料的性质结合起来,更好地满足具体工程的需要,能起到多种功能的作用,如过滤、排水、隔离、加筋、防渗和防护等。不同的工程有不同的综合功能要求,故复合型土工合成材料的品种繁多,这里主要介绍复合土工膜和复合排水材料两类。

1. 复合土工膜

复合土工膜是用土工织物或其他材料与土工膜结合而成的不透水性材料。

复合土工膜根据主要功能的不同分为加筋型和横向排水型两种。加筋型土工膜具有较高的强度和模量,以满足工程中防渗与受力的要求,氯丁橡胶土工膜和经编土工膜均属于这一类型。横向排水型土工膜一般由无纺土工织物与土工膜复合而成,常见的有"一布一膜"、"两布一膜"。其中无纺土工织物一方面具有横向排水作用,另一方面对土工膜起保护作用。

复合土工膜是由土工膜和另外一种或数种土工合成材料组合而成,最大特性就是保留了原合成材料各自的特性。产品具有强度高,延伸性能较好,变形模量大,耐酸碱、抗腐蚀,耐老化,防渗性能好等特点。适用于水利、市政、建筑、交通、地铁、隧道、工程建设中的防渗、隔离、补强、防裂加固等土木工程。由于其选用高分子材料且生产工艺中添加了防老化剂,故可在非常规温度环境中使用,常用于堤坝、排水沟渠的防渗处理,以及废料场的防污处理。

2. 复合排水材料

土工复合排水材料是以薄型土工织物包裹不同材料制成的不同形状的芯材组合成的一种复合型排水产品。这种产品克服了土工织物沿织物平面方向排水能力小的缺点，可以沿产品水平方向芯材的排水通道通畅地排水，而外包的土工织物作为滤层可以阻止土颗粒进入，防止阻塞排水通道。按土工复合排水材料的横断面尺寸，将窄条的（宽度为10cm）称为排水带，将宽幅的（宽度不小于1.0m）称为排水板。

（1）塑料排水带

塑料排水带是由不同形状的塑料条带排水芯材外包无纺土工织物制成的，其截面形状较多，在我国以口琴式最为常见。

塑料排水带具有质量容易控制，成本较低；在施工过程中没有排水孔断面不均匀和受堵塞的情况；断面小，对地基扰动小；打设机械轻，可用于较软弱的地基等优点。主要用于软土地基竖向排水固结处理。

（2）复合排水板

复合排水板主要由作为排水通道的芯材和裹在芯材外面的无纺土工织物滤膜组成。芯材的形式有许多种，典型的有长丝缠绕的网垫状芯材、带凸起或凹槽的板状芯材、框架式芯材、具有加筋作用的土工网（或土工格栅）芯材。

根据主要功能的不同，复合排水板可划分为以下几种类型：双面反滤排水，单面反滤排水，一面反滤排水、另一面隔断防渗，加筋兼反滤排水。

复合排水板的优点是质量轻、耐久性好、施工方便。主要用于软土地基上，作为横向排水垫层，引排地下水或地表水，也可用于支挡结构物与填料之间的反滤排水以及隧道衬砌后的防渗、反滤排水等。

（3）土工排水管

土工排水管主要有排水软管和排水塑料管两种类型。

排水软管是由高强度螺旋圈状钢丝作为支撑体，外包土工织物滤层及强力合成纤维，并外覆保护层制成的管状排水材料。圈状支撑体要求具有足够的耐压扁能力，可采用经磷酸防锈处理并外覆聚乙烯涂层的钢丝；外包的土工织物要求具有良好的透水性和反滤能力，一般采用无纺土工织物；圈状支撑体与外包土工织物滤层以及土工织物滤层与外覆保护层之间均采用强力黏结剂固定。

排水塑料管是由带孔的塑料管外包土工织物滤层构成。根据塑料管的不同可分为波纹管和平壁管两种，塑料管的开孔大小及开孔率应能满足设计要求。

排水软管主要用于深软土路基底横向排水，有地下水出露的陡坡路堤地段的路基处理，以及盲沟排水、滑坡治理、墩台背排水等。

四、特种土工合成材料

特种土工材料包括土工模袋、土工网、土工网垫、土工格室、土工织物膨润土垫、聚苯乙烯泡沫塑料（EPS）等。

1. 土工格栅

土工格栅是由规则的网状抗拉条带形成的用于加筋的土工合成材料。先在经挤压成型的聚合物板上钉孔,然后在拉伸机上冷拉,将圆孔拉成长孔或方形孔,孔眼变大而制得土工格栅。

(1)定向拉伸土工格栅

定向拉伸土工格栅按制造时的拉伸方向分为单向(沿长度方向)拉伸和双向(先沿长度方向拉伸,再沿垂直长度方向拉伸)拉伸。《交通工程土工合成材料　土工格栅》(JT/T 480—2002)按使用受力的方向将土工格栅分为两类:单向土工格栅,代号为GD;双向土工格栅,代号为GS。

(2)高强纤维土工格栅

高强纤维土工格栅以高强度、低延伸率的涤纶纤维或玻璃纤维为原料,在编织机上编织成格栅状后,浸渍PVC而成。

性能特点:与定向拉伸土工格栅相比,高强纤维土工格栅具有较高的强度和模量。

2. 土工模袋

土工模袋是一种双层聚合化纤织物制成的连续或单独的袋状材料,取代模板用高压泵将混凝土或砂浆装入模袋中,形成板状或其他形状的块体,用于护坡或其他地基处理工程。

土工模袋按原材料和加工工艺分为机制模袋和简易模袋两大类,按编织的类型可分为机织布土工模袋(FJ)和针织布土工模袋(FZ)两类。

土工模袋的几何形状有矩形、铰链形、哑铃形、梅花形、框格形等;最大填充厚度有100mm、150mm、200mm、250mm、300mm、350mm、400mm、500mm;填充物可以是混凝土、砂浆、黏土、膨胀土等。

3. 土工网

土工网是由两组合成材料以一定的角度(一般为60°～90°)交叉黏结而成的网状结构材料。

土工网的强度和模量比土工格栅低,土工网的特性随网孔形状、大小、厚度及制造方法的不同而性能差别很大。主要用于坡面防护,也可用作加筋材料。

4. 土工网垫和土工格室

土工网垫和土工格室都是由合成材料制造的三维结构土工合成材料。

土工网垫多为长丝结合而成的三维透水聚合物网垫,由上下两层构成中间空的网垫,可以填充土、砂砾或其他材料,用于坡面植草防护。

土工格室是由土工织物、土工格室栅或土工膜、条带聚合物构成的蜂窝状或网格状三维结构材料。格室中填充土石或混凝土材料,构成具有强大侧向限制和大刚度的结构体,用于防冲蚀和保土工程,刚度大、侧限能力高的产品多用于地基加筋层或支挡结构中,也可以铺设在坡面上构成防护结构。

土工格室可分为塑料土工格室和增强土工格室两种类型,塑料土工格室由长条形的塑料片材,通过超声波焊接等方法连接而成,展开后是蜂窝状的立体网格,增强土工格室是在塑料片材中加入低伸长率的钢丝、玻璃纤维、碳纤维等筋材所组成的复合片材,通过插件或扣件等形式连接而成,展开后是蜂窝状的立体网格。

土工格室的力学性能好,施工方便,造价低,常常用于公路路堤加筋、软土路基处理、边坡防护等工程中。

五、土工其他材料

随着土工合成材料的发展,涌现出了一大批新型的土工材料,它们中的很多不能归属于原有的分类体系之中,所以被工程界人士统称为土工其他材料,如纤维土块、聚合物锚固材料、土工泡沫板和包裹土壤的格室等。

第二节　土工合成材料的性质

土工合成材料的性质包括物理性质、力学性质、水力学性质、土工合成材料与土相互作用以及耐久性等内容。测试的目的可归纳为两个方面:一是提供工程设计所需的参数,如材料的厚度、孔径、抗拉强度、渗透系数、与土的界面摩擦系数等;二是用于比较多种产品的性能指标,例如单位面积质量、孔隙率、撕裂强度等,往往不应用于具体的设计公式,常用于选材的对比和判断特定工程应用的适宜性。

一、物理性质

1. 单位面积质量

单位面积质量是单位面积土工合成材料具有的质量,它能反映土工合成材料的均匀程度,还能反映材料的抗拉强度、顶破强度等力学性能以及孔隙率、渗透性等水力学性能等多方面的性能。它是土工合成材料的主要物理性能之一。

测定单位面积质量采用称量法。测试前要求试样在标准大气压下恒温(20℃ ±2℃)、恒湿(65% ±5%)24h。按制样方法在样品上剪取 10 块试样,每块面积为 100cm²,剪裁和测量精度为 1mm,用感量 0.01g 天平测量,单位面积质量按式(8-1)计算:

$$M = \frac{m}{A} \tag{8-1}$$

式中:M——单位面积质量,g/m²;

m——试样质量,g;

A——试样面积,m²。

土工织物和土工膜的单位面积质量受原材料密度的影响,同时受厚度、含水率和外加剂的影响。常用的土工织物单位面积质量一般在 50 ~ 1 200g/m² 的范围内。

2. 厚度

土工合成材料的厚度是指承受一定压力下(一般指 2kPa)织物上下两个平面之间的距离,单位为 mm。有些土工合成材料,如无纺织物和一些复合材料,受压时厚度变化很大,且随加压持续时间的延长而减小,故测定厚度应按要求施加一定的压力,并规定加压 30s 时读数。有时根据工程需要还应测试在 20kPa,200kPa 压力下的厚度。

土工织物厚度可采用专门的厚度测试仪,土工膜厚度可直接用千分尺测定。一般要求加压面积为 25cm²,基准板和试样面积为 50cm²,加压时间 30s,试样数量不少于 10 块。

常用的各种土工合成材料的厚度:土工织物一般为 0.1 ~ 5mm,最厚的可达十几毫米;土工膜一般为 0.25 ~ 0.75mm,最厚的可达到 2 ~ 4mm;在复合型材料中有时采用较薄的土工膜,最薄可达 0.1mm;土工格栅的厚度随部位的不同而异,其肋厚一般有 0.5~15mm。

厚度测量时需保证精度,因为厚度变化对织物的孔隙率、透水性和过滤性等水力学特性有很大的影响。

3. 孔隙率

土工合成材料的孔隙率是指其孔隙体积占总体积的比值,以 $n(\%)$ 表示,是无纺织物的主要物理性质之一。孔隙率的确定不需要直接进行试验,而是通过计算求得。孔隙率可按式(8-2)计算:

$$n = \left(1 - \frac{m}{\rho\delta}\right) \times 100\% \tag{8-2}$$

式中:m——单位面积质量,g/m^2;
  ρ——原材料的密度,g/m^3;
  δ——织物的厚度,m。

土工织物的孔隙率与孔径的大小有关,直接影响到织物的透水性、导水性和阻止土粒随水流流失的能力。无纺织物的孔隙率随它所承受的压力不同而不同。在不承压情况,一般在90%以上,承压后孔隙率明显降低。

4. 孔径

土工合成材料的孔径反映材料的透水性能与保持土颗粒的能力,是一个重要的特征指标。孔径的符号以 O 表示,单位为 mm,并用下标表示织物孔径的分布情况。例如 O_{95} 表示材料中95%的孔径低于该值。土工织物具有各种形状和大小不同的孔径,其孔径大小的分布曲线类似于土的颗粒级配曲线。

表示土工合成材料特征孔径的物理量有有效孔径 O_e 和等效孔径 EOS。目前普遍用等效孔径 EOS,其含义接近于土工合成材料的表观最大孔径,也就是能通过土颗粒的最大粒径。不同的标准对 EOS 的规定不同,目前我国多取 O_{95}。

孔径的测量方法有直接法和间接法两类。直接法包括显微镜法和投影放大测读法;间接法有干筛法、湿筛法、水动力法、水银压入法、吸引法和渗透法等。其中干筛法操作简便,经验丰富,可利用土工试验室已有的仪器设备,一般误差在允许范围内,被广泛应用。

二、力学性质

反映土工合成材料力学性质的指标主要有:抗拉强度、握持强度、撕裂强度、顶破强度、刺破强度、穿透强度及蠕变特性等。

1. 抗拉强度

土工合成材料是柔性材料,大多通过自身的抗拉强度来承受荷载以发挥工程作用。因此,抗拉强度及其应变是土工合成材料主要的力学性质指标。

土工合成材料的抗拉强度与测定时的试样宽度、形状、约束条件有关,因此必须在规定的标准条件下测定。土工织物在受力过程中厚度是变化的,不易精确测定,故其受力大小一般以单位宽度所承受的力来表示,单位为 kN/m 或 N/m,而不是以习惯上所用的单位面积的应力来表示。

土工合成材料的抗拉强度是指试样在拉力机上拉伸至断裂的过程中,单位宽度所承受的最大拉力,单位为 kN/m。测定方法为条带拉伸试验,试样分宽条和窄条两种。宽条试样宽

200mm,长100mm,宽长$B/L=2$;窄条试样宽50mm,长100mm,宽长$B/L=1/2$。规定拉伸速度为50mm/min。

土工织物或小孔径土工网的抗拉强度T_f可用下式计算:

$$T_f = \frac{P_f}{B} \tag{8-3}$$

式中:T_f——抗拉强度,N/m 或 kN/m;
$\quad P_f$——测读的最大拉力,N 或 kN;
$\quad B$——试样宽,m。

土工格栅或大孔径土工网的抗拉强度T_s可用下式计算:

$$T_s = \frac{P_f n}{n_1} \tag{8-4}$$

式中:T_s——抗拉强度,N/m 或 kN/m;
$\quad P_f$——测读的最大拉力,N 或 kN;
$\quad n$——1m 范围内格栅的肋的根数或网孔的孔数,根/m 或个/m;
$\quad n_1$——试样宽度范围内格栅的肋数或网孔的孔数,根或个。

土工合成材料的伸长率是指试样长度的增加值与试样初始长度的比值,用ε表示,单位为%。按式(8-5)计算:

$$\varepsilon = \frac{L_f - L_0}{L_0} \tag{8-5}$$

式中:ε——延伸率,%;
$\quad L_0$——初始长度,mm;
$\quad L_f$——对应最大拉力时的试样长度,mm。

对土工合成材料抗拉强度和伸长率的影响因素主要有:原材料的种类、结构形式、试样的宽度和拉伸速率。此外,由于土工合成材料的各向异性,沿不同方向拉伸也会获得不同的效果。

2. 握持强度

握持强度又称抓拉强度,反映土工合成材料分散集中荷载的能力。握持强度的测试与抗拉强度基本相同,只是握持强度试验是试样两端部分宽度进行的一种拉力试验,故它的强度除反映抗拉强度的影响外,还与握持点相邻纤维提供的附加强度有关,它与拉伸试验中抗拉强度没有简单的对比关系。

土工合成材料握持力一般为0.3~6.0kN。握持强度的测试结果有时相差较大,一般不作为设计依据,仅用作不同织物性能的比较。

3. 撕裂强度

土工织物和土工膜在铺设和使用过程中,常常会有不同程度的破损。撕裂强度反映了试样抵抗扩大破损裂口的能力,可评价不同土工织物和土工膜扩大破损的难易,是土工合成材料应用中的重要力学指标。

测试撕裂强度有梯形法、翼形法以及舌形法。目前多采用梯形法测定土工膜及土工织物的撕裂强度。

土工织物梯形撕裂强度值一般为 0.15~30kN,不加筋土工膜的梯形撕裂强度值一般为 0.03~0.4kN。

4. 顶破强度

顶破强度是反映土工织物(或土工膜)抵抗垂直织物平面的法向压力的能力。工程应用中,土工织物和土工膜常被置于两种不同粒径的材料之间,不仅受到粒料的顶压作用,而且受到施工时抛填粒料引起的法向荷载。根据粒径大小和形状,土工织物及土工膜按接触面的受力特征和破坏形式,可分为顶破、刺破和穿透几种受力状态。

测试顶破强度的方法有液压胀破试验、圆球顶破试验和 CBR 顶破试验。

5. 刺破强度

刺破强度是反映土工织物和土工膜在小面积上受到法向集中荷载,直到刺破所能承受的最大作用力,单位为 N。刺破试验是模拟土工合成材料受到尖锐棱角的石子或树根的压入而刺破的情况。

6. 穿透强度

穿透强度是模拟工程施工过程中,一些具有尖角的石块或其他锐利物掉落在土工织物和土工膜上时,土工织物或土工膜抵御穿透的能力。通常以落锤穿透试验所得孔眼的大小来评价土工合成材料抗冲击刺破的能力。

7. 蠕变特性

材料的蠕变系指材料在大小不变的力的作用下,变形随时间增长逐渐增大的现象。蠕变特性是土工合成材料的重要特性之一,是材料能否应用于永久性工程的关键。

蠕变的大小取决于原材料的性质、结构和生产工艺。一般的聚合物材料是黏弹性的,具有很强的蠕变性。影响蠕变特性的因素很多,除原材料和结构外,还和荷载的大小有关,一般用荷载水平表示,即单位宽度所受拉力与抗拉强度的比值,此外还与温度和侧限压力等因素有关。

三、水力学性质

由于土工织物、细孔土工网等土工合成材料可以使水和空气自由地通过,并能有效地截留和控制土颗粒的流失,因此被广泛用作排水和过滤材料。土工合成材料水力学性质主要包括两个方面:一是导水和透水的能力,二是阻止颗粒流失的能力。这些性质涉及土工合成材料的孔隙率、孔径大小与分布情况、渗透特性等,其中孔隙率与孔径在物理性质中已介绍,现将渗透性简述如下。

土工织物的渗透特性是其重要水力学特性之一。在过滤标准及其他有关水力学设计中,是一项不可缺少的重要指标。

1. 渗透系数和透水率

土工织物起渗滤作用,水流的方向垂直于织物平面,应用中要求土工织物必须能阻止土颗粒随水流流失,同时还要具有一定的透水性。

土工织物的透水性主要用渗透系数来表示,渗透系数是在水力坡降等于 1 时的渗透流速,即

$$k_n = \frac{v}{i} = \frac{v\delta}{\Delta h} = \frac{Q\delta}{At\Delta h} \tag{8-6}$$

式中:k_n——渗透系数,cm/s;
v——渗透流速,cm/s;
i——渗流水力坡降;
δ——土工织物的厚度,cm;
t——测量透水量的历时,s;
A——土工织物试样的透水面积,cm²;
Q——t 时间内的透水量,cm³;
Δh——土工织物上下面测压管水位差,cm。

土工织物的渗透性还可以用透水率来表示,水位差等于 1 时的渗透流速,即

$$\varphi = \frac{v}{\Delta h} = \frac{Q}{\Delta h A t} \tag{8-7}$$

式中:φ——透水率,s^{-1}。

土工织物的透水性能受多种因素影响,除取决于织物本身的材料、结构、孔隙的大小和分布外,还与实际应用中织物平面所受的法向应力、水质、水温和水中含气量等因素有关。

标准温度(20℃)下的渗透系数按式(8-8)计算:

$$k_n^{20} = k_n \frac{\eta_t}{\eta_{20}} \tag{8-8}$$

式中:k_n^{20}——标准温度(20℃)时试样的渗透系数,cm/s;
η_t——试验水温(t℃)时水的动力黏滞系数,kPa·s;
η_{20}——20℃时水的动力黏滞系数,kPa·s。

土工织物的渗透系数为 $8 \times 10^{-4} \sim 5 \times 10^{-1}$ cm/s,其中无纺织物的渗透系数为 $4 \times 10^{-3} \sim 5 \times 10^{-1}$ cm/s。

2. 沿织物平面的渗透系数和导水率

土工织物用作排水材料时,水在织物内部沿织物平面方向流动。土工织物在内部孔隙中输导水流的性能用沿织物平面的渗透系数或导水率表示。

沿织物平面的渗透系数定义为水力坡降等于 1 时的渗透流速,即

$$k_t = \frac{v}{i} = \frac{vL}{\Delta h} = \frac{QL}{tB\delta\Delta h} \tag{8-9}$$

式中:k_t——沿织物平面的渗透系数,cm/s;
v——沿织物平面的渗透流速,cm/s;
i——渗流水力坡降;
δ——土工织物的厚度,cm;
t——测量透水量的历时,s;
B——试样宽度,cm;
L——织物试样沿渗流方向的长度,cm;
Δh——L 长度上两端的测压管水位差,cm;
Q——t 时间内的透水量,cm³。

土工织物输导水流的性质还可以用导水率表示,导水率是水力梯度等于 1 时水流沿土工织物平面单位宽度内输导的水量,等于平面渗透系数与土工织物厚度的乘积,即

$$\theta = k_t \delta = \frac{QL}{tB\Delta h} \tag{8-10}$$

式中：θ——导水率，$\mathrm{cm^2/s}$；

其余符号意义同前。

土工织物的导水率和沿织物平面的渗透系数与织物的原材料、织物的结构有关。此外，还与织物平面的法向压力、水流状态、水流方向与织物经纬向夹角、水的含气量和水的温度等因素有关。

土工膜可以阻挡水、水汽、气体及有害物质的渗透，渗透系数很小。水利工程中主要用土工膜挡水，其渗流的动力为土工膜两侧的水头差。在环境工程中，常用以阻挡水汽、气体以及有害物质的地下水。对气体产生渗流的动力为膜两侧的水汽压差。对混合气体和液体中的溶解物质来说，其各自成分及在膜两侧的浓度差决定其渗流情况。

四、土工合成材料和土的相互作用特性

土工合成材料应用于岩土工程，与土直接接触，必然存在与土的相互作用的问题。土工合成材料和土的相互作用特性可以分为两大类型：淤堵特性和界面摩擦特性。

1. 土工织物的淤堵

淤堵特性是指当土工合成材料用作过滤材料时，渗流将被保护土中的细颗粒堆积或积聚在滤层的表面或内部，使透水性下降，严重时甚至使滤层失效。

织物的淤堵主要取决于织物的孔径分布和土颗粒的级配。如果土颗粒均匀且大于织物的等效孔径，或者虽不均匀，但在水流作用下能形成稳定的反滤拱架结构，则一般不会产生较明显的淤堵。此外，水流的条件也对淤堵有影响，例如单一方面的水流比流向反复变化的水流易形成淤堵。

目前还没有防止淤堵的设计公式，也没有统一的标准说明淤堵允许的程度，只有通过观察织物的流量减小以及进入织物的土颗粒增多的现象来评估淤堵。

2. 界面摩擦特性

当土工合成材料作为加筋材料埋在土内，或作为滤层铺在土坡上时，都将与周围土体构成复合体系。两种材料在外荷及自重作用下产生变形时，将沿其界面发生相互作用。由土工合成材料在工程应用中可能发生的位移分析可知：土与土工合成材料两者相互作用的形式为沿界面的相互摩擦或材料从土中被拔出。

土工合成材料与周围的土产生相对位移时，在接触面上将产生摩擦阻力。其界面摩擦性质的测定方法有直剪摩擦试验和拉拔摩擦试验两种。

(1) 直剪摩擦试验

两种材料界面上的摩擦特性常以黏着力 c_a 和摩擦角 δ 或似摩擦系数 f^* 表示。摩擦剪切强度符合库仑定律，可表示为：

$$\tau = c_a + p\tan\delta = c_a + p f^* \tag{8-11}$$

式中：τ——界面抗剪强度，kPa；

c_a——黏着力，kPa；

δ——摩擦角(°)；

p——法向压力,kPa;
f^*——似摩擦系数。

直接剪切摩擦试验一般在 4 种不同压力 p 下进行,测出相应的强度值 τ,绘制 τ-p 曲线,求出 c_a、δ 或 f^* 值。所采用的压力应根据土工合成材料在土中发挥作用时所受的压力确定。

织物与土之间的黏着力一般很小,常常可忽略不计,而土工格栅与土之间的咬合力较大。土与土工合成材料之间的摩擦角与土的颗粒大小、形状、紧密程度和织物的种类、孔径以及厚度等因素有关,也受试验时正压力大小的影响。

(2)拉拔摩擦试验

土工合成材料埋在土内,受到沿其平面方向的拉力时,将在拉力方向上引起应力和变形。由于有法向应力作用,受拉时上、下界面上将引起摩擦阻力。该阻力沿拉力方向不是均匀分布的,随各点的应变不同而不同。材料被拔出的瞬时,可认为上、下界面的摩阻力均匀分布,并与拉力平衡,该值即为界面的摩擦强度。可按式(8-12)计算:

$$\tau = \frac{T_d}{2LB} \tag{8-12}$$

式中:τ——界面抗剪强度,kPa;
T_d——织物试样被拔出时的瞬间拉力,kN;
L、B——分别为织物试样埋在土内部分的长度和宽度,m。

拉拔剪切摩擦试验应在 4 种不同法向压力 p 作用下进行,分别测出 τ 值,绘制 τ-p 曲线,求出 c_a、δ 或 f^* 值。

直剪摩擦试验与拉拔摩擦试验的机理不同,试验结果常存在一定差异。两种试验的强度发挥和主要影响因素不同,哪种结果更为合理,难以简单评价。如果能预估实际工程填土和织物可能出现的相对位移情况,则直剪摩擦试验较能反映实际的单面相对位移。双面均与土发生相对位移,则拉拔摩擦试验可能更为合适。

五、耐久性

土工合成材料的耐久性是指其物理和化学性能随时间增加所具有的稳定性,主要是指对紫外线辐射、温度变化、化学与生物侵蚀、干湿变化、冻融变化和机械磨损等外界因素变化的抵御能力。土工合成材料的耐久性主要与聚合物的类型及添加剂的性质有关。

1. 抗老化性能

土工合成材料的老化是指在加工储存和使用过程中,受环境的影响,材料性质逐渐劣化的过程。老化现象有外观手感、物理化学性能、力学性能、电性能的变化等,其中最为关注的是力学性能的变化。老化现象的产生有内因和外因的作用,内因是高分子聚合物具有链节结构,受外界因素的影响,发生降解反应或交联反应的结果;外因可分为物理、化学和生物等类型,主要有太阳光、氧气、热、水分、工业有害气体和废物、微生物等。

(1)氧化作用

使材料老化的各种因素中,阳光辐射起着最重要的作用,紫外线具有很大的能量,能够切断许多聚合物的分子链,或者引发光氧化反应。

为研究各种材料的氧化性能,通常采用自然氧化试验和人工氧化试验两种,试验结果用老化系数 K 来表示:

$$K = \frac{f}{f_0} \tag{8-13}$$

式中：f_0——老化前的性能指标(如抗拉强度和伸长率等)；
　　　f——老化后的性能指标。

自然氧化试验主要有大气氧化试验、埋地试验、海水浸渍试验等。其中以大气氧化试验最为普遍，即将试样放在户外曝晒，曝晒时可改变试样与水平面的倾角或与阳光的夹角，如呈 $0°$、$45°$、$90°$ 等，曝晒时间根据需要选定。

人工氧化试验是利用气候箱进行加速氧化试验。现代的人工气候箱可模拟光、温度、湿度、降雨等多种气候条件。人工氧化的速度一般比大气氧化速度快 5～6 倍，有的甚至快 10 倍以上，人工氧化试验还可以研究某种气候条件单独作用的影响，需要周期短，但气候箱所模拟的条件与自然条件总有一定的差距，其可靠性不如大气氧化试验。

(2) 抗化学腐蚀的能力

聚合物对化学腐蚀一般具有较高的抵抗能力，但某些特殊的化学药剂或废品对聚合物有腐蚀作用。因而利用土工膜作污水或废物存储池的防渗材料时，对其化学稳定性要认真对待。除聚乙烯、氯醇橡胶的化学稳定性特别好外，其他原料的土工膜都应进行试验。目前试验的方法通常是把试样浸泡在该种化学试剂的溶液中，经过一定的时间，比较浸泡前后的各种性能指标。

(3) 抗生物侵蚀能力

土工合成材料一般都能抵御各种微生物的侵蚀。但在土工织物或土工膜下面，如有昆虫或兽类藏匿和建巢，或是树根的穿透，也会产生局部的破坏作用，但对整体性能的影响很小。另外，细菌繁衍或水草、海藻等可能堵塞一部分土工织物的孔隙，对透水性能产生一定的影响。

(4) 温度、冻融及干湿度变化对合成材料性能的影响

在高温条件下，合成材料将发生熔融现象，有时温度虽未达到熔点，但较高的温度也会使聚合物分子结构发生变化，影响材料的弹性模量和强度。有些聚合物在特别低的温度下，也使柔性降低、质地变脆，影响其力学特性，给施工及接缝造成困难。

此外，干湿度和冻融变化可能使一部分空气或冰屑存于织物内部，影响渗透特性。

2. 抗磨损能力

磨损是指土工合成材料与其他材料接触摩擦时，部分纤维被剥离，导致强度下降的现象。

土工合成材料在运输、储存、铺设过程中易受到损伤，从而导致强度的下降。大量试验表明：因铺设造成的孔洞是使材料强度降低的主要因素。孔洞数越多，原始强度降低得越多。

土工合成材料的抗磨损的室内试验主要有摆动滚筒均匀摩擦和旋转式平台双摩擦头法两种。

第三节　土工合成材料的应用

一、土工合成材料的功能及适用范围

土工合成材料的功能是多方面的，综合起来可以概括为过滤作用、排水作用、隔离作用、加筋作用、防渗作用和防护作用六种功能。

1. 过滤作用

把土工织物置于土体表面或相邻土层之间,可以有效地阻止土颗粒通过,从而防止由于土颗粒的过量流失而造成土体的破坏。同时允许土中的水或气体通过织物自由排出,以免由于孔隙水压力的升高而造成土体的失稳等不利后果。

土工织物可适用于土石坝黏土心墙或黏土斜墙的滤层,土石坝或堤坝内的各种排水体的滤层,储灰坝或尾矿坝的初期坝上游坝面的滤层,堤、坝、河、渠及海岸块石或混凝土护坡的滤层,水闸下游护坡下部的滤层,挡土墙回填土中排水系统的滤层,排水暗道周边或碎石排水暗沟周边的滤层,水利工程中水井、减压井或测压管的滤层等。

2. 排水作用

有些土工合成材料可能在土体中形成排水通道,把土中的水分汇集起来,沿着材料的平面排出体外。较厚的针刺型无纺织物和某些具有较多孔隙的复合型土工合成材料都可以起排水作用。

它们可适用于土坝内垂直或水平排水,土坝或土堤中的防渗土工膜后面或混凝土护面下部的排水,埋入土体中消散孔隙水压力,软基处理中垂直排水,挡土墙后面的排水,各种建筑物后面的排水,排除隧洞周边渗水、减轻周边所承受的外水压力,人工填土地基或运动场地基的排水等。

3. 隔离作用

有些土工合成材料能把两种不同粒径的土、砂、石料,或把土、砂、石料与地基或其他建筑物隔离开来,以免相互混杂,失去各种材料和结构的完整性,或发生土粒流失现象。土工织物和土工膜都可以起隔离作用。

可用于道路基层与路基之间或路基与地基之间的隔离层,在土石混合坝中隔离不同的筑坝材料,用作坝体与地基之间的隔离体,堆场与地基间的隔离层等。

4. 加筋作用

土工合成材料埋在土体中,可以分布土体的应力,增加土体的模量,传递拉应力,限制土体侧向位移;还可以增加土体和其他材料之间的摩阻力,提高土体及有关建筑物的稳定性。土工织物、土工格栅、土工网及一些特种或复合型的土工合成材料,都具有加筋作用。

可用于加强软弱地基,加强边坡稳定性,用作挡土墙回填土中的加筋或锚固挡土墙的面板,修筑包裹式挡土墙或桥台,加固柔性路面、防止反射裂缝的发展等。

5. 防渗作用

土工膜和复合型土工合成材料,可以防止液体的渗漏、气体的挥发,保护环境或建筑物的安全。

它们可用于土石坝和库区的防渗,渠道防渗,隧道和涵管周围防渗,防止各类大型液体容器或水池的渗漏和蒸发,屋顶防漏,用于修筑施工围堰等。

6. 防护作用

多种土工合成材料对土体或水面,可起防护作用。

主要用于防止河岸或海岸被冲刷,防止垃圾、废料或废液污染地下水或散发臭味,防止水面蒸发或空气中灰尘污染水面,防止土体冻害等。

各类工程的应用对功能的要求可分为主要的和次要的,主要功能一定要保证达到,次要功能兼顾考虑。有的土工合成材料可同时兼顾几种功能,选用时应按各种材料的特点及结构,针对工程应用的需要使用最佳的产品。

二、土工合成材料的工程应用

土工合成材料由于其施工方便、造价低廉、效果明显、技术可行等优点,已大量应用于水利、公路、铁路、港口、机场、环保和城建等领域,可以说,凡是有岩土工程基本建设的场所,都有它的用武之地。下面主要介绍土工合成材料在道路工程中的应用。

1. 软土路基处置

在公路、铁路工程建设中,经常会遇到淤泥、淤泥质土、冲填土或其他高压缩性土构成的软土地基。这类地基具有高含水率、大孔隙、低密度、高压缩性、低透水性、中等灵敏度等特点,而且还具有一定程度的结构性,容易产生地基破坏和过大的沉降及不均匀沉降。为了保证路堤的稳定,常常需要对软土地基进行处理和加固。常规的处理方法有换填土、挤淤、强夯、振动碾压、群桩复合地基等。由于土工合成材料具有加筋、过滤、排水等作用,实践证明利用土工合成材料处理软土地基效果较好。

土工合成材料处理软土路基,主要是通过在路堤底面铺设抗拉强度较高、延伸率较低、刚度较大的土工布、土工格栅和土工格网等与砂石形成加筋垫层,保持基底完整连续,有时还配合碎石桩、水泥混凝土桩、粉喷桩等,形成平铺加筋群桩复合地基。

由于土工合成材料具有较高的延伸性,从而可使上部荷载扩散,提高原地基承载力,并使填土增加稳定性。

土工合成材料加固软土地基有两种作用,一是起加筋补强作用,提高软土地基承载力,二是起排水固结作用,加速软土地基排水固结。机织土工织物或土工格栅对软土的加筋补强作用主要体现在水平加筋上。复合地基中,机织土工织物或土工格栅主要处于受拉状态,与土产生互相摩擦作用,限制其上下土体及土体的侧向变形,等效于给土体施加了一个类似于侧向变形,改善软基上部的位移和应力场,使应力分布均匀,从而提高地基承载力和稳定性,减小不均匀沉降。塑料排水带在土体内部形成排水通道,具有良好的三维透水性,能使水沿内部的排水通道迅速排出,还可使水经过其平面迅速沿水平方面排走,构成水平排水层,与其他排水材料共同构成综合排水系统,可加速软土地基的排水固结,提高地基承载力等。

软土地基上的加筋路堤与未加路堤不同之处是它们的破坏机理和破坏条件不同。对于未加路堤,填在较厚的软土层上时,一般表现为圆弧滑动或冲切式下沉隆起破坏;填在薄层软土层上时,则表现为侧向挤出破坏。而对于软土地基上的加筋路堤,由于设有加筋垫层,影响加筋软土地基破坏形式的主要因素是筋材的抗拉强度和延伸率,加筋垫层的刚度和完整性,桩体强度、长度及间距,软土基的厚度及其强度和变形性质等。其破坏形式大致可分为5种基本形式:滑动破坏、筋材断裂破坏、地基上塑性破坏、薄层挤出破坏和水平滑移破坏。

土工合成材料加固软土地基的方法有以下几种:

(1)平铺式加筋。在软土基上水平设置土工布、土工格网、土工格栅等筋材加固层,是克服道路施工和使用时软土地基承载力极低的缺点,从而保证路堤安全稳定的一种行之有效的方法。这种方法是在淤泥土层上人工平铺一层或几层筋材,再摊铺合适厚度的砂垫层(利于排水)和填土层,也有采用粉煤灰做填料的。

(2)土工格网碎石桩复合地基。碎石桩在软土地基处理中应用得非常广泛,因为它既可以提高地基承载力,降低压缩量,又可以配合砂垫层等其他措施,加快软土地基的固结沉降速度,从而达到加固地基的目的。但桩体的膨胀破坏限制了桩的承载能力,为了提高碎石桩的承载能力,可以采用土工格网或织物加固碎石桩的方法。一般有两种,一种是将土工格网围在钢筋笼内侧,再在其内部充填碎石材料形成的土工格网围裹碎石桩,利用土工格网较强的张拉强度将碎石材料紧紧束缚在一起,限制桩体的侧向变形,从而提高碎石桩承载力;另一种是在桩体距桩顶一定深度范围(2~3倍桩径)内分层水平布设土工格网或织物,称作平铺筋材加固碎石桩,提高复合地基承载力。

(3)平铺加筋群桩复合地基。在应用水泥混凝土预制桩、碎石桩、粉喷桩等群桩加固软土地基以保证路基的稳定性和防止路基不均匀沉降时,为了使路堤的填土荷载均匀地作用于桩顶及桩间土上,在桩顶上铺设一加筋垫层,形成平铺加筋群桩复合地基,其作用主要是发挥桩和土的共同作用,提高软土地基的承载力,减少沉降。

2. 路面冻融翻浆防治

在寒冷地区或季节性冻土地区,由于土质原因及地下水的影响,路面常出现冻胀与翻浆现象。采用土工织物综合防治路基冻胀、翻浆病害,可达到较好的效果。

基本做法是把无纺织物铺在基层与软弱路基之间,使土基固结,提高土基强度。土工织物通过把路面粒料与液化土路基隔离开,在车辆振动荷载作用下可有效防止翻浆冒泥,防止集料承载力的衰减,避免刚性路面冒泥打滑,并能有效防止流砂流失,只把水排走,消散孔隙压力,迅速消除路基的液化而固结,改善路基土的物理力学特性,提高路基的通行能力。此外,由于土工织物有较大的抗拉强度和表面抗拉拔摩擦阻力,在车辆荷载作用下,犹如一个张紧的薄膜,约束了路面集料的水平位移,以及路基土的隆起和侧向位移,改变了地基的应力状态,从而提高了路基的极限承载力。

3. 加筋土挡墙、土边坡

支挡结构是公路的重要组成部分,它不但用于桥梁的桥台和翼墙,也用于边坡加固以及使路基占地最少。加筋挡墙和加筋土边坡是经济有效的挡土结构,与刚性挡墙相比,能承受更大的沉降变形。通过在填土中设置拉伸加筋材料,能显著地提高填土强度,保证土—加筋系统在垂直方面上基本能够自我维持稳定,能容许安全地修筑非常陡的边坡或垂直挡墙。

加筋土边坡支挡结构包括加筋土挡墙与加筋土边坡,主要由加筋材料、面层系统和回填材料三大部分组成。目前在加筋土挡墙与加筋土边坡系统中采用的加筋材料,按其几何形状可分为条带式加筋(包括钢带、聚合物加筋带、混凝土带等)、网眼型宽幅加筋(包括土工格网、土工格栅或钢筋网)和非网眼型宽幅加筋(主要为土工布)三种类型;面层系统是两层加筋材料之间土的表面剥落而使用的加筋土系统的一部分,一般包括预制混凝土面板、干浇混凝土模块、金属板、石笼、焊接钢丝网、喷浆混凝土、木板以及反包土工合成材料等;回填材料包括加筋土和挡土,加筋土指用筋材改善其力学特性的回填土,挡土指加筋土体后的回填土。

传统上用混凝土或重力式挡墙的地方如桥台、翼桥以及占地范围局限等场合,大部分可采用经济实用有效的加筋土挡墙。由于加筋土挡墙具有适应不良地基条件而引起的变形的能力,且可提高承载力,改善侧向土压力分布,相应减少侧向土压力,能够有效减少路基与构造物间的不均匀沉降。并且施工简洁快速,不需要大型施工设备,不需要拥有特别施工技术的熟练工,与其他选择相比,只需较少的现场准备工作,占地面积少,一般不需要非常坚固的刚性基础支承,经济有效,技术上可修筑高度超过25m的加筋土挡墙,尤其适合边坡不稳定的陡坡地带或地基条件差的地方。此外,根据对地震地区的调查,这种结构比刚性挡墙有更高的抗地震能力。但加筋土挡墙也存在一定的结构缺点,如挡墙背后需要充足的空间,以获得足够的墙宽来保证内部和外部稳定性;需要良好的粒料土,对缺少粒料土的工程,如采用合适的填土材料可能使工程不经济;出现钢材加筋的锈蚀、暴露面层的土工合成材料在紫外线下的变质及填土中聚酯类加筋材料的老化;加筋系统的设计和施工经验仍不成熟,故在设计时需要制定相关的设计标准和进一步完善试验规范。

加筋土边坡相对于加筋土挡墙,其坡度较缓,一般坡度小于70°,有时不必在坡面处将筋材反包。大部筋土边坡采用连续的土工合成材料如土工布、土工格网、土工格栅等,也可用分布均匀的微型加筋,如纤维、纱线和格网碎片。加筋土边坡实际是加筋土挡墙的一种形式,通过把多层加筋材料埋设在边坡中,提高边坡边缘填土的压实度,减少边坡表面滑坍可能性,同时增加边坡稳定性。

加筋土边坡具有对沉降变形的适应性、施工简便、占地较少、经济性(有时加筋土边坡的投资费用大约为加筋土挡墙的一半)的特点,而且还可结合绿化植被技术,既可防紫外线,外观又宜人,故在公路部门应用较多。

4. 路基路面的综合排水

如道路基层不能迅速地排水,因基层扩散荷载能力不足,交通荷载应力将全部被传递到地基上,使路面加速破坏;如路面排水不畅通,积水将不断渗入基层,且在车辆作用下静水转变为动水,同样也会加速路面的破坏。

土工织物不仅有良好的透水、透气性能,无论是织物的法向或水平向,均具有较好的排水能力,能将土体内的水积聚到织物内部,形成排水通道,排出土体。而且有较小的孔径,当水流垂直织物平面方向流过时,可使大部分土颗粒不被水流带走,起到滤层作用。因此,在公路中可用于排水夹层和竖向排水,在泥炭饱和淤泥地带利用土工布垂直排水及防渗,用作排水夹层,可加速路堤的固结,加快沉降,提高强度;可用于公路中央分隔带的排水,在上下行车道分隔的中间,用土工布铺垫其下,有利于排凹形沟槽排水,不让土粒流失,同时其上层铺设土工膜,起分隔和保护中央绿化带的作用;可用于公路路肩排水,为保持路肩部分的正常排水,两路肩近基层两侧利用土工布垫层包住砂石料,并能降低路面边缘积水,加速渗出,促进土基稳固;可用于排水管作滤网层,在有孔的排水管外壁包上土工布,作为滤层,既有利于排水,又可使土粒不致流失,并保持了排水管不会被泥沙淤塞而经久畅通;可用于排水沟的隔层,由砾石、块石等筑成的排水盲沟,最大的缺点是往往为泥沙随水流入空隙,用土工布作隔层的效果明显,对排水极为有利;此外,还可用于隧道作为防水层,在高速公路的隧道内,复合土工膜的无纺织物层夹在一次衬砌混凝土与膜之间,即可保护不被刺破,又起加筋作用,同时还可疏导一次衬砌后渗出的积水,膜主要起防水作用。

5. 路基防护

由于土工合成材料具有过滤、封闭、隔离作用,在路基工程中主要用于坡面防护和冲刷防护。坡面防护指防护易受自然因素影响而破坏的土质或岩石边坡;冲刷防护指防护水流对路基的冲刷与淘刷。

(1) 坡面防护

在公路主干道工程的开挖回填路基边坡如不及时进行有效的处理,不仅容易造成坡面的水土流失和岩崩碎落,严重时还会危及工程的安全,破坏植被的生态系统以及出现汽车噪声、尾气污染。因此,公路路基边坡的防护一直是公路工程人员要解决的问题。土工合成材料用于公路路基坡坡面防护是近些年发展形成的一门新技术,主要用于土质边坡防护(坡度宜在 1∶1.0～1∶2.0 之间)和岩质路堑边坡防护(坡度宜缓于 1∶3.0)。

用土工合成材料防护土质边坡坡面,还能凸现环境绿化方面的优势,即配合植物坡面防护技术,应用土工合成材料的防护土质边坡,形成一种土工复合植被技术,可起到直接防护和植被防护的双重功效。

目前采用的土工复合植被防护系统中主要采用土工网或土工垫材料,一般可采用拉伸网草皮、固定草种布、网格固定播种三种防坡方式。它们可将分散在坡面上的土颗粒拢在一起,并为土壤表面加筋,保护坡面的表面土,从而防止土壤的侵蚀和移动。在植被生长初期,土工合成材料固定坡面和幼草,防止雨水冲刷,待植被生长茂盛后,土工合成材料与植被连接在一起,起到复合护坡的作用。

在高等级公路建设施工中,岩质路堑边坡由于原有岩石层走向、页理、缝隙及岩层水等不利因素,经常发生侵蚀、岩崩,甚至失稳坍塌等病害。土工合成材料用于岩质路堑边坡防护,主要针对易碎岩面的侵蚀和少量的岩崩病害。

岩质路堑边坡防护采用土工网或土工格栅进行裸露式和埋藏式防护。裸露式是将土工格栅直接固定并裸露于岩面,适用于临时性工程边坡的防护或永久性工程边坡的临时防护。对永久性工程的边坡,在更换土工网或土工格栅较方便的场合也可采用;埋藏式是将土工网或土工格栅固定于岩面后再用水泥砂浆喷护。

此外,土工合成材料还应用于路基边坡防护的其他方面,如利用其排水防渗过滤解决地质不良地段路堑边坡因水害而引起的坍塌、基岩裂隙潜水和砂卵石含水层的孔隙潜水导致的边坡滑坍病害等。

(2) 冲刷防护

冲刷防护是保证沿河浸水路堤坚固和稳定的重要措施。由于受到不同水力条件、河床形态变化以及传统的冲刷防护做法普遍缺乏有效的滤层,在水流的冲刷下,基土细粒仍被不断带走,导致岸坡坍塌不止,需逐年维修加固。土工合成材料由于质轻、强度高、耐腐蚀、柔性强、价廉、施工简单,与土体相互作用有滤土排水作用、紧贴地面、吸收水流冲击等优点,可以有效用于抗冲刷和防渗漏。

用于路基冲刷的土工合成材料主要是土工织物软体沉排和土工模袋护坡。土工织物软体沉排是在土工织物上以块石或预制混凝土块体为压重的护坡结构,具有良好的柔韧性,可适应不同的地基面形状和变化,紧贴于土面,还有良好的连续性和整体性以及较高的抗拉强度,一般用于水下工程及预计可能发生冲刷的路基坡面中。土工模袋是一种采用合成纤维机织而成的双层织物,其内灌注具有一定流动度的混凝土或砂浆成型。土工模袋是护岸、护坡的一种形式,由于土工模袋自身具有透水性,加之灌注时的压力,使混凝土或砂浆中的部分水分被挤压而流出模袋,从而降低混凝土或砂浆的水胶比,加快其凝固速度,获得高密度和高强度的混凝土或砂浆的硬结体。可用于土坝上下游边坡、渠道和河道岸坡、公路和桥台坡面及港湾等工程。

6. 路面裂缝防治

道路的路面常产生开裂,裂缝的逐渐延伸和扩大将大大地削弱路面的整体性,它是路面严重损坏的前奏。土工合成材料在道路路面工程中的应用主要是抑制因半刚性基层收缩而产生的裂纹向上扩展,减少沥青路面的车辙,防止和延缓铺设在旧水泥混凝土路面上的沥青加铺层的反射裂缝。半刚性基层沥青路面中还可适当提高基层和底基层的疲劳寿命。用于路面裂纹防治的土工材料主要有玻纤网、土工织物等。

(1)旧沥青路面裂缝防治

沥青路面在车辆荷载和环境因素的重复作用下可能产生各种形式的破损,其中以裂缝尤为突出。通常的维修方法是在原来裂缝路面上加铺罩面层,但使用一段时间后,原有的裂缝会反射到新铺的沥青面层上,因此一般的罩面养护已达不到预期效果,如何防治沥青路面的反射裂缝已成为养护工作的当务之急。在旧沥青路面上加铺玻纤网、土工织物,可以防止沥青路面过早开裂,提高永久抗变形的能力,同时土工织物和黏层油结合后具有很好的防水效果,可以防止沥青面层开裂后路表水渗入路面结构层造成路面更严重的破坏,最主要的是加铺玻纤网土工织物后可以有效地防止沥青面层反射裂缝的产生。

基本做法是路面清扫干净后洒 $0.8 \sim 1 kg/m$ 黏层沥青,其上再铺一层土工织物,然后做沥青混合料罩面。这是因为土工织物能承受拉力,从而增大罩面层的韧性,控制裂缝的传播发展;防止反射裂缝的传播,改善路面受力情况;隔断路面水向路基渗透,保护路基的强度。

土工合成材料可以延缓反射裂缝发生 $2 \sim 4$ 年,尤其是裂缝宽度在 $0.76 \sim 1.78 mm$ 时效果更好。而对于裂缝宽度较大,如不针对原因预先处理,则效果往往不明显。

(2)旧水泥混凝土路面裂缝防治

水泥混凝土路面可采用沥青混凝土加铺层进行维护,但是沥青混凝土加铺层在温度变化和车轮荷载重复作用下容易产生反射裂缝。旧水泥混凝土路面上加铺层产生裂缝的主要原因是在水泥混凝土板的接缝处,由于温度变化产生的相对水平位移和车轮荷载作用下产生的相对竖向位移重复作用所致。为了延缓沥青加铺层出现反射裂缝,较有效的措施是在旧路基混凝土路面与沥青加铺层之间设置防裂层,减少加铺层应力集中,可采用玻纤网、土工织物等作为防裂层材料。

基本做法是对旧的水泥路面采用冲击锤,将病害板块破碎成混凝土块,用水泥砂浆或环氧树脂填充,振动压路机碾压成型。翻挖破碎板,铺筑二灰碎石补强层。然后采用土工布铺筑设备,人工一次摊铺土工布。对不平整处,应用推杆推平,如遇到弯道,应将弯道内侧的土工布用剪刀裁开,然后一侧摊平,涂刷沥青,再将另外一侧叠盖搭接。一卷土工布摊完后,再喷洒另一幅土工布下的黏层沥青。为确保土工布 20cm 的搭接,要在前一幅摊好的土工布上边布洒 20cm 宽的沥青带,再摊铺第二幅土工布。土工布纵向搭接不小于 20cm。

(3)新建道路路面裂缝防治

由于沥青路面下的半刚性基层自身的收缩,沥青面层或多或少会出现反射裂缝。可将土工合成材料铺设在沥青面层的底部,减少或延缓反射裂缝的产生。一般采用玻纤网进行路面加筋,具体做法是先清扫基层顶面,保持基层顶层清洁干净,然后立即洒布黏层油,尽量保证沥青洒布车均匀洒布,也可用手喷枪均匀洒布。洒布后立即铺设玻纤网,铺设玻纤网前应根据坑槽的实际尺寸对玻纤网进行裁剪,玻纤网有自带粘胶和不带粘胶两种,当采用不带粘胶玻纤网时,采用钉子固定法,玻纤网纵横向被拉紧时用钉子固定在洒布黏层沥青的下层结构上,每段长 2~5m,玻纤网横向搭接距离不小于 5cm,纵向搭接距离不小于 15cm,并根据摊铺方法,将前一端置于后一端部上面。由于玻纤网具有较大的抗拉强度及弹性模量,较低的延伸率和很高的熔点,治理沥青路面反射裂缝效果较好。

土工合成材料应用于道路工程中,不但可以提高工程质量、延长工程寿命,还具有不可低估的经济作用,能够减少土石方量、降低维修费用,为工程建设节约大量资金。随着土工合成材料的性能不断完善和工程需要的不断增长,土工合成材料将会更广泛地应用到工程的各个领域当中,成为工程中不可缺少的材料。

【本章小结】

土工合成材料是继钢材、木材、水泥之后的第四大工程建筑材材料。根据功能与制造工艺的不同,土工合成材料分为土工织物、土工膜、土工复合材料、土工特种材料四大类。本章主要介绍了这四种土工合成材料的特性、功能以及在道路工程中的应用。

【复习思考题】

8-1 简述土工合成材料的定义及种类。
8-2 土工合成材料的性质包括哪些方面?
8-3 土工合成材料的耐久性与哪些因素有关?
8-4 土工合成材料具有哪些功能?
8-5 简述土工合成材料在道路工程中的应用。

PART 2 | 第二篇
试验方法

第九章

砂、石材料试验

第一节 岩石的密度试验、毛体积密度试验

一、岩石的密度试验

岩石的密度（颗粒密度）是选择建筑材料、研究岩石风化、评价地基基础工程岩体稳定性及确定围岩压力等必需的计算指标。

试验用洁净水做试液时适用于不含水溶性矿物成分的岩石的密度测定，对含水溶性矿物成分的岩石应使用中性液体如煤油做试液。

1. 仪器设备

密度瓶（短颈量瓶，容积100mL）；天平（感量0.001g）；轧石机、球磨机、瓷研钵、玛瑙研钵、磁铁块和孔径为0.315mm的标准筛；砂浴、恒温水槽（灵敏度±1℃）及真空抽气设备；能使温度控制在105~110℃的烘箱；带有干燥剂的干燥器；锥形玻璃漏斗和瓷皿、滴管、中骨匙和温度计等。

2. 试样制备

取代表性岩石试样在小型轧石机上初碎（或手工用钢锤捣碎），再置于球磨机中进一步磨

碎,然后用研钵研细,使之全部粉碎成能通过 0.315mm 筛孔的岩粉。

3. 试验步骤

(1)将制备好的岩粉放在瓷皿中,置于温度为 105～110℃的烘箱中烘至恒量,烘干时间一般为 6～12h,然后再置于干燥器中冷却至室温(20℃±2℃)备用。

(2)用四分法取两份岩粉,每份试样从中称取 15g(m_1),精确至 0.001g,用漏斗灌入洗净烘干的密度瓶中,并注入试液至瓶的一半处,摇动密度瓶使岩粉分散。

(3)当使用洁净水作试液时,可采用沸煮法或真空抽气法排除气体。当使用煤油作试液时,应采用真空抽气法排除气体。采用沸煮法排除气体时,沸煮时间自悬液沸腾时算起不得少于 1h;采用真空抽气法排除气体时,真空压力表读数宜为 100kPa,抽气时间维持 1～2h,直至无气泡逸出为止。

(4)将经过排除气体的密度瓶取出擦干,冷却至室温,再向密度瓶中注入排除气体且处于同温条件的试液,使接近满瓶,然后置于恒温水槽(20℃±2℃)内。待密度瓶内温度稳定,上部悬液澄清后,塞好瓶塞,使多余试液溢出。从恒温水槽内取出密度瓶,擦干瓶外水分,立即称其质量(m_3)。

(5)倾出悬液,洗净密度瓶,注入经排除气体并与试验同温度的试液至密度瓶,再置于恒温水槽内。待瓶内试液的温度稳定后,塞好瓶塞,将逸出瓶外试液擦干,立即称其质量(m_2)。

4. 结果整理

(1)按式(9-1)计算岩石密度值(精确至 0.01g/cm³):

$$\rho_t = \frac{m_1}{m_1 + m_2 - m_3} \times \rho_{wt} \tag{9-1}$$

式中:ρ_t——岩石的密度,g/cm³;

m_1——岩粉的质量,g;

m_2——密度瓶与试液的合质量,g;

m_3——密度瓶、试液与岩粉的总质量,g;

ρ_{wt}——与试验同温度试液的密度,g/cm³。

(2)以两次试验结果的算术平均值作为测定值,如两次试验结果之差大于 0.02g/cm³,应重新取样进行试验。

(3)试验记录

密度试验记录应包括岩石名称、试验编号、试样编号、试液温度、试液密度、烘干岩粉试样质量、瓶和试液合质量以及瓶、试液和岩粉试样总质量、密度瓶质量。

二、岩石的毛体积密度试验

岩石的毛体积密度是一个间接反映岩石致密程度、孔隙发育程度的参数,也是评价工程岩体稳定性及确定围岩压力等必需的计算指标。

岩石毛体积密度试验可分为量积法、水中称量法和蜡封法。量积法适用于能制备成规则试件的各类岩石;水中称量法适用于除遇水崩解、溶解和干缩湿胀外的其他各类岩石;蜡封法适用于不能用量积法或直接在水中称量进行试验的岩石。

1. 仪器设备

包括切石机、钻石机、磨石机等岩石试件加工设备；天平(感量 0.01g，称量大于 500g)；能使温度控制在 105～110℃ 的烘箱；石蜡及熔蜡设备；水中称量装置；游标卡尺。

2. 试件制备

(1) 量积法试件制备，试件尺寸应符合本书石料单轴抗压强度试件的规定尺寸。

(2) 水中称量法试件制备，试件尺寸应符合的规定有：试件可采用规则或不规则形状，试件尺寸应大于组成岩石最大颗粒粒径的 10 倍，每个试件质量不宜小于 150g。

(3) 蜡封法试件制备，试件尺寸应符合的规定有：将岩样制成边长 40～60mm 的立方体试件，并将尖锐棱角用砂轮打磨光滑；或采用直径为 48～52mm 的圆柱体试件。测定天然密度的试件，应在岩样拆封后，在设法保持天然湿度的条件下，迅速制样、称量和密封。

(4) 试件数量，同一含水状态，每组不得少于 3 个。

3. 试验步骤

(1) 量积法试验步骤

①量测试件的直径或边长：用游标卡尺量测试件两端和中间三个断面上互相垂直两个方向的直径或边长，按截面面积计算平均值。

②量测试件的高度：用游标卡尺量测试件断面周边对称的四个点(圆柱体试件为互相垂直的直径与圆周交点处；立方体试件为边长的中点)和中心点的五个高度，计算平均值。

③将试件放入烘箱内，控制在 105～110℃ 温度下烘 12～24h，取出放入干燥器内冷却至室温，称干试件质量。测定后的试件，可作为干燥状态单轴抗压强度试验用的试件。

④本试验称量精确至 0.01g，量测精确至 0.01mm。

(2) 水中称量法试验步骤

①测天然密度时，应取有代表性的岩石制备试件并称量；测干密度时，将试件放入烘箱，在 105～110℃ 下烘至恒量，烘干时间一般为 12～24h。取出试件置于干燥器内冷却至室温后，称干试件质量。

②将干试样浸入水中进行饱和，饱和方法可依岩石性质选用煮沸法或真空抽气法。试件的饱和过程和称量，应符合本书吸水率试验相关条款的规定。

③取出饱和浸水试件，用湿纱布擦去试件表面水分，立即称其质量。

④将试样放在水中称量装置的丝网上，称取试样在水中的质量(丝网在水中质量可事先用砝码平衡)。在称量过程中，称量装置的液面应始终保持同一高度，并记下水温。

⑤本试验称量精确至 0.01g。

(3) 蜡封法试验步骤

①将试件放入烘箱，在 105～110℃ 下烘至恒量，烘干时间一般为 12～24h，取出试件置于干燥器内冷却至室温。

②从干燥器内取出试件，放在天平上称量，精确至 0.01g (本试验称量精度皆同此)。

③把石蜡装在干净铁盆中加热熔化，至稍高于熔点(一般石蜡熔点在 55～58℃)。岩石试件可通过滚涂或刷涂的方法使其表面涂上一层厚度为 1mm 左右的石蜡层，冷却后准确称出蜡封试件的质量。

④将涂有石蜡的试件系于天平上，称出其在洁净水中的质量。

⑤擦干试件表面的水分,在空气中重新称取蜡封试件的质量,检查此时蜡封试件的质量是否大于浸水前的质量。如超过 0.05g,说明试件蜡封不好,洁净水已浸入试件,应取试件重新测定。

4. 结果整理

(1)量积法岩石毛体积密度按式(9-2)计算:

$$\rho_h = \frac{m_d}{V} \tag{9-2}$$

式中:ρ_h——毛体积密度,g/cm^3;
　　m_d——试件烘干后的质量,g;
　　V——岩石的体积,cm^3。

(2)水中称量法岩石毛体积密度按式(9-3)计算:

$$\rho_h = \frac{m_d}{m_s - m_w} \times \rho_w \tag{9-3}$$

式中:m_s——试件强制饱和后的质量,g;
　　m_w——试件强制饱和后在洁净水中的质量,g;
　　ρ_w——洁净水的密度,g/cm^3;
　　其他物理量含义同前。

(3)蜡封法岩石毛体积密度按式(9-4)计算:

$$\rho_d = \frac{m_d}{\dfrac{m_1 - m_2}{\rho_w} - \dfrac{m_1 - m_d}{\rho_N}} \tag{9-4}$$

式中:m_1——蜡封试件质量,g;
　　m_2——蜡封试件在洁净水中的质量,g;
　　ρ_N——石蜡的密度,g/cm^3;
　　其他物理量含义同前。

(4)毛体积密度试验结果精确至 $0.01g/cm^3$,3 个试件平行试验。组织均匀的岩石,毛体积密度应为 3 个试件测得结果之平均值;组织不均匀的岩石,毛体积密度应列出每个试件的试验结果。

(5)孔隙率计算

求得岩石的毛体积密度及密度后,用式(9-5)计算总孔隙率 n,试验结果精确至 0.1%:

$$n = \left(1 - \frac{\rho_h}{\rho_t}\right) \times 100 \tag{9-5}$$

式中:n——岩石总孔隙率,%;
　　ρ_t——岩石的密度,g/cm^3;
　　其他物理量含义同前。

第二节　岩石单轴抗压强度试验

单轴抗压强度试验是测定规则形状岩石试件单轴抗压强度的方法,主要用于岩石的强度分级和岩性描述。

本试验方法采用饱和状态下的岩石立方体(或圆柱体)试件的抗压强度来评定岩石强度(包括碎石或卵石的原始岩石强度)。

1. 仪器设备

包括压力试验机或万能试验机；钻石机、切石机、磨石机等岩石试件加工设备；烘箱、干燥器、游标卡尺、角尺及水池等。

2. 试件制备

(1)建筑地基的岩石试验,采用圆柱体作为标准试件,直径为(50±2)mm、高径比为2:1。每组试件共6个。

(2)桥梁工程用的石料试验,采用立方体试件,边长为(70±2)mm。每组试件共6个。

(3)路面工程用的石料试验,采用圆柱体或立方体试件,其直径或边长和高均为(50±2)mm。每组试件共6个。

有显著层理的岩石,分别沿平行和垂直层理方向各取试件6个。试件上、下端面应平行和磨平,试件端面的平面度公差应小于0.05mm,端面对于试件轴线垂直度偏差不应超过0.25°。

3. 试验步骤

(1)用游标卡尺量取试件尺寸(精确至0.1mm),对立方体试件在顶面和底面上各量取其边长,以各个面上相互平行的两个边长的算术平均值计算其承压面积；对于圆柱体试件在顶面和底面分别测量两个相互正交的直径,并以其各自的算术平均值分别计算底面和顶面的面积,取其顶面和底面面积的算术平均值作为计算抗压强度所用的截面面积。

(2)试件的含水状态可根据需要选择烘干状态、天然状态、饱和状态、冻融循环后状态。试件烘干和饱和状态应符合吸水率试验相关条款的规定,试件冻融循环后状态应符合抗冻性试验中相关条款的规定。

(3)按岩石强度性质,选定合适的压力机。将试件置于压力机的承压板中央,对正上、下承压板,不得偏心。

(4)以0.5~1.0MPa/s的速率进行加荷直至破坏,记录破坏荷载及加载过程中出现的现象。抗压试件试验的最大荷载记录以N为单位,精度1%。

4. 结果整理

(1)岩石的抗压强度和软化系数分别按式(9-6)、式(9-7)计算。

$$R = \frac{P}{A} \tag{9-6}$$

式中:R——岩石的抗压强度,MPa；

P——试件极限破坏时的荷载,N；

A——试件的截面面积,mm^2。

$$K_P = \frac{R_w}{R_d} \tag{9-7}$$

式中:K_P——岩石的软化系数；

R_w——岩石在饱和状态下的单轴抗压强度,MPa；

R_d——岩石在烘干状态下的单轴抗压强度,MPa。

(2)单轴抗压强度试验结果应同时列出每个试件的试验值及同组岩石单轴抗压强度的平

均值;有显著层理的岩石,分别报告垂直与平行层理方向的试件强度的平均值。计算值精确至 0.1MPa。

软化系数计算值精确至 0.01,3 个试件平行测定,取算术平均值;3 个值中最大与最小之差不应超过平均值的 20%,否则,应另取第 4 个试件,并在 4 个试件中取最接近的 3 个值的平均值作为试验结果,同时在报告中将 4 个值全部给出。

第三节 集料的筛分试验

一、粗集料的筛分试验

测定粗集料(碎石、砾石、矿渣等)的颗粒组成。对水泥混凝土用粗集料可采用干筛法筛分,对沥青混合料及基层用粗集料必须采用水洗法试验。

1. 仪具与材料

包括试验筛,根据需要选用规定的标准筛;摇筛机;天平或台秤(感量不大于试样质量的 0.1%);盘子、铲子、毛刷等。

2. 试验准备

按规定将来料用分料器或四分法缩分至表 9-1 要求的试样所需量,风干后备用。根据需要可按要求的集料最大粒径的筛孔尺寸过筛,除去超粒径部分颗粒后,再进行筛分。

集料筛分用的试样质量   表 9-1

	公称最大粒径(mm)	75	63	37.5	31.5	26.5	19	16	9.5	4.75
试样质量不小于(kg)	水泥混凝土用集料	16	12.6	7.5	6.3	5.0	3.8	3.2	1.9	—
	沥青路面用集料	10	8	5	4	2.5	2	1	1	0.5

3. 水泥混凝土用粗集料干筛法试验步骤

(1)取试样一份置于(105±5)℃烘箱中烘干至恒重,称取干燥集料试样的总质量(m_0),准确至 0.1%。

(2)用搪瓷盘作筛分容器,按筛孔大小排列顺序逐个将集料过筛。人工筛分时,需使集料在筛面上同时有水平方向及上下方向的不停顿的运动,使小于筛孔的集料通过筛孔,直至 1min 内通过筛孔的质量小于筛上残余量的 0.1% 为止;当采用摇筛机筛分时,应在摇筛机筛分后再逐个由人工补筛。将筛出通过的颗粒并入下一号筛,和下一号筛中的试样一起过筛,顺序进行,直至各号筛全部筛完为止。应确认 1min 内通过筛孔的质量确实小于筛上残余量的 0.1%。

(3)如果某个筛上的集料过多,影响筛分作业时,可以分两次筛分。当筛余颗粒的粒径大于 19mm 时,筛分过程中允许用手指轻轻拨动颗粒,但不得逐颗塞过筛孔。

(4)称取每个筛上的筛余量,准确至总质量的 0.1%。各筛分计筛余量及筛底存量的总和与筛分前试样的干燥总质量 m_0 相比,相差不得超过 m_0 的 0.5%。

4. 沥青混合料及基层用粗集料水洗法试验步骤

(1)取一份试样,将试样置(105±5)℃烘箱中烘干至恒重,称取干燥集料试样的总质量(m_1),准确至0.1%。

(2)将试样置一洁净容器中,加入足够数量的洁净水,将集料全部淹没,但不得使用任何洗涤剂、分散剂或表面活性剂。

(3)用搅棒充分搅动集料,使集料表面洗涤干净,使细粉悬浮在水中,但不得破碎集料或有集料从水中溅出。

(4)根据集料粒径大小选择组成一组套筛,其底部为0.075mm标准筛,上部为2.36mm或4.75mm筛。仔细将容器中混有细粉的悬浮液倒出,经过套筛流入另一容器中,尽量不将粗集料倒出,以免损坏标准筛筛面。

(5)重复(2)~(4)步骤,直至倒出的水洁净为止,必要时可采用水流缓慢冲洗。

(6)将套筛每个筛子上的集料及容器中的集料全部回收在一个搪瓷盘中,容器上不得有黏附的集料颗粒。

(7)在确保细粉不散失的前提下,小心泌去搪瓷盘中的积水,将搪瓷盘连同集料一起置于(105±5)℃烘箱中烘干至恒重,称取干燥集料试样的总质量(m_2),准确至0.1%。以m_1与m_2之差作为0.075mm的筛下部分。

(8)将回收的干燥集料按干筛方法筛分出0.075mm筛以上各筛的筛余量,此时0.075mm筛下部分应为0,如果尚能筛出,则应将其并入水洗得到的0.075mm筛下部分,且表示水洗得不干净。

5. 计算

(1)集料中0.075mm筛通过百分率的计算

集料中小于0.075mm的细粉含量按式(9-8)计算,精确至0.1%。

$$P_{0.075} = \frac{m_1 - m_2}{m_1} \times 100\% \tag{9-8}$$

式中:$P_{0.075}$——集料中0.075mm筛通过百分率,%;

m_1——干燥集料试样的总质量,g;

m_2——集料水洗后的干燥质量,g。

(2)计算级配参数

分别计算各筛的分计筛余百分率、累计筛余百分率和通过百分率,具体计算公式见第一章,结果精确至0.1%。

二、细集料的筛分试验

测定细集料(天然砂、人工砂、石屑)的颗粒级配及粗细程度。对水泥混凝土用细集料可采用干筛法,如果需要也可采用水洗法筛分;对沥青混合料及基层用细集料必须用水洗法筛分。

1. 仪具与材料

包括标准筛;天平,称量1 000g,感量不大于0.5g;摇筛机;烘箱;浅盘和硬、软毛刷等。

2. 试验准备

将取来的样品筛除大于 9.5mm 的颗粒,在潮湿状态下充分拌匀,用四分法缩分至每份不少于 550g 的试样两份,在(105±5)℃的烘箱中烘干至恒重,冷却至室温后备用。

3. 试验步骤

(1)干筛法试验步骤

①准确称取烘干试样约 500g(m_1),准确至 0.5g,置于套筛的最上面(即 4.75mm 筛上),将套筛装入摇筛机,摇筛约 10min,然后取出套筛,再按筛孔大小顺序,从最大的筛号开始,在清洁的浅盘上逐个进行手筛,直到每分钟的筛出量不超过筛上剩余量 0.1% 时为止,将筛出通过的颗粒并入下一号筛,和下一号筛中的试样一起过筛,以此顺序进行至各号筛全部筛完为止。

②称量各筛筛余试样的质量,精确至 0.5g。所有各筛的分计筛余量和底盘中剩余量的总量与筛分前的试样总量,相差不得超过后者的 1%。

(2)水洗法试验步骤

①准确称取烘干试样约 500g(m_1),准确至 0.5g。

②将试样置一洁净容器中,加入足够数量的洁净水,将集料全部淹没。

③用搅棒充分搅动集料,将集料表面洗涤干净,使细粉悬浮在水中,但不得有集料从水中溅出。

④用 1.18mm 筛及 0.075mm 筛组成套筛。仔细将容器中混有细粉的悬浮液徐徐倒出,经过套筛流入另一容器中,但不得将集料倒出。

注:不可直接倒至 0.075mm 筛上,以免集料掉出损坏筛面。

⑤重复②～④步骤,直至倒出的水洁净且小于 0.075mm 的颗粒全部倒出。

⑥将容器中的集料倒入搪瓷盘中,用少量水冲洗,使容器上黏附的集料颗粒全部进入搪瓷盘中。将筛子反扣过来,用少量的水将筛上的集料冲入搪瓷盘中。操作过程中不得有集料散失。

⑦将搪瓷盘连同集料一起置于(105±5)℃烘箱中烘干至恒重,称取干燥集料试样的总质量(m_2),准确至 0.1%。m_1 与 m_2 之差即为通过 0.075mm 筛部分。

⑧将全部要求筛孔组成套筛(但不需 0.075mm 筛),将已经洗去小于 0.075mm 部分的干燥集料置于套筛上(通常为 4.75mm 筛),将套筛装入摇筛机,摇筛约 10min,然后取出套筛,再按筛孔大小顺序,从最大的筛号开始,在清洁的浅盘上逐个进行手筛,直至每分钟的筛出量不超过筛上剩余量的 0.1% 时为止,将筛出通过的颗粒并入下一号筛,和下一号筛中的试样一起过筛,这样顺序进行,直至各号筛全部筛完为止。

注:如为含有粗集料的集料混合料,套筛筛孔根据需要选择。

⑨称量各筛筛余试样的质量,精确至 0.5g。所有各筛的分计筛余量和底盘中剩余量的总质量与筛分前后试样总量 m_2 的差值不得超过后者的 1%。

4. 计算

(1)计算分计筛余百分率。

各号筛的分计筛余百分率为各号筛上的筛余量除以试样总量(m_1)的百分率,精确至 0.1%。对沥青路面细集料而言,0.15mm 筛下部分即为 0.075mm 的分计筛余,由水筛法测得的 m_1 与 m_2 之差即为小于 0.075mm 的筛底部分。

(2)计算累计筛余百分率。

各号筛的累计筛余百分率为该号筛及大于该号筛的各号筛的分计筛余百分率之和,准确至0.1%。

(3)计算质量通过百分率。

各号筛的质量通过百分率等于100减去该号筛的累计筛余百分率,准确至0.1%。

(4)根据各筛的累计筛余百分率或通过百分率,绘制级配曲线。

(5)天然砂的细度模数按式(9-9)计算,精确至0.01。

$$M_x = \frac{A_{0.15} + A_{0.3} + A_{0.6} + A_{1.18} + A_{2.36} - 5A_{4.75}}{100 - A_{4.75}} \tag{9-9}$$

式中: M_x——砂的细度模数;

$A_{0.15}$,$A_{0.3}$,…,$A_{4.75}$——分别为0.15mm、0.3mm、…、4.75mm各筛上的累计筛余百分率,%。

(6)应进行两次平行试验,以试验结果的算术平均值作为测定值。如两次试验所得的细度模数之差大于0.2,应重新进行试验。

第四节 集料的密度和空隙率

一、粗集料密度及吸水率试验(网篮法)

1. 仪具与材料

(1)天平或浸水天平 可悬挂吊篮测定集料的水中质量,称量应满足试样数量称量要求,感量不大于最大称量的0.05%。

(2)吊篮 耐锈蚀材料制成,直径和高度为150mm左右,四周及底部用1~2mm的筛网编制或具有密集的孔眼。

(3)其他 溢流水槽、烘箱、标准筛、温度计、盛水容器(如搪瓷盘)、毛巾、刷子等。

2. 试验准备

将取来的集料试样筛去4.75mm(方孔筛)以下的颗粒,用四分法缩取表9-2规定的质量,刷洗干净后分两份备用。对沥青路面用粗集料,应对不同规格的集料分别测定,不得混杂,所取的每一份集料试样应基本上保持原有的级配。

粗集料表观密度试验最少取样质量　　　　表9-2

公称最大粒径(mm)	75	63	37.5	31.5	26.5	19	16	9.5	4.75
试样质量不小于(kg)	4	3	2	1.5	1.5	1	1	1	0.8

3. 试验步骤

(1)取试样一份装入干净的搪瓷盘中,注入洁净的水,水面至少高出试样20mm,轻轻搅拌石料,使附着在石料上的气泡逸出,在室温下浸水24h。

(2)将吊篮挂在天平的吊钩上,浸入溢流槽中,向溢流槽中注入水,水面高度至水槽的溢流孔,将天平调零。

(3)调节水温在15~25℃范围内。将试样移入吊篮中。溢流水槽中的水面高度由水槽的溢流孔控制,维持不变。称取集料的水中质量(m_w)。

(4)提起吊篮,稍稍滴水后,较粗的粗集料可以直接倒在拧干的湿毛巾上。将较细的粗集料(2.36~4.75mm)连同浅盘一起取出,稍稍倾斜搪瓷盘,仔细倒出余水,将粗集料倒在拧干的湿毛巾上,用毛巾吸走从集料中漏出的自由水。此步骤需特别注意:不得有颗粒丢失,或有小颗粒附在吊篮上。再用拧干的湿毛巾轻轻擦干集料颗粒的表面水,至表面看不到发亮的水迹,即为饱和面干状态,立即在保持表干状态下,称取集料的表干质量(m_f)。

(5)将集料置于浅盘中,放入(105±5)℃的烘箱中烘干至恒重。取出浅盘,放在带盖的容器中冷却至室温,称取集料的烘干质量(m_a)。

4. 计算

(1)表观相对密度γ_a、表干相对密度γ_s、毛体积相对密度γ_b按式(9-10)~式(9-12)计算至小数点后3位。

$$\gamma_a = \frac{m_a}{m_a - m_w} \tag{9-10}$$

$$\gamma_s = \frac{m_f}{m_f - m_w} \tag{9-11}$$

$$\gamma_b = \frac{m_a}{m_f - m_w} \tag{9-12}$$

上述式中:γ_a——集料的表观相对密度,无量纲;
γ_s——集料的表干相对密度,无量纲;
γ_b——集料的毛体积相对密度,无量纲;
m_a——集料的烘干质量,g;
m_f——集料的表干质量,g;
m_w——集料水中质量,g。

(2)集料的吸水率以烘干试样为基准,按式(9-13)计算,精确至0.1%。

$$w_x = \frac{m_f - m_a}{m_a} \times 100 \tag{9-13}$$

式中:w_x——集料的吸水率,%;
其他物理量含义同前。

(3)粗集料的表观密度ρ_a、表干密度ρ_s、毛体积密度ρ_b按式(9-14)~式(9-16)计算至小数点后3位。

$$\rho_a = \gamma_a \rho_T \text{ 或 } \rho_a = (\gamma_a - a_T)\rho_w \tag{9-14}$$

$$\rho_s = \gamma_s \rho_T \text{ 或 } \rho_s = (\gamma_s - a_T)\rho_w \tag{9-15}$$

$$\rho_b = \gamma_b \rho_T \text{ 或 } \rho_b = (\gamma_b - a_T)\rho_w \tag{9-16}$$

上述式中:ρ_a——集料的表观密度,g/cm³;
ρ_s——集料的表干密度,g/cm³;
ρ_b——集料的毛体积密度,g/cm³;
ρ_T——试验温度T时水的密度,g/cm³;

a_T——试验温度 T 时的水温修正系数;

ρ_w——水在4℃时的密度,1 000g/cm^3。

5. 精密度或允许差

对同一规格的集料应平行试验两次,取平均值作为试验结果。重复试验的精密度,对表观相对密度、表干相对密度、毛体积相对密度,两次结果之差不得超过 0.02g/cm^3,对吸水率不得超过 0.2%。

二、粗集料堆积密度及空隙率试验

1. 仪具与材料

(1)天平或台秤　感量不大于称量的 0.1%。

(2)容量筒　适用于粗集料堆积密度测定的容量筒应符合表 9-3 的要求。

容量筒的规格要求表　　　　　　　　　　　　　　　　表 9-3

粗集料公称最大粒径(mm)	容量筒容积(L)	容量筒规格(mm)			筒壁厚度(mm)
		内径	净高	底厚	
≤4.75	3	155±2	160±2	5.0	2.5
9.5~26.5	10	205±2	305±2	5.0	2.5
31.5~37.5	15	255±5	295±5	5.0	3.0
≥53	20	355±5	305±2	5.0	3.0

(3)振动台　频率为(3 000±200)次/min,负荷下的振幅为 0.35mm,空载时的振幅为 0.5mm。

(4)其他　烘箱;直径 16mm、长 600mm,一端为圆头的捣棒;平头铁锹。

2. 试验准备

按粗集料取样的方法取样、缩分,质量应满足试验要求,在(105±5)℃的烘箱中烘干,也可以摊在清洁的地面上风干,拌匀后分成两份备用。

3. 试验步骤

(1)自然堆积密度

取试样一份,置于平整干净的水泥地(或铁板)上,用平头铁锹铲起试样,使石子自由落入容量筒内。此时,从铁锹的齐口至容量筒上口的距离应保持为 50mm 左右,装满容量筒并除去凸出筒口表面的颗粒,并以合适的颗粒填入凹陷空隙,使表面稍凸起部分和凹陷部分的体积大致相等,称取试样和容量筒总质量(m_2)。

(2)振实密度

按堆积密度试验步骤,将装满试样的容量筒放在振动台上,振动 3min,或者将试样分三层装入容量筒:装完一层后,在筒底垫放一根直径为 25mm 的圆钢筋,将筒按住,左右交替颠击地面各 25 下;然后装入第二层,用同样的方法颠实(但筒底所垫钢筋的方向应与第一层放置方向垂直);再装入第三层,如法颠实。待三层试样装填完毕后,加料填到试样超出容量筒口,用钢筋沿筒口边缘滚转,刮下高出筒口的颗粒,用合适的颗粒填平凹处,使表面稍凸起部分和凹陷部分的体积大致相等,称取试样和容量筒总质量(m_2)。

(3)捣实密度

根据沥青混合料的类型和公称最大粒径,确定起骨架作用的关键性筛孔(通常为 4.75~2.36mm 等)。将矿料混合料中此筛孔以上颗粒筛出,作为试样装入符合要求规格的容器中达 1/3 的高度,由边至中用捣棒均匀捣实 25 次。再向容器中装入 1/3 高度的试样,用捣棒均匀地捣实 25 次,捣实深度约至下层的表面。然后重复上一步骤,加最后一层,捣实 25 次,使集料与容器口齐平。用合适的集料填充表面的大空隙,用直尺大体刮平,目测估计表面凸起部分与凹陷部分的容积大致相等,称取容量筒与试样的总质量(m_2)。

(4)容量筒容积的标定

用水装满容量筒,测量水温,擦干筒外壁的水分,称取容量筒与水的总质量(m_w),并按水的密度对容量筒的容积作校正。

4. 计算

(1)容量筒的容积按式(9-17)计算。

$$V = \frac{m_w - m_1}{\rho_T} \tag{9-17}$$

式中:V——容量筒的容积,cm³;
m_1——容量筒的质量,g;
m_w——容量筒与水的总质量,g;
ρ_T——试验温度 T 时水的密度,g/cm³。

(2)堆积密度(包括自然堆积状态、振实状态、捣实状态下的堆积密度)按式(9-18)计算至小数点后 2 位。

$$\rho = \frac{m_2 - m_1}{V} \tag{9-18}$$

式中:ρ——与各种状态相对应的堆积密度,g/cm³;
m_1——容量筒的质量,g;
m_2——容量筒与试样的总质量,g;
V——容量筒的容积,cm³。

(3)水泥混凝土用粗集料振实状态下的空隙率按式(9-19)计算。

$$V_c = \left(1 - \frac{\rho}{\rho_a}\right) \times 100\% \tag{9-19}$$

式中:V_c——水泥混凝土用粗集料的空隙率,%;
ρ_a——集料的表观密度,g/cm³;
ρ——按振实法测定的粗集料的堆积密度,g/cm³。

(4)沥青混合料用粗集料骨架捣实状态下的间隙率按式(1-20)计算。

$$VCA_{DRC} = \left(1 - \frac{\rho}{\rho_b}\right) \times 100\% \tag{9-20}$$

式中:VCA_{DRC}——捣实状态下粗集料骨架间隙率,%;
ρ_b——粗集料的毛体积密度,g/cm³;
ρ——按捣实法测定的粗集料的自然堆积密度,g/cm³。

三、细集料的表观密度试验(容量瓶法)

用容量瓶法测定细集料(天然砂、石屑、机制砂)在23℃时对水的表观相对密度和表观密度。本方法适用于含有少量大于2.36mm部分的细集料。

1. 仪具与材料

称量1kg,感量不大于1g的天平;500mL容量瓶;烘箱、干燥器、浅盘、铝制料勺、温度计和500mL烧杯等。

2. 试验准备

将缩分至650g左右的试样在温度为(105±5)℃的烘箱中烘干至恒重,并在干燥器内冷却至室温,分成两份备用。

3. 试验步骤

(1) 称取烘干的试样约300g(m_0),装入盛有半瓶洁净水的容量瓶中。

(2) 摇转容量瓶,使试样在已保温至(23±1.7)℃的水中充分搅动以排除气泡,塞紧瓶塞,在恒温条件下静置24h左右,然后用滴管添水,使水面与瓶颈刻度线平齐,再塞紧瓶塞,擦干瓶外水分,称其总质量(m_2)。

(3) 倒出瓶中的水和试样,将瓶的内外表面洗净,再向瓶内注入同样温度的洁净水(温差不超过2℃)至瓶颈刻度线,塞紧瓶塞,擦干瓶外水分,称其总质量(m_1)。

注:在砂的表观密度试验过程中应测量并控制水的温度,试验期间的温差不得超过1℃。

4. 计算

(1) 细集料的表观相对密度按式(9-39)计算至小数点后3位。

$$\gamma_a = \frac{m_0}{m_0 + m_1 - m_2} \tag{9-21}$$

式中:γ_a——细集料的表观相对密度,无量纲;
  m_0——试样的烘干质量,g;
  m_1——水及容量瓶总质量,g;
  m_2——试样、水及容量瓶总质量,g。

(2) 表观密度ρ_a按式(9-22)计算,精确至小数点后3位。

$$\rho_a = \gamma_a \rho_T \text{ 或 } \rho_a = (\gamma_a - a_T)\rho_w \tag{9-22}$$

式中:ρ_a——细集料的表观密度,g/cm³;
  ρ_w——水在4℃时的密度,g/cm³;
  a_T——试验时水温对水密度影响的修正系数;
  ρ_T——试验温度时水的密度,g/cm³。

以两次平行试验结果的算术平均值作为测定值,如两次结果之差值大于0.01g/cm³,应重新取样进行试验。

四、细集料的堆积密度及紧装密度试验

测定砂自然状态下的堆积密度、紧装密度及空隙率。

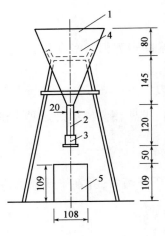

图9-1 标准漏斗(尺寸单位:mm)
1-漏斗;2-ϕ20mm 管子;3-活动门;
4-筛;5-金属量筒

1. 仪具与材料

（1）标准漏斗 由标准漏斗和容量筒组成，如图9-1所示。

（2）其他 称量5kg，感量5g 的台秤；烘箱；小勺、直尺、浅盘等。

2. 试验准备

用浅盘装来样约5kg，在温度为(105 ± 5)℃的烘箱中烘干至恒重，取出并冷却至室温，分成大致相等的两份备用。

3. 试验步骤

（1）堆积密度：将试样装入漏斗中，打开底部的活动门，将砂流入容量筒中，也可直接用小勺向容量筒中装试样，但漏斗出料口或料勺距容量筒筒口均应为50mm 左右，试样装满并超出容量筒筒口后，用直尺将多余的试样沿筒口中心线向两个相反方向刮平，称取质量(m_1)。

（2）紧装密度：取试样一份，分两层装入容量筒。装完一层后，在筒底垫放一根直径为10mm 的钢筋，将筒按住，左右交替颠击地面各25下，然后再装入第二层。第二层装满后用同样方法颠实（但筒底所垫钢筋的方向应与第一层放置方向垂直）。两层装完并颠实后，添加试样超出容量筒筒口，然后用直尺将多余的试样沿筒口中心线向两个相反方向刮平，称其质量(m_2)。

4. 计算

（1）堆积密度及紧装密度分别按式(9-23)和式(9-24)计算至小数点后3位。

$$\rho = \frac{m_1 - m_0}{V} \tag{9-23}$$

$$\rho' = \frac{m_2 - m_0}{V} \tag{9-24}$$

上述式中：ρ——砂的堆积密度，g/cm³；

ρ'——砂的紧装密度，g/cm³；

m_0——容量筒的质量，g；

m_1——容量筒和堆积砂的总质量，g；

m_2——容量筒和紧装砂的总质量，g；

V——容量筒容积，mL。

（2）砂的空隙率按式(9-25)计算，精确至0.1%。

$$n = 1 - \frac{\rho}{\rho_a} \tag{9-25}$$

式中：n——砂的空隙率，%；

ρ——砂的堆积或紧装密度，g/cm³；

ρ_a——砂的表观密度，g/cm³。

以两次试验结果的算术平均值作为测定值。

第五节　集料的力学性能试验

一、粗集料的压碎值

集料压碎值用于衡量石料在逐渐增加的荷载下抵抗压碎的能力,是衡量石料力学性质的指标,以评定其在公路工程中的适用性。

1. 仪具与材料

(1)石料压碎值试验仪　由内径150mm、两端开口的钢制圆形试筒、压柱和底板组成,其形状和尺寸见图9-2和表9-4。试筒内壁、压柱的底面及底板的上表面等与石料接触的表面都应进行热处理,使表面硬化,达到维氏硬度65°并保持光滑状态。

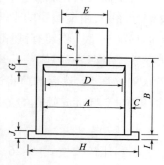

图9-2　压碎指标值测定仪

试筒、压柱和底板尺寸　　　　　　　　　　　　表9-4

部　位	符　号	名　称	尺寸(mm)
试筒	A	内径	150 ± 0.3
	B	高度	125 ~ 128
	C	壁厚	≥12
压柱	D	压头直径	149 ± 0.2
	E	压柱直径	100 ~ 149
	F	压柱总长	100 ~ 110
	G	压头厚度	≥25
底板	H	直径	200 ~ 220
	I	厚度(中间部分)	6.4 ± 0.2
	J	边缘厚度	10 ± 0.2

(2)压力机　500kN,应能在10min内达到400kN。

(3)其他　金属棒,直径10mm,长450 ~ 600mm,一端加工成半球形;称量2 ~ 3kg,感量不大于1g的天平;筛孔尺寸13.2mm、9.5mm、2.36mm方孔标准筛各一个;金属筒,圆柱形,内径112.0mm,高179.4mm,容积1767cm^3。

2. 试验准备

(1)采用风干石料用13.2mm和9.5mm标准筛过筛,取9.5 ~ 13.2mm的试样3组各3 000g,供试验用。如过于潮湿需加热烘干时,烘箱温度不得超过100℃,烘干时间不超过4h。试验前,石料应冷却至室温。

(2)每次试验的石料数量应满足按下述方法夯击后石料在试筒内的深度为100mm。

在金属筒中确定石料数量的方法如下:将试样分3次(每次数量大体相同)均匀装入试模中,每次均将试样表面整平,用金属棒的半球面端从石料表面上均匀捣实25次。最后用金属棒作为直刮刀将表面仔细整平。称取量筒中试样质量(m_0)。以相同质量的试样进行压碎值的平行试验。

3. 试验步骤

将试筒安放在底板上,称取试样 3 000g,准确至 1g,分两层均匀装入试模中,每次均将试样表面整平,用金属棒的半球面端从石料表面上均匀捣实 25 次。最后用金属棒作为直刮刀将表面仔细整平。将装有试样的试模放到压力机上,同时将压头放入试筒内石料面上,注意使压头摆平,勿楔挤试模侧壁。开动压力机,均匀地施加荷载,在 10min 左右的时间内达到总荷载 400kN,稳压 5s,然后卸荷将试样从筒中取出。用 2.36mm 标准筛筛除被压碎的全部试样,并称量通过 2.36mm 筛孔的全部细料质量(m_1),准确至 1g。

4. 计算

石料压碎值按式(9-26)计算,精确至 0.1%。

$$Q'_a = \frac{m_1}{m_0} \times 100\% \tag{9-26}$$

式中:Q'_a——石料压碎值,%;

m_0——试验前试样质量,g;

m_1——试验后通过 2.36mm 筛孔的细料质量,g。

以 3 个试样平行试验结果的算术平均值作为压碎值的测定值。

二、细集料的压碎值

细集料压碎指标用于衡量细集料在逐渐增加的荷载下抵抗压碎的能力,以评定其在公路工程中的适用性。

1. 仪具与材料

(1)压力机　量程 50～1 000kN,示值相当误差 2%,应能保持 1kN/s 的加荷速率。

(2)细集料压碎指标试模:由两端开口的钢制圆形试筒、加压块和底板组成,其形状和尺寸见图 9-3。

(3)其他　天平;标准筛;搪瓷盘、小勺和毛刷等。

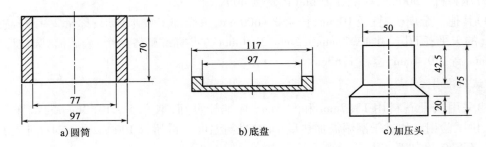

图 9-3　细集料压碎指标试模(尺寸单位:mm)

2. 试验准备

将试样置烘箱中于(105±5)℃条件下烘干至恒重,通常不超过 4h,取出冷却至室温。后用4.75mm、2.36mm至0.3mm各档标准筛过筛,去除大于4.75mm部分,分成4.75~2.36mm、2.36~1.18mm、1.18~0.6mm、0.6~0.3mm共4组试样,各组取1 000g备用。

3. 试验步骤

称取单粒级试样330g,准确至1g。将试样倒入已组装成的试样钢模中,使试样距底盘面的高度约为50mm。整平钢模内试样表面,将加压头放入钢模内,转动1周,使其与试样均匀接触。将装有试样的试模放到压力机上,注意使压头摆平,对中压板中心。开动压力机,均匀地施加荷载,以500N/s的速率,加压至25kN,稳压5s,以同样的速率卸荷。取下受压模,移去加压块,倒出筒中压过的试样,然后用该粒级的下限筛子进行筛分,如对4.75~2.36mm以2.36mm标准筛过筛。称取试样的筛余量(m_1)和通过量(m_2),准确至1g。

4. 计算

按式(9-27)计算各组粒级细集料的压碎指标,精确至1%。

$$Y_i = \frac{m_1}{m_1 + m_2} \times 100\% \tag{9-27}$$

式中:Y_i——第i粒级细集料的压碎指标值,%;

m_1——试样的筛余量,g;

m_2——试样的通过量,g。

每组粒级的压碎指标值以3次试验结果的平均值表示,精确至1%;取最大单粒级压碎指标值作为该细集料的压碎指标值。

三、粗集料磨耗试验(洛杉矶法)

测定标准条件下粗集料抵抗摩擦、撞击的能力,以磨耗损失(%)表示,适用于各种等级规格集料的磨耗试验。

1. 仪具与材料

(1)洛杉矶磨耗试验机　圆筒内径710mm±5mm,内侧长510mm±5mm,两端封闭,投料口的钢盖通过紧固螺栓和橡胶垫与钢筒紧闭密封。钢筒的回转速率为30~33r/min。

(2)钢球　直径约46.8mm,质量为390~445g,大小稍有不同,以便按要求组合成符合要求的总质量。

(3)其他　台秤(感量5g);符合要求的标准筛系列,以及筛孔为1.7mm的方孔筛一个;烘箱;搪瓷盘等。

2. 试验步骤

(1)将不同规格的集料用水冲洗干净,置烘箱中烘干至恒重。

(2)对所使用的集料,根据实际情况按表9-5选择最接近的粒级类别,确定相应的试验条件,按规定的粒级组成备料、筛分。其中水泥混凝土用集料宜采用A级粒度;沥青路面及各种基层、底基层的粗集料,表中的16mm筛孔也可用13.2mm筛孔代替。对非规格材料,应根据材料的实际粒度,从表9-5中选择最接近的粒级类别及试验条件。

粗集料洛杉矶试验条件表　　　　　　　表9-5

粒度类别	粒级组成（mm）	试样质量（g）	试样总质量（g）	钢球数量（个）	钢球总质量（g）	转动次数（转）	适用的粗集料 规格	适用的粗集料 公称粒径（mm）
A	26.5~37.5 19.0~26.5 16.0~19.0 9.5~16.0	1 250±25	5 000±10	12	5 000±25	500	—	—
B	19.0~26.5 16.0~19.0	2 500±10	5 000±10	11	4 850±25	500	S6 S7 S8	15~30 10~30 10~25
C	9.5~16.0 4.75~9.5	2 500±10	5 000±10	8	3 330±20	500	S9 S10 S11 S12	10~20 10~15 5~15 5~10
D	2.36~4.75	5 000±10	5 000±10	6	2 500±15	500	S13 S14	3~10 3~5
E	63~75 53~63 37.5~53	2 500±50 2 500±50 5 000±50	10 000±100	12	5 000±25	1 000	S1 S2	40~75 40~60
F	37.5~53 26.5~37.5	5 000±50 5 000±25	10 000±75	12	5 000±25	1 000	S3 S4	30~60 25~50
G	26.5~37.5 19~26.5	5 000±25	10 000±75	12	5 000±25	1 000	S5	20~40

注:1.表中16mm也可用13.2mm代替。
2. A级适用于未筛碎石混合料及水泥混凝土用集料。
3. C级中S12可全部采用4.75~9.5mm颗粒5 000g；S9及S10可全部采用9.5~16mm颗粒5 000g。
4. E级中S2中缺63~75mm颗粒可用53~63mm颗粒代替。

（3）分级称量（准确至5g），称取总质量（m_1），装入磨耗机圆筒中。

（4）选择钢球，使钢球的数量及总质量符合表9-5中规定。将钢球加入钢筒中，盖好筒盖，紧固密封。

（5）将计数器调整到零位，设定要求的回转次数，对水泥混凝土集料，回转次数为500转，对沥青混合料集料，回转次数应符合表9-5的要求。开动磨耗机，以30~33r/min转速转动至要求的回转次数为止。

（6）取出钢球，将经过磨耗后的试样从投料口倒入接受容器（搪瓷盘）中。

（7）将试样用1.7mm的方孔筛过筛，筛去试样中被撞击磨碎的细屑。

（8）用水冲干净留在筛上的碎石，置于（105±5）℃烘箱中烘干至恒重（通常不少于4h），准确称量（m_2）。

3. 计算

按式（9-28）计算粗集料洛杉矶磨耗损失，精确至0.1%。

$$Q = \frac{m_1 - m_2}{m_1} \times 100 \tag{9-28}$$

式中:Q——洛杉矶磨耗损失,%;
m_1——装入圆筒中试样质量,g;
m_2——试验后在1.7mm筛上洗净烘干的试样质量,g。

粗集料的磨耗损失,取两次平行试验结果的算术平均值为测定值,两次试验的差值应不大于2%,否则须重做试验。

四、粗集料磨耗试验(道瑞试验)

用于评定公路路面表层所用粗集料抵抗车轮撞击及磨耗的能力。

1. 仪具与材料

(1)道瑞磨耗试验机 主要由直径不小于600mm的经过加工的圆形铸铁或钢研磨平板组成,圆平板(或称转盘)能以28~30r/min的速度作水平旋转。

(2)磨料 石英砂,粒径0.3~0.9mm,其中0.45~0.6mm的含量不少于75%;应干燥而且未使用过。每块试件约需用石英砂3kg。

(3)胶结料 环氧树脂(6010)和固化剂(793)。在保证同等黏结性能的条件下可用其他型号代替。

(4)细砂 0.1~0.3mm,0.1~0.45mm。

(5)标准筛 方孔筛13.2mm、9.5mm、1.18mm、0.9mm、0.6mm、0.45mm、0.3mm。

(6)其他 感量不大于0.1g的天平;烘箱;作为脱模剂的肥皂水和作为清洁剂的丙酮;医用洗耳球、调剂匙、镊子、油灰刀、小毛刷、量筒20mL、烧杯100mL、电炉、小号医用托盘或其他容器。

2. 试验准备

(1)试样准备

①按粗集料取样的方法取样。

②将试样筛分,取9.5~13.2mm的部分用于制作试件。

③试样在使用前应清洗除尘,并保持表面干燥状态。加热干燥时,加热时间不得超过4h,加热温度不得超过110℃,且必须在做试件前将其冷却至室温。

(2)试件制作

①试模准备。清洁试模,然后拧紧端板螺钉;在试模内表面用细毛刷涂刷少量肥皂水,将试模放在烘箱内烘干。

②排料。用镊子夹起集料,单层排放在试模内,且较平的面放在模底;试模中应排放尽可能多的粒料,在任何情况下集料颗粒都不得少于24粒;集料颗粒须具有代表性。

③吹砂。集料颗粒之间的空隙要用细砂(0.1~0.3mm)充填,充填高度约为集料颗粒高度的3/4。充填时先用调剂匙均匀撒布,然后再用洗耳球吹实找平,并吹去多余的砂。

④拌制环氧树脂砂浆。先将环氧树脂和固化剂搅匀,然后加入0.1~0.45mm干砂拌和均匀。砂浆按环氧树脂:固化剂:细砂 =1g:0.25mL:3.8g的比例配制。两块试件约需环氧树脂30g,固化剂7.5mL,干细砂114g。

⑤填模成型。将拌制好的环氧树脂砂浆填入试模,尽量填充密实,但注意不可碰动排好的集料,然后用烧热的油灰刀在试模表面来回刮抹,使砂浆表面平整。

⑥养生。在垫板的一面涂上肥皂水,然后将填好砂浆的模子倒放在垫板上(以防砂浆渗到集料表面)。常温下的养生时间一般为24h。

⑦拆模。拧松端板螺钉,卸下两个端板,用橡皮锤轻敲将试件取出。用刮刀或砂纸去除多余的砂浆,用细毛刷清除松散的砂。

3. 试验步骤

(1)分别称出两块试件的质量(m_1),准确至0.1g。在操作之前应使机器在溜砂状态下空转一圈,以便在转盘上留有一层砂。

(2)将2块试件分别放入2个托盘内,注意确保试件与托盘之间紧密配合。称出试件、托盘和配重的质量并将合计质量调整到2kg±10g。

(3)将试件连同托盘放入磨耗机内,使其径向相对,试件中心到研磨转盘中心的距离为260mm,集料裸露面朝向转盘,然后将相应的配重放在试件上。

(4)以28~30r/min的转速转动转盘100圈,同时将符合如上要求的研磨石英砂装入料斗,使其连续不断地溜在试件前面的转盘上。溜砂宽度要能覆盖整个试件的宽度,溜砂速率为700~900g/min(料斗溜砂缝隙约为1.3mm)。

用橡胶刮片将砂清除出转盘,刮片的安装要使得橡胶边轻轻地立在转盘上,刮片宽度应与研磨转盘的外缘环部宽度相等。

(5)将集料斗中回收的砂过1.18mm的筛,重复使用数次,直至整个试验完成时废弃。

(6)取出试件,检查有无异常情况。

(7)重复上述步骤,再磨400圈。可分4个100圈重复4次磨完,也可连续1次磨完。在作连续磨时必须经常掀起磨耗机的盖子观察溜砂情况是否正常。

(8)转完500转后从磨耗机内取出试件,拿开托盘,用毛刷清除残留的砂,称出试件的质量(m_2),准确至0.1g。

如果由于集料易磨耗而磨到砂浆衬时要中断试验,记录转数。相反,有些非常硬的集料可能会划伤研磨盘,在这种情况下应对研磨转盘进行刨削处理。

4. 计算

每块试件的集料磨耗值按式(9-29)计算。

$$AAV = \frac{3(m_1 - m_2)}{\rho_s} \tag{9-29}$$

式中:AAV——集料的道瑞磨耗值,%;

m_1——磨耗前试样的质量,g;

m_2——磨耗后试样的质量,g;

ρ_s——集料的表干密度,g/cm³。

用两块试件的试验平均值作为集料磨耗值,如果单块试件磨耗值与平均值之差大于后者的10%,则试验重做,并以4块试件的平均值作为集料磨耗值的试验结果。

五、粗集料磨光值试验

集料磨光值是利用加速磨光机磨光集料,用摆式摩擦系数测定仪测定的集料经磨光后的摩擦系数值,以PSV表示。适用于各种粗集料的磨光值测定。

1. 仪具与材料

(1)加速磨光试验机 如图9-4所示,应符合相关仪器设备的标准。

(2)摆式摩擦系数测定仪 简称摆式仪,见图9-5。

(3)磨光试件测试平台 供固定试件及摆式摩擦系数测定仪用。

(4)黏结剂 能使集料与砂、试模牢固黏结,常用环氧树脂6101(E-44)及固化剂等。

(5)金刚砂 30号(棕刚玉粗砂)、280号(绿碳化硅细砂),用作磨料,只允许一次性使用,不得重复使用。

(6)标准集料试样 由指定的集料产地生产的符合规格要求的集料,每轮两块,只允许使用一次,不得重复使用。

(7)其他 <0.3mm,洁净、干燥的砂;厚1mm的橡胶石棉板;感量不大于0.1g的天平、烘箱、丙酮;油灰刀、洗耳球、各种工具等。

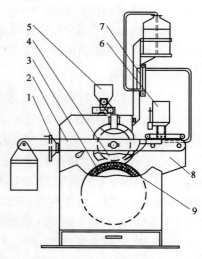

图9-4 加速磨光试验机
1-荷载调整系统;2-调整臂(配重);3-道路轮;4-橡胶轮;5-细料储砂斗;6-粗料储砂斗;7-供水系统;8-机体;9-试件(14块)

2. 试验准备

(1)试验前应按相关试验规程对摆式仪进行检查或标定。

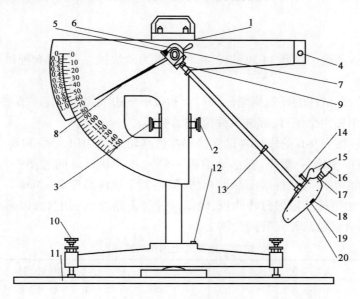

图9-5 摆式摩擦系数测定仪
1-紧固把手;2、3-升降把手;4-释放开关;5-转向节螺盖;6-调节螺母;7-针簧片或毡垫;8-指针;9-连接螺母;10-调平螺栓;11-底座;12-水准泡;13-卡环;14-定位螺钉;15-举升柄;16-平衡锤;17-并紧螺母;18-滑溜块;19-橡胶片;20-止滑螺钉

(2)将集料过筛,剔除针片状颗粒,取9.5~13.2mm的集料颗粒用水洗净后置于温度为(105±5)℃的烘箱中烘干。

(3)将试模拼装并涂上脱模剂(或肥皂水)后烘干。安装试模端板时要注意使端板与模体齐平(使弧线平滑)。

(4)用清水淘洗小于 0.3mm 的砂,置于(105 ±5)℃的烘箱中烘干成为干砂。

(5)预磨新橡胶轮:新橡胶轮正式使用前要在安装好试件的道路轮上进行预磨,C 轮用粗金刚砂预磨 6h,X 轮用细金刚砂预磨 6h,然后方能投入正常试验。

3. 试件制备

(1)排料:每种集料宜制备 6～10 块试件,从中挑选 4 块试件供两次平行试验用。将 9.5～13.2mm 集料颗粒尽量紧密地排列于试模中(大面、平面向下)。排料时应除去高度大于试模的不合格颗粒。采用 4.75～9.5mm 的粗集料进行磨光试验时,各道工序需更加仔细。

(2)吹砂:用小勺将干砂填入已排妥的集料间隙中,并用洗耳球轻轻吹动干砂,使之填充密实。然后再吹去多余的砂,使砂与试模台阶大致齐平,但台阶上不得有砂。用洗耳球吹动干砂时不得碰动集料,且不使集料试样表面附有砂粒。

(3)配制环氧树脂砂浆:将固化剂与环氧树脂按一定比例(如使用 6101 环氧树脂时为 1:4)配料、拌匀制成黏结剂,再与干砂按 1:4～1:4.5 的质量比拌匀制成环氧树脂砂浆。

(4)填充环氧树脂砂浆:用小油灰刀将拌好的环氧树脂砂浆填入试模中,并尽量填充密实,但不得碰动集料。然后用热油灰刀在试模上刮去多余的填料,并将表面反复抹平,使填充的环氧树脂砂浆与试模顶部齐平。

(5)养护:通常在 40℃烘箱中养护 3h,再自然冷却 9h 拆模;如在室温下养护,时间应更长,使试件达到足够强度。有集料颗粒松动脱落,或有环氧树脂砂浆渗出表面时,试件应予废弃。

4. 磨光试验

(1)试件分组:每轮一次磨 14 块试件,每种集料为两块试件,包括 6 种试验用集料和 1 种标准集料。

(2)试件编号:在试件的环氧树脂砂浆衬背和弧形侧边上用记号笔对 6 种集料编号为 1～12,1 种集料赋予相邻两个编号,标准试件为 13、14 号。

(3)试件安装:按表 9-6 的序号将试件排列在道路轮上,其中 1 号位和 8 号位为标准试件。试件应将有标记的一侧统一朝外(靠活动盖板一侧),每两块试件间加垫一片或数片 1mm 厚的橡胶石棉板垫片,垫片与试件端部断面相仿,但略低于试件高度 2～3mm。然后盖上道路轮外侧板,边拧螺钉边用橡胶锤敲打外侧板,确保试件与道路轮紧密配合,以避免磨光过程中试件断裂或松动,随后将道路轮安装到轮轴上。

试件在道路轮上的排列次序　　　　　　表 9-6

位置号	1	2	3	4	5	6	7	8	9	10	11	12	13	14
试件号	13	9	3	7	5	1	11	14	10	4	8	6	2	12

(4)磨光过程操作

①试件的加速磨光应在室温(20 ±5)℃的房间内进行。

②粗砂磨光。

a. 把标记 C 的橡胶轮安装在调整臂上,盖上道路轮罩,下面置一积砂盘,给储水支架上的储水罐加满水,调节流量阀,使水流暂时中断。

b. 准备好 30 号金刚砂粗砂,装入专用储砂斗,将储砂斗安装在橡胶轮侧上方的位置上并接上微型电机电源。转动荷载调整手轮,使凸轮转动放下橡胶轮,将橡胶轮的轮辐完全压着道路轮上的集料试件表面。

c. 调节溜砂量:用专用接料斗在出料口接住溜出的金刚砂,同时开始计时,1min 后移出料斗,用天平称出溜砂量,使流量为 $(27±7)$ g/min。如不满足要求,应用调速按钮或调节储料斗控制闸板的方法调整。

d. 在控制面板上设定转数为 57 600 转,按下电源开关启动磨光机开始运转,同时按动粗砂调速按钮,打开储砂斗控制闸板,使金刚砂溜砂量控制为 $(27±7)$ g/min。此时立即调节流量计,使水的流量达 60mL/min。

e. 在试验进行 1h 和 2h 时磨光机自动停机(注意不要按下面板上复零按钮和电源开关),用毛刷和小铲清除箱体上和沉在机器底部积砂盘中的金刚砂,检查并拧紧道路轮上有可能松动的螺母,再启动磨光机,至转数显示屏上显示 57 600 转时磨光机自动停止,所需的磨光时间约为 3h。

f. 转动荷载调整手轮使凸轮托起调整臂,清洗道路轮和试件,除去所有残留的金刚砂。

③细砂磨光。

a. 卸下 C 标记橡胶轮,更换为 X 标记橡胶轮按②-a 的方法安装。

b. 准备好 280 号金刚砂细砂,按②-b 方法装入专用储砂斗。

c. 重复②-c 步骤,调节溜砂量使流量为 $(3±1)$ g/min。

d. 按②-d 的步骤设定转数为 57 600 转,开始磨光操作,控制金刚砂溜砂量为 $(3±1)$ g/min,水的流量达 60mL/min。

e. 将试件磨 2h 后停机作适当清洁,按②-e 方法检查并拧紧道路轮螺母,然后再启动磨光机至 57 600 转时自动停机。

f. 按②-f 方法清理试件及磨光机。

(5)磨光值测定

①在试验前 2h 和试验过程中应控制室温为 $(20±2)$ ℃。

②将试件从道路轮上卸下并清洗试件,用毛刷清洗集料颗粒的间隙,去除所有残留的金刚砂。

③将试件表面向下放在 18~20℃ 的水中 2h,然后取出试件,按下列步骤用摆式摩擦系数测定仪测定磨光值。

a. 调零:将摆式仪固定在测试平台上,松开固定把手,转动升降把手使摆升高并能自由摆动,然后锁紧固定把手,转动调乎旋钮,使水准泡居中,当摆从右边水平位置落下并拨动指针后,指针应指零。若指针不指零,应拧紧或放松指针调节螺母,直至空摆时指针指零。

b. 固定试件:将试件放在测试平台的固定槽内,使摆可在其上面摆过,并使滑溜块居于试件轮迹中心。应使摆式仪摆头滑溜块在试件上的滑动方向与试件在磨光机上橡胶轮的运行方向一致,即测试时试件上作标记的弧形边背向测试者。

c. 测试:调节摆的高度,使滑溜块在试件上的滑动长度为 76mm,用喷水壶喷洒清水润湿试件表面(注意:在试验中的任何时刻,试件都应保持湿润)。将摆向右提起挂在悬臂上,同时用左手拨动指针使之与摆杆轴线平行。按下释放开关使摆回落向左运动,当摆达到最高位置后下落时,用左手将摆杆接住,读取指针所指(小度盘)位置上的值,记录测试结果,准确到 0.1。

注：摆式仪在使用新橡胶片时应该预磨使之达到稳定状态，预磨的方法是用新橡胶片在干燥的试块上（不用磨光后的试件）摆动 10 次，然后在湿润的试块上摆动 20 次。另外，橡胶片不得被油类污染。

d. 一块试件重复测试 5 次，5 次读数的最大值和最小值之差不得大于 3。取 5 次读数的平均值作为该试件的磨光值读数（PSV_r）。标准试件的磨光值读数用 PSV_{br} 表示。

（6）一种集料重复测试 2 次，每次都需同时对标准集料试件进行测试。

5. 计算

（1）按式（9-30）计算两次平行试验 4 块试件（每轮两块）的算术平均值 PSV_{ra}，精确到 0.1。但 4 块试件的磨光值读数 PSV_r 的最大值与最小值之差不得大于 4.7，否则试验作废，应重新试验。

$$PSV_{ra} = \frac{\sum PSV_{ri}}{4} \tag{9-30}$$

式中：PSV_{ri}——4 块试件的磨光值读数，$i = 1 \sim 4$。

（2）按式（9-31）计算两次平行试验 4 块标准试件（每轮两块）的算术平均值 PSV_{bra}，精确到 0.1。但 4 块标准试件的磨光值读数的平均值 PSV_{bra} 必须在 46～52 范围内，否则试验作废，应重新试验。

$$PSV_{bra} = \frac{\sum PSV_{bri}}{4} \tag{9-31}$$

式中：PSV_{bri}——4 块标准试件的磨光值读数，$i = 1 \sim 4$。

（3）按式（9-32）计算集料的 PSV 值，取整数。

$$PSV = PSV_{ra} + 49 - PSV_{bra} \tag{9-32}$$

试验报告应报告集料的磨光值 PSV、两次平行试验的试样磨光值读数平均值 PSV_{ra} 和标准试件磨光值读数平均值 PSV_{bra}。

第十章
水泥与水泥混凝土试验

第一节 水泥细度、标准稠度用水量、凝结时间和安定性试验

一、水泥细度试验

水泥细度分负压筛析法、水筛法与手工筛法,在发生争议时,应以负压筛法为准。

1. 仪器设备

(1)试验筛:筛孔尺寸为 $80\mu m$ 或 $45\mu m$,有负压筛($4\,000 \sim 6\,000Pa$)、水筛和手工筛。

(2)天平:最小分度值不大于 $0.01g$。

2. 试验准备

试验时,$80\mu m$ 筛析试验应称取试样 $25g$,$45\mu m$ 筛析试验应称试样 $10g$,均精确至 $0.01g$。

3. 试验步骤

(1)负压筛法

试验前,将负压筛放在筛座上,盖上筛盖,接通电源,检查控制系统,调节负压至 $4\,000 \sim 6\,000Pa$ 范围内。将称取的水泥试样,置于洁净的负压筛中,放在筛座上,盖上筛盖,开动筛析

仪连续筛析2min,在此期间如有试样附着在筛盖上,可轻轻地敲击,使试样落下。筛毕,用天平称量全部筛余物。

(2)水筛法

试验前,调整好水压(0.05MPa±0.02MPa)及水筛架的位置,使其能正常运转,并控制喷头底面和筛网之间距离为35~75mm。将称取的水泥试样,置于洁净的水筛中,立即用淡水冲洗至大部分细粉通过后,放在水筛架上,用水压为(0.05±0.02)MPa的喷头连续冲洗3min。筛毕,用少量水把筛余物冲至蒸发皿中,等水泥颗粒全部沉淀后,小心倒出清水,烘干后并用天平称量全部筛余物。

(3)结果计算及处理

水泥试样筛余百分数按式(10-1)计算,计算结果精确至0.1%。

$$F = \frac{R_\mathrm{t}}{W} \times 100 \tag{10-1}$$

式中:F——水泥试样的筛余百分数,%;

R_t——水泥筛余物的质量,g;

W——水泥试样的质量,g。

(4)筛余结果修正

筛析结果应进行修正。修正的方法是将水泥样的筛余百分数乘以试验筛的标定修正系数。合格评定时,每个样品应称取两个试样分别筛析,取筛余平均值为筛析结果。若两次筛余结果绝对误差大于0.5%时(筛余值大于5.0%时可放至1.0%),应再做一次试验,取两次相近结果的算术平均值为最终结果。

二、水泥标准稠度用水量、凝结时间、安定性试验

本方法适用于硅酸盐水泥、普通硅酸盐水泥、矿渣硅酸盐水泥、粉煤灰硅酸盐水泥、火山灰硅酸盐水泥、复合硅酸盐水泥、道路硅酸盐水泥及指定采用本方法的其他品种水泥。

1. 仪器设备

(1)水泥净浆搅拌机　内径为130mm,深为95mm。

(2)标准法维卡仪　标准稠度测定用试杆有效长度为(50±1)mm、由直径为(10±0.05)mm的圆柱形耐腐蚀金属制成。测定凝结时间时取下试杆,用试针代替试杆。试针由钢制成,为一直径为(1.13±0.5)mm的圆柱体,其有效长度初凝针为(50±1)mm、终凝针为(30±1)mm。滑动部分的总质量为(300±1)g。与试杆、试针联结的滑动杆表面应光滑,能靠重力自由下落,不得有紧涩和晃动现象。

(3)试模　盛装水泥净浆的试模应由耐腐蚀的、有足够硬度的金属制成。试模为深(40±0.2)mm、顶内径(65±0.5)mm、底内径(75±0.5)mm的截顶圆锥体。每只试模应配备一个大于试模、厚度≥2.5mm的平板玻璃底板。

(4)雷氏夹　由铜质材料制成。当一根指针的根部先悬挂在一根金属丝或尼龙丝上,另一根指针的根部再挂上300g质量的砝码时,两根指针针尖的距离增加应在(17.5±2.5)mm范围内。去掉砝码后,针尖的距离能恢复至挂砝码前的状态。

(5)雷氏夹膨胀测定仪　标尺最小刻度为0.5mm。

(6)沸煮箱　有效容积为410mm×240mm×310mm,箅板的结构应不影响试验结果,箅板

与加热器之间的距离大于50mm。能在(30±5)min内将箱内的试验用水由室温升至沸腾并保持3h以上；整个试验过程中不需补充水量。

(7) 量水器　最小刻度0.1mL,精度1%。

(8) 天平　最大称量不小于1 000g,分度值不大于1g。

2. 试验准备

(1) 试验室温度为(20±2)℃,相对湿度不低于50%；水泥试样、拌和水、仪器和用具的温度应与试验室温度一致。

(2) 湿气养护箱的温度为(20±1)℃,相对湿度不低于90%。

3. 水泥标准稠度用水量的测定

(1) 标准法

① 试验前必须做到维卡仪的金属棒能自由滑动；调整至试杆接触玻璃板时指针对准零点；搅拌机运行正常。

② 水泥净浆的拌制。

用湿布擦拭搅拌锅和搅拌叶后,预估拌和水用量,并准确量取后倒入搅拌锅内,然后在5~10s内将称好的500g水泥加入水中,并防止水和水泥溅出；将搅拌锅放在搅拌机的锅座上,升至搅拌位置,启动搅拌机,低速搅拌120s,停15s,同时将叶片和锅壁上的水泥浆刮入锅中间,接着高速搅拌120s后停机。

③ 标准稠度用水量的测定。

检查维卡仪的金属棒能否自由滑动,调整维卡仪试杆至接触玻璃板时指针对准零点。立即将拌制好的水泥净浆装入置于玻璃板上的盛装水泥净浆的试模中,用小刀插捣,轻轻振动5次,刮去多余的净浆；抹平后迅速将玻璃底板和试模移到维卡仪上,并将其中心定在试杆下,降低试杆直至与水泥净浆表面接触,拧紧螺钉1~2s后,突然放松,使试杆垂直自由地沉入水泥净浆中；在试杆停止沉入或释放试杆30s时记录试杆距底板之间的距离,升起试杆后,立即擦净,整个操作应在搅拌后1.5min内完成。试杆沉入净浆并距底板(6±1)mm的水泥净浆即为标准稠度净浆。其拌和水量即为该水泥的标准稠度用水量,按水泥质量的百分比计。

若试杆沉入净浆后距底板的距离不在(6±1)mm的范围内,应根据试验情况,重新称样,调整用水量,重新拌制净浆并进行测定,直至满足为止。

(2) 代用法

① 水泥净浆的拌制。

水泥净浆拌制和标准法相同。代用法测定有调整水量法和不变水量法两种。调整水量法按经验找水,不变水量法固定拌和用水量为142.5mL。

② 标准稠度用水量的测定。

检查维卡仪的金属棒能否自由滑动,调整试锥接触净浆锥模顶面时指针对准零点。立即将拌制好的水泥净浆装入锥模中,用小刀插捣,轻轻振动5次,刮去多余的净浆；抹平后迅速放到试锥下面的固定位置上,将试锥降至净浆表面,拧紧螺钉1~2s后,突然放松,使试锥垂直自由地沉入水泥净浆中。在试锥停止下沉或释放试锥30s时记录试锥下沉深度,升起试锥后,立即擦净,整个操作应在搅拌后1.5min内完成。

用调整水量法时,以试锥下沉深度(30±1)mm的净浆为标准稠度净浆。其拌和水量为该水泥的标准稠度用水量,按水泥质量的百分比计。如下沉深度超出范围需另称试样,调整水量,重新试验,直至达到(30±1)mm 为止。

采用不变水量方法时拌和水量用 142.5mL,根据测得的试锥下沉深度 $S(mm)$ 按式(10-2)计算得到标准稠度用水量 $P(\%)$:

$$P = 33.4 - 0.185S \tag{10-2}$$

当试锥下沉深度小于 13mm 时,应改用调整水量法测定。

4. 凝结时间测定

(1)试件的制备

将用标准稠度用水量制得的标准稠度净浆一次装满试模,振动数次刮平,立即放入湿气养护箱中。记录水泥全部加入水中的时间,将其作为凝结时间的起始时间。

(2)初、终凝时间的测定

①调整凝结时间测定仪的试针接触玻璃板时指针对准零点。

②以标准稠度用水量按标准稠度用水量测定中水泥净浆条件制成标准稠度净浆一次装满试模,振动 5 次刮平,立即放入湿气养护箱中。记录水泥全部加入水中的时间,将其作为凝结时间的起始时间。

③试件在湿气养护箱中养护至加水后 30min 时进行第一次测定。测定时,将维卡仪装上凝结时间测定用初凝针,从湿气养护箱中取出试模放到试针下,降低试针直至与水泥净浆表面接触,拧紧螺钉 1~2s 后,突然放松,使试针垂直自由地沉入水泥净浆中。观察试针停止下沉或释放试针 30s 时指针的读数。当试针沉至距底板 $(4±1)$ mm 时,为水泥达到初凝状态。水泥全部加入水中至初凝状态的时间为水泥的初凝时间,用"min"表示。在前几次测定操作时应轻轻扶持金属柱,使其徐徐下降,以防试针撞弯,但结果以自由下落为准;临近初凝时,每隔 5min 测定一次。

在完成初凝时间的测定后,立即将试模连同浆体以平移的方式从玻璃板上取下,翻转 180°,直径大端向上、小端向下放在玻璃板上,再放入湿气养护箱继续养护,并将维卡仪换上终凝时间测试针。测试时,当试针沉入试体 0.5mm 时,即环形附件开始不能在试体上留下痕迹时,水泥达到终凝状态。水泥全部加入水中至终凝状态的时间为水泥的终凝时间,用"min"表示。临近终凝时间时每隔 15min 测定一次。

初、终凝测定时均应注意:到达初凝或终凝时应立即重复测定一次,当两次结论相同时才能定为到达初凝或终凝状态。在整个测试过程中试针沉入的位置至少要距试模内壁 10mm,且不能让试针落入原针孔。每次测试完毕须将试针擦净,并将试模放回湿气养护箱内,整个测试过程要防止试模受振。

5. 安定性测定

(1)标准法

①试件的制备。

每个试样准备两个雷氏夹,每个雷氏夹配备两块质量 75~85g 的玻璃板,在凡与水泥净浆接触的玻璃板和雷氏夹内表面稍稍涂上一层油。

将雷氏夹放在已稍擦油的玻璃板上,将已制好的标准稠度净浆一次装满雷氏夹。装浆时一只手轻轻扶住雷氏夹,另一只手用宽约 10mm 的小刀插捣数次,然后抹平,盖上稍涂油的玻璃板,立即将试件移至湿气养护箱中养护(24±2)h。

②沸煮。

调整好沸煮箱内的水位,使之能在(30±5)min 内沸腾,同时又能保证在整个沸煮过程中都超过试件,不需中途加水。

脱去玻璃板取下试件,将雷氏夹放在雷氏夹膨胀测定仪上,测量指针尖端间的距离(A)精确到0.5mm。将试件放入沸煮箱水中的试件架上,指针朝上,然后在(30±5)min 内加热至沸,并恒沸(180±5)min。

③判别。

沸煮结束后,立即放掉沸煮箱中的热水,打开箱盖,待箱体冷却到室温,取出试件。测量雷氏夹指针尖端的距离(C),准确至0.5mm。当两个试件煮后增加距离($C-A$)的平均值不大于5.0mm 时,即认为该水泥安定性合格;当两个试件的($C-A$)值相差超过4.0mm 时,应用同一样品立即重做一次试验。再如此,则认为该水泥为安定性不合格。

(2)代用法

①试件的制备。

每个试件准备两块约100mm×100mm 的玻璃板,在凡与水泥净浆接触的玻璃板面稍稍涂上一层油。

将已制好的标准稠度净浆取出一部分,分成两等份,使之成球形,并放在玻璃板上;轻轻振动玻璃板并用湿布擦过的小刀由边缘向中央抹,做成直径70~80mm、中心厚约10mm、边缘渐薄、表面光滑的试饼,然后将试饼移至湿气养护箱中养护(24±2)h。

②沸煮。

脱去玻璃板取下试件,在试饼无缺陷的情况下将试件放在沸煮箱水中的篦板上,然后在(30±5)min 内加热至沸并恒沸(180±5)min。

③判别。

沸煮结束后,立即放掉沸煮箱中的热水,打开箱盖,待箱体冷却到室温,取出试件进行判别。目测试饼未发现裂缝,用钢直尺检查也没有弯曲(使钢直尺和试饼底部紧靠,以两者间不透光为不弯曲),则认为该水泥安定性合格,反之为不合格。当两个试饼判别结果有矛盾时,该水泥的安定性为不合格。

第二节 水泥强度试验

水泥胶砂强度用于确定水泥的强度等级,适用于硅酸盐水泥、普通硅酸盐水泥、矿渣硅酸盐水泥、粉煤灰硅酸盐水泥、复合硅酸盐水泥的抗折、抗压强度的检验。

1. 仪器设备

(1)水泥行星式胶砂搅拌机 由搅拌叶及搅拌锅组成,由电动机带动搅拌叶及搅拌锅作相反方向转动。

(2)水泥胶砂振实台 振动频率为2 800~3 000 次/min,装有制动器,在电动机停机5s 内停止振动。振动台台面上装有夹具,以固定试模及料斗。

(3)胶砂试模 由三个水平的模槽组成,可同时成型三条截面为40mm×40mm、长为

160mm 的菱形试体。试模的内表面应涂上一薄层模型油或机油;成型操作时,在试模上面应有一个壁高 20mm 的金属模套,当从上往下看时,模套壁与模型内壁应该重叠,超出内壁不大于 1mm。

(4)水泥抗折试验机 抗折强度试验机应符合《水泥胶砂电动抗折试验机》(JC/T 724—2005)的要求。

(5)水泥抗压强度试验机及抗压夹具 试验机最大荷载宜为 200～300kN,并具有按 (2 400 ±200)N/s 速率加荷的能力,精度应 ±1%,宜采用能自动调节加荷速度的试验机。抗压夹具由硬质钢材制成,受压面积为 40mm×40mm。

2. 试验条件

试件成型试验室的温度应保持在(20 ±2)℃,相对湿度不低于 50%。试件带模养护的湿气养护箱的温度为(20 ±1)℃,相对湿度不低于 90%。试样养护池水温应在(20 ±1)℃范围内。

3. 试件成型

(1)水泥胶砂组成及配合比

水泥胶砂材料的质量配合比为:1 份水泥、3 份标准砂,水灰比 0.5。每成型一个三联模所需材料用量为:水泥(450 ±2)g,标准砂(1 350 ±5)g,水(225 ±1)g。

(2)拌制水泥砂浆

把水加入锅里,再加入水泥,把锅放在固定架上,上升至固定位置。立即开动机器,低速搅拌 30s 后,在第二个 30s 开始的同时均匀地将砂子加入(当各级砂是分装时,从最粗粒级开始,依次加完),机器转至高速再拌 30s,停拌 90s。

(3)胶砂试件成型

胶砂制备完毕后,立即进行试件的成型。将空试模和模套固定在振实台上,用一个适当的勺子直接将胶砂分两层装入试模,装第一层时,每个槽里约放 300g 胶砂,用大播料器垂直架在模套顶部沿每个模槽来回一次将料层播平,接着振实 60 次。再装入第二层胶砂,用小播料器播平,再振实 60 次,移走模套,从振实台上取下试模,用一金属直尺以近似 90°的角度架在试模模顶的一端,然后沿试模长度方向以横向锯割动作慢慢向另一端移动,一次将超过试模部分的胶砂刮去,并用同一直尺以近乎水平的情况下将试体表面抹平。

在试模上作标记或加字条标明试件编号、各试件相对于振实台的位置。

4. 试件养护

去掉留在模子四周的胶砂。立即将做好标记的试模放入湿气养护箱的水平架子上养护,湿空气应能与试模的各边接触。一直养护到规定的脱模时间时取出脱模。脱模前,用防水墨汁对试体进行编号和作其他标记。两个龄期以上的试体,在编号时应将同一试模中的三条试体分在两个以上龄期内。

脱模应非常小心。对于 24h 以上龄期的,应在成型后 20～24h 之间脱模。如经 24h 养护,会因脱模对强度造成损害时,可以延迟至 24h 以后脱模,但在试验报告中应予说明。

将做好标记的试件立即竖直放在(20 ±1)℃水中的篦子上养护,彼此之间保持一定间距,从而让水与试件的六个面接触。养护期间试件之间间隔或试件上表面的水深不得小于 5mm。养护期间只许加水保持适当水位,不允许全部换水。每个养护池只养护同类型的水泥试件。

5. 强度试验

强度试验试件的龄期是从水泥加水搅拌开始试验时计算,不同龄期强度试验应在表10-1所列时间里进行。

试件龄期与试验时间表　　　　　　　　　　　　表10-1

龄期	24h	48h	72h	7d	28d
时间	24h±15min	48h±30min	72h±45min	7d±2h	28d±8h

除24h龄期或延迟至48h脱模的试件外,任何到龄期的试体应在破型前15min从水中取出,揩去试体表面沉积物,并用湿布覆盖至试验为止。

(1) 抗折强度测定

将试体一个侧面放在试验机支撑圆柱上,试体长轴垂直于支撑圆柱,通过加荷圆柱以$(50±10)$N/s的速率均匀地将荷载垂直地加在棱柱体相对侧面上,直至折断。保持两个半截棱柱体处于潮湿状态直至抗压试验。

抗折强度R_f按式(10-3)计算,计算精确至0.1MPa。

$$R_f = \frac{1.5F_fL}{bh^2} \tag{10-3}$$

式中:F_f——折断时施加于棱柱体中部的荷载,N;

L——支撑圆柱之间的距离,mm,$L=100$mm;

b——棱柱体正方形截面的宽度,mm,$b=40$mm;

h——棱柱体正方形截面的高度,mm,$h=40$mm。

(2) 抗压强度测定

将经抗折试验折断的半截棱柱体放入抗压夹具,并保证半截棱柱体中心与试验机压板的中心差应在±0.5mm内,棱柱体露出抗压夹具压板的部分约有10mm,试件受压面积为40mm×40mm。在整个加荷过程中,以$(2400±200)$N/s的速率均匀地加荷直至破坏。

抗压强度R_c按式(10-4)进行计算,计算精确至0.1MPa。

$$R_c = \frac{F_c}{A} \tag{10-4}$$

式中:F_c——破坏时的最大荷载,N;

A——受压部分面积,mm^2,$A=1600$mm^2。

(3) 试验结果判定

抗折强度以一组3个试件的平均值作为试验结果,当3个强度测试值中有1个超出平均值±10%时,应剔除后再取平均值作为测定结果。

抗压强度以一组3个棱柱体上得到的6个抗压强度测定值的算术平均值作为试验结果。当6个测定值中有一个超出6个平均值±10%时,就应剔除这个结果,然后取其他平均值作为抗压强度结果;如果5个测定值中再有超出它们平均数±10%的,则此组结果作废。

第三节　新拌混凝土施工和易性试验

新拌混凝土拌和物必须具备有一定流动性、均匀不离析、不泌水、容易抹平等性质,以适合运输、灌溉、捣实等施工要求,这些性质总称为施工和易性,通常用稠度表示。测定稠度的方式有坍落度和维勃稠度。

一、水泥混凝土拌和物的拌制

拌制混凝土拌和物所用材料取样应具有代表性。拌制混凝土的材料以质量计,称量的精度为:集料±1%,水、水泥及砂±0.5%。

1. 试验设备

(1)拌和机 自由式或强制式。

(2)台秤 称量50kg,分度值0.5kg。

(3)天平 感量满足称量0.5%的天平。

(4)振动台 标准振动台,符合《混凝土试验用振动台》(JG/T 245—2009)的要求。

(5)其他 拌和铁板(1m×2m的金属板);量斗或其他容器(装水泥及各种集料用);量水容器、铁铲、抹布等。

2. 拌制步骤

(1)机械拌和

使用拌和机前,应先用少量水泥砂浆(水灰比及砂灰比与正式配合比相同)进行涮膛,然后刮出涮膛砂浆,以避免正式拌和混凝土时,水泥砂浆黏附搅拌机筒壁的损失。按规定称好各种原材料,往拌和机内顺序加入石子、砂、水泥。开动拌和机,将材料拌和均匀,在拌和过程中将水徐徐加入,全部加料时间不宜超过2min。水全部加入后,继续拌和2min,而后将混凝土拌和物倾出倒在铁板上,再经人工翻拌1~2min,务必使拌和物均匀一致。

(2)人工拌和

先用湿布将铁板和铁铲上的杂物清除并润湿,然后按计算结果称取各种材料,分别装在各容器中;将称好的砂置于拌板上,然后倒上所需数量的水泥,用铲子拌和至呈均一颜色为止;再加入所需数量的粗集料,并将全部拌和物加以拌和,使粗集料在整个干拌和物中分配均匀为止。最后将该拌和物集成细长、椭圆形的堆,在堆的中心仔细扒一凹穴,将所需水的一半注入凹穴中,仔细拌和材料与水,不使水流散,重新将材料堆集成堆,并将剩下的水渐渐加入,继续用铲将混凝土混合料进行拌和(至少来回翻拌6遍,拌和时间与拌和体积相关),直至彻底拌匀为止。

二、坍落度试验

坍落度试验方法适用于集料最大粒径不大于40mm、坍落度值不小于10mm的混凝土拌和物稠度的测定。通过测定混凝土拌和物的圆锥体坍落值,用以评价其流动性,同时根据试验过程中的观察定性判断黏聚性和保水性。

1. 仪器设备

(1)坍落度筒 坍落度筒为铁板制成的截头圆锥筒,厚度应不小于1.5mm,内侧平滑,构造和尺寸见图10-1。

(2)捣棒 直径16mm、长约650mm,并具有球形端头的钢质圆棒。

(3)其他 小铲、钢尺、镘刀和钢平板等。

2. 试验步骤

(1) 试验前将坍落度筒内外洗净,放在水润湿过的平板上(平板吸水时应垫以塑料布)踏紧踏脚板。

(2) 将拌和试样分3层装入筒内,每层装入高度稍大于筒高的1/3,用捣棒在每一层的横截面上均匀捣25次,插捣在全部面积上进行,沿螺旋线由边缘至中心;插捣底层时插至底部,插捣其他两层时,应插透本层并插入下层20~30mm,插捣需垂直向下(边缘部分除外)不得冲击。

(3) 在插捣顶层时,装入的拌和物应高出坍落筒,随插捣过程随时添加拌和物,当顶层插捣完毕后,使用捣棒用锯和滚的动作清除多余的拌和物,用镘刀抹平筒口,刮净筒底周围的混合料,而后立即垂直地提取坍落度筒,提筒在5~10s内完成,并使拌和物不受横向力和扭力作用。从开始装筒至提出坍落度筒的全过程,不应超过2.5min。

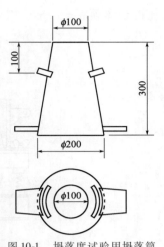

图10-1 坍落度试验用坍落筒
(尺寸单位:mm)

注:从开始提筒到提取坍落度筒的全过程,不应超过2.5min。

(4) 将坍落筒放在锥体混凝土试样一旁,筒顶平放木尺,用小钢尺量出目标尺底面至试样坍落后的最高点之间的垂直距离(以 mm 计,精确至5mm),即为该混凝土拌和物的坍落度。若坍落度筒提离后试件发生崩坍或一边剪坏现象,则应重新取样测试;若第二次仍出现这种现象,则表示该拌和物施工和易性不好。当坍落度大于220mm时,用钢尺测量混凝土扩展后最终的最大和最小直径,当两直径差小于50mm时,用其算术平均值作为坍落度扩展值,否则此次试验无效。

(5) 在测定坍落度过程中,应观察黏聚性和保水性。

黏聚性:用捣棒在已坍落的拌和物锥体侧面轻轻敲击,若锥体逐渐下降,表示黏聚性良好;若锥体突然倒坍,部分崩解、离析,即表示黏聚性差。

保水性:拌和物装填完毕,若坍落度筒底部有较多稀浆泌出,锥体部分也因失浆而集料外露,则保水性差;若泌浆水量少,则保水性中;无泌水泌浆现象,则保水性好。

三、维勃(VB)稠度试验

VB 稠度试验方法适用于最大粒径不大于40mm、维勃稠度在5~30s的混凝土拌和物稠度测定。

1. 仪器设备

(1) VB 稠度仪 其构造如图10-2所示。

(2) 其他 秒表、捣棒、镘刀等。

2. 试验步骤

(1) 用湿布湿润容器、坍落度筒、喂料斗等。将喂料斗提到坍落度筒上方扣紧,校正容器位置,使其中心与喂料斗中心重合,然后拧紧螺钉。

(2) 把按要求取样或制作的混凝土拌和物试样用小铲分3层经喂料斗均匀装入筒内。

(3) 把喂料斗转离,垂直地提起坍落度筒,注意不使混凝土试体产生横向的扭转。

(4) 把透明圆盘转到混凝土圆台体顶面,放松测杆螺钉,降下圆盘,使其轻轻接触到混凝土圆台体顶面。

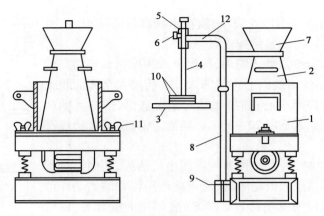

图 10-2　维勃仪

1-容器；2-坍落度筒；3-圆盘；4-滑杆；5-套筒；6-螺钉；7-漏斗；8-支柱；9-定位螺钉；10-荷重块；11-元宝螺母；12-旋转架

（5）拧紧定位螺钉，并检查测杆螺钉是否已经完全放松。

（6）在开启振动台的同时用秒表计时，当振动到透明圆盘的底面被水泥浆布满的瞬间停止计时，并关闭振动台。

（7）由秒表读出的时间即为该混凝土拌和物的 VB 稠度值，精确至 1s。

第四节　水泥混凝土力学试验

水泥混凝土的力学指按照标准方法制作试件，在标准温度、湿度条件下养护至规定龄期后，用标准方法测得的极限强度。

一、试件成型与保养方法

1. 一般规定

经稠度试验合格的混合料为测定其力学特征，必须制备成各种不同尺寸的试件，试件的制作应符合下列一般规定：

（1）成型前，应检查试模尺寸确保符合标准规定；试模内表面涂一薄层矿物油或者其他不与混凝土发生反应的脱模剂。

（2）在试验室拌制混凝土时，其材料用量应以质量计，称量的精度：水泥、掺和物、水和外加剂为 ±1%。

（3）取样或试验室拌制的混凝土应在拌制后最短的时间内成型，一般不宜超过 15min。

（4）根据混凝土拌和物的稠度确定混凝土成型方法，坍落度不大于 70mm 的混凝土宜用振动振实；大于 70mm 的，宜用捣棒人工捣实；检验现烧混凝土或预制构件的混凝土，试件成型方法宜与实际采用的方法相同。

（5）圆柱体试件的直径为 100mm、150mm、200mm 三种，其高度是直径的 2 倍。粗集料的最大粒径应小于试件直径的 1/4。

2.仪器设备

(1)试模　由刚性、金属制成的侧模(圆柱体试件为圆筒形)和底板构成,用适当的方法组装而成。

(2)振动台　标准振动台。

(3)其他　捣棒、压板等。

3.试件成型

(1)振动法　将混凝土拌和物一次装入试模,装料时应用抹刀沿试模壁插捣,并使混凝土拌和物高出试模口。试模应附着或固定在振动台上,振动时试模不得有任何跳动,应持续到表面出浆为止,不得过振。刮除试模上口多余的混凝土,待混凝土临近初凝时,用抹刀抹平。

(2)人工插捣法　混凝土拌和物分2层装入试模,每层的装料厚度大致相等,插捣应按螺旋方向从边缘向中心均匀进行。插捣底层混凝土时,捣棒应达到试模底部;插捣上层时,捣棒应贯穿上层后插入下层20~30mm。插捣时捣棒应保持垂直,不得倾斜。然后用抹刀沿试模内壁插拔数次。每层插捣次数按每10 000mm^2截面面积内不得少于12次,插捣后用橡皮锤轻轻敲击试模四周,直至插捣棒留下的空洞消失为止。刮除试模上口多余的混凝土,待混凝土临近初凝时,用抹刀抹平。

4.试件养护

试件成型后应立即用不透水的薄膜覆盖表面。采用标准养护的试件,应在温度为(20 ± 5)℃的环境中静置1~2昼夜,然后编号、拆模。拆模后应立即放入温度为(20 ± 2)℃,相对湿度为95%以上的标准养护室中养护,或在温度为(20 ± 2)℃的不流动的$Ca(OH)_2$饱和溶液中养护。标准养护室内的试件应放在支架上,彼此间隔10~20mm,试件表面应保持潮湿,并不得被水直接冲淋。

同条件养护试件的拆模时间可与实际构件的拆模时间相同,拆模后,试件仍需保持同条件养护。

标准养护龄期为28d(从搅拌加水开始计时)。自养护室取出试件,应继续设法保持其湿度不变,按后述各试验方法进行力学试验。

二、水泥混凝土立方体抗压强度试验

水泥混凝土立方体抗压强度是按标准方法制作的150mm×150mm×150mm立方体试件,在标准条件下养护至28d,用标准试验方法测试,按规定计算方法得到的强度值。

1.仪器设备

压力试验机或万能试验机,测量精度为±1%,试件破坏荷载应大于压力机全量程的20%且小于压力机全量程的80%。

2.试验步骤

(1)取出试件,先检查其尺寸及形状,相对两面应平行,表面倾斜偏差不得超过0.5mm。量出棱边长度,精确至1mm。试件受力截面面积按其与压力机上下接触面的平均值计算。试件如有蜂窝,应在试验前3d用浓水泥浆填补平整,并在报告中说明。在破型前,保持试件原有湿度,在试验时擦干试件。

(2)以成型时的侧面为上下受压面,试件安放在球座上,几何对中(指试件或球偏离机台中心在5mm以内)。开动试验机,当上压板与试件或钢垫板接近时,调整球座,使接触均衡。

(3)在试验过程中应连续均匀加荷,当混凝土强度等级<C30时加荷速度为0.3~0.5MPa/s,混凝土强度等级≥C30且<C60时加荷速度为0.5~0.8MPa/s,混凝土强度等级≥C60时加荷速度为0.8~1.0MPa/s。

(4)当试件接近破坏而开始急剧变形时,应停止调整试验机油门,直至破坏,记录破坏极限荷载$F(\mathrm{N})$。

3. 试验结果计算

(1)混凝土立方体试件抗压强度F_{cu}(以MPa表示)按式(10-5)计算:

$$F_{cu} = \frac{F}{A} \tag{10-5}$$

式中:F——极限荷载,N;
A——受压面积,mm^2。

(2)以3个试件测值的算术平均为测定值。如任一个测值与中值的差超过中值的15%时,则取中值为测定值;如有两个测值的差值均超过上述规定,则该组试验结果无效。试验结果计算至0.1MPa。

(3)混凝土立方体抗压强度以150mm×150mm×150mm的方块为标准试件,其他尺寸试件抗压强度换算系数见表10-2,并应在报告中注明。

立方体抗压强度尺寸换算系数　　　表10-2

试件尺寸(mm)	尺寸换算系数	试件尺寸(mm)	尺寸换算系数
100×100×100	0.95	200×200×200	1.0

三、水泥混凝土抗弯拉强度试验

水泥混凝土抗弯拉强度是水泥混凝土路面设计的重要参数。在水泥混凝土路面施工时,为了保证施工质量,每天必须按规定测定抗弯拉强度。

水泥混凝土抗弯拉强度是以150mm×150mm×550mm的梁型试件,在标准养护条件下达到规定龄期后,在净跨450mm、双支点荷载作用下进行弯拉破坏,并按规定的计算方法得到强度值。

1. 仪器设备

试验机为50~300kN抗折试验机或万能试验机。抗弯拉强度试验装置(三分点处双点加荷和三点自由支承式混凝土抗折强度试验装置)见图10-3。

2. 试验步骤

(1)试件从养护池取出后应及时进行试验,将试件表面擦干净,并检查试件。

(2)按图安装试件,安装尺寸偏差不得大于1mm。试件的承压面应为试件成型时的侧面。支座及承压面与圆柱的接触面应平稳、均匀,否则应垫平。

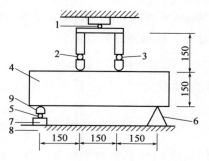

图10-3　抗弯拉试验装置(尺寸单位:mm)
1、2-一个钢球;3、5-两个钢球;4-试件;6-固定座;7-活动支座;8-机台;9-活动船型垫块

(3)施加荷载应保持均匀、连续。当混凝土强度等级<C30时加荷速度为0.02~0.05MPa/s,混凝土强度等级≥C30且<C60时加荷速度为0.05~0.08MPa/s,混凝土强度等级≥C60时加荷速度为0.08~0.1MPa/s。至试件接近破坏时,应停止调整试验机油门。

(4)记录试件破坏荷载的试验机示值及试件下边缘断裂位置。

3. 试验结果计算

(1)若试件下边缘断裂位置处于两个集中的荷载作用之间,则试件的抗弯拉强度f_{cf}按式(10-6)计算:

$$f_{cf} = \frac{FL}{bh^2} \qquad (10-6)$$

式中:f_{cf}——混凝土抗弯拉强度,MPa;
　　F——试件破坏荷载,N;
　　L——支座间跨度,mm,L为450mm;
　　h——试件截面高度,mm,h为150mm;
　　b——试件截面宽度,mm,b为150mm。

注:断面位置在试件断块短边一侧的底面中轴线上量得。

(2)抗弯拉强度值的确定应符合下列规定:

3个试件为一组,当破坏面发生在两个加荷点之间时,取3个试件测试值的算术平均值为代表值,代表该组试件的强度值(精确至0.1MPa);如任一个测值与中值的差超过中值的±15%时,则取中值为测定值;如有两个测值的差值均超过上述规定,则该组试验结果无效。

3个试件中若有一个破坏面位于两个集中荷载之外,则混凝土抗弯拉强度值按另外2个试件的试验结果计算。若这两个测值的差值不大于这两个测值的较小值的±15%时,则该组试件的抗弯拉强度值按这两个测值的平均值计算,否则该组试件的试验结果无效。若有2个试件的下边缘断裂位置位于两个集中荷载作用线之外,则该组试件试验结果无效。

(3)当试件尺寸为100mm×100mm×400mm的非标准试件时,应乘以尺寸换算系数0.85;当混凝土强度等级≥C60时,宜采用标准试件;使用非标准试件时,尺寸换算系数应由试验确定。

四、水泥混凝土轴心抗压强度试验

测定混凝土棱柱体轴心抗压强度,以提出设计参数和抗压弹性模量试验荷载标准。

1. 仪器设备

试模尺寸为150mm×150mm×300mm的卧式棱柱体试模,其他所需设备与抗压强度试验相同。

2. 试验步骤

(1)按规定方法制作150mm×150mm×300mm的棱柱体试件3根,在标准养护条件下,养护至规定龄期。

(2)取出试件,清除表面污垢,擦干表面水分,仔细检查后,在其中部量出试件宽度(精确至1mm),计算试件受压面积。在准备过程中,要求保持试件湿度无变化。

(3)在压力机下压板放好棱柱体试件,几何对中;球座最好放在试件顶面并凸面朝上。

(4)以与立方抗压强度试验相同的加荷速度,均匀而连续地加荷,当试件接近破坏而开始迅速变形时,应停止调整试验机油门,直至试件破坏,记录最大荷载。

3.试验结果计算

(1)混凝土轴心抗压强度f_{cp}(以 MPa 表示)按式(10-7)计算:

$$f_{cp} = \frac{F}{A} \tag{10-7}$$

式中:F——破坏荷载,N;
A——试件承压面积,mm^2。

(2)取 3 根试件试验结果的算术平均值作为该组混凝土轴心抗压强度。如任一个测值与中值的差值超过中值的±15%时,则取中值为测值;如有两个测值与中值的差值均超过上述规定,则该组试验结果无效。结果精确至 0.1MPa。

(3)采用非标准尺寸试件测得的轴心抗压强度,应乘以尺寸系数,对 200mm×200mm 截面试件为 1.05,对 100mm×100mm 截面试件为 0.95。

五、水泥混凝土立方体劈裂抗拉强度试验

测定混凝土劈裂抗拉强度是为混凝土结构抗裂性验算等提供依据。

1.仪器设备

试验机(要求同立方体抗压强度试验),劈裂钢垫条和三合板垫层(或纤维板垫层),如图 10-4 所示。

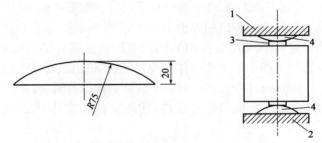

图 10-4 劈裂试验用钢垫条(尺寸单位:mm)
1-上压板;2-下压板;3-垫层;4-垫条

2.试验步骤

(1)试件从养护地点取出后,擦拭干净,测量尺寸,检查外观,在试件中部画出劈裂面位置线。劈裂面与试件成型时的顶面垂直,尺寸测量精确至 1mm。

(2)试件放在球座上,几何对中,放妥垫层垫条,其方向与试件成型时顶面垂直。

(3)开动试验机,当上压板与试件接近时,调整球座使接触均衡。加荷应连续而均匀,当混凝土强度等级<C30 时加荷速度为 0.02~0.05MPa/s,混凝土强度等级≥C30 且<C60 时加荷速度为 0.05~0.08MPa/s,混凝土强度等级≥C60 时加荷速度为 0.08~0.1MPa/s。至试件接近破坏时,应停止调整试验机油门,直至试件破坏,记录破坏荷载。

3.试验结果计算

(1)混凝土劈裂抗拉强度应按式(10-8)计算:

$$F_{ts} = \frac{2F}{\pi A} = 0.637\frac{F}{A} \tag{10-8}$$

式中：F_{ts}——混凝土劈裂抗拉强度，MPa，精确到 0.01MPa；
　　　F——试件破坏荷载，N；
　　　A——试件劈裂面面积，mm^2。

（2）强度值的确定应符合下列规定：

3 个试件测试值的算术平均值作为该组试件强度值（精确至 0.01MPa）；3 个测试值的最大值或最小值中如有一个与中间值的差值超过中间值的 ±15% 时，则取中间值作为该组试件的劈裂抗拉强度值；如最大值和最小值与中间值的差均超过中间值的 ±15%，则该组试件的试验结果无效。

（3）采用 100mm × 100mm × 100mm 非标准试件测得的劈裂抗拉强度值，应乘以尺寸换算系数 0.85；当混凝土强度等级 ≥C60 时，宜采用标准试件；使用非标准试件时，尺寸换算系数应由试验确定。

第十一章 沥青与沥青混合料试验

第一节 沥青针入度、延度和软化点试验

针入度、延度和软化点是黏稠沥青最主要的技术指标,通常称为三大技术指标。

一、沥青针入度试验

沥青针入度是在规定温度条件下,规定荷载在规定时间贯入沥青深度,以 0.1mm 为单位。针入度试验适用于测定道路石油沥青、改性沥青针入度以及液体石油沥青蒸馏或乳化沥青蒸发后残留物的针入度。

1. 仪具与材料

(1)针入度仪 凡能保证针和针连杆在无明显摩擦下垂直运动,且指示针贯入深度准确至 0.1mm 的仪器均可使用。针和针连杆组合件总质量为(50±0.05)g,另附(50±0.05)g 砝码一只,试验时总质量为(100±0.05)g。当采用其他试验条件时,应在试验结果中注明。仪器设有放置平底玻璃保温皿的平台,并有调节水平的装置,针连杆应与平台相垂直。仪器设有针连杆制动按钮,使针连杆可自由下落。针连杆易于装拆,以便检查其质量。仪器还设有可自由转动与调节距离的悬臂,其端部有一面小镜或聚光灯泡,借以观察针尖与试样表面接触情

况。当为自动针入度仪时,各项要求与此项相同,温度采用温度传感器测定,针入度值采用位移计测定,并能自动显示或记录,且应对自动装置的准确性经常校验。为提高测试精密度,不同温度的针入度试验宜采用自动针入度仪进行。

标准针由硬化回火的不锈钢制成,洛氏硬度 HRC54~60,表面粗糙度 R_a0.2~0.3μm,针及针杆总质量(2.5±0.05)g,针杆上应打印有号码标志,并定期进行检验。

(2)盛样皿　金属制,圆柱形平底。小盛样皿内径 55mm,深 35mm[适用于针入度小于 200(0.1mm)];大盛样皿内径 70mm,深 45mm[适用于针入度 200~350(0.1mm)];对针入度大于 350(0.1mm)的试样需使用特殊盛样皿,其深度不小于 60mm,试样体积不少于 125mL。

(3)恒温水槽　容量不少于 10L,控温的准确度为 0.1℃。水槽中应设有一带孔的搁架,位于水面下至少 100mm 处,距水槽底不得少于 50mm。

(4)平底玻璃皿　容量不少于 1L,深度不少于 80mm。内设有一不锈钢三脚支架,能使盛样皿稳定。

(5)其他　温度计:0~50℃,分度为 0.1℃;秒表:分度 0.1s;盛样皿盖:平板玻璃,直径不小于盛样皿开口尺寸;溶剂:三氯乙烯等;电炉或砂浴、石棉网、金属锅或瓷把坩埚等。

2. 方法与步骤

(1)准备工作

①按试验要求将恒温水槽调节到要求的试验温度 25℃,或 15℃、30℃(5℃),保持稳定。

②将预先除去水分的沥青试样在砂浴或密闭电炉上小心加热,不断搅拌以防止局部过热,加热温度不得超过预估的软化点 100℃。加热时间不得超过 30min,用筛孔 0.6mm 的筛子滤除沥青中的杂质。加热搅拌过程中避免试样中混入空气泡。

③将试样注入盛样皿中,试样高度应超过预计针入度值 10mm,并盖上盛样皿,以防落入灰尘。盛有试样的盛样皿在 15~30℃室温中冷却 1~1.5h(小盛样皿)、1.5~2h(大盛样皿)或 2~2.5h(特殊盛样皿)后移入保持规定试验温度±0.1℃的恒温水槽中 1~1.5h(小盛样皿)、1.5~2h(大试样皿)或 2~2.5h(特殊盛样皿)。

④调整针入度仪使之水平。检查针连杆和导轨,以确认无水和其他外来物,无明显摩擦。用三氯乙烯或其他溶剂清洗标准针,并拭干。将标准针插入针连杆,用螺钉固紧。按试验条件,加上附加砝码。

(2)试验步骤

①取出达到恒温的盛样皿,并移入水温控制在试验温度±0.1℃(可用恒温水槽中的水)的平底玻璃皿中的三脚支架上,试样表面以上的水层深度不低于 10mm。

②将盛有试样的平底玻璃皿置于针入度仪的平台上。慢慢放下针连杆,用适当位置的反光镜或灯光反射观察,使针尖恰好与试样表面接触。拉下刻度盘的拉杆,使与针连杆顶端轻轻接触,调节刻度盘或深度指示器的指针指示为零。

③开动秒表,在指针正指 5s 的瞬间,用手紧压按钮,使标准针自动下落贯入试样,经规定时间,停压按钮使针停止移动。当采用自动针入度仪时,计时与标准针落下贯入试样同时开始,至 5s 时自动停止。

④拉下刻度盘拉杆与针连杆顶端接触,读取刻度盘指针或位移指示器的读数,准确至 0.5(0.1mm)即为针入度。

⑤同一试样平行试验至少 3 次,各测试点之间及与盛样皿边缘的距离不应少于 10mm。

每次试验后应将盛有盛样皿的平底玻璃皿放入恒温水槽,使平底玻璃皿中水温保持试验温度。每次试验应换一根干净标准针或将标准针取下用蘸有三氯乙烯溶剂的棉花或布揩净,再用干棉花或布擦干。

⑥测定针入度大于200的沥青试样时,至少用3支标准针,每次试验后将针留在试样中,直至3次平行试验完成后,才能将标准针取出。

⑦测定针入度指数PI时,按同样的方法在15℃、25℃、30℃(或5℃)3个温度条件下分别测定沥青的针入度。

3. 试验结果

同一试样3次平行试验结果的最大值和最小值之差在表11-1的允许偏差范围内时,计算3次试验结果的平均值,取至整数作为针入度试验结果,以0.1mm为单位。若差值超出表11-1的数值,试验重做。

针入度试验允许差值要求　　　　　　　　　表11-1

针入度值(0.1mm)	0~49	50~149	150~249	250~500
允许差值(0.1mm)	2	4	12	20

当试验结果小于50(0.1mm)时,重复性试验的允许差为2(0.1mm),再现性试验的允许差值为4(0.1mm);当试验结果大于或等于50(0.1mm)时,重复性试验的允许差为4%,再现性试验的允许差值为8%。

二、沥青软化点试验(环球法)

"环球法"软化点是将沥青试样浇注在19.8mm的铜环内,上置质量3.5g钢球,溶液中以(5±0.5)℃/min的速度加热,直至沥青试样逐渐软化至钢球使试样下垂达25.4mm时的温度即为软化点,以"℃"表示。环球法试验适用于测定道路石油沥青、煤沥青、液体石油沥青经蒸馏或乳化沥青破乳蒸发后残留物的软化点。

1. 仪具与材料

(1)软化点试验仪　如图11-1所示,由下列部件组成。

①钢球:直径9.53mm,质量(3.5±0.05)g。

②试样环:黄铜或不锈钢等制成,形状尺寸见图11-2。

③钢球定位环:黄铜或不锈钢制成,形状尺寸见图11-3。

④金属支架:由两个主杆和三层平行的金属板组成。上层为一圆盘,直径略大于烧杯直径,中间有一圆孔,用以插放温度计。中层板板上有两个孔,各放置金属环,中间有一小孔可支持温度计的测温端部。一侧立杆距环上面51mm处刻有水高标记。环下面距下层底板为25.4mm,而下层底板距烧杯底不得少于12.7mm,也不得大于19mm。三层金属板和两个主杆由两螺母固定在一起。

⑤耐热玻璃烧杯:容量800~1 000mL,直径不小于

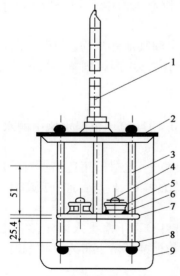

图11-1　软化点试验仪(尺寸单位:mm)
1-温度计;2-上盖板;3-立杆;4-钢球;5-钢球定位环;6-金属环;7-中层板;8-下底板;9-烧杯

86mm,高不低于120mm。

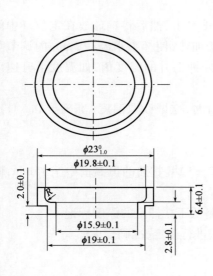

图 11-2　试样环(尺寸单位:mm)

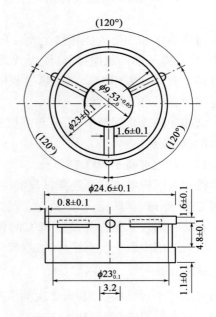

图 11-3　钢球定位环(尺寸单位:mm)

⑥温度计:0~80℃,分度为0.5℃。

(2)加热炉具　装有温度器的电炉或其他加热炉具,应采用带有振荡搅拌器的加热电炉,振荡子置于烧杯底部。

(3)其他　环夹:由薄钢条制成,用以夹持金属环,以便刮平表面;试样底板:金属板(表面粗糙度应达 $R_a 0.8\mu m$)或玻璃板;恒温水槽:控温的准确度为0.5℃;平直刮刀;甘油滑石粉隔离剂(甘油与滑石粉的比例为质量比2:1);新煮沸过的蒸馏水;石棉网。

2.方法与步骤

(1)准备工作

①将试样环置于涂有甘油滑石粉隔离剂的试样底板上,采用与针入度试验相同方法制备好沥青试样,将沥青试样徐徐注入试样环内至略高出环面为止。如估计试样软化点高于120℃,则试样环和试样底板(不用玻璃板)均应预热至80~100℃。

②试样在室温冷却30min后,用环夹夹着试样杯,并用热刮刀刮除环面上的试样,使与环面齐平。

(2)试验步骤

①预估软化点低于80℃的试样。

a.将装有试样的试样环连同试样底板置于(5±0.5)℃水的恒温水槽中至少15min,同时将金属支架、钢球、钢球定位环等亦置于相同水槽中。

b.烧杯内注入新煮沸并冷却至5℃的蒸馏水,水面略低于立杆上的深度标记。

c.从恒温水槽中取出盛有试样的试样环放置在支架中层板的圆孔中,套上定位环;然后将整个环架放入烧杯中,调整水面至深度标记,并保持水温为(5±0.5)℃,环架上任何部分不得附有气泡。将 0~80℃ 的温度计由上层板中心孔垂直插入,使端部测温头底部与试样环下面齐平。

d. 将盛有水和环架的烧杯移至放有石棉网的加热炉具上,然后将钢球放在定位环中间的试样中央,立即开动振荡搅拌器,使水微微振荡,并开始加热,使杯中水温在 3min 内调节至维持每分钟上升 (5 ± 0.5)℃。在加热过程中,应记录每分钟上升的温度值,如温度上升速度超出此范围时,则试验应重做。

e. 试样受热软化逐渐下坠,至与下层底板表面接触时,立即读取温度(准确至 0.5℃),即为试样的软化点。

② 预估软化点高于 80℃ 的试样。

a. 将装有试样的试样环连同试样底板置于装有 (32 ± 1)℃ 甘油的恒温槽中至 15min,同时将金属支架、钢球、钢球定位环等亦置于甘油中。

b. 在烧杯内注入预先加热至 32℃ 的甘油,其液面略低于立杆上的深度标记。

c. 从恒温槽中取出装有试样的试样环,按上述方法进行测定,准确至 1℃。

3. 试验结果

同一试样平行试验 2 次,当 2 次测值的差值符合重复性试验精密度要求时,取其平均值作为软化点试验结果,准确至 0.5℃。

当试样软化点 <80℃ 时,重复性试验的允许差为 1℃,再现性试验的允许差为 4℃;当试样软化点 ≥80℃ 时,重复性试验的允许差为 2℃,再现性试验的允许差为 8℃。

三、沥青延度试验

沥青延度是在规定温度条件下,规定形状的沥青试样以一定的速度拉伸至断裂时的长度,以 cm 表示。通常,试验温度为 25℃、15℃、10℃ 或 5℃,拉伸速度为 (5 ± 0.25)cm/min。当低温采用 (1 ± 0.05)cm/min 拉伸速度时应在报告中注明。本方法适用于测定道路石油沥青、液体沥青蒸馏残留物和乳化沥青蒸发残留物等材料的延度。

1. 仪具与材料

(1) 延度仪 将试件浸没于水中,能保持规定的试验温度及按照规定拉伸速度拉伸试件且试验时无明显振动的延度仪均可使用,其形状及组成见图 11-4。

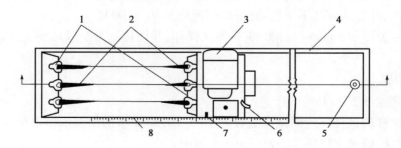

图 11-4 延度仪(尺寸单位:mm)
1-试模;2-试样;3-电机;4-水槽;5-泄水孔;6-开关柄;7-指针;8-标尺

(2) 试模 黄铜制,由两个端模和两个侧模组成,其形状及尺寸见图 11-5。

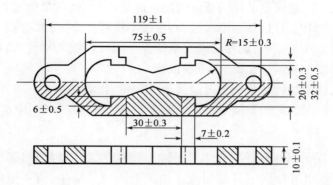

图 11-5 延度试模(尺寸单位:mm)

试模内侧表面粗糙度 $R_a 0.2 \mu m$,当装配完好后可浇铸成表 11-2 尺寸的试样。

延度试样尺寸(mm)　　　　　　　　　　　　表 11-2

总长	74.5~75.5	最小横断面宽	9.9~10.1
中间缩颈部长度	29.7~30.3	厚度(全部)	9.9~10.1
端部开始缩颈处宽度	19.7~20.3		

试模底板为玻璃板或磨光的铜板、不锈钢板(表面粗糙度 $R_a 0.2 \mu m$)。

(3)恒温水槽　容量不小于 10L,控制温度的准确度为 0.1℃,水槽中应设有带孔搁架,搁架距水槽底不得少于 50mm。试件浸入水中深度不小于 100mm。

(4)甘油滑石粉隔离剂　隔离剂由甘油与滑石粉配制,其质量比为 2:1。

(5)其他　温度计:0~50℃,分度为 0.1℃;砂浴或其他加热炉具;平刮刀、石棉网、酒精、食盐等。

2.方法与步骤

(1)准备工作

①将隔离剂拌和均匀,涂于清洁干燥的试模底板和两个侧模的内侧表面,并将试模在试模底板上装妥。

②将胶水并经 0.6mm 滤筛过滤后的沥青自试模的一端至另一端往返数次缓缓注入模中,最后略高出试模,灌模时应注意勿使气泡混入。

③试件在室温中冷却 30~40min,然后置于规定试验温度 ±0.1℃ 的恒温水槽中,保持 30min 后取出,用热刮刀刮除高出试模的沥青,使沥青面与试模面齐平。沥青的刮法应自试模的中间刮向两端,且表面应刮得平滑。将试模连同底板再浸入规定试验温度的水槽中 1~1.5h。

④检查延度仪延伸速度是否符合规定要求,然后移动滑板使其指针正对标尺的零点。将延度仪注水,并保温达试验温度 ±0.5℃。

(2)试验步骤

①将保温后的试件连同底板移入延度仪的水槽中,然后将盛有试样的试模自玻璃板或不锈钢板上取下,将试模两端的孔分别套在滑板及槽端固定板的金属柱上,并取下侧模。水面距试件表面应不小于 25mm。

②开动延度仪,并注意观察试样的延伸情况。此时应注意,在试验过程中,水温应始终保持在试验温度规定范围内,且仪器不得有振动,水面不得有晃动,当水槽采用循环水时,应暂时中断循环,停止水流。在试验中,如发现沥青细丝浮于水面或沉入槽底时,应在水中加入酒精或食盐,调整水的密度至与试样相近后,重新试验。

③试件拉断时,读取指针所指标尺上的读数,以 cm 计,即为延度。在正常情况下,试件延伸时应成锥尖状,拉断时实际断面接近于零。如不能得到这种结果,则应在报告中注明。

3. 试验结果

①同一试样,每次平行试验不少于 3 个,如 3 个测定结果均大于 100cm,试验结果记作 " >100cm";特殊需要也可分别记录实测值。如 3 个测定结果中,有一个以上的测定值小于 100cm 时,若最大值或最小值与平均值之差满足重复性试验精密度要求,则取 3 个测定结果的平均值的整数作为延度试验结果,若平均值大于 100cm,记作" >100cm";若最大值或最小值与平均值之差不符合重复性试验精密度要求时,试验应重新进行。

②当试验大于 100cm 时,重复性允许差为平均值的 20%,重复性试验的允许差为平均值的 30%。

第二节 沥青混合料的拌制与试件制作

沥青混合料拌制与成型是进行各项性能试验的基础。在室内,沥青混合料试件的成型有击实法和轮碾法,并可在轮碾成型的试件上采用切割或钻芯的方式得到所需要的试件。

一、马歇尔击实方法成型沥青混合料试件

马歇尔击实法又分标准击实法和大型击实法,其试件的尺寸根据沥青混合料公称最大粒径选择。其中标准马歇尔试件为 $\phi 101.6mm \times 63.5mm$ 的圆柱体,大型马歇尔试件为 $\phi 152.4mm \times 95.3mm$ 的大型圆柱体。试验室成型的一组试件的数量不得少于 4 个,必要时宜增加至 5~6 个。

1. 仪具与材料

(1)标准击实仪 由击实锤、压实头及带手柄的导向棒组成,分为标准击实仪和大型击实仪。

标准击实仪由击实锤、$\phi 98.5mm$ 平圆形压实头及带手柄的导向棒组成,用人工或机械将压实锤举起从(457.2±1.5)mm 高度沿导向棒自由落下击实,标准击实锤质量为(4 536±9)g。大型击实仪由击实锤、$\phi 149.5mm$ 平圆形压实头及带手柄的导向棒(直径 15.9mm)组成,用机械将压实锤举起,从(457.2±2.5)mm 高度沿导向棒自由落下击实,大型击实锤质量为(10 210±10)g。

(2)标准击实台 用于固定试模,由硬木墩和钢板组成。自动击实仪是将标准击实锤及标准击实台安装一体并用电力驱动使击实锤连续击实试件且可自动记数的设备,大型击实法电动击实的功率不小于 250W。

(3)试验室用沥青混合料拌和机 能保证拌和温度并充分拌和均匀,可控制拌和时间,容

量不小于10L,如图11-6所示。搅拌叶自转速度70~80r/min。公转速度40~50r/min。

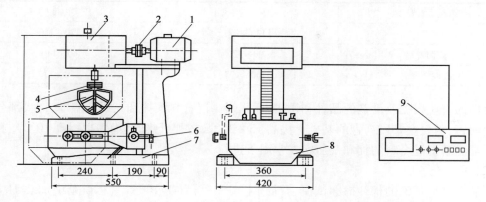

图11-6 试验室用沥青混合料拌和机(尺寸单位:mm)
1-电机;2-联轴器;3-变速箱;4-弹簧;5-拌和叶片;6-升降手柄;7-底座;8-加热拌和锅;9-温度时间控制仪

(4)脱模器 电动或手动,可无破损地推出圆柱体试件。备有标准圆柱体试件及大型圆柱体试件尺寸的推出环。

(5)试模 由高碳钢或工具钢制成,标准试模每组包括内径(101.6±0.2)mm、高87mm的圆柱形金属筒、底座(直径约120.6mm)和套筒(内径104.8mm、高70mm)各1个。大型圆柱体试件的试模内径(152.4±0.2)mm、总高115mm,套筒外径165.1mm、内径(155.6±0.3)mm、总高83mm,底座板厚12.7mm、直径172mm。

(6)烘箱 大、中型各一台,装有温度调节器。

(7)其他 天平或电子秤,沥青运动黏度测定设备,温度计(分度为1℃),插刀或大螺丝刀,电炉或煤气炉,沥青熔化锅、拌和铲、标准筛、滤纸(或普通纸)、胶布、卡尺、秒表、粉笔、棉纱等。

2. 准备工作

(1)确定制作沥青混合料试件的拌和与压实温度

①根据测定沥青的黏度,绘制黏温曲线。按表11-3的要求确定适宜于沥青混合料拌和及压实的等黏温度。

适宜于沥青混合料拌和及压实的沥青等黏温度 表11-3

沥青结合料	黏度与测定方法	适宜于拌和的沥青结合料黏度	适宜于压实的沥青结合料黏度
石油沥青 (含改性沥青)	表观黏度,T 0625 运动黏度,T 0619 赛波特黏度,T 0623	(0.17±0.02)Pa·s (170±20)mm²/s (85±10)s	(0.28±0.03)Pa·s (280±30)mm²/s (140±15)s
煤沥青	恩格拉度,T 0622	25±3	40±5

②当缺乏沥青黏度测定条件时,试件的拌和与压实温度可按表11-4选用,并根据沥青品种和标号作适当调整。针入度小、稠度大的沥青取高限,针入度大、稠度小的沥青取低限,一般取中值。

沥青混合料拌和及压实温度参考表　　　　表11-4

沥青结合料种类	拌和温度(℃)	压实温度(℃)
石油沥青	130~160	120~150
煤沥青	90~120	80~110
改性沥青	160~175	140~170

改性沥青应根据改性剂的品种和用量,适当提高混合料的拌和与压实温度,对大部分聚合物改性沥青,需要在基质沥青的基础上提高15~30℃,掺加纤维时,尚需再提高10℃左右。

③常温沥青混合料的拌和及压实在常温下进行。

(2)试模准备

用沾有少许黄油的棉纱擦净试模、套筒、击实座等,置于100℃左右烘箱中加热1h备用。常温沥青混合料用试模不加热。

(3)材料准备

拌和厂或施工现场采集沥青混合料试样,置于烘箱中或加热的砂浴上保温,在混合料中插入温度计测量温度,待混合料温度符合要求后成型。需要适当拌和时可倒入已加热的小型沥青混合料拌和机中适当拌和,时间不超过1min。但不得用铁锅在电炉或明火上加热炒拌。

在试验室人工配制沥青混合料时,材料准备按下列步骤进行:

①将各种规格的矿料置于(105±5)℃的烘箱中烘干至恒重(一般不少于4~6h)。根据需要,可将粗细集料过筛后用水冲洗再烘干备用。

②分别测定不同粒径规格粗、细集料及填料(矿粉)的各种密度,并测定沥青的密度。

③将烘干分级的粗细集料,按每个试件设计级配要求称其质量,在一金属盘中混合均匀。矿粉单独加热,置于烘箱中预热至沥青拌和温度以上约15℃(采用石油沥青时通常为163℃,采用改性沥青时通常需180℃)备用。一般按一组试件(每组4~6个)备料,但进行配合比设计时宜对每个试件分别备料。

④采集的沥青试样,用恒温烘箱或油浴、电热套熔化加热至规定的沥青混合料拌和温度备用,但不得超过175℃。

⑤用沾有少许黄油的棉纱擦净试模、套筒及击实座等,置于100℃左右烘箱中加热1h备用。常温沥青混合料用试模不加热。

(4)拌制沥青混合料

①黏稠石油沥青或煤沥青混合料　将沥青混合料拌和机预热至拌和温度以上10℃左右备用。将每个试件预热的粗细集料置于拌和机中,用小铲子适当混合,然后再加入需要数量的已加热至拌和温度的沥青,开动拌和机一边搅拌一边将拌和叶片插入混合料中拌和1~1.5min,然后暂停拌和,加入单独加热的矿粉,继续拌和至均匀为止,并使沥青混合料保持在要求的拌和温度范围内,标准的总拌和时间为3min。

②液体石油沥青混合料　将每组(或每个)试件的矿料置于已加热至55~100℃的沥青混合料拌和机中,注入要求数量的液体沥青,并将混合料边加热边拌和,使液体沥青中的溶剂挥发至50%以下,拌和时间应事先试拌决定。

③乳化沥青混合料　将每个试件的粗细集料,置于沥青混合料拌和机(不加热,也可用人工炒拌)中,注入计算的用水量(阴离子乳化沥青不加水)后,拌和均匀并使矿料表面完全湿

润,再注入设计的沥青乳液用量,在 1min 内使混合料拌匀,然后加入矿粉后迅速拌和,使混合料拌成褐色为止。

3.方法与步骤

(1)试样装模

①将拌好的沥青混合料,均匀称取一个试件所需的用量(标准马歇尔试件约 1 200g,大型马歇尔试件约 4 050g)。当一次拌和几个试件时,宜将其倒入经预热的金属盘中,用小铲适当拌和均匀分成几份,分别取用。在试件制作过程中,为防止混合料温度下降,应连盘放在烘箱中保温。

②从烘箱中取出预热的试模及套筒,用沾有少许黄油的棉纱擦拭套筒、底座及击实锤底面,将试模装在底座上,垫一张圆形的吸油性小的纸,按四分法从四个方向用小铲将混合料铲入试模中,用插刀或大螺丝刀沿周边插捣 15 次,中间 10 次。插捣后将沥青混合料表面整平成凸圆弧面。对大型马歇尔试件,混合料分两次加入,每次插捣次数同上。

③插入温度计,至混合料中心附近,检查混合料温度。

(2)试件击实

①黏稠沥青混合料 待混合料温度符合要求的压实温度后,将试模连同底座一起放在击实台上固定,在装好的混合料上面垫一张吸油性小的圆纸,再将装有击实锤及导向棒的压实头插入试模中,然后开启电动机或人工将击实锤从 457mm 的高度自由落下击实规定的次数(75 次、50 次或 35 次)。对大型马歇尔试件,击实次数为 75 次(相应于标准击实 50 次的情况)或 112 次(相应于标准击实 75 次的情况)。

试件击实一面后,取下套筒,将试模掉头,装上套筒,然后以同样的方法和次数击实另一面。

②乳化沥青混合料试件 在两面击实后,将一组试件在室温下横向放置 24h,另一组试件置于温度为(105±5)℃的烘箱中养生 24h。将养生试件取出后再立即两面各锤击 25 次。

试件击实结束后,立即用镊子取掉上下面的纸,用卡尺量取试件离试模上口的高度并由此计算试件高度。如高度不符合要求时,试件应作废,并按下式调整试件的混合料质量,以保证高度符合(63.5±1.3)mm(标准试件)或(95.3±2.5)mm(大型试件)的要求。

$$调整后混合料高度 = \frac{要求试件高度 \times 原用混合料质量}{所得试件的高度}$$

(3)试件脱模

卸去套筒和底座,将装有试件的试模横向放置冷却至室温后(不少于 12h),置脱模机上脱出试件。将试件仔细置于干燥洁净的平面上,供试验用。

二、轮辗法成型沥青混合料试件

轮碾法适用于长 300mm×宽 300mm×厚 50mm 或长 300mm×宽 300mm×厚 100mm 板块状试件的成型,由此板块状试件用切割机切制成棱柱体试件,或在试验室用芯样钻机钻取试样。

1.试验仪具

(1)轮碾成型机 轮碾成型机具有圆弧形碾压轮,轮宽 300mm,压实线荷载为 300N/cm,

碾压行程等于试件长度,碾压后试件可达到马歇尔试验标准击实密度的 100%±1%。

当无轮碾成型机时,可用手动碾代替,手动碾轮宽与试件同宽,备有 10kg 砝码 5 个,以调整载重,手动碾成型的试件厚度不大于 50mm。

(2)试验室用沥青混合料拌和机 能保证拌和温度并充分拌和均匀,可控制拌和时间,宜采用容量大于 30L 的大型沥青混合料拌和机,也可采用容量大于 10L 的小型拌和机。

(3)试模 由高碳钢或工具钢制成内部平面尺寸 300mm×300mm、高 50mm。根据需要,试模深度及平面尺寸可以调节,以制备不同尺寸的板块状试件。

手动碾压成型车辙试件的试模框架由硬木或钢板制成,内部尺寸 300mm×300mm×50mm,平面能与试模边缘齐平。

(4)小型击实锤 钢制,端部断面 80mm×80mm,厚 10mm,带手柄,总质量 0.5kg 左右。

(5)台秤、天平或电子秤 称量 5kg 以上的分度值为 1g;称量 5kg 以下时,用于称量矿料的分度值不大于 0.5g;用于称量沥青的分度值不大于 0.1g。

(6)其他 分度值不大于 1℃ 的温度计;电炉或煤气炉、沥青熔化锅、拌和铲、标准筛、滤纸、胶布、卡尺、秒表、粉笔、垫木、棉纱等。

2. 试件制作

(1)准备工作

①按马歇尔稳定度试件成型方法,确定沥青混合料的拌和温度和压实温度。

②将金属试模及小型击实锤等置于约 100℃ 的烘箱中加热 1h 备用。

③称出制作一块试件所需要的各种材料的用量。先按试件体积(V)乘以马歇尔稳定度击实密度(ρ_0),再乘以系数 1.03,即得材料总用量($m = 1.03V\rho_0$),然后按配合比计算出各种材料用量。

④按照击实成型方法拌制沥青混合料。

(2)试件成型

①将预热的试模从烘箱中取出,装上试模框架。在试模中铺一张裁好的普通纸(可用报纸),使底面及侧面均被纸隔离。将拌和好的全部沥青混合料,用小铲稍加拌和后均匀地沿试模由边至中按顺序装入试模,中部要略高于四周。

②取下试模框架,用预热的小型击实锤由边至中压实一遍,整平成凸圆弧形。

③插入温度计,待混合料冷却至规定的压实温度(为使冷却均匀,试模底下可用垫木支起)时,在表面铺一张裁好尺寸的普通纸。

④当用轮碾机碾压时,宜先将碾压轮预热至 100℃ 左右(如不加热,应铺牛皮纸)。然后,将盛有沥青混合料的试模置于轮碾机的平台上,轻轻放下碾压轮,调整总荷载为 9kN(线荷载 300N/cm)。

⑤启动轮碾机,先在一个方向碾压 2 个往返(4 次),卸荷,再抬起碾压轮,将试件掉转方向,加相同荷载碾压至马歇尔标准密实度 100%±1% 为止。试件正式压实前,应经试压,决定碾压次数,一般 12 个往返(24 次)左右可达要求。如试件厚度大于 100mm 则必须分层碾压。

⑥当用手动碾压时,先用空碾碾压,然后逐渐增加砝码荷载,直至将 5 个砝码全部加上,进行压实,至马歇尔标准密实度 100%±1% 为止。碾压方法及次数亦应由试压决定,并压至无轮迹为止。

⑦压实成型后,揭去表面的纸,用粉笔在试件表面上标明碾压方向。

⑧盛有压实试件的试模,置于室温下冷却,至少12h后方可脱模。

第三节　沥青混合料试件物理力学指标的测定

一、沥青混合料试件体积参数的测定

1. 压实沥青混合料密度试验方法(表干法)

表干法适用于测定吸水率不大于2%的各种沥青混合料试件,包括Ⅰ型或较密实的Ⅱ型沥青混凝土、抗滑表层混合料、沥青玛蹄脂碎石混合料(SMA)和沥青稳定碎石混合料试件的毛体积相对密度或毛体积密度。本方法测定的毛体积相对密度和毛体积密度适用于计算沥青混合料试件的空隙率、矿料间隙率等各项体积指标。

(1)仪具与材料

①浸水天平或电子秤　当最大称量在3kg以下时,感量不大于0.1g;最大称量3kg以上时,感量不大于0.5g;最大称量10kg以上时,感量5g,应有测量水中质量的装置。

②水中衡量装置　包括网篮、溢流水箱、试件悬吊装置等。

③其他　秒表、电扇或烘箱等。

(2)方法与步骤

①选择适宜的浸水天平或电子秤,最大称量应不小于试件质量的1.25倍,且不大于试件质量的5倍。

②除去试件表面的浮粒,称取干燥试件的空中质量(m_a),根据选择的天平的感量读数,准确至0.1g、0.5g或5g。

③挂上网篮,浸入溢流水箱中,调节水位,将天平调平或复零,把试件置于网篮中(注意不要晃动水),浸水3~5min,称取水中质量(m_w)。若天平读数持续变化,不能很快达到稳定,说明试件吸水较严重,不适用于此法测定,应改用蜡封法测定。

④从水中取出试件,用洁净柔软拧干的湿毛巾轻轻擦去试件的表面水(不得吸走空隙内的水),称取试件的表干质量(m_f)。从拿出水面到擦拭结束不宜超过5s,称量过程中流出的水不得再擦拭。

⑤对从路上钻取的非干燥试件可先称取水中质量(m_w),然后用电风扇将试件吹干至恒重(一般不少于12h,当不需进行其他试验时,也可用(60±5)℃的烘箱烘干至恒重),再称取空中质量(m_a)。

(3)试验结果

①计算试件的吸水率,取1位小数。试件的吸水率即试件吸水体积占沥青混合料毛体积的百分率,按式(11-1)计算。

$$S_a = \frac{m_f - m_a}{m_f - m_w} \times 100 \tag{11-1}$$

式中:S_a——试件的吸水率,%;
　　m_a——干燥试件的空中质量,g;
　　m_w——试件的水中质量,g;

m_f——试件的表干质量,g。

②计算试件的毛体积相对密度和毛体积密度,取 3 位小数。

当试件的吸水率符合 $S_a<2\%$ 要求时,试件的毛体积相对密度和毛体积密度按式(11-2)及式(11-3)计算;当吸水率 $S_a>2\%$ 要求时,应改用蜡封法测定。

$$\gamma_f = \frac{m_a}{m_f - m_w} \tag{11-2}$$

$$\rho_f = \gamma_f \times \rho_w \tag{11-3}$$

上述式中:γ_f——用表干法测定的试件毛体积相对密度,无量纲;

ρ_f——用表干法测定的试件毛体积密度,g/cm³;

ρ_w——常温水的密度,g/cm³,取 $\rho_w \approx 1$ g/cm²。

③试件的空隙率按式(11-4)计算,取 1 位小数。

$$VV = \left(1 - \frac{\gamma_f}{\gamma_t}\right) \times 100 \tag{11-4}$$

式中:VV——试件的空隙率,%;

γ_t——沥青混合料理论最大相对密度,当实测理论最大相对密度有困难时,也可采用按式(11-5)或式(11-6)计算的理论最大相对密度;

γ_f——试件的毛体积相对密度,用表干法测定,当试件吸水率 $S_a>2\%$ 时,由蜡封法或体积法测定;当按规定容许采用水中重法测定时,也可用表观相对密度 γ_a 代替。

④计算试件的理论最大相对密度或理论最大密度,取 3 位小数。

a. 当已知试件的油石比时,试件的理论最大相对密度可按式(11-5)计算。

$$\gamma_t = \frac{100 + P_a}{\dfrac{P_1}{\gamma_1} + \dfrac{P_2}{\gamma_2} + \cdots + \dfrac{P_n}{\gamma_n} + \dfrac{P_a}{\gamma_a}} \tag{11-5}$$

式中: γ_t——理论最大相对密度,无量纲;

P_a——油石比,%;

γ_a——沥青的相对密度(25℃/25℃);

P_1、…、P_n——各种矿料占矿料总质量的百分率,%;

γ_1、…、γ_n——各种矿料对水的相对密度。对粗集料,宜采用与沥青混合料同一种相对密度,即混合料采用表干法、蜡封法或体积法测定的毛体积相对密度时,粗集料也采用毛体积相对密度。当混合料采用水中重法测定的表观相对密度代替时,粗集料也采用表观相对密度;对细集料(砂、石屑)和矿粉均采用表观相对密度。矿料的相对密度按《公路工程集料试验规程》(JTG E42—2005)规定的方法测定。

b. 当已知试件的沥青含量时,试件的理论最大相对密度按式(11-6)计算。

$$\gamma_t = \frac{100}{\dfrac{P'_1}{\gamma_1} + \dfrac{P'_2}{\gamma_2} + \cdots + \dfrac{P'_n}{\gamma_n} + \dfrac{P_b}{\gamma_a}} \tag{11-6}$$

式中:P'_1、…、P'_n——各种矿料占沥青混合料总质量的百分率,%;

P_b——沥青含量,%;

其他物理量含义同前。

c. 试件的理论最大密度按式(11-7)计算。

$$\rho_t = \gamma_t \rho_w \tag{11-7}$$

式中：ρ_t——理论最大密度，g/cm³；
　　　其他物理量含义同前。

d. 旧路面钻取芯样试样的混合料缺乏材料密度及配合比时，沥青混合料理论最大相对密度应采用实测的方法求得。

e. 试件中沥青的体积百分率可按式(11-8)或式(11-9)计算，取1位小数。

$$VA = \frac{P_b \gamma_f}{\gamma_a} \tag{11-8}$$

$$VA = \frac{100 P_a \gamma_f}{(100 + P_a) \gamma_a} \tag{11-9}$$

上述式中：VA——沥青混合料试件的沥青体积百分率，%；
　　　其他物理量含义同前。

f. 试件中的矿料间隙率，可按式(11-10)或式(11-11)计算。式(11-10)适用于空隙率按计算的理论最大相对密度计算的情况；式(11-11)适用于空隙率按实测的理论最大相对密度计算的情况，取1位小数。

$$VMA = VA + VV \tag{11-10}$$

$$VMA = \left(1 - \frac{\gamma_f}{\gamma_{sb}} \times \frac{P_s}{100}\right) \times 100 \tag{11-11}$$

上述式中：VMA——沥青混合料试件的矿料间隙率，%；
　　　P_s——沥青混合料中各种矿料占沥青混合料总质量的百分率之和，即 $\sum p_i'$，%；
　　　γ_{sb}——全部矿料对水的平均相对密度，按式(11-12)计算。

$$\gamma_{sb} = \frac{100}{\dfrac{P_1}{\gamma_1} + \dfrac{P_2}{\gamma_2} + \cdots + \dfrac{P_n}{\gamma_n}} \tag{11-12}$$

g. 试件的沥青饱和度按式(11-13)计算，取1位小数。

$$VFA = \frac{VA}{VA + VV} \times 100 \tag{11-13}$$

式中：VFA——沥青混合料试件的沥青饱和度，%；
　　　其他物理量含义同前。

h. 试件中的粗集料骨架间隙率可按式(11-14)计算，取1位小数。

$$VCA_{mix} = \left(1 - \frac{\gamma_f}{\gamma_{ca}} \times \frac{P_{ca}}{100}\right) \times 100 \tag{11-14}$$

式中：VCA_{mix}——沥青混合料中粗集料骨架之外的体积(通常指小于4.75mm的粗细集料、矿粉、沥青及空隙)占总体积的比例，%；
　　　P_{ca}——沥青混合料中粗集料的比例(由 $P_{ca} = P_s \times PA_{4.75}$ 计算，$PA_{4.75}$ 为矿料级配中4.75mm筛余量，即100减去4.75mm通过率之差)，%；
　　　γ_{ca}——矿料中所有粗集料颗粒部分对水的合成毛体积相对密度，按式(11-15)计算。

$$\gamma_{ca} = \frac{P_{1c} + P_{2c} + \cdots + P_{nc}}{\dfrac{P_{1c}}{\gamma_{1c}} + \dfrac{P_{2c}}{\gamma_{2c}} + \cdots + \dfrac{P_{nc}}{\gamma_{nc}}} \tag{11-15}$$

式中：P_{1c}、…、P_{nc}——各种粗集料在矿料配合比中的比例，%；

γ_{1c}、…、γ_{nc}——相应的各种粗集料对水的毛体积相对密度。

2. 最大理论密度（真空法）

用于测定沥青混合料理论最大相对密度，供沥青混合料配合比设计、路况调查或路面施工质量管理计算空隙率、压实度等使用。本方法不适用于吸水率大于3%的多孔性集料的沥青混合料。

(1) 仪具与材料

① 天平　称量10kg以上，感量不大于0.5kg；称量5kg以上，感量不大于0.1g；称量2kg以下，感量不大于0.05g。

② 负压容器　根据试样数量选用表11-5中的A、B、C任何一种类型。负压容器口带橡皮塞，上接橡胶管，管口下方有滤网，防止细料部分吸入胶管。

③ 真空负压装置　由真空泵及水银压力计（或真空表）组成，真空泵能使负压容器内产生$3.7kPa \pm 0.3kPa(27.5mmHg \pm 2.5mmHg)$负压，真空表分度值不得大于2kPa。

④ 恒温水槽　水温控制(25 ± 0.5)℃。

⑤ 温度计　分度为0.5℃。

⑥ 其他　玻璃板等。

负压容器类型　　　　　　　　　　　　　　　　　　　　　　表11-5

类型	容　　　器	附　属　设　备
A	耐压玻璃、塑料或金属制的罐，容积大于1 000mL	有密封盖，接真空胶管，与真空泵连接
B	容积大于1 000mL的真空容器瓶	带胶皮塞，接真空胶管，与真空泵连接
C	4 000mL，耐压真空干燥器	带胶皮塞，放气阀，接真空胶皮管，与真空泵连接

(2) 方法与步骤

① 准备工作。

a. 按"T 0701沥青混合料取样方法"制备或从沥青路面上采取（或钻取）沥青混合料试样。试样数量不少于表11-6规定数量。

试　样　数　量　　　　　　　　　　　　　　　　　　　　　表11-6

沥青混合料中集料公称最大粒径（mm）	最少试样数量（g）
37.5	3 500
26.5	2 500
19.0	2 000
13.2、16.0	1 500
9.5	1 000
4.75	500

b. 将沥青混合料团块仔细分散，粗集料不破碎，细集料团块分散到小于6.4mm。若混合料坚硬时可用烘箱适当加热后分散，一般加热温度不超过60℃，分散试样应用手掰开，不得用锤打碎，防止集料破碎。当试样是从路上采取的非干燥混合料时，应用电风扇吹干至恒重后再操作。

c. 负压容器标定方法。

Ⅰ. 将 B、C 类负压容器装满 (25 ± 0.5)℃ 的水(上面用玻璃板盖住保持完全充满水),正确称取负压容器与水的总质量 m_b。

Ⅱ. 采用 A 类容器时,将容器全部浸入 (25 ± 0.5)℃ 的恒温水槽中,称取容器的水中质量 (m_1)。

Ⅲ. 将负压容器干燥,编号称取其质量。

② 试验步骤。

a. 将沥青混合料试样装入干燥的负压容器中,称容器及沥青混合料总质量,得到试样的净质量 m_a,试样质量应不小于上述规定的最小数量。

b. 在负压容器中注入约 25℃ 的水,将混合料全部浸没。

c. 将负压容器与真空泵、压力表等连接,开动真空泵,使负压容器内负压在 2min 内达到 $3.7\text{kPa}\pm0.3\text{kPa}(27.5\text{mmHg}\pm2.5\text{mmHg})$,开始计时,同时开动振动装置和抽真空,持续 (15 ± 2)min。

为使气泡容易除去,试验前可在水中加 0.01% 浓度的表面活性剂(如每 100mL 水中加 0.01g 洗涤灵)。

d. 当抽真空结束后,关闭真空装置和振动装置,打开调压阀慢慢卸压,卸压速度不得大于 8kPa,使负压容器内压力逐渐恢复。

e. 当负压容器采用 A 类容器时,浸入保温至 (25 ± 0.5)℃ 的恒温水槽,约 10min 后,称取负压容器与沥青混合料的水中质量 (m_2)。

当负压容器采用 B、C 类容器时,将装有沥青混合料试样的容器浸入保温至 (25 ± 0.5)℃ 的恒温水槽,(10 ± 1)min 后取出,加上盖,使容器中没有空气,擦净容器外的水分,称取容器、水和沥青混合料试样的总质量 (m_c)。

(3) 试验结果

① 采用 A 类容器时,沥青混合料的理论最大相对密度按式(11-16)计算。

$$\gamma_t = \frac{m_a}{m_a + m_1 - m_2} \tag{11-16}$$

式中:γ_t——沥青混合料理论最大相对密度;
m_a——干燥沥青混合料试样在空气中的质量,g;
m_1——负压容器在 25℃ 水中的质量,g;
m_2——负压容器与沥青混合料一起在 25℃ 水中的质量,g。

② 采用 B、C 类容器作负压容器时,沥青混合料的最大相对密度按式(11-17)计算。

$$\gamma_t = \frac{m_a}{m_a + m_b - m_c} \tag{11-17}$$

式中:m_b——装满 25℃ 水的负压容器质量,g;
m_c——25℃ 时试样、水与负压容器的总质量,g。

③ 沥青混合料 25℃ 时的理论最大密度按式(11-18)计算。

$$\rho_t = \gamma_t \times \rho_w \tag{11-18}$$

式中:ρ_t——沥青混合料的理论最大密度,g/cm³;
ρ_w——25℃ 时水的密度,0.997 1g/cm³。

二、沥青混合料马歇尔稳定度试验方法

沥青混合料马歇尔稳定度试验及浸水马歇尔稳定度试验用于沥青混合料的配合比设计或沥青路面施工质量检验。

1. 仪具与材料

（1）沥青混合料马歇尔试验仪　符合《马歇尔稳定度试验仪》（JT/T 119—2006）技术要求的产品。对用于高速公路和一级公路的沥青混合料宜采用自动马歇尔试验仪，用计算机或 X-Y 记录仪记录荷载—位移曲线，并具有自动测定荷载与试件垂直变形的传感器、位移计，能自动显示或打印试验结果。对 $\phi63.5$ mm 的标准马歇尔试件，试验仪最大荷载不小于 25kN，读数准确度 100N，加载速率应能保持（50 ± 5）mm/min。钢球直径 16mm，上下压头曲率半径为 50.8mm。当采用 $\phi152.4$ mm 大型马歇尔试件时，试验仪最大荷载不得小于 50kN，读数准确度为 100N。上下压头的曲率内径为（152.4 ± 0.2）mm，上下压头间距（19.05 ± 0.1）mm。

大型马歇尔试件的压头尺寸如图 11-7 所示。

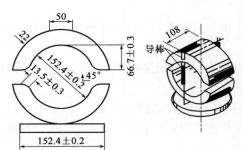

图 11-7　大型马歇尔试件的压头（尺寸单位：mm）

（2）恒温水槽　控温准确度为 1℃，深度不小于 150mm。

（3）真空饱水容器　包括真空泵及真空干燥器。

（4）其他　感量不大于 0.1g 的天平，分度为 1℃ 的温度计，烘箱，卡尺或试件高度测定器，棉纱，黄油等。

2. 标准马歇尔试验方法

（1）准备工作

①按"T 0702 标准击实法"成型马歇尔试件：标准马歇尔尺寸应符合直径（101.6 ± 0.2）mm、高（63.5 ± 1.3）mm 的要求。对大型马歇尔试件，尺寸应符合直径（152.4 ± 0.2）mm、高（95.3 ± 2.5）mm 的要求。一组试件的数量最少不得少于 4 个。

②量测试件的直径及高度：用卡尺测量试件中部的直径，用马歇尔试件高度测定器或用卡尺在十字对称的 4 个方向量测离试件边缘 10mm 处的高度，准确至 0.1mm，并以其平均值作为试件的高度。如试件高度不符合（63.5 ± 1.3）mm 或（95.3 ± 2.5）mm 的要求或两侧高度差大于 2mm 时，此试件应作废。

③按《公路工程沥青及沥青混合料试验规程》（JTG E20—2011）的方法测定试件的密度、空隙率、沥青体积百分率、沥青饱和度、矿料间隙率等物理指标。

④将恒温水槽调节至要求的试验温度。对黏稠石油沥青或烘箱养生过的乳化沥青混合料为（60 ± 1）℃，对煤沥青混合料为（33.3 ± 1）℃，对空气养生的乳化沥青或液体沥青混合料为（25 ± 1）℃。

（2）试验步骤

①将试件置于已达规定温度的恒温水槽中保温，保温时间对标准马歇尔试件需 30 ~ 40min，对大型马歇尔试件需 45 ~ 60min。试件之间应有间隔，底下应垫起，离容器底部不小于 5cm。

②将马歇尔试验仪的上下压头放入水槽或烘箱中达到同样温度。将上下压头从水槽或烘箱中取出擦拭干净内面。为使上下压头滑动自如,可在下压头的导棒上涂少量黄油。再将试件取出置于下压头上,盖上上压头,然后装在加载设备上。

③在上压头的球座上放妥钢球,并对准荷载测定装置的压头。

④当采用自动马歇尔试验仪时,将自动马歇尔试验仪的压力传感器、位移传感器与计算机或 X-Y 记录仪正确连接,调整好适宜的放大比例。调整好计算机程序或将 X-Y 记录仪的记录笔对准原点。

⑤当采用压力环和流值计时,将流值计安装在导棒上使导向套管轻轻地压住上压头,同时将流值计读数调零。调整压力环中百分表读数,对零。

⑥启动加载设备,使试件承受荷载,加载速度为(50 ± 5)mm/min。计算机或 X-Y 记录仪自动记录传感器压力和试件变形曲线并将数据自动存入计算机。

⑦当试验荷载达到最大值的瞬间,取下流值计,同时读取压力环中百分表读数及流值计的流值读数。

⑧从恒温水槽中取出试件至测出最大荷载值的时间,不得超过 30s。

3. 浸水马歇尔试验方法

浸水马歇尔试验方法与标准马歇尔试验方法的不同之处在于,试件在已达规定温度恒温水槽中的保温时间为 48h,其余均与标准马歇尔试验方法相同。

4. 真空饱水马歇尔试验方法

试件先放入真空干燥器中,关闭进水胶管,开动真空泵,使干燥器的真空度达到 97.3kPa (730mmHg)以上,维持 15min,然后打开进水胶管,靠负压进入冷水流使试件全部浸入水中,浸水 15 min 后恢复常压,取出试件再放入已达规定温度的恒温水槽中保温 48h,其余均与标准马歇尔试验方法相同。

5. 结果整理

(1)试件的稳定度及流值

①当采用自动马歇尔试验仪时,将计算机采集的数据绘制成压力和试件变形曲线,或由 X-Y 记录仪自动记录的荷载—变形曲线,按图 11-8 所示的方法在切线方向延长曲线与横坐标相交于 O_1,将 O_1 作为修正原点,从 O_1 起量取相应于荷载最大值时的变形作为流值(FL),以 mm 计,准确至 0.1mm。最大荷载即为稳定度(MS),以 kN 计,准确至 0.11kN。

②采用压力环和流值计测定时,根据压力环标定曲线,将压力环中百分表的读数换算为荷载值,或者由荷载测定装置读取的最大值即为试样的稳定度(MS),以 kN 计,准确至 0.01kN。由流值计及位移传感器测定装置读取的试件垂直变形,即为试件的流值(FL),以 mm 计,准确至 0.1mm。

(2)试件的马歇尔模数按式(11-19)计算。

$$T = \frac{MS}{FL} \qquad (11-19)$$

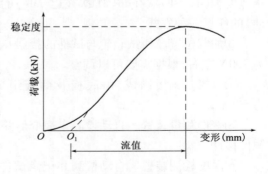

图 11-8 马歇尔试验结果的修正方法

式中：T——试件的马歇尔模数，kN/mm；
  　MS——试件的稳定度，kN；
  　FL——试件的流值，mm。

（3）试件的浸水残留稳定度按式(11-20)计算。

$$MS_0 = \frac{MS_1}{MS} \times 100 \qquad (11\text{-}20)$$

式中：MS_0——试件的浸水残留稳定度，%；
  　MS_1——试件浸水 48h 后的稳定度，kN。

（4）试件的真空饱水残留稳定度按式(11-21)计算。

$$MS_0' = \frac{MS_2}{MS} \qquad (11\text{-}21)$$

式中：MS_0'——试件的真空饱水残留稳定度，%；
  　MS_2——试件真空饱水后浸水 48h 的稳定度，kN。

当一组测定值中某个测定值与平均值之差大于标准差的 k 倍时，该测定值应予舍弃，并以其余测定值的平均值作为试验结果。当试件数目 n 为 3、4、5、6 个时，k 值分别为 1.15、1.46、1.67、1.82。

三、沥青混合料车辙试验

沥青混合料车辙试验是用一块碾压成型的板块试件[通常尺寸为 300mm × 300mm ×(50～100)mm]在规定温度条件(通常为 60℃)下，以一个轮压为 0.7MPa 的实心橡胶轮胎在其上行走，测量试件在变形稳定期时，每增加 1mm 变形需要行走的次数，称为"动稳定度"，以次/mm 表示。

动稳定度是评价沥青混凝土路面高稳定性的一个指标，也是沥青混合料配合比设计时的一个辅助性检验指标。

1. 试验仪具

（1）车辙试验机　主要由下列部分组成：

①试件台。可牢固地安装两种宽度(300mm 和 150mm)的规定尺寸试件的试模。

②试验轮。橡胶制的实心轮胎，外径 ϕ200mm，轮宽 50mm，橡胶层厚 15mm。橡胶硬度(国际标准硬度)20℃时为 84±4，60℃时为 78±2。试验轮行走距离为(230±10)mm，往返碾压速度为(42±1)次/min(21 次往返/min)的。允许采用曲柄连杆驱动试验台运动(试验台不动)的任意一种方式。

③加载位置。使试验轮与试件的接触压强在 60℃时为(0.7±0.05)MPa，施加的总荷载为 700N 左右，根据需要可以调整。

④试模。钢板制成，由底板及侧板组成，试模内侧尺寸长为 300mm，宽为 300mm，厚为 50mm。

⑤变形测量装置。自动检测车辙变形并记录曲线的装置，通常用 LVDT、电测百筛或非接触位移计。

⑥温度检测装置。自动检测并记录试件表面及恒温室内温度的温度传感器、温度计(精度 0.5℃)。

(2)恒温室　车辙试验机安放在恒温室内,装有加热器、气流循环装置及自动温度控制设备,能保持恒温室温度在(60 ± 1)℃[试件内部温度(60 ± 0.5)℃],根据需要亦可为其他需要的温度。用于保温试件并进行检验,温度应能自动连续记录。

(3)台秤　称量15kg,分度值不大于5g。

2.试验方法

(1)测定试验轮压强应符合(0.7 ± 0.05)MPa,将试件装于原试模中。

(2)将试件连同试模一起,置于达到试验温度(60 ± 1)℃的恒温室中,保温不得少于5h,也不得多于24h。在试件的试验轮不行走的部位上,粘贴两个热电偶温度计控制试件温度稳定在(60 ± 0.5)℃。

(3)将试件连同试模置于车辙试验机的试件台上;试验轮在试件的中央部位,其行走方向须与试件碾压方向一致。开动车辙变形自动记录仪,然后启动试验机,使试验轮往返行走,时间约1h最大变形达到25mm为止。试验时,记录仪自动记录变形曲线及试件温度。

3.结果计算

(1)从曲线上读取$45\min(t_1)$及$60\min(t_2)$时的车辙变形d_1及d_2,精确至0.01mm。如变形过大,在未到60min变形已达25mm时,则以达到$25mm(d_2)$时的时间为t_2,将其前15min记为t_1,此时的变形量为d_1。

(2)按式(11-22)计算沥青混合料试件的动稳定度。

$$DS = \frac{(t_2 - t_1) \cdot N}{d_2 - d_1} \cdot C_1 \cdot C_2 \qquad (11-22)$$

式中:DS——沥青混合料的动稳定度,次/mm;

　　　d_1——对应于时间t_1的变形量,mm;

　　　d_2——对应于时间t_2的变形量,mm;

　　　C_1——试验机类型修正系数,曲柄连杆驱动试件的变速行走方式为1.0,链驱动试验轮的等速方式为1.5;

　　　C_2——试件系数,试验室制备的宽300mm的试件为1.0,从路面切割的宽150mm的试件为0.8;

　　　N——试验轮往返碾压速度,通常为42次/min。

(3)同一沥青混合料或同一路段的路面,至少平行试验3个试件,当3个试件动稳定度变异系数小于20%时,取其平均值作为试验结果。变异系数大于20%时应分析原因,并追加试验。如计算动稳定度值大于6 000次/mm时,记作>6 000次/mm。

四、沥青混合料冻融劈裂试验

在规定条件下对沥青混合料进行冻融循环,测定混合料试件在受到水损害前后劈裂破坏的强度比,以评价沥青混合料水稳定性。非经注明,试验温度为25℃,加载速率为50mm/min。

1.仪具与材料

(1)试验机　能保持规定加载速率的材料试验机,也可采用马歇尔试验仪。试验机负荷应满足最大测定荷载不超过其量程的80%且不小于其量程的20%的要求,宜采用40kN或60kN传感器,读数精度为10N。

(2)恒温冰箱　能保持温度为 -18℃，当缺乏专用恒温冰箱时，可采用家用冰箱的冷冻室代替，控温准确度为2℃。

(3)恒温水槽　用于试件保温，温度范围能满足试验要求，控温准确度为0.5℃。

(4)压条　上下各一根，试件直径100mm时，压条宽度为12.7mm，内侧曲率半径50.8mm，压条两端均应磨圆。

(5)劈裂试验夹具　下压条固定在夹具上，上压条可上下自由活动。

(6)其他　塑料袋、卡尺、天平、记录纸、胶皮手套。

2.方法与步骤

(1)按规定方法制作圆柱体试件，用马歇尔击实仪双面各击实50次，试件数目不少于8个。

(2)测定试件的直径及高度，准确至0.1mm。试件尺寸应符合直径(101.6±0.25)mm、高(63.5±1.3)mm 的要求。在试件两侧通过圆心画上对称的十字标记。

(3)测定试件的密度、空隙率等各项物理指标。

(4)将试件随机分成两组，每组不少于4个，将第一组试件置于平台上，在室温下保存备用。

(5)将第二组试件按饱水试验方法真空饱水，在97.3~98.7kPa(730~740mmHg)真空条件下保持15min，然后打开阀门，恢复常压，试件在水中放置0.5h。

(6)取出试件放入塑料袋中，加入约10mL的水，扎紧袋口，将试件放入恒温冰箱(或家用冰箱的冷冻室)，冰冻温度为(-18±2)℃，保持(16±1)h。

(7)将试件取出后，立即放入已保温为(60±0.5)℃的恒温水槽中，撤去塑料袋，保温24h。

(8)将第一组与第二组全部试件浸入温度为(25±0.5)℃的恒温水槽中不少于2h，水温高时可适当加入冷水或冰块调节，保温时试件之间的距离不少于10mm。

(9)取出试件立即用50mm/min的加载速率进行劈裂试验，得到试验的最大荷载。

3.结果计算

(1)劈裂抗拉强度分别按式(11-23)及式(11-24)计算。

$$R_{T1} = \frac{0.006\,287 P_{T1}}{h_1} \quad (11-23)$$

$$R_{T2} = \frac{0.006\,287 P_{T2}}{h_2} \quad (11-24)$$

式中：R_{T1}——未进行冻融循环的第一组试件的劈裂抗拉强度，MPa；

R_{T2}——经受冻融循环的第二组试件的劈裂抗拉强度，MPa；

P_{T1}——第一组试件的试验荷载的最大值，N；

P_{T2}——第二组试件的试验荷载的最大值，N；

h_1——第一组试件试件高度，mm；

h_2——第二组试件试件高度，mm。

(2)冻融劈裂抗拉强度比按式(11-25)计算。

$$TSR = \frac{R_{T2}}{R_{T1}} \times 100 \quad (11-25)$$

式中:TSR——冻融劈裂抗拉强度比,%;

　　R_{T2}——经受冻融循环的第二组试件的劈裂抗拉强度,MPa;

　　R_{T1}——未进行冻融循环的第一组试件的劈裂抗拉强度,MPa。

（3）每个试验温度下,一组试验的有效试件不得少于3个,取其平均值作为试验结果。当一组测定值中某个数据与平均值之差大于标准差的 k 倍时,该测定值应予舍弃,并以其余测定值的平均值作为试验结果。当试验数目 n 为3、4、5、6个时,k 值分别为1.15、1.46、1.67、1.82。

第十二章

无机结合料稳定材料试验

第一节 无机结合料稳定材料的击实试验

击实试验是在规定的试筒内,按规定程序,对水泥稳定土(在水泥水化前)石灰稳定土及石灰(或水泥)粉煤灰稳定土混合料进行击实,根据击实试件的密度和含水率,确定无机结合料稳定土最佳含水率和最大干密度,用于该类材料的强度试验和施工指导。

1. 主要试验仪具

(1) 击实仪

击实仪由击锤、导管、垫块和击实筒组成。击锤底面直径50mm,总质量4.5kg,击锤落高为450mm。垫块用于调节试件高度,其为一直径与试筒内径相同,高50mm的圆柱体铁块。击实筒由金属套环(高50mm)和底座组成,尺寸见表12-1。

击试验方法类别 表12-1

试验类别	允许最大粒径(mm)	击实筒尺寸(cm)			锤击层数	每层锤击次数
		内径(cm)	高(cm)	容积(cm)		
甲	25	10	12.7	997	5	27

续上表

试验类别	允许最大粒径（mm）	击实试筒尺寸(cm)			锤击层数	每层锤击次数
		内径(cm)	高(cm)	容积(cm)		
乙	25	15.2	12.0	2177	5	59
丙	40	15.2	12.0	2177	3	98

根据混合料中集料的最大粒径,击实试验方法分为甲法、乙法和丙法,不同方法所用试筒及成型条件不同。表12-1中给出了各类击实方法与集料最大粒径的关系,以及所选用击实方法对击实试筒尺寸的要求与相应成型条件的主要参数。

(2)脱模器

由反力框架(400kN以上)和液压千斤顶(200~1 000kN)组成。

(3)标准筛

孔径40mm、25mm(或20mm)及5mm的圆孔筛各1个。

(4)其他

感量0.01g的台秤,称量15kg;感量5g的天平,量筒,刮土刀,直刮刀,测定含水率用的铝盒,烘箱等用具。

2. 准备工作

(1)试料准备

将具有代表性的风干试料(必要时,也可以在50℃烘箱内烘干)用木锤或木碾捣碎,土团均应捣碎到能通过5mm的筛孔。但应注意不使粒料的单个颗粒破碎或不使其破碎程度超过施工中拌和机械的破碎率。

(2)击实方法的确定

如试料是细粒土,将已捣碎的代表性土样过5mm筛备用,并选择用甲法或乙法进行击实试验。当代表性土样中集料粒径已达25mm时,最好采用乙法。

如试料中含有大于5mm的颗粒,先将试料过25mm筛,如25mm筛留量不超过20%,则将25mm过筛料留作备用,选择甲法或乙法做试验;如试料中粒径大于25mm的颗粒含量过多,则将试料过40mm筛备用,选择丙法做试验。

(3)试料风干含水率的测定

在预定做击实试验的前一天,取有代表性的试料测定其风干含水率。对于细粒土,试样应不少于100g;对于中粒土(粒径小于25mm的各种集料),试样应不少于1 000g;对于粗粒土的各种集料,试样应不少于2 000g。

3. 甲法试验步骤

(1)确定拌和用水量

根据拌和用水量范围,预先选择5~6个不同含水率,依次相差1%~2%,其中至少有两个大于最佳含水率,有两个小于最佳含水率。对于中粒土,在最佳含水率附近,含水率相差1%,其余取2%;对于细粒土,含水率依次相差2%;对于黏土特别是重黏土,含水率间隔可能需要取到3%。

通常,细粒土的最佳含水率较其塑限小3%~10%,并接近表12-2中的数据,在确定拌和用水时可参照使用。粒径小于25mm集料的最佳含水率也可参考表12-2确定。水泥稳定土的最佳含水率与素土的最佳含水率接近,石灰稳定土的最佳含水率可能较素土大 1%~3%。

各种土的最佳含水率经验范围　　　　　　　　表 12-2

土 的 品 种	最佳含水率(%)
砂性土	约 3
黏性土	6~10
级配集料、天然砂砾土	5~12
细土含量少、塑性指数为 0 的未筛分碎石	约 5
细土偏多的、塑性指数较大的砂砾土	约 10

(2)准备试料

用四分法将准备好的风干试料逐次分小至 10~15kg,再用四分法将其分成 5~6 份,每份试料的干质量为:2.0kg(细粒土)和 2.5kg(中粒土)。

按式(12-1)计算一份试料中应加的拌和水量。

$$Q_w = \frac{Q_n}{1+0.01w_n} + \frac{Q_c}{1+0.01w_c} \times 0.01w - \frac{Q_n}{1+0.01w_n} \times 0.01w_n - \frac{Q_n}{1+0.01w_n} \times 0.01w_c$$

(12-1)

式中:Q_w——混合料试料中应加的拌和用水量,g;

Q_n——混合料中的素土(或集料)质量,g;

w_n——素土(或集料)的风干含水率,%;

Q_c——混合料中结合料的质量,g;

w_c——结合料的原始含水率,%;

w——混合料要求达到的含水率,%。

将一份试料平铺在金属盘内,将按式(12-1)计算的水量均匀地喷洒在试料上。

用小铲将试料充分拌和,如为石灰稳定土或水泥、石灰综合稳定土,可将石灰与试料一起拌匀。将拌和均匀的混合料装入密闭容器或塑料口袋内浸润备用。根据素土或集料品种按表 12-3 确定浸润时间。

击试验用混合料的浸润时间　　　　　　　　表 12-3

试料品种	黏性土	粉性土	砂性土、砂砾土、红土砂砾、级配砂砾	含土很少的未筛分碎石、砂砾和砂
浸润时间(h)	12~24	6~8	4	2

浸润时间结束后,将所需的结合料(如水泥)加到浸润后的试料中,充分拌和均匀。加有水泥的试料应在拌和后 1h 内完成击实试验。超过 1h 的试料,应予作废,石灰稳定土和石灰粉煤灰除外。

(3)试样的击实

将试筒、套环与击实底板紧密连接,并将击实筒放在坚实地面上,取制备好的试料 400~500g(其量应使击实后的试样等于或略高于筒高的 1/5)倒入筒内,整平其表面并稍加压紧,然后用击锤击实 27 次。击实时,击锤应自由铅直落下,锤迹应均匀分布于试料面。第一层击实完后,检查该层高度是否合适,以便调整以后几层的试料用量。用刮土刀将已击实层的表面"拉毛"后,重复上述做法,进行其余四层试样的击实。最后一层试样击实后,试件超出试筒顶的高度不得大于 6mm,超出高度过大的试件应该作废。

用刮土刀沿套环内壁削挖后,扭动并取下套环。自筒顶细心刮平试样并拆除底板。如试样底面略突出筒外或有孔洞,应细心刮平修补。擦净试筒外壁,称取试筒与试样的总质量,精确至 5g。

(4) 测试试件含水率

用脱模器推出筒内试样。在试样内部由上到下取两个有代表性的样品进行含水率测定,所取样品的数量见表 12-4。如果只取一个样品,则样品的质量应为表 12-4 中要求数值的两倍。样品含水率计算精确至 0.1%。两个试样的含水率的差值不得大于 1%。

检测含水率所需样品质量 表 12-4

最大粒径(mm)	样品质量(g)	最大粒径(mm)	样品质量(g)	最大粒径(mm)	样品质量(g)
2	约 50	5	约 100	25	约 100

(5) 重复试验

按照上述方法进行在每一个含水率下稳定土混合料的击实和含水率测定工作。凡已用过的试样,一律不再重复使用。

4. 乙法试验步骤

在缺乏内径 10cm 的试筒时,或者还需要对稳定土进行承载比等其他试验时,可以采用乙法进行击实试验,击实后的试样可用于承载比试验。

(1) 试料的准备

将已过筛的试料用四分法逐次分小至约 30kg,再用四分法分成 5~6 份,每份试料的干质量约为 4.4kg(细粒土)或 5.5kg(中粒土),每份试料的拌和用水由式(12-1)计算。

(2) 击实步骤

乙法制备试样的程序方法与甲法基本相同,不同之处为:在加料之前,应该先将 50mm 的垫块放入筒内底板上,然后再加料并击实;每层需取制备好的试料约 900g(对于泥或石灰稳定细粒土)或 1 100g(对于稳定中粒土);每层的锤击次数为 59 次。

5. 丙法试验步骤

(1) 试料的准备

用四分法将取出的试料分成 6 份(至少要 5 份),每份重约 5.5kg(风干质量),按式(12-1)计算试料的拌和用水量。

(2) 试样的击实

将试筒、套环与夯击底板紧密地连接在一起,并将垫块放在筒内底板上。击实筒应放在坚实地面上,取制备好的试料 1.8kg 左右(其量应使击实后的试样略高于筒高的 1/3)倒入筒内,整平其表面,并稍加压紧。按 98 次击数进行第一层试样的击实。最后一层试样击实后,试样超出试筒顶的高度不得大于 6mm,超出高度过多的试件应予作废。将试件表面整平后脱模、称量。

(3) 试件含水率的测试

含水率测定方法及精度要求同甲法。测试含水率所取样品的数量应不少于 700g,如只取一个样品测含水率,则样品的数量应不少于 1 400g。

6. 试验结果整理

(1) 结果计算

① 试件含水率计算。

试件的含水率按照式(12-2)计算,精确至 0.1%。

$$w = \frac{m_1 - m_0}{m_0} \times 100 \tag{12-2}$$

式中:w——试件的含水率,%;
m_0——稳定土试样干样品的质量,g;
m_1——稳定土试样湿样品的质量,g。

② 试件密度计算。

每次击实后稳定土的湿密度和干密度分别按式(12-3)和式(12-4)计算,精确至 0.01g/cm^3。

$$\gamma_w = \frac{Q_1 - Q_2}{V} \tag{12-3}$$

$$\gamma_d = \frac{\gamma_w}{1 + 0.01w} \tag{12-4}$$

上述式中:γ_w——稳定土的湿密度,g/cm^3;
Q_1——试筒与湿样的总质量,g;
Q_2——试筒的质量,g;
V——试筒的体积,cm^3;
γ_d——稳定土的干密度,g/cm^3;
w——试样的含水率,%。

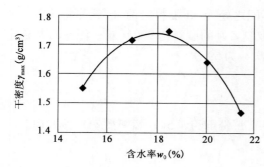

图 12-1 干密度与含水率的关系曲线

(2) 绘图

以稳定土的干密度为纵坐标,含水率为横坐标,在普通坐标纸上绘制干密度与含水率的关系曲线,见图 12-1。

驼峰形曲线顶点的纵横坐标分别表示该稳定土的最大干密度 γ_{max} 和最佳含水率 w_0。如试验点不足以连成完整的驼峰形曲线,则应该进行补充试验。

当最佳含水率 >12% 时,以整数表示,精确至 1%;当最佳含水率在 6% ~12% 范围中时,用一位小数表示,精确到 0.5%;如最佳含水率 <6%,用一位小数表示,精确到 0.2%。

(3) 超尺寸颗粒的校正

当试样中大于规定最大粒径的颗粒质量含量小于 5% 时,可以不进行校正。

超尺寸颗粒质量含量达 5% ~30% 时,按式(12-5)和式(12-6)分别对试验所得最大干密度和最佳含水率进行校正。

$$\gamma'_{max} = \gamma_{max}(1 - 0.01\rho) + 0.9 \times 0.01\rho \times G'_a \tag{12-5}$$

$$w'_0 = w_0(1 - 0.01\rho) + 0.01\rho w_a \tag{12-6}$$

式中:γ'_{max}——校正后的最大干密度,g/cm³;
  　　w'_0——校正后的最佳含水率,%;
  　　γ_{max}——试验所得的最大干密度,g/cm³;
  　　ρ——试样中超尺寸颗粒的百分率,%;
  　　G'_a——超尺寸颗粒的毛体积密度,g/cm³;
  　　w_0——试验所得的最佳含水率,%;
  　　w_a——超尺寸颗粒的吸水率,%。

(4)试验精度及允许误差要求

应做两次平行试验,两次试验最大干密度的差不应超过 0.05/cm³(稳定细粒土)和 0.08/cm³(稳定中粒土和粗粒土),最佳含水率的差不应超过 0.5%(最佳含水率小于10%)和 1.0%(最佳含水率大于10%)。

第二节　无机结合料稳定土的无侧限抗压强度试验

本试验方法适用于测定无机结合料稳定土(包括稳定细粒土、中粒土和粗粒土)试件的无侧限抗压强度。

一、试件制备

1. 主要仪器设备

圆孔筛、试模、脱模器、天平、量筒、拌和工具、大小铝盒、烘箱等同击实试验。

2. 准备工作

(1)试料的准备

同一结合料计量的混合料,需要制备相同状态的试件数量取决于土的种类以及试验操作水平。表12-5 中规定了进行抗压强度试验所需平行试件的最少试件和试模尺寸要求。

抗压强度试验的有关要求　　　　　　表12-5

土类	最少试件个数	试模尺寸(mm×mm)	试样准备			平行试样变异系数 $C_{v(\%)}$
			剔除颗粒尺寸(mm)	测含水率试样用量(g)	单个试样用料量(g)	
细粒土	6	50×50	10	100	180~210	<10
中粒土	9	100×100	20~25	1 000	170~1 900	<15
粗粒土	13	150×150	40	200	570~6 000	<20

按照表12-5规定的试模尺寸和试件个数,称取一定数量的风干土并计算干土质量。对于细粒土,可以一次称取6个试件的土;对于中粒土,可以一次称取3个试件的土;对于粗土粒土,一次只称取1个试件的土。

水泥或石灰剂量按干土质量百分率计。

根据击实试验确定的最佳含水率,按式(12-1)计算试件的应加水量。

将称好的土置于长方盘内,加水。对于细粒土,加水量可以较其最佳含水率小3%;中粒土和粗粒土按最佳含水率加水。

(2)试料的拌和与浸润

将土和水拌和均匀后放在密闭容器内浸润备用。如为石灰稳定土和水泥、石灰综合稳定土,可将石灰和土一起拌匀后进行浸润。浸润时间要求见表12-3。

在浸润过的试料中,加入预定数量的水泥或石灰,并拌和均匀。对于细粒土,在此过程中,应将预留的3%的水加入土中,使混合料的含水率达到最佳含水率。加有水泥的混合料应在拌和后1h内制成试件,超过1h的混合料应该作废。其他结合料稳定土混合料虽不受此限,但也应尽快制成试件。

(3)计算试件用料质量

一个试件所需要的稳定土混合料数量由计算干密度、最佳含水率和试模体积确定。试件的计算干密度取决于施工要求压实度和最大干密度,由式(12-7)计算。

$$\gamma_d = \gamma_{max} G \tag{12-7}$$

式中:γ_d——稳定土混合料抗压强度试件的计算干密度,g/cm³;

γ_{max}——稳定土混合料的最大干密度,g/cm³;

G——施工压实度,%。

一个试件所需要的稳定土混合质量由式(12-8)计算。

$$m_1 = \gamma_d V(0.01 w_0) \tag{12-8}$$

式中:m_1——一个试件所需要的稳定土混合料质量,g;

V——试模的体积,cm³;

w_0——稳定土混合料的最佳含水率,%;

γ_d——混合料试件的计算干密度,g/cm³。

3. 试件成型

按预定的干密度制备试件。将试模的下压柱放入试模的下部,外露2cm左右。将规定质量为m_1的稳定混合料分2～3次灌入试模中(利用漏斗),每次灌入后用夯棒轻轻均匀插实。如制备的是50mm×50mm的小试件,则可以将混合料一次倒入试样中。然后将上压柱放入试模内,应使其也外露2cm左右(即上下压柱露出试模外的部分应该相等)。

用反力框架和液压千斤顶制作。将整个试模(连同上下压柱)放到反力框架内的千斤顶上(千斤顶下放一扁球座),加压直到上下压柱都压入试模为止。维持压力1min。解除压力后,取下试模,拿去上压柱,并放到脱模器上将试件顶出(利用千斤顶和下压柱)。称试件的质量m_2,小试件准确到1g,中试件准确到5g。然后用游标卡尺量试件的高度h,准确到0.1mm。

4. 试件养生

试件从试模内脱出并称量后,应立即放到密封湿气箱和恒温室内进行保温保湿养生。但中试件和大试件应先用塑料薄膜包覆。有条件时,可采用蜡封保湿养生。养生时间视需要而定,作为工地控制,通常都只取7d。整个养生期间的温度应保持在(20±2)℃。

养生期的最后一天,应该将试件浸泡在水中,水的深度应使水面在试件顶上约2.5cm。在浸泡水中之前,应再次称试件的质量m_3。在养生期间,试件质量的损失(即$m_2 - m_3$)应该符合下列规定:小试件不超过1g,中试件不超过4g,大试件不超过10g。质量损失超过此规定的试件,应该作废。

二、抗压强度测试

1. 主要试验仪具

采用路面材料强度试验仪或其他合适的压力机,后者的规格应不大于200kN。

2. 试验步骤

将已浸水一昼夜的试件从水中取出,用柔软的毛巾吸去试件表面的可见自由水,并称试件的质量 m_4,用游标卡尺量试件的高度 h_1,准确到 0.1mm。

将试件放到路面材料强度试验仪的升降台上,在台上预先放置一个扁球座,进行抗压实验。在试件加压的过程中,应使试件的形变等速增加,并保持速率约为 1mm/min。记录试件破坏时的最大压力。

从破型的试件内部取有代表性的样品测定其含水率 w_1。

3. 试验结果

稳定土试件的无侧限抗压强度按式(12-9)计算,具有 95% 保证率的强度代表值由式(12-10)计算。

$$R_c = \frac{P}{A} \tag{12-9}$$

$$R_{c,0.95} = \overline{R}_c - 1.645 \times S \tag{12-10}$$

上述式中:R_c——试件的无侧限抗压强度,MPa;

P——试件破坏时的最大压力,N;

A——试件的截面面积,mm^2;

$R_{c,0.95}$——95% 保证率的强度代表值,MPa;

$\overline{R}_c$——试件的无侧限抗压强度的平均值,MPa;

S——试件的无侧限抗压强度的标准差,MPa。

4. 试验报告

试验报告中应包括以下内容。

(1)材料的颗粒组成;结合料种类;稳定土混合料的最佳含水率 w_0 及最大干密度 γ_{max}。

(2)水泥或石灰剂量;结合料与集料的比例;抗压强度试件的干密度 γ_d(准确至 $0.01cm^3$)及含水率 w_1(%)。

(3)抗压强度平均值 $\overline{R}_c$、最小值 $\overline{R}_{min}$、最大值 $\overline{R}_{max}$,标准差 S 和偏系数 C_v,95% 概率的强度值 $R_{c,0.95}$ 等。

抗压强度计算值小于 2.0MPa 时,采用两位小数,并用偶数表示;大于 2.0MPa 时,采用 1 位小数。

参 考 文 献

[1] 朋改非. 土木工程材料[M]. 武汉：华中科技大学出版社，2006.
[2] 葛勇. 土木工程材料学[M]. 北京：中国建材工业出版社，2006.
[3] 施惠生. 土木工程材料性能、应用与生态环境[M]. 北京：中国电力出版社，2008.
[4] 黄维蓉. 道路建筑材料[M]. 北京：人民交通出版社，2011.
[5] 严家伋. 道路建筑材料[M]. 北京：人民交通出版社，1996.
[6] 李立寒，张南鹭. 道路工程材料[M]. 5版. 北京：人民交通出版社，2010.
[7] 黄维蓉，杨东来，刘涛，等. 沥青路面材料与施工技术[M]. 北京：人民交通出版社，2013.
[8] 刘涛，杨东来，黄维蓉. 沥青路面集料特性与加工技术[M]. 北京：人民交通出版社，2013.
[9] 林宗寿. 胶凝材料学[M]. 武汉：武汉工业大学出版社，2014.
[10] 王瑞燕. 建筑材料[M]. 重庆：重庆大学出版社，2013.
[11] 田文玉. 道路建筑材料[M]. 北京：人民交通出版社，2006.
[12] 申爱琴. 道路工程材料[M]. 北京：人民交通出版社，2010.
[13] 刘秉京. 混凝土技术[M]. 北京：人民交通出版社，2004.
[14] 吴中伟，廉慧珍. 高性能混凝土[M]. 北京：中国铁道出版社，1999.
[15] 沈金安. 沥青及沥青混合料路用性能[M]. 北京：人民交通出版社，2001.
[16] 汪澜. 水泥混凝土——组成·性能·应用[M]. 北京：中国建材工业出版社，2005.
[17] 谭忆秋. 沥青与沥青混合料[M]. 哈尔滨：哈尔滨工业大学出版社，2007.
[18] 张肖宁. 沥青及沥青混合料的粘弹力学原理及应用[M]. 北京：人民交通出版社，2006.
[19] 吕伟民，孙大权. 沥青混合材料设计手册[M]. 北京：人民交通出版社，2007.
[20] 黄晓明，吴少鹏，赵永利. 沥青与沥青混合料[M]. 南京：东南大学出版社，2002.
[21] 吕伟民. 沥青混合料设计原理与方法[M]. 上海：同济大学出版社，2001.
[22] 何兆益，杨锡武. 路基路面工程[M]. 北京：人民交通出版社，2006.
[23] 黄晓明. 路基路面工程[M]. 4版. 北京：人民交通出版社股份有限公司，2014.
[24] 中华人民共和国国家标准. GB/T 14684—2011 建设用砂[S]. 北京：中国建筑工业出版社，2011.
[25] 中华人民共和国国家标准. GB/T 14685—2011 建设用卵石、碎石[S]. 北京：中国建筑工业出版社，2011.
[26] 中华人民共和国行业标准. JTG E41—2005 公路工程石料试验规程[S]. 北京：人民交通出版社，2005.
[27] 中华人民共和国行业标准. JTG E42—2005 公路工程集料试验规程[S]. 北京：人民交通出版社，2005.
[28] 中华人民共和国行业标准. JTG E20—2011 公路工程沥青及沥青混合料试验规程[S]. 北京：人民交通出版社，2011.
[29] 中华人民共和国行业标准. JTG D50—2006 公路沥青路面设计规范[S]. 北京：人民交通出版社，2006.
[30] 中华人民共和国行业标准. JTG F80/1—2004 公路工程质量检验评定标准 第一册

土建工程[S].北京:人民交通出版社,2004.
- [31] 中华人民共和国行业标准. JTG F40—2004 公路工程沥青路面施工技术规范[S].北京:人民交通出版社,2004.
- [32] 中华人民共和国行业标准. JTG E40—2007 公路土工试验规程.北京:人民交通出版社,2007.
- [33] 中华人民共和国国家标准. GB/T 1346—2011 水泥标准稠度用水量、凝结时间、安定性检验方法[S].北京:中国标准出版社,2011.
- [34] 中华人民共和国国家标准. GB 50107—2010 混凝土强度评定标准[S].北京:中国标准出版社,2010.
- [35] 中华人民共和国国家标准. GB/T 700—2006 碳素结构钢[S].北京:中国标准出版社,2006.
- [36] 中华人民共和国国家标准. GB/T 714—2015 桥梁用结构钢[S].北京:中国标准出版社,2015.
- [37] 中华人民共和国国家标准. GB/T 1591—2008 低合金高强度结构钢[S].北京:中国标准出版社,2008.
- [38] 中华人民共和国国家标准. GB 1499.1—2008 钢筋混凝土用钢 第1部分:热轧光圆钢筋[S].北京:中国标准出版社,2008.
- [39] 中华人民共和国国家标准. GB 1499.2—2007 钢筋混凝土用钢 第2部分:热轧带肋钢筋[S].北京:中国标准出版社,2007.
- [40] 中华人民共和国国家标准. GB/T 13788—2008 冷轧带肋钢筋[S].北京:中国标准出版社,2008.
- [41] 中华人民共和国国家标准. GB/T 5223—2014 预应力混凝土用钢丝[S].北京:中国标准出版社,2014.
- [42] 中华人民共和国国家标准. GB/T 5224—2014 预应力混凝土用钢绞线[S].北京:中国标准出版社,2014.
- [43] 中华人民共和国国家标准. GB/T 5223.3—2005 预应力混凝土用钢棒[S].北京:中国标准出版社,2005.
- [44] 中华人民共和国行业标准. JTG E51—2009 公路工程无机结合料稳定材料试验规程[S].北京:人民交通出版社,2009.
- [45] 中华人民共和国行业标准. JTG F20—2015 公路路面基层施工技术细则[S].北京:人民交通出版社股份有限公司,2015.
- [46] 中华人民共和国行业标准. JTG E50—2006 公路工程土工合成材料试验规程[S].北京:人民交通出版社,2006.
- [47] 中华人民共和国行业标准. JTG D32—2012 公路土工合成材料应用技术规范[S].北京:人民交通出版社,2012.
- [48] 中华人民共和国国家标准. GB/T 50290—2014 土工合成材料应用技术规范[S].北京:中国标准出版社,2014.
- [49] 王钊.土工合成材料[M].北京:机械工业出版社,2005.
- [50] 周志刚,郑键龙.公路土工合成材料设计原理及工程应用[M].北京:人民交通出版社,2001.
[51] 郭秉臣,李亚滨. 土工合成材料[M]. 北京:国防出版社,2006.
[52] 徐日庆,王景春,等. 土工合成材料应用技术[M]. 北京:化学工业出版社,2005.
[53] 江苏交通科学研究院. 高性能沥青路面(Superpave)基础参考手册[M]. 北京:人民交通出版社,2005.

人民交通出版社股份有限公司 公路教育出版中心
土木工程/道路桥梁与渡河工程类本科及以上教材

一、专业基础课
1. 材料力学(郭应征) …………………… 25元
2. 理论力学(周志红) …………………… 29元
3. 理论力学(上册)(李银山) …………… 52元
4. 工程力学(郭应征) …………………… 29元
5. 结构力学(肖永刚) …………………… 32元
6. 材料力学(上册)(李银山) …………… 49元
7. 材料力学(下册)(李银山) …………… 45元
8. 材料力学(石晶) ……………………… 42元
9. 材料力学(少学时)(张新占) ………… 36元
10. 弹性力学(孔德森) …………………… 20元
11. 水力学(第二版)(王亚玲) …………… 25元
12. 土质学与土力学(第五版)(钱建固) … 35元
13. 岩体力学(晏长根) …………………… 38元
14. 土木工程制图(第三版)(林国华) …… 39元
15. 土木工程制图习题集(第三版)(林国华) … 22元
16. 土木工程制图(第二版)(丁建梅) …… 42元
17. 土木工程制图习题集(第二版)(丁建梅) … 19元
18. ◆土木工程计算机绘图基础(第二版)
    (袁果) ……………………………… 45元
19. ▲道路工程制图(第五版)(谢步瀛) … 46元
20. ▲道路工程制图习题集(第五版)(袁果) … 28元
21. 交通土建工程制图(第二版)(和丕壮) … 38元
22. 交通土建工程制图习题集(第二版)
    (和丕壮) …………………………… 17元
23. 工程制图(龚伟) ……………………… 38元
24. 工程制图习题集(龚伟) ……………… 28元
25. 现代土木工程(第二版)(付宏渊) …… 59元
26. 土木工程概论(项海帆) ……………… 32元
27. 道路概论(第二版)(孙家驷) ………… 20元
28. 桥梁工程概论(第三版)(罗娜) ……… 32元
29. 道路与桥梁工程概论(第二版)(黄晓明) … 40元
30. 道路与桥梁工程概论(第二版)(苏志忠) … 49元
31. 公路工程地质(第四版)(窦明健) …… 30元
32. 工程测量(胡伍生) …………………… 25元
33. 交通土木工程测量(第四版)(张坤宜) … 48元
34. ◆测量学(第四版)(许娅娅) ………… 45元
35. 测量学(姬玉华) ……………………… 34元
36. 测量学实验及应用(孙国芳) ………… 19元
37. 现代测量学(王腾军) ………………… 55元
38. ◆道路工程材料(第五版)(李立寒) … 45元
39. ◆道路工程材料(第二版)(申爱琴) … 48元
40. ◆基础工程(第四版)(王晓谋) ……… 37元
41. 基础工程(丁剑霆) …………………… 40元
42. ◆基础工程设计原理(袁聚云) ……… 36元
43. 桥梁墩台与基础工程(第二版)(盛洪飞) … 49元
44. ▲结构设计原理(第三版)(叶见曙) … 59元
45. ◆Principle of Structural Design(结构设计原理)
    (第二版)(张建仁) ………………… 60元
46. ◆预应力混凝土结构设计原理(第二版)
    (李国平) …………………………… 30元
47. 专业英语(第三版)(李嘉) …………… 39元
48. 土木工程材料(孙凌) ………………… 48元
49. 道路与桥梁设计概论(程国柱) ……… 42元
50. 道路建筑材料(第二版)(黄维蓉) …… 49元
51. 钢结构设计原理(任青阳) …………… 48元

二、专业核心课
1. ◆路基路面工程(第五版)(黄晓明) … 65元
2. 路基路面工程(何兆益) ……………… 45元
3. ◆▲路基工程(第二版)(凌建明) …… 25元
4. ◆道路勘测设计(第四版)(许金良) … 49元
5. ◆道路勘测设计(第三版)(孙家驷) … 52元
6. 道路勘测设计(裴玉龙) ……………… 38元
7. ◆公路施工组织及概预算(第三版)(王首绪) … 32元
8. 公路施工组织与概预算(靳卫东) …… 45元
9. 公路施工组织与管理(赖少武) ……… 36元
10. ◆公路工程施工组织学(第二版)(姚玉玲) … 38元
11. 公路施工组织与管理(吕国仁) ……… 45元
12. ◆桥梁工程(第二版)(姚玲森) ……… 62元
13. ◆桥梁工程(土木、交通工程)(第四版)
    (邵旭东) …………………………… 65元
14. ◆桥梁工程(上册)(第三版)(范立础) … 54元
15. ◆桥梁工程(下册)(第三版)(顾安邦) … 49元
16. 桥梁工程(第三版)(陈宝春) ………… 49元
17. 桥梁工程(刘龄嘉) …………………… 69元
18. ◆桥涵水文(第五版)(高冬光) ……… 35元
19. 水力学与桥涵水文(第二版)(叶镇国) … 46元
20. ◆公路小桥涵勘测设计(第五版)(孙家驷)
    …………………………………… 35元
21. ◆现代钢桥(上)(吴冲) ……………… 34元
22. ◆钢桥(第二版)(徐君兰) …………… 45元
23. 钢桥(吉伯海) ………………………… 53元
24. ▲桥梁施工及组织管理(上)(第三版)
    (魏红一) …………………………… 45元
25. ▲桥梁施工及组织管理(下)(第二版)
    (邬晓光) …………………………… 39元
26. ◆隧道工程(第二版)(上)(王毅才) … 65元
27. 公路工程施工技术(第二版)(盛可鉴) … 38元
28. 桥梁施工(第二版)(徐伟) …………… 49元
29. ▲隧道工程(丁文其) ………………… 55元
30. ◆桥梁工程控制(向中富) …………… 38元
31. 桥梁结构电算(周水兴) ……………… 35元
32. 桥梁结构电算(第二版)(石志源) …… 35元
33. 土木工程施工(王丽荣) ……………… 58元
34. 桥梁墩台与基础工程(盛洪飞) ……… 49元

三、专业选修课
1. 土木规划学(石京) …………………… 38元
2. ◆道路工程(第二版)(严作人) ……… 46元
3. 道路工程(第三版)(凌天清) ………… 42元
4. ◆高速公路(第三版)(方守恩) ……… 34元

注:◆教育部普通高等教育"十一五"、"十二五"国家级规划教材
   ▲建设部土建学科专业"十一五"规划教材

5. 高速公路设计(赵一飞) ……………… 38元
6. 城市道路设计(第二版)(吴瑞麟) …… 26元
7. 公路施工技术与管理(第二版)(魏建明) … 40元
8. ◆公路养护与管理(第二版)(侯相琛) … 45元
9. 路基支挡工程(陈忠达) ……………… 42元
10. 路面养护管理与维修技术(刘朝晖) … 42元
11. 路面养护管理系统(武建民) ………… 22元
12. 公路计算机辅助设计(符锌砂) ……… 30元
13. 测绘工程基础(李芹芳) ……………… 36元
14. 现代道路交通检测原理及应用(孙朝云) … 38元
15. 道路与桥梁检测技术(第二版)(胡昌斌) … 40元
16. 软土环境工程地质学(唐益群) ……… 35元
17. 地质灾害及其防治(简文彬) ………… 28元
18. ◆环境经济学(第二版)(董小林) …… 40元
19. 桥梁钢—混凝土组合结构设计原理
    (黄 侨) ……………………………… 26元
20. ◆桥梁建筑美学(第二版)(盛洪飞) … 24元
21. 桥梁抗震(第三版)(叶爱君) ………… 26元
22. 钢管混凝土(胡曙光) ………………… 38元
23. ◆浮桥工程(王建平) ………………… 36元
24. 隧道结构力学计算(第二版)(夏永旭) … 34元
25. 公路隧道运营管理(吕康成) ………… 28元
26. 隧道与地下工程灾害防护(张庆贺) … 45元
27. 公路隧道机电工程(赵忠杰) ………… 40元
28. 公路隧道设计CAD(王亚琼) ………… 40元
29. 地下空间利用概论(叶 飞) ………… 30元
30. 建设工程监理概论(张 爽) ………… 35元
31. 建筑设备工程(刘丽娜) ……………… 39元
32. 机场规划与设计(谈至明) …………… 35元
33. 公路工程定额原理与估价(第二版)
    (石勇民) …………………………… 39.5元
34. Theory and Method for Finite Element Analysis
    of Bridge Structures(刘 扬) ………… 28元
35. 公路机械化养护技术(丛卓红) ……… 30元
36. 舟艇原理与强度(程建生) …………… 34元

四、实践环节教材及教参教辅
1. 土木工程试验(张建仁) ……………… 38元
2. 土工试验指导书(袁聚云) …………… 16元
3. 桥梁结构试验(第二版)(章关永) …… 30元
4. 桥梁计算示例丛书—桥梁地基与基础(第二版)
    (赵明华) …………………………… 18元
5. 桥梁计算示例丛书—混凝土简支梁(板)桥
    (第三版)(易建国) ………………… 26元
6. 桥梁计算示例丛书—连续梁桥(邹毅松) … 20元
7. 桥梁计算示例丛书—钢管混凝土拱桥
    (孙 潮) …………………………… 32元
8. 结构设计原理计算示例(叶见曙) …… 40元
9. 土力学复习与习题(钱建固) ………… 35元
10. 土力学与基础工程习题集(张 宏) … 20元
11. 道路工程毕业设计指南(应荣华) …… 34元
12. 桥梁工程毕业设计指南(向中富) …… 35元
13. 道路勘测设计实习指导手册(谢晓莉) … 15元

14. 桥梁工程综合习题精解(汪莲) ……… 30元

五、研究生教材
1. 路面设计原理与方法(第三版)(黄晓明) … 68元
2. 道面设计原理(翁兴中) ……………… 45元
3. 沥青与沥青混合料(郝培文) ………… 35元
4. 水泥与水泥混凝土(申爱琴) ………… 30元
5. 现代无机道路工程材料(梁乃兴) …… 42元
6. 现代加筋土理论与技术(雷胜友) …… 24元
7. 高等桥梁结构理论(第二版)(项海帆) … 70元
8. 桥梁概念设计(项海帆) ……………… 68元
9. 桥梁结构体系(肖汝诚) ……………… 78元
10. 工程结构数值分析方法(夏永旭) …… 27元
11. 结构动力学讲义(第二版)(周智辉) … 38元

六、应用型本科教材
1. 结构力学(第二版)(万德臣) ………… 30元
2. 结构力学学习指导(于克萍) ………… 22元
3. 结构设计原理(黄平明) ……………… 47元
4. 结构设计原理学习指导(安静波) …… 35元
5. 结构设计原理计算示例(赵志蒙) …… 40元
6. 工程力学(喻小明) …………………… 55元
7. 土质学与土力学(赵明阶) …………… 30元
8. 水力学与桥涵水文(王丽荣) ………… 27元
9. 道路工程制图(谭海洋) ……………… 28元
10. 道路工程制图习题集(谭海洋) ……… 24元
11. 土木工程材料(张爱勤) ……………… 39元
12. 道路建筑材料(伍必庆) ……………… 37元
13. 路桥工程专业英语(赵永平) ………… 44元
14. 工程测量(朱爱民) …………………… 30元
15. 道路工程(资建民) …………………… 30元
16. 路基路面工程(陈忠达) ……………… 46元
17. 道路勘测设计(张维全) ……………… 32元
18. 基础工程(刘 辉) …………………… 26元
19. 桥梁工程(第二版)(刘龄嘉) ………… 49元
20. 工程招投标与合同管理(第二版)
    (刘 燕) …………………………… 39元
21. 道路工程CAD(第二版)(杨宏志) …… 35元
22. 工程项目管理(李佳升) ……………… 32元
23. 公路施工技术(杨渡军) ……………… 64元
24. 公路工程试验检测(第二版)(乔志琴) … 55元
25. 工程结构检测技术(刘培文) ………… 52元
26. 公路工程经济(周福田) ……………… 22元
27. 公路工程监理(朱爱民) ……………… 33元
28. 公路工程机械化施工技术(第二版)
    (徐永杰) …………………………… 32元
29. 城市道路工程(徐 亮) ……………… 29元
30. 公路养护技术与管理(武 鹤) ……… 58元
31. 公路工程预算与工程量清单计价(第二版)
    (雷书华) …………………………… 40元
32. 基础工程(第二版)(赵 晖) ………… 32元
33. 测量学(张 龙) ……………………… 39元

教材详细信息,请查阅"中国交通书城"(www.jtbook.com.cn)
咨询电话:(010)85285865,85285984
道路工程课群教学研讨QQ群(教师)   328662128   桥梁工程课群教学研讨QQ群(教师)   138253421
交通工程课群教学研讨QQ群(教师)   185830343   交通专业学生讨论QQ群   345360030